양분법을 넘어서

극단의 시대와 정치외교학

양분법을 넘어서
극단의 시대와 정치외교학

2020년 9월 14일 초판 1쇄 인쇄
2020년 9월 21일 초판 1쇄 발행

엮은이 박성우·임혜란·강원택·신욱희
지은이 박성우·김경희·홍태영·임혜란·정재환·이왕휘·강원택·정병기·조희정·이헌아·
　　　 은용수·신욱희·박건영

펴낸이 윤철호·고하영
펴낸곳 (주)사회평론아카데미
편집 김천희
디자인 김진운
마케팅 최민규
등록번호 2013-000247(2013년 8월 23일)
전화 02-326-0333
팩스 02-326-1626
주소 03993 서울특별시 마포구 월드컵북로6길 56
ISBN 979-11-89946-75-3 93340

양분법을 넘어서
극단의 시대와 정치외교학

박성우 · 임혜란 · 강원택 · 신욱희 엮음

사회평론아카데미

서문

2018년 여름 미국 메릴랜드 주에서 모처럼 한가한 시간을 보낼 수 있었다. 칼리지파크에 있는 미국 국립문서기록관리청에서 데탕트 시기 미일관계 문서를 열람하면서 다시 박사과정 학생이 된 듯한 느낌도 맛보았다. 3주 동안 머물렀던 실버스프링은 작고 깨끗한 워싱턴 DC 근교 도시로, 알찬 시립도서관을 갖고 있었다. 어느 날 도서관의 정치학/국제관계 섹션을 둘러보던 나는 적지 않은 충격을 받았다. 민주주의와 세계질서에 대한 대부분의 책들이 '혼돈', '대립', '위기', 그리고 '종언'의 제목을 갖고 있었고, 책 표지는 모두 불안과 공포를 상징하는 디자인으로 만들어져 있었던 것이다. 실버스프링 근처 록빌에 있는 반스 앤 노블 서점의 신간들 역시 마찬가지였다.

2018년 가을 학기부터 서울대학교 정치외교학부의 학부장을 맡게 되어 있었던 나는 고민에 빠지게 되었다. 이와 같은 상황에서 정치와 외교, 그리고 그에 대한 학문적 탐구의 의미는 과연 무엇일까? 서울에 돌아와 동료 몇몇과 이야기하던 중, 우선 현재의 '극단의 시대'가 갖고 있는 특징을 드러내 보이는 것이 하나의 출발점이 될 수 있다는 결론에 도달하였고, 그 결과로 '양분법을 넘어서'라는 프로젝트가 시작되었다. 우리는 정치외교학의 여러 분야 중 정치사상, 정치경제, 한국정치, 국제정치의 네 분야를 택해 각각의 영역에서 양분법의 사례에 해당하는 세 주제를 골라 학자들을 섭외하였고, 1년 동안의 집필과 토론의 과정을 거쳤다.

첫 번째 정치사상 부분에서 박성우는 양분법적 사유의 기원을 근대적 사유가 갖고 있는 대립적 방식에서 찾고 있다. 그는 세 차원의 근대적 사유에 대한 비판적 고찰을 거쳐, 하나의 대안으로서 고대적 사유의 고려, 그리고 그를 통한 정치철학의 역할 모색을 시도한다. 김경희는 대립과 갈등의 정치가 양분법에 기반한 주권 개념과 연관되어 있다고 본다. 그는 자신의 글에서 '민주'와 '공화'의 논의를 대비해 보고, 궁극적으로 '민주공화'의 문제의식을 통해 대안을 찾으려 한다. 동양과 서양 정치사상의 양분법을 다루는 홍태영의 글은 먼저 서양 정치사상사의 네 가지 흐름을 근대성과 역사(학)와의 관계를 중심으로 살펴본다. 그리고 이에 대응하는 마루야마 마사오의 일본 정치사상과 한국 정치사상가들의 작업을 검토한 후, '여기-지금'을 출발점으로 한국 정치사상의 의미를 찾을 것을 제안하고 있다.

두 번째 정치경제 부분의 첫 번째 글에서 임혜란은 먼저 시장과 국가, 자본주의와 민주주의의 대립적 논쟁을 다룬다. 임혜란은 이러한 양분법을 자본주의 경제체제와 민주주의 정치경제 사이의 상호관계 분석을 통해 비판적으로 고찰하고자 하였다. 정재환은 정치경제적 현상에 대한 합리주의와 구성주의의 상반된 해석의 문제점을 검토하고 있다. 그는 '합리성의 사회적 구성'이라는 주제를 고찰함으로써 이와 같은 대립을 통합적으로 극복할 수 있다고 주장한다. 이왕휘의 글은 자본주의 모델의 수렴과 다양성/분기 이분법의 문제를 고찰한다. 그는 중국 사례에 대한 논의를 통해서 이분법의 기준이 미국에서 중국으로 이동하고 있다고 지적하면서, 이분법의 대체가 아닌 해체가 필요함을 지적하고 있다.

세 번째 한국정치 부분은 제도권 정치, 시민사회, 그리고 온라인 공간의 세 무대에서의 양분법 문제를 검토하고 있다. 강원택은 현행 대통령제와 양당제적 정당정치를 제도권 정치에서의 양분법적 대립의 원인으로 지적한다. 그는 집중화된 권력의 분권화와 개방적인 형태로의 정당정치의 개선을 그 해결책으로 제시하면서, 시민 개개인의 인식 변화의 중요성을 아울러 강조하고 있다. 정병기는 한국 시민사회의 양극화와 다양화 과정을 민중운동과 시민운동 양극화, 그리고 진보와 보수 양극화의 두 단계로 나누어 고찰한다. 결론적으로 그는 '정동적 다중'의 다양성을 촉진함으로써 양극화와 극단화를 약화시킬 것을 주문한다. 조희정과 이헌아의 글은 유튜브 정치방송에서의 이념 갈등과 온라인 커뮤니티에서의 젠더 갈등을 그 사례로 하고 있다. 두 저자는 이와 같은 특성이 궁극적으로는 대의민주주의와 기존 정치 주체들의 숙제에 해당한다고 본다.

마지막 부분은 국제정치에 있어서 양분법의 주제를 다룬다. 은용수는 먼저 기존 국제정치이론의 다양성과 취약성을 함께 소개하면서 통상적인 절충과 통합 대안의 한계를 서술한다. 이어서 그는 베이루트 학교와 DIY 생물학의 사례를 통해 국제정치학의 '탈영토화' 필요성을 제기하고 있다. 동맹의 양분법 문제를 고찰하는 신욱희의 글은 동맹의 두 대척점으로 자주와 적을 상정하고 각각의 이분법적 사고의 한계를 예증한다. 그는 결국 학문적·실천적으로 두 관념 사이의 균형 내지는 복합의 사고가 요구됨을 지적한다. 박건영은 그의 글에서 외교안보정책에서의 양분법적 시각의 주제를 다루는데, 미국 신보주주의자들의 대북한 정책을 그 사례로 하고 있다. 그는 결론에서 '자성'과 '자각'을 전제로 하는 전략적 실용주의를 그 대안으로 제시한다.

비록 이 책의 몇몇 글들이 대안적 논의를 제공하고는 있지만, 이 프로젝트 자체가 양분법의 문제에 대한 해답을 찾으려 했던 것은 아니다. 또한 원수를 사랑하라는 마태복음 5장이나, 모든 대립과 모순을 극복하여 하나의 세계로 지향하자는 원효의 화쟁론과 같은 규범적 메시지를 던지려는 것도 아니었다. 다만 우리는 위에서 언급된 바와 같이 고대 그리스에서 토의를 위한 하나의 방법이었던 양극성(polarity)이 현실이나 정책이 되어버린 측면을 보여주고, 이러한 성찰이 앞으로의 소통과 다원성 모색을 위한 하나의 계기가 되기를 바랐다고 할 수 있다. 현재 모든 담론을 주도하고 있는 코비드-19의 문제도 봉쇄와 개방, 통제와 자율이라는 양분법의 문제가 아닌 복합적 거버넌스 창출의 문제로 인식되어야 한다는 점 또한 이와 같은 문제의식과 연결된다고 할 것이다. 이와 연관하여 정치와 외교, 그리고 정치외교학이란 무엇이고, 또 무엇을 해야 하는가의 질문을 던진다면, 이는 궁극적으로 국가 내지는 정부의 적절한 역할 설정의 주제로 이어진다고 할 수 있으며, 이 작업이 그러한 고민의 작은 부분이 되기를 아울러 기대해 보는 것이다.

'양분법을 넘어서' 프로젝트는 많은 분들의 도움으로 수행될 수 있었다. 우선 함께 프로젝트를 기획·편집해 주신 박성우, 임혜란, 강원택 교수님, 그리고 바쁘신 중에도 이 주제에 공감하셔서 귀한 원고를 집필해 주신 저자 분들께 감사드린다. 그리고 비록 팬데믹 사태로 인해 학술회의는 개최하지 못했지만, 각 분야의 초고에 대해 유익한 논평을 해주신 유홍림, 박종희, 박원호, 전재성 교수님께도 고마운 마음을 전한다. 그리고 박사과정의 부담 속에서도 간사의 여러 업무를 충실히 수행해 준 김지훈 석사에게 고마움을 표하고, 출판을 담당해 주신 사회평론아카데미 담당자들께도 감사의 말씀을 드리고 싶다. 마지막으로 감

사드릴 분은 서울대 정치외교학부 명예교수이신 최정운 선생님이시
다. 이 프로젝트는 선생님께서 정치외교학부를 위해 출연해주신 발전
기금으로 진행되었다. 이 책의 출간과 함께 선생님의 건강하신 모습을
자주 뵙게 되기를 진심으로 바란다.

비대면 강의 학기를 마치며
신욱희

10

차례

제2부 정치경제

제4장 정치경제학의 양분법적 논의를 넘어서
—시장 vs. 국가, 자본주의 vs. 민주주의 논쟁을 중심으로— 임혜란

제5장 합리성의 사회적 구성
—합리주의와 구성주의의 양분법을 넘어서— 정재환

제1부   정치사상

제1장 한국 사회의 양분화 극복을 위한 정치철학적 시론(試論)

—양분법적 사유의 근대정치철학적 계보와 고전정치철학적 대안—

박성우(서울대학교)

I. 서론[*]

건국 후 약 70여 년간의 한국 사회를 되돌아보면, 온갖 역경과 시련 속에서도 기적과 같은 도약과 발전을 이룩했음에 자부심을 느끼게 된다. 개발도상국 가운데 유례없이 급속한 경제성장을 이룩했을 뿐 아니라, 외세의 지원 없이 독자적으로 민주화에 성공했다. 이처럼 짧은 시간에 경제성장과 민주화를 동시에 달성한 시민으로서 어찌 자부심을 갖지 않을 수 있겠는가. 그러나 보다 가깝게, 최근 10여 년의 한국 사회를 돌아보면, 긍지와 자부심 못지않게 우려와 실망을 자아내는 현상들을 발견하게 된다. 우려스러운 점은 우리 사회에서 양극화된 갈등과 긴장이 고착되고 있는 듯이 보인다는 점이다. 특히 최근에 목격되는 특징적인 현상은 어떤 사회적인 이슈가 제기되더라도 이른바 민주화 세력과 산업화 세력, 진보 세력과 보수 세력, 노동자 계급과 자본가 집단, 친일 세력과 반일 세력 등으로 양분되어, 사회의 전 영역에서 극단적인 갈등이 지속되고 있다는 점이다.[1]

어느 사회나 계층 간, 세대 간, 지역 간 갈등은 존재하기 마련이다. 이러한 갈등은 때로는 사회 발전의 원동력이 되기도 한다. 그러나 우리 사회의 갈등은 이미 이러한 건전한 수준을 벗어나 위험한 상태에 이른 듯하다. 그러한 징후는 갈등하는 세력들이 상대를 공존과 타협의 대상으로 여기기보다 배제와 응징의 대상으로 여기는 데서 발견할 수 있다. 일견 실질적 가치의 대립으로 보이는 보수와 진보, 자유와 민주, 시

---

*   이 글의 초안을 읽고 귀중한 조언을 해 주신 유홍림 교수님께 깊이 감사드립니다.

1   최근 "조국 사태"를 바라보는 사회적 시각의 극심한 대립, 박근혜 대통령 탄핵 후, 사면에 대한 찬반 세력의 대립, 5·18 민주화 운동의 역사적 위상에 대한 상반된 시각, 위안부 문제(피해보상과 일본으로부터 사과를 받아내는 것)를 해결하는 방식에 대한 대립적인 시각 등이 이러한 우리 사회의 양분된 경향을 잘 반영한다.

장주의와 복지주의 등은 이제 당파적 이익을 대변하는 이름표로 전락했다. 가치는 당파적 싸움으로 전락하는 순간 그 본질적 의미를 상실하게 된다. 이런 상황에서 상대의 가치를 악마화(惡魔化)하고 자신의 가치는 절대적 선(善)으로 간주하는 경향을 쉽게 발견할 수 있다. 상대의 작은 허물은 결코 용납하지 않는 반면, 자신의 부정에 대해서는 한없이 자비롭다. "내로남불"이라는 말이 한때의 유행어가 아니라 양분화된 우리 사회의 갈등의 양태를 대변하는 신조어가 될지도 모른다는 우려를 지울 수 없다.

이러한 양분화된 갈등 상황을 극복할 방안은 무엇인가? 양분화된 갈등이 실질적 가치와는 무관한 진영 논리로 전락해 버린 상황에서 우리 사회의 양분화 경향을 단박에 되돌려 놓을 수 있는 해법을 제시하는 것은 필자의 능력을 벗어나는 것 같다. 대신 정치철학적 관점에서 이러한 사태의 발단이 어디에 있었는가를 파악해 보고, 그 해결 방안을 모색하기 위한 시론(試論)을 제시하는 것을 이 글의 목적으로 삼고자 한다.

II. 양분법적 사유(思惟)의 세 차원: 정치철학적 고찰

이 절에서는 한국 사회의 양분화된 갈등의 기저에는 오랜 전통을 갖고 있는 사유 방식의 대립이 존재한다는 것을 지적하고자 한다. 예컨대, 보수와 진보의 대립의 밑바탕에는 역사를 보는 시각의 대립이 확고하게 자리 잡고 있다. 즉, 역사는 끊임없이 "더 나은" 방향으로 진전하고 있다는 입장과, 역사는 반복적으로 질서와 혼란을 반복하고 있다는 입장 간의 대립이 존재한다. 뒤에 좀 더 부연하겠지만, 역사에 대한 이와 같은 상이한 입장은 모두 오랜 전통을 갖고 있으며 이러한 전통은 양자의 입장이 결코 화해할 수 없다는 것을 확인시켜 준다. 이렇게 보면, 우리 사회에 나타나는 양분화된 갈등은 당파적 대립이나 특정한 가치들 간의 표층적인 대립이라기보다, 사유 방식 내지 사상의 근본적인 대립에 기인한다고 할 수 있다. 가치의 갈등이 당파성을 띠는 것이 표층적인 문제라고 한다면, 가치 갈등의 기저에는 화해할 수 없는 사상, 사유 방식의 대립이 존재한다는 것이다.

양분화된 갈등의 기저에 깔린 사유 방식의 대립은 크게 세 차원에서 나타난다. 첫 번째는 위에서 잠깐 언급한 바와 같이 역사에 대한 이해를 전제로 한 대립이다. 역사가 직선적인가 아니면 순환적인가라는 문제는 이미 오랫동안 논쟁의 대상이 되어 왔다. 역사의 진행 방식이 문제가 되는 이유는 역사는 어떤 사회의 다음 단계의 모습을 예측하는 근거가 될 수 있기 때문이다. 역사가 직선적이라면 직선적인 대로, 또 순환적이라면 순환적인 대로, 우리는 우리보다 "앞선" 사회를 관찰하며, 우리 사회의 미래를 예측한다. 그러나 여기서 한 가지 의문이 제기된다. 역사가 직선적이냐 순환적이냐를 막론하고, 어떤 사회든지 그 사회 나름의 독자적이고 개별적인 역사의 방향을 갖는 것은 아닐까? 개별 사회의 구체적인 역사를 들여다보면, 어느 것도 일반화하기 어려운 특수성이 나타난다. 그런데 이처럼 역사의 특수성을 "의식"하게 되면, 역사 속에 존재하는 가치도 상대적이라는 결론에 이르게 된다. 개별적인 역사 속에 존재하는 가치는 역사적 특수성 속에서 평가받아야 하고, 이러한 평가를 위해서는 결코 보편적인 기준을 적용할 수 없기 때문이다.

서양 정치철학의 전통에서 역사에 대한 자기의식 그리고 그 연장선에서 수반되는 가치 상대주의 문제는 넓은 의미의 역사주의 문제로

귀속된다. 역사주의는 서양 근대정치철학의 독특한 맥락에서 출현하
지만(이에 대해서는 다음 절에서 좀 더 자세히 밝힐 것이다), 역사주의는
보편적인 기준으로 가치를 평가할 수 있다고 보는 보편주의를 거부하
고, 궁극적으로는 가치상대주의를 지향한다(Strauss 1965, 14-21). 역사
주의가 가치 상대주의에 이르는 경로를 뒤집어 생각해 보면, 보편주의
의 출발점에는 역사의 특수성보다 역사의 보편성과 법칙성을 강조하
는 비(非)역사주의가 존재한다고 할 수 있다. 요컨대, 우리 사회의 양분
화된 갈등의 기저에 가치 상대주의를 수반하는 역사주의와 보편적 가
치를 지향하는 비(非)역사주의 간의 근본적인 대립이 존재한다고 할
수 있다.[2]

　양분법적 사유의 두 번째 차원은 이론과 실천의 관계를 어떻게 이
해하는가와 관련 있다. 기본적으로 이론과 실천은 불가분의 관계에 있
다. 현실에 개입하려는 모든 실천은 이론적 구상 없이 무계획적으로 실
행될 수 없다. 실천을 전제로 하지 않은 이론이란 백일몽에 불과하다.
한편, 현실의 사태가 어떠한지를 해석하고, 그리고 이 현실을 어느 방
향으로 변화시킬지를 결정하는 것은 모두 이론적 틀이 전제되어 있어
야 한다. 사태를 보는 시각과 현실의 방향을 결정할 수 있는 "이론"이
라는 것은, "바람직한" 것을 실현하고자 하는 "이상"(理想)에 관여한
다. 특히 공동체의 문제와 관련된 이상이란 가장 바람직한 사회, 즉 최
선의 정체(最善의 正體, best regime)를 실현하는 것이라고 볼 수 있다.

　그런데, 무엇이 최선의 정체인가를 "알아내기" 위해서는 최선의
정체라고 주장되는 것들을 초월하는, 다시 말해 제기되는 문제의 수준
을 상회하는 보다 근본적인 물음을 제기해야 한다. 최선의 정체와 관

2　일반적으로 역사주의는 진보에, 비역사주의는 보수에 적용시킬 수 있지만, 현재 한국 사
　회의 진보 진영과 보수 진영을 이와 같이 획일적으로 분류하기는 어렵다.

련하여 혹자는 민주정을 지목하기도 하고, 혹자는 귀족정을 지목하기도 한다. 이 중 무엇이 진정으로 최선의 정체인가를 가려내기 위해서는 각 정체의 장단점을 검토하는 것과는 별도로, 정치공동체의 목적이 무엇인가라는 근본적인 물음에 답해야 한다. 왜 인간이 공동체 생활을 해야 하는지, 그것도 불가피하게 지배가 개입될 수밖에 없는 정치공동체에 속해 살아야 하는지를 답해야 어떤 정체가 이러한 목적에 가장 잘 부합하는지를 알아 낼 수 있기 때문이다. 최선의 정체가 무엇인지 답하기 위해서는 정치의 본질이 무엇인지를 물어야 한다는 이야기다. 그러나 이 질문조차 최선의 정체가 무엇인지 답하기에는 충분한 것이 아닐 수 있다. 정치의 본질이 무엇인지 답하기 위해서는, 궁극적으로 인간은 무엇인지, 인간을 둘러싸고 있는 "세계" 전체는 무엇인지, 또 인간과 세계에 보편적으로 적용되는 좋음(the good)이 무엇인지와 같은, 보다 더 근본적인 물음에 답하는 것이 필요하기 때문이다. 이러한 물음에 모두 답하려면 가장 근본적이며, 가장 포괄적인 지식을 갖고 있어야 한다. 요컨대, 이상(理想)의 실현을 전제로 하는 이론은 궁극적으로 완벽한 수준의 지식(episteme)을 필요로 한다.

문제는 이러한 완벽한 수준의 지식은 쉽게 얻어질 수 있는 것이 아니라는 것이다. 어쩌면 이론이 설정하고 있는 완벽한 지식의 획득은 인간의 능력 바깥에 놓여 있는 것인지도 모른다. 인간에게 남아 있는 최선의 선택은 완벽한 지식의 필요성과 그 존재를 믿고, 이를 얻기 위해 끊임없이 노력하는 것이다. 완벽한 지식에 도달하는 것이 불가능하다는 것을 알면서도, 여전히 이를 추구하기 위해서는 지식에 대한 사랑(philo-sophia), 즉 철학적 태도가 필요하다.

어느 공동체든 이와 같은 철학적 태도를 갖고 있는 사람들은 극히 일부에 한정된다. 대부분의 사람들은 이론이 상정하고 있는 완벽한 지식이 인간적인 능력으로 획득될 수 없다는 사실에 실망하면서 철학을 포기하게 된다. 이제 이들은 이론과 실천 가운데 이론을 버리고 실천에만 집중한다. 이론 없이 실천에만 집중한다는 것은 이론과 상관없이, 실천의 영역에서 요구되는 것만을 행하는 것, 그리고 현실적으로 실현 가능한 것만을 행하는 것을 의미한다. 현실에서 요구되는(necessary) 것, 그리고 그 중에서 실현 가능한(practical) 일만을 행한다는 것은 이상(理想)을 목표로 두고 현실을 개선하려는 시도와 구분된다.

우리는 전자를 현실주의, 후자를 이상주의로 부른다. 주목할 만한 것은 정치적 맥락에서 발견되는 현실주의는 단지 이상(理想)의 실행이 좌절된 상태에서 선택하게 되는, 소극적 의미의 현실 적응과는 구분되는, 보다 적극적인 의미를 지닌다는 사실이다. 정치적 현실주의는 이상을 현실에서 실현하려는 시도를 무모하고 위험한 일로 간주하고, 현실에서 요구되는 일을 수행하는 것을 바람직한 것으로 가정하면서, 정치적 이상주의를 배제한다. 즉 정치적 현실주의는 정치 영역에서 이상을 추구하는 것을 적극적으로 비난하며, 현실의 요청에 충실하게 부응하는 것만을 칭송한다. 이로써 정치적 현실주의는 이상이 현실에 진입하는 것을 차단할 뿐만 아니라, 규범적으로도 현실을 이상보다 우위에 놓는 태도를 취한다.

현실에서 이상을 배제한 정치적 현실주의는 이론을 실천에 종속시키고, 이론과 실천의 관계를 역전시킨다. 실천에 종속된 이론은 근본적이고 포괄적인 지식을 배경으로 실천의 방향과 목적을 결정하는 이론 본연의 의의를 상실하고, 단지 현실의 요청에 의해 결정된 사항을 효과적으로 실천할 수 있는 방안을 제시하는, 이른바 도구적 이론으로 전락한다.

양분법적 사유의 세 번째 차원은 종교와 정치의 관계를 둘러싼 상반된 이해이다. 현대 사회에서 주류를 형성하고 있는 자유주의 국가는 일반적으로 정교 분리의 원칙에 따라 종교는 국가의 기본 질서에 개입할 수 없고, 국가는 모든 종교에 대하여 중립적이어야 한다는 원칙을 고수한다. 이에 따르면, 공적 영역과 사적 영역의 분리를 전제로, 종교적 가치는 개인의 사적 영역에서만 추구될 수 있는 것으로 간주된다. 종교적 가치의 추구는 개인에게 허용된 종교의 자유의 범주 안에서만 가능하다. 사실 정교분리, 국가의 중립성, 공사 영역의 분리, 사적 영역에서의 종교의 자유로 요약되는 세속주의(secularism)는 자유주의의 출현에 앞서 근대 국가가 형성된 이래 지속적으로 유지되어 온 원칙이라고 할 수 있다.

근대적 의미의 주권국가, 그 연장선에서 출현한 자유주의 국가는 세속주의를 국가의 원리로 적용하고 있다. 19세기 이래 자유주의 국가가 주도하는 현대 사회에 세속주의는 정치와 종교의 관계를 규정하는 지배적인 패러다임이 되었다. 그러나 세계에는 이와 같이 자유주의 전통을 따르는 국가만 존재하는 것은 아니다. 이슬람권의 많은 국가들은 일부 국가를 제외하고 정교분리가 아니라 정교일치를 국가의 토대로 삼고 있다. 한편, 자유주의 국가 내적으로도 획일적이고 도식적인 세속주의의 한계가 드러나고 있음을 주목할 필요가 있다. 서구 국가에서도 공립학교에서 이슬람교도의 스카프 착용 문제, 점심시간의 기도 문제 등으로 인해 종교적 표현의 자유와 차별의 금지 원칙 간의 마찰이 표출되고 있다. 요컨대, 정교분리 그리고 사적 영역과 공적 영역의 구분이라는 자유주의적 해법이 더 이상 현실적으로 완벽한 해법이 아니라는 인식이 확산하면서, 종교에 대한 자유주의 국가의 자세가 어떠해야 하는가에 대한 근본적인 의문이 제기되고 있다(Larborde 2017).

사실 근대 이후 끊임없이 세속화가 진행되어 왔음에도 불구하고,

비교적 최근 세계는 자유주의 국가, 비자유주의 국가를 막론하고 이른 바 "탈세속화"(de-secularization) 현상이 표면화하고 있다고 할 수 있다. 주시하는 바와 같이, 9·11테러 이후 종교의 재부상은 전 세계적으로 각인된 바 있다. 이제 종교의 재부상과 탈세속화는 특정 지역에 한정된 것이 아니라, 전 세계적으로 영향을 미치고 있다. 한국의 경우도 종교의 재부상과 탈세속화의 추세에서 예외가 아니다. 2003년 이라크전 파병 논란이 있었을 때, 한국 역시 테러의 위협에 노출된 바 있으며, 국내 종교 집단 가운데 일부는 생명이 위협받는 상황에서도 위험 지역에서 포교 활동을 시도함으로써 국가의 국민보호 의무와 종교의 자유 간에 마찰이 표출된 바 있다. 또한 최근 한국 사회의 "광장"에서 펼쳐진 이른바 진보 세력과 보수 세력 간의 대립에서 기독교 종교 집단의 정치적 영향력이 가시화되기도 했다. 이른바 "광장의 정치"라는 새로운 맥락에서, 종교가 정치의 한가운데 진입한 것이다. 근대 이후 지속되어 온 세속화 그리고 비교적 최근 나타나기 시작한 탈세속화 현상이 공존하고 있음을 감안할 때, 종교와 정치의 관계를 어떻게 이해하는가가 양분법적 사유의 또 다른 축이라고 할 수 있다.

이상에서 살펴본 바와 같이 현대 정치 생활에서 나타나는 양분법적 사유는 세 차원으로 요약된다. 우선 역사를 보는 관점으로 역사주의와 비역사주의가 존재하고, 이론과 실천의 관계를 보는 관점으로 이상주의와 현실주의가 존재하며, 종교와 정치를 보는 관점으로 세속주의와 탈세속주의가 존재한다. 이 세 차원의 대립에 있어서, 근대 이후 세계는 특정한 사유 방식의 우위를 지정해 왔으며 우리 역시 이러한 사유 방식을 익숙한 것으로 받아들인다. 즉, 현대 사회는 역사주의를 선호하고, 이상주의에 반해서 현실주의가 사실의 영역에서뿐 아니라 가치의 영역에서도 우위를 점하고 있으며, 세속화와 세속주의는 대부분의 자유주의 국가의 헌정 질서에 용해되어 있을 정도로 주도권을 행사하고 있다.

그럼에도 불구하고, 이 세 차원에서 나타나는 근대적 사유 방식의 승리가 미래에도 지속될 것이라고 단정하기 어렵다. 이미 근대적 사유 방식은 세 차원에서 모두 정반대의 사유 방식에 의해 도전받고 있다. 오늘날의 현실을 되돌아보면 이러한 사실을 어렵지 않게 확인할 수 있다.

역사주의는 역사의 특수성과 개별성을 강조하므로 궁극적으로 역사는 자의적이라는 결론에 이르기 쉽다. 그러나 인간은 과거의 역사를 통해 미래를 예측하고 싶어 하는 존재다. 정치철학적으로 역사가 지속적으로 진보하는지, 아니면 순환하는지를 물어 온 것은 미래를 예측하고 싶어 하는 인간의 욕구에 기인한다. 프란시스 후쿠야마(Fukuyama 1992)가 자유주의의 영원한 승리를 예측하며, 역사의 종언을 선언한 지 30년 가까운 시간이 흐른 현 시점에서 미래에 대한 예측은 여전히 미지수다. 역사주의가 현대 사회의 사유 방식을 주도하는 것은 사실이지만, 인류는 여전히 역사의 진행에 어떤 법칙이 존재하는가를 묻고 있고, 이를 정확히 답하지 못한 상태에서, 도래할 미래에 대해서 불안감을 갖고 있다.

이론과 실천의 관계는 어떠한가? 역시 현실주의의 우세가 관찰된다. 현실주의는 실용주의 및 공리주의와 합세하여, 이론과 철학을 실천의 영역에서 몰아내고 있다. 그러나 가장 결정적인 위기의 순간에 인류는 보다 완벽한 지식을 전제로 하는 이론과 철학에 중대한 역할을 기대한다. 나치의 대량학살이 세계를 공포로 몰아넣고, 스탈린의 전체주의가 인류를 위협할 때, 세계는 철학만이 현실주의의 횡포를 지적할 수 있는 희망이라고 믿었다. 철학이 부재한 상태에서는 도덕적 판단 자체가 불가능하기 때문이다. 최근 코로나 사태로 인해 전 세계가 지금껏 예기치 못한 상황을 경험하면서 인류는 또다시 인간 지식의 한계를 절감하게 됐고, 보다 완벽한 지식의 필요성을 느끼고 있다. 아직은 "진정한" 지식에 대한 사랑을 게을리한 것에 대한 후회를 할 단계에 이르지는 못한 것으로 보이지만(조만간 이런 단계에 이를 것이라고 조심스럽게 예측한다), 적어도 철학의 부재로 인한 문제점들이 어렴풋하게나마 드러나고 있다.[3] 현실주의에 종속되어 있는 철학이 아닌, 인류에게 진정한 지혜를 선사할 철학에 대한 기대는, 위기 시에 종종 되살아나곤 한다.

마지막으로 세속화와 탈세속화의 공존 현상은 전 세계적으로 이미 확인되고 있다. 일군의 학자들에 따르면, 근대 이후 세속화의 성공 혹은 세속주의의 지배라고 하는 것은 일종의 신화에 불과하다. 서구 유럽에서 종교전쟁 이후 성립한 근대 국가가 온전히 세속 국가의 성격을 갖게 됐다는 것은 피상적 이해에 불과하다는 것이다(Asad 2003). 근대 국가의 주권 개념이 성립하기 위해서는 절대자로서의 신(神)의 개념을 전제로 해야 하며, 자유주의 국가 성립의 기초가 되는 사회계약 역시, "자연 상태를 떠나" 더 나은 상태로 진입해야 한다는 신학적 토대가 없으면 불가능하다는 해석이 제시되고 있다(Nelson 2019).

요약하자면, 세 차원에서 발견되는 양분화된 사유 방식에서 우리는 이른바 근대적 사유 방식의 우세를 확인할 수 있으나, 이 우세가 여전히 지속될 것인지 여부는 매우 불투명한 상태이며, 아울러 근대적 사유 방식의 우세가 과연 바람직한 것이었나에 대한 회의를 불러 일으킨다는 것이다.

---

3   최근 포스트코로나를 예측하기 위해서 의학 전문가가 아니라 인문학자들이 목소리를 높이고 있는 것이 그 징후라고 생각한다.

근대 이후 역사의 전개 과정에서 억압되고 추방된 사유 방식인 비역사주의(혹은 보편주의), 이상주의, 그리고 탈세속주의는 현대 사회에도 여전히 존속되고 있다. 주목할 만한 것은 이러한 사유 방식의 모델을 고대 세계에서 발견할 수 있다는 점이다. 근대에는 근대적 사유 방식이 존재하고, 고대에는 고대적 사유 방식 존재한다는 소위 역사주의적 관점에 따르면, 현대 정치 생활에서 고대적 사유 방식을 확인하거나, 그러한 사유 방식이 근대적인 것의 대안이 될 수 있다는 제안에 선뜻 동의하기 어려울 것이다. 그러나 역사주의의 단순한 가정에서 한 발 물러난다면, 이야기는 달라진다. 사실 "역사를 어떻게 인식할 것인가?" "이론과 실천은 어떤 관계에 놓여 있는가?" "종교와 정치의 관계는 어떠한가?" 이 세 가지의 질문 자체는 시대적으로 한정되는 것이 아니라, 문명이 시작된 후 모든 시대에 걸쳐 제기되어 온 문제다. 또한 이 세 문제는 모든 인간에게 보편적으로 적용되는 도덕적인 질문이자 형이상적인 질문이라고 할 수 있다. 따라서 근대뿐 아니라, 근대 이전에도 이 질문에 대한 답을 갖고 있었으며, 그들의 답이 근대의 답보다 나을 가능성을 배제할 필요는 없다. 중세에는 기독교적 세계관이 모든 문제를 뒤덮고 있어서, 이 문제의 본질이 잘 드러나지 않는 경향이 있다. 그러나 중세 이전 고대 세계로 눈을 돌리면, 오히려 이러한 문제들의 보편성이 보다 명료하게 드러난다.

역사주의적 관점만을 고집한다면, 고대적 사유 방식을 살펴보는 것은 기껏해야 지적 유희를 좇는 것에 가깝다고 여겨질지 모른다. 그러나 비역사주의적 관점을 허용하면, 고대적 사유 방식의 검토는 현재 우리의 사유 방식의 문제가 무엇이고, 우리가 어떤 사유 방식을 택하는 것이 바람직한가를 결정하는 데 상당한 유용성을 제공할 수 있다. 이런 시각에서 다음 절에서는 우리에게 비교적 익숙한 근대적 사유 방식이 어디에서 유래했는가를 검토할 것이다. 이어서 이와 대비되는 고대적 사유 방식을 대안으로서의 가능성을 염두에 두고 검토할 것이다.

III. 근대적 사유의 기원: 비판적 고찰

인간사의 모든 문제를 역사로 환원시켜 이해하려고 시도하는 역사주의에는 다양한 층위가 있다. 그 중에서 우리가 특별히 주목할 만한 것은, 역사적으로 좋음과 옳음에 대한 정의(定義)가 사회마다 다르다는 사실로부터, 어떤 사회도 이를 완벽하게 합의할 수 없다는 원칙을 도출해 내는 역사적 상대주의다. 사실 좋음과 옳음에 대하여 사회마다 다른 가치를 가질 수 있다는 인식은 근대 이전부터 존재했다. 그러나 근대적 역사주의의 특이점은 이러한 역사 인식을 통해서 보편적 가치가 성립할 가능성을 전면적으로 부정한다는 데 있다(Strauss 1965, 10).

근대적 역사주의가 이러한 특이성을 갖게 된 데에는 독특한 역사적 맥락이 있다. 스트라우스에 따르면, 근대적 역사주의의 출발점은 프랑스 혁명 이후 보수파의 반동적 사고였다고 한다. 급진적 혁명을 두려워한 보수파는 혁명 세력이 시대와 역사를 초월하는 보편적 원칙을 지향한다는 점에 착안하여 인간의 지혜는 보편적 원칙에 의해서가 아니라 오랫동안 지속해 온 전통적 질서를 통해서 발견된다는 주장을 제시했다. 그러나 반동적 사고에서 출발한 근대적 역사주의는 보수파의 기대와 달리, 혁명세력의 이데올로기가 됐다. 역사주의는 기본적으로 초국가적 차원의 보편성을 부정하므로, 혁명세력은 이를 수용하여 전 세계인의 권리를 주장하는 대신, 개별 국민, 개별 민족의 권리만을 내세웠다. 개별국가에 귀속된 역사주의를 수용한 혁명 세력은 소위 "영속성" 문제에 부딪히게 된다. 모든 것이 이토록 개별적인 것이고, 따라서 한시적인 것이라면 왜 목숨을 걸고 혁명 세력에 가담해야 하는가라는 문제가 제기된 것이다. 이에 대한 대응으로 역사주의는 "진보에 대한 신념"이라는 개념을 제시했다. 역사는 개별적이고 한시적으로 전개되지만 총체적인 관점에서는 진보하고 있고, 혁명은 이러한 역사적 진보에 기여한다는 의의를 갖는다는 것이다.이러한 18세기의 역사주의는 혁명세력의 이데올로기로서 기능하게 되면서 유럽의 대부분 국가를 휩쓰는 영향력을 행사했다. 주목할 만한 것은, 이 역사주의는 역사적 진화와 진보라는 보편적 법칙에 의존하면서, 역사주의의 기본 가정과는 모순되는 요소를 삽입했다는 것이다(Strauss 1965, 14-16).

18세기 역사주의와 달리 19세기 역사주의는 실증주의와 결합하면서 역사주의의 내적 원칙을 더욱 공고히 한다. 실증주의는, 신학이나 형이상학은 이제 인간사(事)를 설명하는 지식으로서 적절하지 않고, 모든 진정한 지식은 실증적 과학이어야 하며, 이 실증적 과학은 오로지 경험을 통해서만 가능하다라는 사유 방식이다. 19세기 역사주의는 바로 실증적 경험과학의 토대를 제공했다. 그러나 실증적 역사라는 것은 기본적으로 의미가 부여되기 이전의 일련의 과정이다. 역사적 사건에 의미가 부여되는 것은 개인이 선택한 특정한 가치에 의해 가능하다. 문제는 이렇게 개인이 선택한 가치가 객관적으로 옳다는 것을 역사적으로 증명할 방법이 없다는 것이다. 더 큰 문제는 어떤 비도덕적이고 비인간적인 가치가 우연히 지배적인 것이 되더라도 이를 비판하거나 저지할 수 있는 근거를 찾지 못한다는 것이다. 이러한 19세기의 역사주의는 현대까지도 일정 부분 우리의 사고를 지배한다.

그러나 역사적 상대주의에는 근본적인 이론적 오류가 존재한다. 역사적 상대주의의 존립 근거는 역사적으로 어디서에도 옳음이나 좋음에 대한 합의가 존재하지 않으며, 따라서 옳음이나 좋음의 가치는 절대적일 수 없고, 상대적이라 데 있다. 그러나 엄밀하게 말하자면, 절대적인 옳음이나 절대적인 정의(正義)는 인간의 합의 여부와 무관하다. 정의가 인간의 이성에 의해 발견될 수 있는 것이라면, 아직까지 합의가 존재하지 않는다는 것이 곧바로 절대적인 옳음이 존재하지 않는다는 근거가 되지 못한다. 합의의 부재는 아직 이성이 온전히 발휘되지 못했으며, 옳음이 무엇인지 알아내지 못한 상태라고 보는 것이 타당하다. 따라서 역사적 관찰을 근거로 절대적인 정의의 존재를 부정하려면, 단지 정의에 대한 합의가 역사적으로 발견되지 않았다는 것을 지적할 것이 아니라, 인간의 이성이 결코 좋음이나 옳음을 알아낼(know-able) 능력이 없다는 것을 철학적으로 입증할 필요가 있다. 그러나 역사주의는 결코 이성의 무능력을 철학적으로 입증할 수 없다.

두 번째로 이론과 실천의 관계에 관한 근대적 사유의 기원에 대해 살펴보자. 이론과 실천의 관계와 관련하여 근대적 사유의 가장 큰 특징은 정치이론을 정치과학(political science)으로 간주한다는 것이다. 이러한 전통은 사실 현대에까지 이어져 대학의 학제상 정치학과는 문자 그대로 하면 "정치과학과"(department of political science)로 불리고 있다. 정치를 "과학적"(scientific)으로 탐구하겠다는 것에 무슨 문제가 있는가? 우선, "과학적"이라고 하는 것이 매우 독특한 근대적 맥락에서 생성된 개념이라는 것을 주목할 필요가 있다. 근대적 맥락에서 "과학적"이라 함은 홉스 이래 자연과학을 모델로 삼은 개념이다. 그런데 근대 자연과학에서 일컫는 "자연"은 총체적이고 포괄적인 의미의 자연이 아니라, 분절적이고 제한적이다. 경험적으로 관찰할 수 없거나, 실험할 수 없는 자연은 과학의 대상에서 제외되며, 동시에 자연의 개념에서도 소거된다. 같은 맥락에서 정치과학은 과학적으로 입증할 수 없는 것을 탐구의 대상으로 삼지 않는다. 정치과학은 더 이상 알 수 없는 것을 알려고 하지 않으며, "알 수 있는 것" 혹은 "이미 알고 있는 것"을 효과적으로 설명하는 논리나, 방법론에만 관심을 갖는다. 이러한 정치과학은 정작 정치적 사안에 있어서 "알아야 할 것"을 알려 주는 진정한 정치적 지식(politike episteme), 진정한 정치학을 추구하지 않는다(Strauss 1959).

진정한 정치학이란 주어진 목적을 달성하기 위한 효율적인 수단을 알려 주는 지식이 아니다. 진정한 정치학은 장기적이고 포괄적인, 이른바 총체적 이론(theoria)의 관점에서 공동체가 추구해야 할 공동선이 무엇인가를 알려 주는 지식(episteme)이다. 이러한 지식은 정치 공동체를 분절된 대상으로 보지 않고, 가급적 자연 전체의 포괄적 맥락에서 이해할 때 가능하다. 다시 말해, 진정한 정치학은 공동체의 생존과 번영을 개별 공동체의 관점에서가 아니라, 보다 광범위하고 포괄적인 관점에서, 예컨대 전 지구적(全地球的) 혹은 우주적 관점에서 접근한다는 것이다. 이러한 지식은 아무리 "과학적인" 방법론을 동원하더라도 얻어질 수 없다.

근대정치철학은 진정한 정치학에서 유리된 채 끊임없이 그 의의를 폄훼하는 길을 걸어 왔다. 17세기에는 소위 자연과학을 닮은 정치과학을 시도한 것이 그 출발점이었다면, 19세기에는 과학의 개념을 실증주의와 합치시킴으로써 진정한 정치학과는 완전히 결별하는 계기를 갖게 됐다. 실증주의는 사실과 가치를 구분하고 오로지 사실의 영역에서만 과학이 가능하다고 가정한다. 따라서 실증적 정치과학(political science)에서는 가치판단은 처음부터 비과학적 영역으로 간주한다. 실증적 정치과학은 어떠한 정치적 행위나 실천에 대해서도 옳고 그름을 말할 수 없다. 아니 옳고 그름을 판단하려 들지 않는다고 하는 것이 더욱 정확할 것이다(Strauss 1959).

실증적 정치과학은 주어진 정치적 목적을 달성하기 위해서, 그것이 어떤 목적이든 간에, 효율적인 수단을 제공하는 것에만 열을 올린다. 실증적 정치과학은 그들에게 과제로 부여된 어떤 정치적 목적이 총체적 관점에서 허용되는 가치에 부합하는 것인지를 따지지 않을 뿐 아니라, 더러는 자명하게 사악한 정치적 목적에 대해서도 효율적인 수단을 제공하는 지식을 "과학"이라는 이름으로 정당화한다.

자연과학을 모델로 한 정치과학, 이어서 실증주의에 편입된 정치과학의 출현은 정치이론을 이른바 정치과학으로 둔갑시켰고, 궁극적으로는 정치철학의 후퇴 내지 소멸을 초래했다. 애초에 정치철학은 정치적인 것에 대한 진정한 지식을 추구하는 것이었다. 이러한 정치철학은 실용적인 언어로 쉽게 통역되지 않는 경우가 많아서 실천의 공간에서는 무용한 것으로 비춰질 가능성이 높다. 사실, 이러한 진정한 정치철학은 극히 제한된 사람들만 종사하고 있고 좀처럼 대중에 모습을 드러내지 않는 경향이 있어서, 대신 정치철학의 자리에 사이비 정치철학이 들어와 있는 모습을 종종 보게 된다. 정치를 과학적, 분석적으로 논하기만 하면, 그것을 "정치철학"으로 이해하거나, 하물며 유명 정치인 누구누구의 정치이데올로기나 프로파겐다를 정치철학으로 오인하는 경우도 없지 않다.

실증적 정치과학이 득세하고, 진정한 정치철학이 후퇴한 상황은 정치적 현실주의를 더욱 강화시키는 결과를 낳았다. 주지하는 바와 같이 정치철학사에서 정치적 현실주의는 마키아벨리에 의해서 정형화됐다. 마키아벨리는 정치의 목적을 형이상학에서 찾는 것을 비판하고, 현실의 공간 안에서 정치의 목적을 재정의하는데, 이러한 정치적 현실주의는 이후 정치철학이 후퇴하면서, 현대의 가장 강력한 정치이념으로 자리 잡았다. 현실정치의 영역에서뿐 아니라, 대학에서조차 정치적 현실주의가 아닌 이상주의의 필요성을 주장하는 것은 나이브하거나 시간 낭비라고 여기는 이들이 많다.[4]

정치적 현실주의의 득세는 근대 정치철학이 스스로 이론의 총체성과 보편성을 포기하고 실천의 영역에 주도권을 넘겨준 것과 무관하지 않다. 이런 맥락에서 헤겔은 철학자는 언제나 정치적 행위의 사후에 비로소 철학적인 사유가 시작될 수 있다고 선언했는지 모른다. 이런 관점이라면, 리쿠르고스라는 입법자가 없었다면, 아리스토텔레스의 혼합정체론은 존재할 수 없고, 그리스 정치 공간이 없었다면 플라톤의 정치철학이 나올 수 없다. 이론과 실천의 관계에 대한 근대적 사유는 결국 정치과학의 득세와 정치철학의 후퇴 그리고 정치적 현실주의의 확고한 지배력의 확보로 요약된다.

근대적 사유의 세 번째 요소는 세속화와 세속주의의 우세다. 세속화는 근대 주권국가의 형성 과정과 밀접하게 연관되어 있다. 유럽은 종교전쟁을 종결하고 맺은 웨스트팔리아 조약을 통해 개별 정치 공동체에게 종교를 선택할 수 있는 자유를 허용했다. 개별 정치 공동체가 종교를 선택할 자유를 가졌다는 것은 종교의 자유를 획득했다는 사실 이상의 의의를 지닌다. 정치 공동체에 허용된 종교의 자유는 공동체가 외부의 간섭을 받지 않는 독자적인 권위를 가졌다는 것을 의미한다. 즉 대외적으로 어떠한 간섭도 받지 않으면서, 대내적으로는 절대적인 권력, 즉 주권을 가진 근대 국가가 탄생한 것을 의미한다(김준석 2018). 따라서 근대 국가의 탄생은 개별 공동체에 부여된 종교의 자유와 밀접히 연관되어 있다. 근대 초기의 종교의 자유는 개인에게 부여된 것이

4　국제정치 분야가 교조화된 정치적 현실주의가 발견되는 대표적인 학제이다.

아니라, 공동체를 단위로 부여된 자유였다. 그러나 점차 개인의 종교의 자유에 대한 요구가 높아지면서, 근대 국가는 주권의 양태는 그대로 유지한 채, 시민 개개인에게 종교의 자유를 허용하는 방식으로 문제를 풀어갔다. 개개의 시민에게 종교의 자유를 허용하면서, 시민들에게 여전히 주권을 행사하기 위해서 필요한 조치 중 하나가 정교 분리다. 정교 분리는 시민들에게 종교의 다원성을 허용하면서, 여전히 시민들을 대상으로 주권을 행사할 수 있는 방안으로 활용되었다. 정교 분리와 이와 함께 수반되는 세속화는 근대 주권 국가의 형성이라는 독특한 맥락 속에서 생성된 결과물이다.

그러나 최근 근대 주권 국가의 세속화론에 반기를 드는 학자들이 늘어나고 있다.[5] 이들은 애초에 근대 국가가 전적으로 세속화에 성공했다는 사실 자체를 의심한다. 정교 분리는 교권으로부터 세속 권력을 유지하기 위한 표면적인 주장에 불과하고, 정작 주권자는 스스로를 신의 절대적 권위를 대체하는 권력을 행사할 의도를 갖고 있었다는 것이다. 이들에 의하면, 근대 국가의 주권은 이른바 정치신학을 토대로 형성된 것이다(Schmitt 2005). 이런 관점에서 보면, 최근에 목격되는 종교의 재부상은 사실 재부상이 아닌 재인식이 되는 셈이다. 근대 국가의 세속화와 세속주의는 허상에 불과하고, 종교는 늘 개인의 사적 영역에서뿐 아니라 국가의 공적 영역에서도 활동하고 있었던 것이다.

---

5   대표적으로 Peter Berger(1999)가 있다.

IV. 대안으로서의 고대적 사유

고대적 사유는 근대적 사유와 달리 종종 그것 자체로 거부감을 유발하
는 경향이 있다. 고대적 사유를 근대적 사유의 대안으로 검토하기 위해
서는 우선, 고대적 사유에 드리워져 있는 선입견부터 제거할 필요가 있
다. 고대적 사유에 대한 첫 번째 선입견은 고대 사상, 특히 고대정치철
학은 반(反)민주적이라는 인식이다.

　　주지하는 바와 같이 고대정치철학이 반민주적이라는 인상을 주는
데 가장 큰 영향을 미친 인물은 플라톤이다. 플라톤은, 최선의 정체는
구성원들이 각자 자신이 맡은 일을 해야 하는데, 민주정은 모든 이가
무분별하게 지배에 참여하려 든다는 이유에서 민주정을 비판했다. 그
러나 플라톤이 민주정만을 비판한 것은 아니었다. 민주정뿐 아니라 과
두정도 플라톤의 이상국가의 기준에 미치지 못하는 것은 마찬가지였
다. 플라톤이 유독 민주정만을 비판한 것으로 보이는 이유는 당시 아테
네의 정체가 민주정이었고, 또한 아테네 민주정은 그의 스승 소크라테
스를 처형한 주체였기 때문이다. 플라톤에게 현실에 존재하는 모든 정
체는 그의 형이상학적 기준에 못 미치는 정체다. 오히려 플라톤은 민
주정이 추구하는 자유의 가치를 긍정적으로 평가했다. 특히 플라톤은,
현실에 존재하는 열등한 정체 가운데 민주정만이 가장 훌륭한 삶의 방
식인 철학적 삶을 허용하는 관용이 발휘되고 있음을 의식하고 있었다.
소크라테스를 처형한 아테네의 민주정도 소크라테스의 철학적 활동을
그의 나이 70세에 이를 때까지 저지하지 않았다.[6] 플라톤이 민주정에
대해서 제기했던 비판은 자유 자체가 아니라 자유의 지나침(exousia)

6　소크라테스가 아테네 민주정에 처형당한 것은 아리스토파네스가 그에 대한 아테네인들
　의 편견과 혐오를 간접적으로 표현한 〈구름〉이 상연되고 나서도 약 23년이 지난 후였다.

이었다. 자유의 지나침을 비판하는 것은 시대에 국한된 것이 아니다. 플라톤의 민주정 비판을 근거로 고대사상을 거부하는 것은 온당하지 않다.

고대적 사유를 반민주적이라고 볼 수 있는 보다 근본적인 이유는 고대의 사상가들이 다수에 의한 심의를 매우 부정적으로 평가하고 있기 때문이다. 고대 사상가들은 다수에 의해 통치되는 민주정에서 공동선이 달성될 가능성을 매우 낮게 봤다. 다수가 갖는 계급적인 속성상, 이들이 공동선을 심의할 만한 시간적 여유를 갖고 있지 못할 뿐더러, 심의에 필요한 적정한 수준의 교육도 결여하고 있다고 봤기 때문이다. 이에 반해, 근대적 사유는 다수에 의한 심의, 이른바 민주적 심의에 대한 "신뢰감"을 표명하고 있다. 근대 이후 다수 대중의 경제적 지위는 꾸준히 상승했고, 국민교육이 보편화됨으로써 근대의 다수 대중의 교육 수준은 상당한 수준에 도달한 것은 사실이다. 그러나 근대적 다수가 경제적 여유를 얻고, 상당한 수준의 교육을 받았다는 측면에서 이제 공동체를 위한 건전한 심의를 할 만한 자질을 갖추었다고 할 수 있을까? 근대의 다수가 고대의 다수에 비해서 더 많은 교육을 받고 있는 것은 사실이다. 그러나, 대부분 "기술교육"에[7] 집중되어 있는 현실을 감안할 때, 이들이 과거의 다수보다 민주적 심의를 하기에 충분한 자질을 갖추었다고 단정하기는 어렵다. 고대 사상가들의 민주정에 대한 비판은 오늘날에도 여전히 유효한 부분이 있다.

고대적 사유에 대한 두 번째 선입견은 고대적 사유는 이미 근대

---

7   경제활동을 하기 위해 필요한 교육을 "기술교육"이라고밖에 달리 표현할 길이 없다. 기술(technē)을 폄하하는 것이 아니다. 다만 우리의 교육, 또 교육에 대한 수요가 진정한 지식(epistemē)에 대해서는 전혀 관심을 갖지 않고, 기술에만 집중되어 있다는 것은 개탄할 수밖에 없다.

자연과학에 의해 부정된 근거 없는 고대 천문학(cosmology)에 의존하고 있다는 가정이다. 신화(神話)에 익숙한 고대인들에게, 천문학은 많은 부분 신화적 언어로 서술되어 있다. 천체(天體)를 포함한 자연을 물리적인 것으로만 보는 근대인들에게는 이는 용납하기 어려운 부분이다. 그러나 고대 사상에서 천체에 대한 이해는 신화적 언어로만 표기되어 있지 않다. 고대 사상은 자연 전체를 지식의 대상으로 놓고서, 신학뿐 아니라, 수학과 기하학을 동원해 전체에 대한 지혜에 접근하고자 시도하고 있다. 고대 사상이 근대 사상과 가장 큰 차이를 보이는 것은, 후자가 실험하고 관찰할 수 있는 것만 지식의 대상으로 여기는 반면 전자는 자연 전체를 지식의 대상으로 간주한다는 점이다. 이와 더불어 고대 사상은 이러한 전체에 대한 지식은 인간사를 제외한 물리적인 세계의 원리에 그치는 것이 아니라 인간사를 둘러싼 도덕적 영역까지도 관여한다고 믿었다. 고대적 사유에서 인간과 인간사는 분명 자연 전체의 일부분이었다.[8]

고대 사상이 자연 전체에 대한 지식을 인간사의 규범적 원칙으로 치환하여 제시한 것 중의 하나가 절제와 정의의 덕에 대한 강조이다. 인간이 자연 전체를 알지 못한다는 사실에 대한 자기의식은

---

8   이러한 사유를 완전히 낯선 것으로 여길지 모르나, 오늘날에도 흔히 사용하는 "인간본성"(Human Nature)이라는 표현을 떠올려 보면, 우리도 유사한 사고를 하고 있다고 할 수 있다. 인간본성이란 인간에 내재하는 자연적인 기질을 말할 텐데, 그 기질은 인간이 스스로 부여한 것이 아니라, 자연에 의해서 부여된 것이라고 할 수 있다. 어떤 인간적인 시도도 인간본성을 바꿀 수 없는 것이겠기 때문이다. 이런 관점에서 인간 본성(Human Nature)은 본성, 즉 자연(Nature) 전체에 대한 완벽한 지식을 얻기 전에는 알아 낼 수 없다. 이는 인간의 행위를 아무리 "잘", 또 "많이" 관찰한다고 해서 얻어질 지식이 아니다. 그럼에도 불구하고, 이른바 행동과학(behavior science)은 다수가 어떠한 자극에 동일하게 반응하는 것으로부터 인간본성의 단면을 드러낼 수 있다고 믿는다. 그러나 그러한 단면들을 축적하면 인간본성이 그려질 수 있을까?

(self-consciousness)은 인간의 한계를 깨닫는 절제(sophrosune, self-knowledge)를 촉구한다. 또한 자연의 각 영역이 조화를 이룰 필요가 있음을 인식하는 것은, 인간사에서도 각자 자기 역할을 하는 것이 정의(正義)임을 깨닫게 한다. 절제와 정의를 개인이나 국가가 어떻게 적용할 것인가는 여전히 남겨진 문제이다. 그러나 고대적 사유 방식에서의 천문학 혹은 우주학은 근대 자연과학이 포기한 자연에 대한 이해와 인간사를 총체적으로 결합하고 있음을 주목할 만하다. 여기서 굳이 고대적 우주관을 변호할 이유는 없다. 다만 근대나 고대 모두 인간의 도덕 규범의 토대를 절대적으로 확보하지 못한 상황에서, 자연 전체에 대한 지식을 추구한 고대적 사유가 근대의 "과학적" 우주관보다 열등하다고 간주하고 고대적 사유 전체를 배격하는 것은 온당하지 않다는 것을 지적하는 것이다. 이제 고대 사상에 대한 편견에서 벗어나 고대적 사유 방식의 의의를 검토하고자 한다.

먼저 역사에 대한 고대적 사유 방식의 특징을 살펴보자. 고대적 사유 방식에서 발견되는 최초의 역사 개념은 헤로도토스의 『역사』에 기원을 두고 있다. 이 "역사서"는 시간의 흐름을 전제로 나열된 사건의 서술이 아니라, 다양한 지역에 존재하는 인간의 다양한 삶의 방식을 시간의 선후에 구애받지 않고 서술한 비교문화인류학서라고 할 수 있다. 그렇기는 해도 이 최초의 "역사서"를 통해서 우리는 서구 문명에서 최초로 상대주의의 단초를 발견할 수 있다. 헤로도토스의 『역사』에서 드러나듯, 다양한 삶의 방식이 존재한다는 것은 곧 노모스(관습과 법)가 다원적이라는 사실을 깨닫게 되는 계기가 되고, 이는 곧이어 자신을 구속하는 노모스가 절대적으로 옳은 것이 아니라, 상대적이라는 결론을 내릴 수 있기 때문이다(Herodotus 1920).

투키디데스의 『펠로폰네소스 전쟁사』 역시 아테네의 노모스와 스파르타의 노모스를 대조하며 전쟁의 경과를 서술하고 있다. 투키디데스의 전쟁사는 아테네인의 진취적이며 도전적인 민족성은 제국으로 성장하기에는 유리하지만, 제국이 발전하는 과정에서 점차 스파르타의 신중하고 절제 있는 민족성에 의해 제압당하게 된다는 것을 암시한다. 제국을 쟁취할 때 필요한 노모스와 제국을 유지할 때 필요한 노모스가 상이하다는 것이다(Thucydides 1921).

노모스가 상대적이라는 고대적 인식은 흡사 근대석 사유와 마찬가지로 가치 상대주의로 이어질 법하지만, 헤로도토스의 『역사』도, 투키디데스의 『펠로폰네소스 전쟁사』도 결코 가치 상대주의를 지향하고 있지 않다. 지역에 따라 다양한 노모스가 존재한다는 것은 오히려 노모스의 우열을 결정할 필요성을 요청한다. 전쟁의 경과에서 어떤 때는 아테네의 노모스가 또 어떤 때는 스파르타의 노모스가 전쟁에서 유리하게 영향을 미쳤다는 것은, 어떤 노모스가 공동체를 위해서 좋은 노모스인가라는 문제를 제기한다.

고대적 사유 방식은 노모스의 우열을 가려내고, 좋은 노모스를 구현하기에 적절한 기준을 구비하고 있었다. 바로 자연(퓌시스)의 개념이 그것이다. 고대적 사유에서 자연은 근대에서처럼 경험과 관찰의 대상, 물리적이고 분절된 자연이 아니다. 고대적 사유에서의 자연은 총체적이고, 포괄적인, 모든 것이 담겨 있는 "전체"로서의 자연이다. 전체로서의 자연이야말로 노모스를 평가할 기준이 될 수 있다. 문제는 이 포괄적인 의미의 자연을 명료하게 정의 내릴 수 없다는 것이다. 어찌보면, 명료하게 정의 내릴 수 없다는 것이 전체로서의 자연이 갖는 특징이자, 그것이 전체라는 증거이기도 하다.

그럼에도 불구하고 펠로폰네소스 전쟁 중에 아테네인들은 자연이 그들에게 제국의 지위를 허용했다고 주장하거나, 자연의 본질은 결국 강자가 약자를 지배하는 것이라고 주장하며, 자연의 본질에 대해 자의적으로 정의 내렸다. 투키디데스는 펠로폰네소스 전쟁사의 기록을 통해서, 감히 자연의 원리를 알고 있다고 주장하는 아테네인들이 결국 자멸을 초래했음을 경고한다.

투키디데스에 따르면 자연은 아테네인들이 휘브리스를 드러낼 때마다 처벌했다. 제국의 초기, 아테네인들이 스스로를 "헬라스의 학교"라고 일컬으며 자부심을 숨기지 않을 때, 자연은 아테네에 전염병을 내려 상당수의 생명을 앗아갔다. 제국의 후반기, 아테네인들의 휘브리스는 무모하게도 시칠리 원정을 감행하게 함으로써 제국의 쇠퇴를 앞당겼다. 이런 맥락에서 자연은 인간의 제한적 능력을 비춰주는 거울이다. 인간은 결코 자연 전체의 본질이나, 그 원리에 도달할 수 없다. 따라서 자연에 대해 인간이 가질 수 있는 최고의 지혜는 인간 지식의 한계, 인간 능력의 한계를 깨닫는 것이다.

고대 사상에서 역사란, 노모스와 퓌시스의 관계를 이해할 수 있는 경로다. 따라서 역사는 결코 노모스의 상대주의를 입증하거나 가치 상대주의를 유발하지 않는다. 퓌시스는 노모스가 올바로 형성되어 있는가의 기준이 된다. 퓌시스의 원리가 무엇인지 확정되어 있지는 않지만, 적어도 퓌시스는 인간은 휘브리스를 드러내는 것을 경계해야 하고, 절제와 정의의 원리를 추구해야 한다고 암시한다. 이것이 역사 인식을 둘러싼 고대적 사유의 첫 번째 특징이다.

고대적 사유의 두 번째 특징은 이론과 실천의 관계를 보는 독특한 시각에 있다. 결론부터 말하자면, 고대적 사유는 이론과 실천의 이분법적 구분을 초월하는, 독특한 방식의 이상주의를 지향한다.

일반적으로 고대 사상은, 아무 곳에도 존재할 수 없는(ou-topos), 굳이 실현 가능성을 입증할 필요가 없는, 유토피아적 이상주의를 지향하는 것으로 이해된다. 그러나 고대 사상이 지향하는 이상주의의 초점은 그것이 아무 곳에도 존재하지 않는다는 것이 아니라, 그것이 "가장 바람직한 것", 최선의 것(the best)이라는 데 있다. 예컨대, 최선의 정체(the best regime)를 정함에 있어서, 그것이 어디엔가 반드시 존재해야 함(혹은 존재했어야 함, 존재할 것임)을 전제로 하는 것은 아니다. 최선의 정체는 "존재할 수 있는 것"이면 된다. 플라톤이 철인왕에 의한 정체가 최선의 정체라고 선언했을 때, 과거나 현재의 어디엔가 철인왕이 통치하는 국가가 존재한다는 것을 의미하는 것은 아니다. 플라톤의 최선의 정체가 최선의 것임을 입증하는 데에는 그것의 실현 가능성을 역사적으로 혹은 경험적으로 증명할 필요가 없다.

오히려 플라톤은 그가 제시한 최선의 정체가 얼마나 실현 가능성이 낮은지, 그것을 실현하는 것은 사실상 불가능에 가깝다는 것을 알리는 데 주력했다(Strauss 1978; cf. Schofield 2006). 최선의 정체를 제시해 놓고 그것이 거의 불가능하다는 주장을 하는 것은 어떤 의미인가? 플라톤은 그것의 실현을 섣불리 시도하는 것을 경계한 것이다. 다시 말해, 철인왕의 정체를 실현한답시고 이미 정치권력을 갖고 있는 자가 철학자인 연(然)하거나, 철학자를 자처하며, 정치권력을 요구하는 것은 위험한 결과를 초래할 수 있다고 경고한 것이다. 최선의 정체에 대한 논의가 실천의 영역에서 갖는 의의는, 현재 자신이 속한 정체가 최상의 정체와 얼마나 떨어져 있는가를 확인하고, 현재의 상태에서 최선의 정체로 나아갈 수 있는 실천적 방안을 모색하는 것이다.

고대적 사유에서 최상의 정체는 그것의 실현을 단박에 시도하기 위한 마스터플랜이 아니다. 고대적 사유는 최선의 정체를 탐색하고, 그것이 가장 바람직한 것임을 주장하는 면에서 분명 이상주의의 편에 서 있지만, 동시에 그것의 무모한 실천을 경계하는 측면에서 현실주의 편에 서 있다. 따라서 고대적 사유는 이상주의와 현실주의의 양분법적 사고를 초월한다. 이상은 현실을 보완하고, 현실은 이상을 제약하지 않는다. 다시 말하자면, 이상은 현실에서 무엇을 목표로 실천해야 하는가를 안내하고, 현실의 조건이나 상황은 무엇이 가장 바람직한 것인가를 결정하는 데 이상을 제약하지는 못한다는 것이다.

앞서 살펴본 것처럼, 근대적 사유는 전형적으로 이상주의와 현실주의의 양분법적 사유에 기반해 있다. 근대적 사유 방식에서 이상은 그것이 무엇이든 현실의 적용과 실현을 목표로 삼는다. 이상은 현실에서의 실현에 실패하게 되면 그 가치를 상실하게 된다. 따라서 근대적 사유 방식에서 실현 가능성 혹은 실천 가능성은 가장 바람직한 것을 결정하는 제약이 될 수밖에 없다.

실현 가능성 내지 실천 가능성을 강조하는 근대적 사유는 가장 강고한 현실주의, 권력 중심의 현실주의를 등장시킨다. 이러한 현실주의는 권력자가 설정한 "이상"을[9] 실현하기 위해서 가용한 모든 수단을 동원하는 것을 의미한다. 이렇게 설정된 이상은 진정으로 바람직한 것이 무엇인가를 탐색함으로써 나온 것이 아니라, 권력자의 이익을 감추고 있는 허상에 불과하다. 따라서, 어떤 규범도 현실주의의 명분으로 권력자가 선택한 수단을 제약하지 못한다. 이러한 문제의 출발점에는 이상과 현실을 극단적으로 분리한 근대적 사유 방식이 존재한다. 실현 가능성에 집착한 근대적 사유 방식은 이상을 완전히 배제한 현실주의에 귀착하거나, 현실의 방향성을 완전히 상실한 허무주의에 빠지는 결과를 초래할 수 있다.

마지막으로 종교와 정치의 관계에 대한 이해에 있어서도 고대적

---

9   이때의 이상은 무엇이 바람직한 것인가의 탐구에 의해서 나온 것이 아니라, 현실의 권력에 종속된 권력자가 설정한 이상이다.

사유는 근대적 사유와 차별성을 갖는다는 것을 지적하고자 한다. 종교와 정치의 관계에 있어서 고전정치철학은 일견 근대적 사유 방식과 유사하게 정치와 종교는 분리되어야 한다는 입장을 취하는 듯하다. 고전정치철학은 정치의 본질과 정치공동체의 운영은 철학이 관여할 대상이지 종교가 개입할 문제가 아니라고 보기 때문이다. 이런 맥락에서 고전정치철학은 근대적 사유와 성격을 달리하긴 하지만 정교분리의 원칙을 갖고 있다고 할 수 있다. 종교는 이상적 정체를 구상하는 데 개입할 수 없으며, 종교적 신념만으로는 공동체에서 요구되는 정의를 구현할 수 없다는 것이 고전정치철학의 입장이다.

그러나 고전정치철학이 정치공동체에서 신학적 요소를 완전히 배제했다고 보기는 어렵다. 정의로운 국가를 말로써 만들어가는 플라톤의 『국가』에서 소크라테스는 수호자들을 교육시키기 위해 신학(神學)을 동원한 바 있다. 불경죄로 기소된 소크라테스도 자신이 무신론자가 아님을 증명하는 데 애쓴다. 고전정치철학에서 신학은 결코 잊히거나 배제되지 않았다. 그러나, 고전정치철학이 수용한 신학은 이상국가의 실현이라는 철학적 과제를 완성하는 과정에서 동원된 수단이라는 한계를 갖는다. 그럼에도 불구하고 고전정치철학은 신학이 결코 철학에 종속될 수 없음을 잘 인식하고 있었다. 신학은 철학이 추구하는 지혜를 신의 계시를 통해 얻을 수 있다고 믿을 뿐만 아니라 계시의 진위를 가리는 데 철학에 의존하지 않는다. 철학은 합리적 이성에 근거해서 계시를 거부할 수는 있지만, 애초에 합리성을 기반으로 하지 않는 계시에 대한 믿음을 배제하거나 부정할 수 없다. 정의란 무엇인가를 밝히기 위해 장시간 철학적 논의가 펼쳐진 플라톤의 『국가』에서 신실한 케팔로스는 신께 제사를 지내기 위해서 일찍 자리를 떴다. 철학적 논의는 온전한 믿음을 가진 신학이 부재한 상태에서 비로소 시작된 것이다.

요컨대, 고대정치철학은 철학이 공동체 내에서 종교의 유용성을 검증할 수는 있지만(근대적 용어로 환언하자면, "시민종교의 차원에서 철학이 종교를 수용할 수는 있지만"), 철학이 종교를 완벽하게 논박할 수 있다고 여기지 않았다. 이성을 통한 철학이 계시를 통한 종교를 완벽히 부정할 수 없음을 고전정치철학이 인식하고 있었기 때문이다. 고대적 사유에 따르면 철학과 종교, 이성과 계시는 배타적인 관계가 아니라 적어도 상호 인정과 공존의 관계였다.

V. 결어: 정치철학의 역할 회복을 위하여

언제부턴가 우리는 더 이상 정치철학자에게, 공동체가 지향해야 할 가장 중요한 가치가 무엇인지, 세계정치의 미래는 어떠할 것인지, 또 인류의 역사는 어떤 방향으로 나아가고 있는지에 대해서 묻지 않게 됐다. 오늘날 "정치철학자"라고 일컫는 이들도 이러한 거대한 의제를 떠맡기를 거부하고, "철학적으로 분석 가능한" 내용만을 골라서 철학적 사유 혹은 "사고실험"의 결과로서 내놓는 것을 정치철학자로서의 소임으로 여기고 있는 듯하다. 20세기 중반까지만 하더라도 사정은 달랐다. 하이데거, 슈미트, 아렌트, 스트라우스, 푸코, 벌린, 롤스와 같이 우리에게 비교적 친숙한 이름의 정치철학자들은 전 세계가 주목할 만한 정치적 의제를 선도적으로 제시했고, 예의 이에 대한 대중적 권위와 존경이 뒤따랐다. 대중이 이들의 정치철학을 얼마나 잘 이해했는가와는 별도로 이들의 대중적 영향력은, "그들만의 리그"를 벌이고 있는 오늘날의 정치철학자와는 질적으로 다른 것이었다. 근본적인 문제는 오늘날과 같은 학문적 분위기에서는 "정치철학은 무엇을 해야 하는가" "정치철학의 역할은 무엇인가"라는 질문을 던지는 것조차 어려워졌다는 것이다. 정치철학은 현재 "정치철학이 무엇인가"에 대한 근본적인 물음을 잊은 채, 스스로를 철학의 소분야로서, 혹은 정치학의 주변 영역으로 간주하며 "성실하게" "과학적인" 연구를 지속하며 상아탑에 안주하고 있다.

　그러나 21세기의 국내외의 여건은 정치철학의 역할을 강하게 촉구하고 있다. 여러 영역에서 빠르게 변모하고 있는 세계와 이에 영향을 받는 우리 공동체는 어디로 향하고 있으며, 또 어디로 가야 하는가에 대한 종합적인 진단을 제시할 필요성이 제기된다. 정치철학이 자신의 정체성을 제대로 회복하려면, 21세기 정치현실의 변화에 응답해야 한다.

　오늘날 제기되는 새로운 정치현실의 몇 가지 단면을 상기해보자. 우선, 9·11을 계기로 세계정치에서 종교의 재부상이 가시화됐다. 근대 이후 자유주의 정치이념이 지속해 온 세속화의 원리가 심각한 도전에 직면한 것이다. 자유주의 국가 내부적으로도 정교분리, 공사(公私) 분리와 같은 기왕의 자유주의적 해법의 한계가 드러나면서, 세속화와 세속주의의 가치에 의문이 제기되기 시작했다. 한편, 브렉시트와 트럼프 당선을 계기로 민주주의에 대한 확신과 기대에도 빨간불이 켜졌다. 민주주의를 가장 발전시킨 나라라고 일컬어지는 나라에서조차 대중은 가짜 뉴스나 이기적 민족주의에 손쉽게 굴복하는 현상이 벌어지고 있다. 이제 "탈진실"(post-truth)의 정치는 예외적인 상황이 아니라, 국내외적으로 사회 전반에 만연해 있는 현상이 되었다. 전 세계의 정보를 빠르고 널리 전달할 수 있는 기술의 발전은 탈진실 현상을 악화시키는 데 기여하는 듯하다. 또한 최근 코로나 전염병으로 인한 전대미문의 사회경제적 혼란을 경험하면서, 세계 각국은 민주적 의사결정 과정의 정당성에 강한 의심을 제기하기에 이르렀다. 요컨대, 종교의 재부상과 탈진실의 득세, 보건안보와 같은 새로운 안보 의제의 등장 등은 인류가 몇 백년 간 이상적인 정체로 여겨온 자유민주주의 체제가 앞으로 온전히 유지될 수 있을지, 또 자유민주주의 자체가 가장 이상적인 것인지조차 의심스럽게 한다.

자유민주주의의 미래는 존재하는지, 진리는 영원히 정치의 영역에서 멀리 떨어져 나가게 될지, 종교는 앞으로 세속주의를 거슬러 얼마나 위력을 발휘하게 될지 등과 관련하여, 세계는 불확실성과 혼란이 가중되고 있는 가운데, 오늘날의 정치철학은 우리 공동체와 세계가 나아갈 방향에 대해 어떤 비전도 제시하지 못하고 있다.[10] 무엇보다 복잡한 현실 속에서 무엇이 옳고, 무엇이 그른 것인지를 판단할 수 있는 기준을 제시하지 못하고 있다. 앞서 살펴본 바와 같이, 보다 근본적인 문제는 현재의 정치철학은 이런 역할에 관심조차 없다는 것이다. 정치철학이 이런 상황에 이르게 된 것은 지난 반세기 동안의 학문의 흐름과 무관하지 않다. 사실 20세기 중반 이래 정치철학은 정치사상사, 정치이론 등과 구분 없이 사용되면서, 마치 정치과학(political science)의 분과학문으로 그 의미가 축소되어 버린 측면이 없지 않다. 특히 최근에는 영미를 중심으로 정치철학을 규범적 분석철학과 동일시하면서, 정치철학 고유의 역할을 왜곡하는 데 일조했다. 규범적 분석철학은 현대 사회의 일부분의 규범들을 분석적으로 설명해 주지만, 우리가 어떤 가치를 가져야 하고, 우리 공동체가 어디로 가야 하는가를 통합적으로 제시해 주지 못한다. 아니 그러한 목적의식조차 상실했다.

이 글은 이러한 사태에 부응하기 위해서, 우리의 사유 방식의 기저

---

10   이러한 경향에도 불구하고 절제의 정치를 주장하며 현대정치철학이 나아갈 길을 제시한
      Craiutu의 연구는 주목할 만하다(Craiutu 2017).

에 존재하는 근대적 사유 방식을 비판적으로 검토하였고, 그 대안으로 고대적 사유 방식을 적용할 가능성을 조심스럽게 검토하였다.

고대적 사유가 과연 철학의 역할 회복을 위한 전기(轉機)를 제공할 수 있을까? 앞서 살펴본 바와 같이, 고대적 사유는 역사와 이상(理想) 그리고 철학을 보는 관점이 오늘날의 지배적인 관점과는 매우 대조적이다. 그러나 우리 자신을 자세히 들여다보면, 우리의 사유 방식은 이미, 어느 정도는 고대적 사유 방식에 귀를 기울이고 있음을 알 수 있다. 자연에 대한 경외(敬畏)를 통해 절제와 정의를 추구하는 역사관, 이상(理想)의 가치를 존중하면서도 독선적인 이상주의는 경계하는 이상과 현실의 절충주의, 종교나 신앙은 결코 합리적인 이성으로 설명될 수 없다는 인식에 따른 탈세속주의는 이미 오늘날의 사유 방식 안에 들어와 있거나 충분히 수용 가능한 원칙들이다. 그러나 이러한 새로운 관념 틀이 우리 사회의 지배적인 사유 방식의 대안이 될 수 있다는 생각은 아직 섣부르다. 또한 그것이 바람직한 것인지도 아직 검토된 바 없다. 대안으로서의 사유 방식은 반드시 기존의 지배적인 사유 방식을 대체하는 것을 목적으로 하진 않는다. 다만, 기존의 지배적인 사유 방식에 제동을 걸어 지나온 길을 되돌아보게 하고, 미래의 진행 방향을 검토하게끔 하는 것이 목적이다.

정치철학은 대안적 사유 방식을 소개하는 것으로 그쳐서는 안 된다. 중요한 것은 그것이 플라톤의 사상이냐, 아리스토텔레스의 사상이냐가 아니라, 이들의 사유 방식을 통해서 우리의 삶을 바꿀 수 있는가이다. 고대 철학자들을 통해서 드러난 고대적 사유 방식이 단박에 우리 사회의 문제를 해결할 수 있는 대안으로 떠오르기를 기대할 수는 없다. 우선, 정치철학자들의 각성과 성찰이 필요하다. 현대 정치철학을 하느냐, 근대 혹은 중세 정치철학을 하느냐가 중요하지 않다. 도덕적으로 아노미에 가까운 상황을 목격하는 한국 사회에서 정치철학자들은 지금 무엇을 하고 있는가를 스스로 돌아봐야 할 때다.

참고문헌

김준석. 2018. 『국제정치의 탄생』. 서울: 북코리아.

Asad, Talal. 2003. *Formations of the Secular: Christianity, Islam, Modernity*. Stanford University Press.

Berger, Peter L. ed. 1999. *The Desecularization of the World: Resurgent Religion and World Politics*. Washington, D.C.: Ethics and Public Policy Center.

Craiutu, Aurelian. 2017. *Faces of Moderation: The Art of Balance in an Age of Extremes*. Philadelphia: University of Pennsylvania Press.

Fukuyama, Francis. 1992. *The End of History and the Last Man*. NY: The Free Press.

Herodotus. 1920. *The Persian Wars, Vols. I~IV* (Loeb Classical Library). trans. A. D. Godley. Boston: Harvard University Press.

Larborde, Cecile Laborde. 2017. *Liberalism's Religion*. Boston: Harvard University Press.

Nelson, Eric. 2019. *The Theology of Liberalism: Political Philosophy and the Justice of God*. Boston: Harvard University Press.

Schmitt, Carl. 2005. *Political Theology: Four Chapters of Sovereignty*, Trans. George Schwab. Chicago: University of Chicago Press.

Strauss, Leo. 1959. "What is Political Philosophy." in *What is Political Philosophy and Other Studies*. Chicago: University of Chicago Press.

_____. 1965. *Natural Right and History*. Chicago: University of Chicago Press.

_____. 1978. *City and Man*. Chicago: University of Chicago Press. cf. Malcolm Schofield, *Plato: Political Philosophy* (Oxford: Oxford University Press, 2006).

Thucydides. 1921. *History of the Peloponnesian Wars, Vols. I~IV* (Loeb Classical Library). trans. C. F. Smith, Boston: Harvard University Press.

제2장　　　민주와 공화 사이에서
—양분법의 정치를 넘어서—

김경희(이화여자대학교)

* 이 장은 『한독사회과학논총』 제30권 제2호(2020. 06)에 게재된 논문 "민주와 공화 사이에서
　—보댕 및 루소의 주권론과 혼합정체론의 조화"를 일부 수정하여 옮겨 실은 것입니다.

I. 들어가며

현대 민주주의 사회는 대화와 타협을 통한 상생의 사회를 목적으로 한다. 하지만 이상과 현실의 괴리는 생각보다 크다. 민주주의 사회에서 때로는 대결과 배제 그리고 비타협이 난무하는 분열과 증오의 정치가 더 횡행하기도 한다. 건전한 시민층이 부재한 곳에서 포퓰리즘이 숙고와 숙의의 민주정치를 대체한다. 여기에 스스로의 의무와 권리를 방기하고 시민들은 주체적 시민에서 수동적 시민으로 변하여, 지도자와 엘리트층에 판단과 결정의 권리를 일방적으로 위임하기도 한다.

우리나라 헌법 제1조 1항에 나와 있듯이 대한민국의 국체는 민주공화국이다. 민주는 권력의 향배를 나타내기에 권력이 국민에게 있다는 것이다. 이는 "대한민국의 주권은 국민에게 있고, 모든 권력은 국민으로부터 나온다"는 헌법 제1조 제2항에 잘 나타나 있다. 반면 공화는 정치형태를 뜻하기에 3권 분립 속에 행정, 입법, 사법부가 견제와 균형을 이루는 체제이다. 이러한 민주공화국은 국민주권론에 기반하여 자유와 평등 속에 국민들의 공존공영을 목표로 한다. 하지만 민주공화국에서 공존과 협치 대신 독존(獨存)과 대립 그리고 분열의 정치가 나타나는 현상을 어떻게 이해할 수 있을까?

이 글은 대립과 배제 그리고 갈등과 분열의 정치가 양분법에 기반한 '주권'개념과 연관되어 있다는 문제의식에서 출발한다. '민주'는 인민 혹은 국민이 주인이라는 주권개념을 기본으로 가지고 있다. 주권개념은 단일성과 분리 불가능성 나아가 절대성을 그 특징으로 가지고 있다. 결국 최고 권력으로서 배타적 지배권을 갖고 있는 것이다. 군주주권론이건 혹은 국민주권론이건 주권론에서는 주권자의 의지와 그것을 통한 권력의 행사가 중요해진다. 주권자는 최고의 통일적 지배권을 배타적으로 행사하는 유일한 주체로 자리매김된다. 결국 주권론의 특성은 절대성, 통일성, 순수성, 그리고 배타성 등이다. 주권자는 선과 악, 통일과 분열, 순수와 불순, 안정과 혼란 등의 양분법적 구도 속에서 지배와 복종의 수단을 통해 공동체의 확립과 유지를 목적으로 내세운다.

하지만 공화는 지배의 배제를 특징으로 한다. 공화는 권력의 분점 및 견제와 균형을 통해 어느 한 세력이 절대적 우위를 점하는 것을 지양한다. 그것은 권력의 분점을 통해 권력의 독점과 그 속에서 나타나는 권력의 배타적 행사를 제어하고자 한다. 이러한 공화는 민주의 보존에 기여할 수 있다. 왜냐하면 민주가 국민 모두의 주권을 주장하는 것이라면 모두에 대한 배려가 필요하고, 권력의 분점은 공존을 지향하기 때문이다. 하지만 민주가 개별자들의 주권 요구로 나타나 독점과 배제의 경향을 나타낸다면, 그것은 민주의 의미 및 공화의 의미와도 대립되는 것이다. 민주의 주권의식이 강화되어 주인의식과 권력 요구의 과도화로 나타날 때, 대립과 배제 그리고 억압을 낳게 될 수 있다. 공화의 권력 분점과 균형에 대한 모색을 통해 이를 극복할 수 있는 방안을 찾는 것이 '민주공화'의 핵심적인 문제의식이다. 따라서 이 글에서는 먼저 주권론에 대한 분석을 통해 군주주권에서 인민주권에 이르는 민주의 핵심 문제의식에 대해 살펴볼 것이다. 아울러 혼합정체론이 가지고 있는 공화의 핵심 문제의식을 고찰할 것이다. 이를 통해 분열과 대립을 지양하고 도식적인 양분법을 넘어 새로운 대안을 찾는 길을 모색하고자 한다.

II. 민주―군주주권론에서 인민주권론으로

민주주의는 고대 아테네 시대 이래로 지난한 해석의 과정을 거쳐 왔다. 시민이 정치의 주체로 등장한 1789년 프랑스혁명을 통해 인민주권론을 전유한 민주주의는 긍정적인 의미를 가져왔다. 하지만 그 이전만 하더라도 민주주의는 굉장히 부정적인 의미를 지니고 있었다. 원래 민주주의(democracy)는 민중(demos)의 지배(kratia)라는 의미를 가지고 있었다. 아리스토텔레스의『정치학(*Politiká*)』에 나오는 유명한 정체 분류에 따르면 민주주의는 민중이 그들의 사익을 위해 지배하는 체제로 파악된다(Aristoteles 2009, 152). 이러한 고대의 민주주의 개념을 규정짓는 핵심 개념은 바로 '민중', '사익' 그리고 '지배'라는 개념이다. 민중은 시민층의 하층부를 이루는 집단이다. 이들은 아테네가 제국으로 발전하면서 커다란 변화를 겪게 되었다. 원래 아테네는 해상제국으로 발전하기 전까지 중무장 보병이 중심을 이루어, 중산층 시민이 정치 공동체의 핵심 계층이었다. 하지만 아테네가 페르시아와의 전쟁으로 해군 중심의 해상제국으로 발전하자 수병의 충원과 더불어 하층민이었던 테테스 계층이 시민층의 중심으로 자리 잡는다. 이들은 아테네 정치의 최고 결정기관인 민회를 장악하고, 자신들의 호전적인 정책을 주도한다. 전투와 전쟁을 통해 들어오는 수입에 의지했던 하층시민들은 신중한 정책보다는 무모한 전쟁의 수행을 지지했다. 그 결과는 펠로폰네소스 전쟁에서 시칠리아 원정으로 인한 아테네 해군의 패배로 이어진다.[1]

사익은 공익과 대비되는 개념이다. 공동체 구성원 전체의 이익이 아닌 하층민들만의 분파이익이며, 이는 공공선과 배치되는 것이다. 아테네의 하층민들은 농지 같은 자신들의 생산기반이 없었다. 대신 전쟁 수행을 통해 들어오는 전리품과 공물에 기반한 급료에 의존했으며 전

1   Thucydides(2011)와 Aristoteles(2002, 49-114) 참조.

쟁이 직업이 되었다. 그런데 전쟁은 나라가 수행하는 것이었다. 따라서 그들은 민회에 참여해 정책결정에 참여했다. 생계를 위해 국가정책을 결정했으며, 자신들만의 이익을 위해 공동체 구성원 전체의 운명을 좌지우지했던 것이다. 아리스토텔레스는 이러한 사익 추구가 이성적인 정치를 저해하고, 당파에 의해 좌지우지되는 과도한 정책으로 이끌었다고 보았다.

이렇게 분파이익의 배타적 추구를 가능하게 했던 것은 바로 지배라는 개념에 있다. 지배(kratia)라는 개념은 법 앞의 평등이라는 이소노미아(isonomia)와는 대립되는 개념이다.[2] 지배는 법치와는 달리 권력의 논리가 앞서는 개념이다. 지배는 정치권력의 장악을 통해 분파이익의 배타적 획득을 추구한다. 그런데 이러한 지배의 개념에는 극단과 과도함의 경향이 내재되어 있다. 그것은 지배가 권력의 독점적 소유를 지향하기 때문이다. 권력의 분점은 견제와 균형을 낳는다. 반면 권력의 독점은 아집과 오만 그리고 자의적 지배를 낳는다. 따라서 지배는 권력자나 지배층의 욕망을 극단화시켜 극단과 과도함으로 치닫게 한다. 결국 아테네 민중의 민회 장악과 호전적 정책을 통한 분파이익의 추구는 절제와 이성적 정치를 벗어나 비합리적인 정책결정을 이끌었고 그것은 국가의 몰락을 가져왔다.

지배의 이념이 가장 잘 드러나는 것이 바로 주권론이다. 주권은 처음에는 군주주권론으로 나타났고, 그 이론의 정초자가 바로 장 보댕(Jean Bodin)이다.[3] 장 보댕의 주권론은 종교전쟁으로 인해 혼란과 비탄에 빠진 국가 공동체를 구해내고자 한 노력을 잘 보여준다.[4] 중세

---

2 김현철(2018) 참조.
3 근대주권론이 나오기 전의 전사에 대해서는 박상섭(2008) 참조.
4 보댕의 주권론에 대해서는 오향미(2013)와 임승휘(2005) 등 참조.

를 넘어 근대에 진입한 유럽 사회는 종교개혁 등으로 인해 다양한 믿음과 의견의 충돌 상황에 놓여 있었다. 그 반목과 대립이 가장 심했던 국가 가운데 하나는 바로 프랑스였다. 프랑스는 주도권을 쥐고 있었던 전통 로마 가톨릭 세력과 신교도인 위그노(Huguenot) 세력 사이의 갈등과 대립이 심화되고 있었다. 가톨릭 세력이 위그노의 유력자들을 섬멸하려고 했던 '성 바르톨로메오 축일의 학살'(Massacre of Saint Bartholomew's Day)은 대결을 악화시켰고 이는 지속적인 내전으로 발전했다. 내전은 국가의 존립을 위협할 수준이었고 국가의 근간을 뒤흔들었다. 하지만 혼란에서 질서가 재탄생할 수 있었고, 프랑스 절대왕정을 낳게 하였다. 이는 프랑스 근대국가의 모태이기도 하였다. 이러한 발전 과정에 핵심적인 역할을 한 것이 바로 보댕의 주권론이고, 그 핵심 주장이 담긴 저서가 『국가에 관한 여섯 권의 책』(이하, 『국가론』, *Six Livres de la République*)이다.

보댕의 『국가론』은 당면한 이러한 위기를 극복하기 위해서 구상되었으며, 국가의 본질에 대한 근본적인 물음에서 시작해 현실적인 정치의 대안을 찾아 나가고 있다. 이 책의 핵심은 바로 주권(Sovereignty) 개념에 있었다. 주권은 '국가성(國家性)'의 핵심을 규정하는 개념이다. 이것은 근대국가 형성에 있어 최고의 독립적이고 단일한 정치권력의 존재를 각인한 것이었다. 주권 개념을 통해 보댕은 봉건체제의 분권형 정치체제부터 통일적인 근대국가로의 전환을 추동하였다. 분열과 대립의 정치를 끝내고 통합과 통일의 정치를 추구하였던 것이다. 여기서 보댕은 근대국가 성립의 주요한 이론체계인 사회계약론과는 다른 논리체계를 보여준다. 사회계약론은 개인들의 합의에 근거한 공동체 구성원 전체의 계약을 통해 주권을 형성하는 것이다. 구성원 개개인들의 계약과 합의 그리고 동의가 주권의 구성요소라고 보는 것이다. 반면,

보댕은 공동체 구성원들의 상호 계약은 주권의 실체를 보장할 수 없다고 보았다. 보댕은 주권은 절대적 입법권이었으며, 그 절대성을 논증함으로써 주권론을 구성해 나가고 있다.

우선 그는 국가를 정의하는 데 주권 개념을 사용한다. 그에게 국가는 "다수의 가족과 그들의 공유물로 이루어진 주권에 의한 정당한 통치"이다(Bodin 2005, 25). 보댕에 의하면 국가는 공통의 물질적 기반이 필요하다. 영토, 도시, 도로 등등이 그것이다. 이러한 공통의 것들에 기반하여 국가를 구성하는 인적 요소가 바로 국민들이다. 그리고 국민들을 구성하는 기본 단위가 가족이다. 다수의 가정으로 이루어진 국가의 정당한 통치를 위해 필수적인 것이 바로 주권이다. 보댕은 국가론 1권 8장에서 주권의 속성을 권력의 영구성과 절대성으로 특징짓는다. 우선 영구성에 대해 다음과 같이 말한다.

> "주권이란 국가의 절대적이며 영구적인 권력이다. (…) 국가란 다수의 가족들과 그들의 공유물로 이루어진, 주권에 의한 정당한 통치라고 말한 바 있는데, 여기에서 말하는 주권이 무엇을 의미하는가를 명확히 할 필요가 있다. 나는 이 권력이 영구적이라고 말했다. (…) 그런데 주권은 그 권력에서건 직무에서건 결코 특정 기간에 제한되지 않는다."(Bodin 2005, 41-44)

선출에 의해 권력을 잡은 사람이건 대리나 위탁에 의해 권력을 받은 사람이건 주권자가 될 수 없다. 그것은 영구적이지 않기 때문이다. 이를 보댕은 "위임에 의해서건, 법적 규정에 의해서건, 아니면 대리행사에 의해서건, 일정 기간 동안 또는 영구적으로 타인의 권력을 행사할 때 그 권력 행사자는 주권자가 아니다."라고 말하고 있다(Bodin 2005,

49). 주권의 두 번째 특징인 절대성에 대해 보댕은 신법과 자연법 외의
모든 조건과 의무가 수반되지 않은 권력이라고 말한다. 법 위에 군림하
는 절대적 존재가 주권자인 것이다.

> "주권자는 결코 타인의 명령에 복종하지 않으며, 백성들에게 법을 제
> 정해줄 수 있어야 하고, 불필요한 법을 폐지하거나 무효화하거나 아
> 니면 다른 법으로 대체할 수 있어야 한다. 법에 종속된 자 또는 누군
> 가의 명령을 받는 자가 이 같은 일을 할 수는 없다. 그래서 군주는 법
> 위에 군림한다는 법이 있는 것이다."(Bodin 2005, 55)

법 제정 권력으로서 주권자는 법의 영역 밖에 서 있게 된다. 그런
데 여기서 주권자로서의 의지가 강조된다. 법의 제정은 법의 효력에서
자유로운 주권자인 군주의 의지에 의한 것이기 때문에 법은 군주를 구
속할 수 없다. "짐의 뜻이 그러하노라."에서 명백히 드러나는 법제정
의지의 절대성은 군주를 자신의 맹세와도 분리시키는 역할을 수행한
다. 다시 말해 주권자의 의지는 과거의 약속을 지키지 않아도 되는 것
이다. 이를 보댕은 "자신이 제정한 법을 지키겠다고 스스로에게 맹세
했다 하더라도 군주는 그 법을 결코 지키지 않아도 되며 스스로에게
한 맹세를 어겨도 무방하다는 사실을 분명히 지적할 필요가 있다."라
는 말 속에서 강조한다(Bodin 2005, 57).

주권자의 의지에 대한 강조는 주권의 명령적 속성 및 자의성과 연
결된다. 때문에 보댕은 귀족들로 이루어진 원로원이나 인민들의 정치
기구인 민회에 의해 군주 주권이 제한되는 것을 용납하지 않는다. 아울
러 프랑스의 신분의회나 고등법원도 군주의 주권에 경쟁할 힘을 가질
수는 없다.[5] 견제와 동의가 필요 없는 법 제정 권력으로서 주권의 모습

은 고대부터 당시까지 중요한 역할을 수행한 혼합정 이념을 비판하는
데에서 잘 드러난다.

보댕은 『국가론』 2권에서 본인의 주권론에 기반하여 혼합정론에
대한 근본적인 수정을 가한다. 보댕은 고대로부터 내려온 좋은 정체로
서 혼합정론을 부정한다. 특히 스파르타, 로마, 베네치아 등이 국왕, 귀
족 그리고 인민의 권력이 혼합되어 있다는 기존의 혼합정론을 비판한
다. 보댕은 고대 정치사상가들이 혼합정으로 파악한 정치체제들을 자
신의 주권론으로 새롭게 분석한다. 그가 보기에 국가 구성의 핵심 요소
는 주권이기에 그 정치체제는 주권의 향방에 따라 규정해야 한다. 그
런데 주권은 분할할 수 없다. 따라서 혼합정은 존재할 수 없다. 이에 따
라 보댕은 폴리비오스가 로마를 혼합정으로 파악한 것을 비판한다. 로
마는 혼합정이 아니라 민주정이었다고 말한다. 그 이유는 원로원이 권
력을 쥔 것처럼 보여도 "원로원은 호민관이나 인민의 인정에 의해서
만 권력"을 가졌고, 인정을 요하는 사람은 인정을 주는 사람에 비하면
아무것도 가지지 않은 것이라고 말한다(Bodin 2013, 30). 이렇게 볼 때
프랑스는 당연히 군주제일 수밖에 없다. 그런데 혼합정론을 주장하는
이들은 프랑스를 세 정체의 혼합으로 보고 싶어 했다. "파리의회는 귀
족제, 신분회의는 민주제, 국왕은 군주제의 형태를 띠고 있다고 말하고
싶고 또 쓰고 싶을 것"이기 때문이다(Bodin 2013, 34). 하지만 보댕이
보기에 파리의회나 신분의회 등이 나름의 권력을 가지고 있지만 주권
적 권력은 군주가 가지고 있다. 프랑스는 순수한 군주제이다.[6] 결국 보

---

5 삼부회나 의회보다 위에 서 있는 군주의 주권을 설명한 후에 보댕은 "주권의 위엄과 절
   대적인 권력이라는 근본적인 속성은 주권자가 백성의 동의 없이도 법을 제정할 수 있다
   는 데에 기인한다."라고 적고 있다(Bodin 2005, 69).
6 "따라서 프랑스의 정체는 순수한 군주제이며, 민주제와 혼합되지도 않았으며, 귀족제의
   혼합은 더욱 아니다. 이러한 혼합은 결코 가능하지도 않으며, 군주제와 양립될 수도 없

댕이 보기에 주권의 향방이 국가의 정체성을 규정하는 핵심 요소라고
한다면 혼합정은 불가능하다.

"군주제를 민주제나 귀족제와 공존시키는 것은 실제로 불가능하고
주장할 수 없으며, 상상할 수도 없다. 왜냐하면, 우리가 제시한 바와
같이, 주권은 나누어질 수 없기 때문에, 주권을 어떻게 군주와 영주들
과 인민에게 동시에 나누어 줄 수 있는가?"(Bodin 2013, 20)

결국 보댕은 국가 구성의 핵심 개념으로서 주권을 그 영원성, 절대
성 그리고 의지성의 차원에서 바라보았다. 따라서 주권은 분할될 수 없
는 특징을 지닌다. 최고 권력으로서 타 세력이나 기관의 견제와 균형을
허락하지 않는 이유이다. 때문에 보댕은 혼합정론을 부정한다. 주권의
관점에서는 순수한 정체만이 있을 뿐이다. 그리고 그 순수성은 분할될
수 없는 주권의 최고성에 있다. 이러한 주권론은 루소의 인민주권론으
로 이어지게 된다.

보댕과 200년의 차이를 두고 국가와 주권의 문제를 고민한 루
소는 사회계약론에 기반 하여 인민주권론을 전개한다. 루소는 응집
(agregation)이 아닌 회합(association) 속에서 공공선을 지향하는 정
치체를 추구하는 것이 사회계약이라고 보았다. 루소는 이를 "우리 각
자는 공동으로, 자신의 인격과 모든 힘을 일반의지의 최고 지도 아래
둔다. 그리고 우리는 단체로서, 각 구성원을 전체의 분리 불가능한 부
분으로 받아들인다."라고 표현한다(Rousseau 2018, 25).

이러한 계약을 통해 구성되는 것이 집단적 가상단체로서 인민이

다"(Bodin 2013, 36).

다. 이 집단적 주체로서 인민은 통일성, 공적 자아 그리고 생명과 의지를 부여받는다. 이것을 루소는 공적 인격이자 국가로 그리고 주권자로 명명한다(Rousseau 2018, 25-26). 루소는 이렇게 사회계약을 통해 구성되는 인민이라는 주권자를 신성한 존재로 파악하고, 주권자는 개별자 및 개별 이익에 대해 배타적인 우위를 지니는 것으로 본다. 루소는 "누구든 일반의지에 복종하길 거부하면 단체 전체가 그를 강제로 복종시킨다는 것이다. 이것이 뜻하는 것은 다음과 다르지 않다. 우리는 그를 강제로 자유롭게 만들 것이다."라고 말하고 있다(Rousseau 2018, 29). 강제를 통한 자유의 획득은 형용모순으로 들리지만 루소의 주권론의 핵심을 잘 지적하고 있는 말이다. 그는 일반의지와 공동선 그리고 주권을 연결시켜 설명한다.

> "일반의지만이 국가의 설립 목적인 공동선에 따라 국가의 힘을 통솔할 수 있다는 것이다. (…) 모든 이익이 일치하는 어떤 지점이 있지 않다면, 어떤 사회도 존재할 수 없을 것이다. 그렇다면 사회는 오직 이 공동이익을 기준으로 통치되어야 한다.
> 따라서 나는 말한다. 주권은 일반의지의 행사일 뿐이기에 결코 양도될 수 없으며, 주권자는 집합적 존재일 뿐이기에 오직 그 자신에 의해서만 대표될 수 있다. 힘을 이전하는 것은 가능하지만, 의지는 그렇지 않다."(Rousseau 2018, 35)

주권은 국가 구성의 주체로서 인민의 일반의지가 지니고 있는 최고 권한이다. 주권은 국가를 구성하고, 그 보존의 책임을 지는 권력이기에 절대적 힘이라고 할 수 있다. 국가의 최고 권력으로 배타적인 절대적 힘을 지닌 주권이라는 측면에서 보댕의 군주주권이 루소의 인민주권으로 재탄생한 것이다.

> "만약 국가 혹은 도시국가가 구성원들의 결합을 통해 생명을 얻는 가상인격이라면, 그리고 그것의 가장 중요한 책무가 자신을 보존하는 것이라면, 국가나 도시국가는 전체에 가장 적합한 방식으로 각 부분을 움직이고 배치하기 위한 보편적이고 강제적인 힘을 가져야 한다. 자연이 모든 인간에게 사지에 대한 절대적 힘을 준 것처럼, 사회계약은 정치체에 구성원들에 대한 절대적 권력을 부여한다. 이미 말했듯이 일반의지가 지휘하는 이 권력을 주권이라는 이름으로 부른다."(Rousseau 2018, 41)

보댕의 군주주권이 법 제정권력으로 작용하듯이 루소의 인민주권도 배타적인 입법권을 소유하고 있다. 국가에 생기를 불러 넣는 것이 인민의 일반의지에 의한 주권이라면, 그것이 법을 제정할 때 비로소 국가는 작동할 수 있다는 것이다.

> "정치체의 생명의 원리는 주권이다. 입법권은 국가의 심장이고, 행정권은 모든 부분의 운동을 일으키는 두뇌다. 두뇌가 정지되어도 개인은 계속 살 수 있다. 사람은 지능이 떨어져도 산다. 하지만 심장이 기능을 멈추면 그 즉시 동물은 죽는다.
> 국가는 법이 아니라 입법권에 의해 존속한다. (…) 주권자는 입법권 외에 다른 힘이 없으므로 오직 법을 통해서만 행동한다. 그리고 법은 일반의지의 공인된 증서일 뿐이므로 주권자는 오직 인민이 모일 때만 행동할 수 있을 것이다."(Rousseau 2018, 110-112)

보댕의 군주주권같이 루소의 인민주권은 또한 양도될 수 없으며, 대표될 수 없다. 그것은 의지의 작용에 근거한다.[7] 보댕이 군주라는 공적 인격체를 통해 주권이라는 권력 작용의 주체를 상정했다면, 루소는 사회계약론을 통해 공동체 구성원 전체를 공적 인격체이자 주체로 상정했다. 그것이 인민이며, 그 의지가 일반의지이다.[8] 최고 권력으로서 주권으로 가진 인민의 일반의지는 그 자체로 전체를 대변하며, 공공선을 담지한다. 따라서 개별자에 의해 대표될 수가 없다.

> "주권은 양도될 수 없는 것과 같은 이유로 대표될 수 없다. 주권은 본질적으로 일반의지에 있으며, 의지는 결코 대표되지 않는다. 의지는 그 자체거나, 아니면 다른 것이다. 중간은 없다. 그러므로 인민의 대의원은 인민의 대표자가 아니며, 그럴 수도 없다."(Rousseau 2018, 117)

이러한 일반의지를 담지하는 주권은 그 최고권으로서 무오류성을 지니고 있는 것으로 비춰진다. 루소는 최고권한으로서 주권이 수정될 수도 없다고 말하기 때문이다.[9] 이는 일반의지가 스스로에게만 구속됨

---

7   루소의 사회계약론을 의지의 정치로 파악하고, 그것을 아렌트의 의견의 정치와 대비시켜 분석한 글로 박혁(2012) 참조.

8   논리적으로 구성된, 전체를 포괄하는 단일체로서 인민을 상정하고 그 의지로서 일반의지를 논했기 때문에 그 현실적 모습과 구체적 상황 속에 어떻게 구현될 수 있을 것인지에 대해서는 루소 자신도 정확한 답을 내리지 못하고 있다. 그의 사회계약론에서 이를 잘 보여주고 있는 것이 바로 일반의지와 현실정치의 매개적 역할을 수행하는 입법자에 대한 설명이다. 이 글에서는 일반의지와 그 주권에 대한 논의가 주 관심사이기 때문에 입법자 등에 대해서는 논외로 할 것이다. 인민의 개념에 대해서는 Canovan(2015) 참조.

9   "최고권한은 양도될 수 없는 것과 같이 수정될 수도 없어서, 최고권한을 제한하면 그것은 파괴된다. 주권자가 상급자를 둔다는 것은 부조리이며 모순이다. 스스로 주인에게 복종하는 의무를 진다는 것은 완전한 자유 속에서 자신을 내주는 것이다"(Rousseau 2018, 121).

을 의미하며, 일반의지 외의 다른 어느 것에도 구속되지 않음을 뜻하기도 한다. 루소는 국가건설을 위해 공동체 구성원의 동의를 필요로 하는 사회계약론에 기반하여 논의를 전개했다. 여기서 일반의지라는 구성원 전체의 동의와 그것을 통한 단일의지의 구성이 필요했다. 인민주권은 바로 전체의 단일 인격으로서 전체의 공동선을 추구하는 일반의지가 스스로에게 복종함으로써 자유를 달성하는 가운데 구성되는 것이다. 복종과 자유라는 모순적인 개념이 일반의지와 인민주권의 개념에 포괄되는 것이다.

보댕에서 루소로 이어지는 근대 주권론의 전개는 군주주권론에서 인민주권론의 변화로 볼 수 있다. 주지하다시피 보댕은 종교전쟁 시기 갈등과 분열에 이은 내란을 종식시키기 위해 강한 구심점이 필요했다. 이를 위해 보댕은 군주주권론을 주장한다. 국가건설과 유지의 핵심 권력으로서 주권은 분할될 수가 없었다. 여러 사람이나 세력이 권력을 나눠 가질 경우 분열과 혼란이 발생한다는 것이 당시 보댕의 경험이었기 때문이다. 따라서 군주가 최고의 단일 권력을 지녀야 했고, 그 주권은 양도될 수도 없었다. 또한 보댕의 군주주권은 시간적 영속성을 특징으로 했다. 이는 주권의 대리될 수 없는 성격과 함께 했다. 제한된 임기를 가지거나 선출된 권력 혹은 대리인으로 권력을 갖는 경우 등은 주권의 최고권을 반영할 수 없기 때문이다. 여기에 한 국가의 최고권으로 주권은 법을 제정하는 권력으로서 법 위에 있었다. 주권자인 군주는 법의 저촉을 받지 않기 때문에 법을 만들고 폐기할 자유가 있었다. 결국 주권자의 의지와 이에 대한 국가 구성원들의 복종 속에 국가가 유지되게 된다.

루소의 인민주권론 또한 앞서 언급했던 군주주권의 양도 불가능성, 분할 불가능성, 대표 불가능성 등을 똑같이 가지고 있다. 하지만 그 주체에 있어 변화를 겪는다. 보댕이 군주 일인에게 영원한 주권을 선사했다면, 루소는 인민을 주권자로 상정한다. 보댕이 군주라는 일인에게 공적 인격체의 역할을 부여했다면 루소는 공동체 구성원 개개인의 총합을 인민으로 파악하고, 그 인민이 가지는 의지를 일반의지로 상정한다. 개별의 총합으로서 인민은 공공선을 추구하는 보편자로서 총제적인 공적 인격체가 되는 것이다. 여기서 개인들은 일반의지에 스스로 복종함으로써 자유를 달성한다는 이야기가 가능해진다. 구성원 전체의 공동이익을 추구하는 국가를 사회계약에 의해 구성하기 위해서는 그 구성원 전체의 동의가 필요하다. 이러한 구성 속에서 개별은 전체에 귀속하고, 그 전체는 주권을 가져야 하며, 단일의지를 가지고 법을 제정해야 한다.

결국 군주주권론이건 인민주권론이건 간에 주권론의 핵심적 요소는 국가의 건설과 그 질서 유지를 위해 최고의 명령적 지배권을 인정한다는 점이다. 주권은 위계적 권력관 속에서 최고의 위치를 차지하고, 공공선의 추구 속에서 유일의 정당성을 획득한다. 권력과 정당성의 배타적 독점 속에서 그 의지의 자유로운 행사가 용인된다. 최고권의 명령과 그것에의 복종이라는 관계 속에 주권은 권력의 독점과 자의적 지배의 가능성을 그 원리 안에 품고 있는 것이다.

III. 공화−혼합정체론의 권력분점과 균형

'공화국' 혹은 '공화'는 고대 로마인들의 res publica에서 온 말이다. 키케로의 국가론에 의하면 res publica는 인민의 것(res populi)이다. 그런데 이 인민은 아무렇게나 모인 이들이 아닌, 정의와 공동의 이익을

인정하고 동의한 사람들의 모임이다(Cicero 2007, 130). 인민 공동의
것이라는 말이 공화국의 핵심 가치이다. 공동의 이익을 추구하기 위해
서는 공동체를 이루는 각 구성세력들의 조화가 중요하다는 것이 키케
로의 핵심 논지이고, 그것은 혼합정 이론과 연결된다.[10]

　혼합정의 핵심 이념은 권력의 분점과 균형이다. 권력의 독점 속에
서 일부 지배세력이 사적인 분파이익을 추구하게 되면 국가의 몰락을
가져온다는 것이다. 따라서 견제와 균형을 통한 권력의 분점을 통해 더
오래 지속되고 번영하는 국가를 만들 수 있다는 것이다. 견제와 균형을
위해서는 서로 다른 능력과 이해관계를 가진 공동체 구성 세력들의 참
여가 필요하고 그 속에서 권력의 분점을 꾀하고, 서로 공동의 이익을
추구할 수 있다는 것이다. 혼합정만이 공화를 이룰 수 있다는 것이다.

　혼합정 이론은 아테네 민주정이 실패했던 경험을 통해 발달되었
다. 투키디데스는 펠로폰네소스 전쟁에서 아테네가 패했던 가장 근본
적인 원인이 민주정에 있다고 보았다. 민중의 지배체제였던 민주정이
그들만의 이해관계를 반영해 호전적인 정책을 밀어붙임으로써 전쟁에
패배해 아테네의 몰락을 가져왔다는 것이다. 아리스토텔레스는 그의
『정치학』에서 혼합정 이론을 체계화시킨다. 우선 그는 지배자의 수—1
인, 소수 그리고 다수—와 지배자의 통치 목적—공익 혹은 사익—을 기
준으로 정치체제를 6가지로 분류한다. 그리고 공익을 위해 지배하는 3
개의 정체를 좋은 정체—군주정(basileia), 귀족정(aristokratia), 혼합정
(politeia)—로, 사익을 위해 지배하는 정체를 타락한 나쁜 정치체제—
폭군정(tyrannis), 과두정(oligarchia), 민주정(demokratia)—로 파악한
다. 그런데 여기서 다수가 자신들의 사익만을 위해 지배하는 정치체제

10　김용민(2011) 참조.

를 민주정으로 규정한다. 데모스(demos)의 지배(kratia)로서 민주정은
민중이 사익을 위해 권력을 배타적으로 사용하는 것을 의미한다. 여기
서 지배는 권력의 배타적 소유와 행사를 의미한다. 배타성은 아리스토
텔레스가 보기에 정치공동체 유지에 가장 해로운 요소들 중 하나이다.
그것은 공동체 구성원들의 참여를 배제하고 그 소속감을 없애버린다.
아리스토텔레스가 『정치학』 2권에서 플라톤의 공유제를 비판하는 핵
심적인 이유가 바로 사유재산을 통해 형성되는 공동체에의 소속감을
없애버리기 때문이다. 따라서 아리스토텔레스는 공동체 구성의 핵심
적인 두 세력인 부자와 빈자의 혼합을 주장한다. 부자만의 과두정이나
빈자만의 민주정은 권력의 독점과 타 세력의 배제를 통해 국가의 분열
과 혼란을 초래하기 때문이다. 과두정과 민주정을 혼합하는 데는 여러
가지 방안을 제시한다. 재판에 참여할 때 수당을 지급하는 것은 민주정
의 요소이다. 가난한 이들이 생계에 얽매여 정치참여에 소홀할 수 있는
것을 도와주기 때문이다. 또한 추첨과 선거를 혼합하는 것은 전자의 민
주정적인 요소와 후자의 과두정적인 요소를 같이 사용하는 것이다.

　그런데 혼합정을 주장하는 사상가들의 공통된 특징 중의 하나는
다양한 요소의 혼합을 통해 지배적인 요소가 나타나지 않도록 제어하
는 것이다. 아리스토텔레스는 "제대로 된 혼합정체는 민주정체의 요소
와 과두정체의 요소를 모두 포함한 것처럼 보이면서 동시에 그중 어느
쪽 요소도 포함하지 않은 것처럼 보여야 한다."고 말했다(Aristoteles
2009, 226).

　폴리비오스는 혼합정론을 공화정 이해의 핵심 이론으로 만든 사
상가라고 볼 수 있다. 그는 로마와의 싸움에 패해 몰락한 그리스의 장
군으로서 볼모로 잡혀온 뒤 로마정체에 대한 분석을 수행했다. 그는 로
마가 짧은 시기에 거대한 세력으로 성장한 이유를 혼합정체에서 찾았

다. 폴리비오스는 정체순환론을 더해 자신의 혼합정체론을 주장한다. 정체순환론의 핵심은 아리스토텔레스가 언급한 6개의 정치체제가 그 불안정성으로 인해 끊임없는 변동을 겪는데 그것이 일종의 순환운동을 한다는 것이다. 폴리비오스는 1인 지배체제인 왕정이 처음에는 공익을 위해 지배하다가 세습을 통해 자식 세대에 왕권이 전해지면서 나태와 타락으로 문제가 발생한다고 말한다. 이제 공익이 아닌 왕의 사익과 욕망만을 위한 지배가 시작되고 그것은 폭군정으로 변한다는 것이다. 결국 폭군정 하에서 귀족과 인민들의 반란이 일어나고, 뛰어난 귀족들이 공익을 위해 지배하는 정치체제가 귀족정이다. 하지만 이러한 귀족정도 그들의 자식세대에서 군주정이 폭군정으로 변한 것과 똑같은 문제가 발생한다. 바로 탐욕과 타락이다. 이로 인해 과두정으로 변한 정체는 분노와 저항을 맞이하고, 인민이 권력을 장악하는 민주정으로 전환된다. 다수 인민은 과두정을 몰락시키고 공익을 위한 정체를 운영한다. 하지만 폴리비오스가 보기에 이러한 민주정도 세대가 바뀌면서 이전 정체들과 비슷한 과정을 겪는다. 자유와 법률을 존중했던 인민들이 사익과 분파이익의 추구 속에 폭력에 의존하게 되는 폭민정을 만들게 되는 것이다.[11] 내전과 혼란의 상황에서 뛰어난 한 사람의 지도력으로 다시 질서를 세우게 될 때 나타나는 것이 군주정이다. 이렇게 정치체제는 군주정에서 폭군정, 폭군정에서 귀족정, 귀족정에서 민주정, 민주정에서 폭민정, 그리고 폭민정에서 다시 군주정으로 끊임없는 순환을 겪게 된다는 것이다.

   폴리비오스의 정체순환론이 보여주는 핵심적인 문제의식은 한 사

---

11   폴리비오스의 정체 구분은 아리스토텔레스의 그것과 거의 같으나 다수가 지배하는 정체
     구분에서 조금 차이를 보인다. 폴리비오스는 다수가 공익을 위해 지배하는 좋은 정체를
     민주정으로, 그 타락한 형태를 폭민정(ochlokratia)으로 부른다.

람이나 한 세력에 의한 지배는 타락의 과정을 필연적으로 가져온다는 것이다. 권력의 배타적 독점은 지배세력의 나태를 가져와 탐욕의 정치를 추구하게 된다는 것이다. 그런데 이러한 문제를 해결한 국가가 바로 로마공화정이었다고 폴리비오스는 보고 있다. 그가 보기에 로마는 군주정, 귀족정 그리고 민주정의 세 요소를 잘 결합시켰다. 집정관은 최고 행정관으로서 군사 업무를 주관하는 등 군주정의 요소를 수행하고 있었다. 원로원은 귀족들의 대표 기관으로서 국고 관리권 같은 중요한 역할을 가지고, 귀족정의 요소를 보여주고 있었다. 인민은 민회에서 법률 통과의 결정권을 가지는 등 로마 정체에서 민주정의 요소를 나타냈다. 로마는 이 세 요소의 혼합을 통해 정체순환의 과정에 빠지지 않고 강한 국가를 만들 수 있었다는 것이다.

키케로는 이러한 혼합정론을 받아들여 로마 공화정을 분석한다. res publca, 즉 공적인 것으로서 인민의 자유와 재산을 보호할 수 있는 정치체제가 좋은 정체이다. 이는 왕정이, 귀족정이 그리고 민주정이 이룩할 수 있다.[12] 하지만 이러한 정치체제들은 불완전하다. 왜냐하면 그 지배자나 세력의 권력 독점으로 인해 타락의 요소와 타 정치세력의 불만이 항상 잠재해 있다는 것이다. 따라서 키케로는 왕정, 귀족정 그리고 민주정의 요소가 혼합되어 균형 잡힌 정치체제가 더 안정적이며, 로마가 바로 그러한 혼합정치체제라고 말한다(Cicero 2007, 154).

마키아벨리도 그의 『로마사 논고』에서 로마 정체의 분석에 폴리비오스의 정체순환론과 혼합정체론을 적용한다.[13] 마키아벨리는 로마공화정의 변화 과정 속에서 왕정이 폭군정으로 타락했을 때 귀족들이 그것을 타파하면서 왕정적 요소를 지닌 집정관을 만들었다고 말한다. 또

---

12   김용민(2011, 285-286) 참조.
13   폴리비오스와 마키아벨리의 혼합정론 비교는 김경희(2011) 참조.

한 귀족들이 오만해져 과두정화되었을 때, 인민들이 저항하여 호민관이라는 제도를 만들었다. 군주정, 귀족정 그리고 민주정의 세 요소를 대변하는 집정관, 원로원 그리고 호민관이라는 제도를 통해 로마는 혼합정을 구현하였다. 그리고 이러한 혼합정 속에서 로마는 귀족과 인민의 대립과 갈등을 잘 관리할 수 있었고, 법 제도와 군사 제도의 완비를 통해 제국으로 발전할 수 있었다고 말한다. 이러한 혼합정에 대한 논의는 이후 잉글랜드를 거쳐 건국 기 미국의 헌법 논의에까지 이르게 된다.[14]

공화의 이념은 정확히 혼합정체론 속에 담겨 있다. 국가 공동체라는 공동의 일은 공동체 구성원 모두와 관련되어야 한다는 것이다. 여기서 독점보다는 분점, 배제보다는 포용 그리고 불균형보다는 균형이라는 이념이 나온다. 혼합정체론은 단순정체에 대한 비판 속에서 나온 것이다. 아리스토텔레스가 도식화한 단순정체의 핵심은 권력을 단일 세력이 배타적으로 장악하고 행사하는 것이다. 펠로폰네소스 전쟁에서 패배한 원인이 아테네 민중들의 과도한 지배욕과 이익 추구욕에서 나왔듯이, 견제되지 않은 배타적인 권력 행사는 국가공동체의 혼란과 몰락을 가져온다는 것이다. 따라서 혼합정체론자들은 권력의 독점을 제어하기 위해 공동체 구성 세력들의 참여와 법 제도를 통한 과도한 지배의 제어를 주장한다.[15] 그것을 이루기 위한 핵심적인 방법이 다양한 세력을 국정에 참여시키거나 그들을 대표하는 제도를 만들어 혼합시키는 것이다. 혼합은 견제와 균형을 작동시켜 독점으로 인한 과도화와

14　이에 대해서는 Pocock(2011, 3부 11장 등) 참조.
15　서구 공화주의론에 대한 두 가지 조류를 신-아테네 공화주의와 신-로마 공화주의로 구분할 수 있다. 전자는 공동선과 정치참여를 강조하고, 후자는 자유를 강조한다. 이 공화주의 전통들은 그 차이점들에도 불구하고 법치와 권력의 분점 등을 강조하는 데서 공통점을 찾을 수 있다. 이에 대해서는 유홍림(2019) 참조.

극단화 나아가 타락의 경향을 제어해 내는 것이다.

　　혼합정에서 혼합은 단순한 병립의 의미가 아니다. 그것은 시너지 작용을 일으킨다. 다시 말해 각 기능의 협동작용을 통해 전체적으로 새롭고 전혀 다른 무엇을 만들어 내는 것이다. 앞서 인용했듯이 아리스토텔레스는 혼합정은 민주정도 과두정도 아닌 것처럼 보인다고 말했다. 폴리비오스 또한 로마공화정이 각각의 제도를 보면 군주정, 귀족정, 혹은 민주정처럼 보이지만 전체적으로 보면 어느 하나로 규정지을 수 없음을 다음과 같이 표현하고 있다.

　　"로마인들조차도 그 정체(로마공화정: 필자)가 전체적인 측면에서 볼 때 귀족정인지, 아니면 민주정인지 또는 군주정인지 확실하게 말할 수 없을 정도였다. 그도 그럴 것이 집정관들이 지닌 힘만을 관찰할 때 우리는 그것을 군주정이나 왕정으로 간주하려 하게 되나 원로원이 지닌 힘만을 한정하여 보면 귀족정으로 간주하게 된다. 끝으로 평민이 지니고 있는 힘만을 관찰해 보면 그것은 다시 명백한 민주정의 경우로 여겨질 것이다."(Polybios 1991, 482)

　　혼합이 기존의 단순정체들을 넘어서 새로운 정치체제, 즉 공화정으로 재탄생하기 위해서는 구성의 묘가 필요했다. 그것은 각각 고유의 권한과 기능을 부여하여, 견제와 균형의 상태를 만드는 것이다. 키케로는 이를 위해 로마의 경우 집정관에게는 통치권(imperium)을, 원로원의 경우 조언(consilium)을 통한 권위(autoritas)를, 인민의 경우 자유(libertas)를 부여했고, 이들의 조화와 균형 속에 국가의 안정이 이루어졌다고 말한다(Cicero 2007, 196). 마키아벨리 또한 로마의 혼합정을 설명하면서 "로마는 왕과 귀족의 정부에서 인민의 정부로 전환했지만,

그런데도 귀족에게 권위를 주기 위해 왕에게서 모든 권위를 빼앗는 법
도 없었고, 인민에게 권위를 주기 위해 귀족에게서 권위를 전적으로 박
탈하는 일도 없었다. 로마는 혼합정부를 지속함으로써 완벽한 국가를
유지했다."고 적고 있다(Machiavelli 2019, 93).

　　단순정체들인 군주정, 귀족정 그리고 민주정의 혼합으로 공화정
이 만들어진 것이다. 공화정은 따라서 권력의 분점을 통한 공동체 구성
세력 간의 견제와 균형을 꾀한다. 한 세력의 권력 독점은 지배 세력의
분파 이익이나 사적 이익을 추구하게 하고 그것은 배타적인 권력 행사
를 가져온다. 이는 정치에서 배제된 세력들의 불만과 분노를 낳게 하
고, 공동체의 분열과 혼란을 가져온다. 견제와 균형을 통한 공화정의
구성이 공동체의 안정과 번영을 가져올 수 있다고 보는 이유이다. 공화
정이 번영을 가져온다고 보는 이유는 혼합정에서 공동체 구성 세력의
힘을 모을 수 있다고 보기 때문이다. 권력의 독점과 지배 세력의 배타
적인 이익 추구는 소외되고 억압받는 세력의 손해와 희생을 요구한다.
이는 국가의 인적·물적 자원의 효율적인 동원을 방해할 뿐만 아니라
시기와 질투 그리고 분노 속에서 갈등과 분열만을 가져온다. 결국 혼합
을 통한 견제와 균형은 권력의 분점을 가능케 하고 이는 공존과 공영
을 가져올 수 있다고 보는 것이다.[16]

IV. 나가며─민주공화의 모색

주권론과 혼합정에 기반한 공화는 정치공동체의 혼란과 분열 그리고

16　공화주의의 핵심가치로 "균형과 타협의 정치" 그리고 "판단과 현실감각"의 중요성을 강
　　조한 유홍림(2018, 21-23) 참조.

그로 인한 몰락의 문제를 서로 다른 관점에서 파악한다. 주권론은 분열
과 혼란의 원인을 서로 갈등하는 세력 간의 대결과 이를 해결할 수 있
는 더 강력한 권력의 부재에서 찾는다. 경쟁하는 세력들 간의 갈등과
대결이 원인이기에 이들을 제어할 수 있는 강한 권력이 필요하다. 주권
으로 표현되는 국가건설과 질서 유지의 권력은 독점적이고, 배타적이
며, 지배적이다. 주권의 소유자인 주권자는 질서의 부여자이고 유지자
이기에 공공선의 담지자이다. 군주이건 인민이건 주권자는 공적 인격
이 될 수밖에 없는 이유이다. 공공선과 질서의 유지자로서 주권자는 국
가 공동체의 정의와 부정의를 판단하는 자가 된다. 공적 인격으로서 주
권자는 또한 보편자로서 개별자와 대립되며 개별을 포괄한다. 주권 군
주는 국가 전체를 대표하여 국가 구성원 개별자들을 대표하고 포괄한
다. 주권자 인민은 개별자들의 자발적인 동의하에 구성되는 전체 개별
자들의 단일체이며, 그들의 자발적 복종 하에 구성된다. 이러한 주권
자의 의지는 그 자체로 정당하기 때문에 자의적일 수 있다. 법 제정 권
력으로서 주권은 법에 의해 제한받지 않기 때문에 주권은 자의적 권력
행사가 가능해지는 것이다.

주권은 독점적이고 의지적 권력이다. 여기서 주권의 여러 가지 특
성이 나온다. 주권의 양도 불가능성, 분할 불가능성, 대표 불가능성, 무
오류성 그리고 영속성 등이 바로 그것들이다. 따라서 질서 생성과 수호
의 최고 권력으로서 주권은 명령과 복종의 질서를 내포하고 있다. 이는
국가 구성원들이 주권의 명령에 복종해야 할 의무가 있음을 말한다. 주
권적 권력과 그 의지의 명령과 그에 대한 국가 구성원들의 복종의 관
계에서는 이의 제기 가능성이 존재하지 않는다. 이의 제기 가능성은 주
권이 부정의하고 오류를 범할 수 있다는 것을 뜻하기 때문이다. 이는
주권의 최고권에 대한 경쟁과 부정을 내포하기에 질서 유지의 권한을

부정하는 것이다. 분열과 갈등 그리고 혼란을 제어하는 권력으로서 주권의 입장에서는 용납할 수 없는 것이다.

공화를 대변하는 혼합정의 주장은 이러한 주권론의 대척점에 서 있다. 우선 권력론의 측면에서 혼합정은 권력의 독점에 반대한다. 최고권을 인정하는 권력의 독점은 질서의 유지보다는 미움과 분노 속에서 무질서를 가져온다고 보기 때문이다. 이는 국가 공동체를 구성하는 여타 세력들이 존재하기 때문이다. 주권론이 공동체 구성 세력들의 경쟁과 갈등을 무질서의 원인으로 보았다면, 혼합 정체론자들은 경쟁을 견제와 균형을 통한 질서 유지의 동력으로 파악한다. 마키아벨리 같은 경우는 불화와 갈등을 통해 공정한 법 제도의 창출이 가능하다고 파악한다. 공화를 주장하는 혼합정체론은 권력의 독점은 부패를 가져온다고 본다. 국가의 유지를 위해서는 공공선이 추구되고, 사익의 추구는 국가의 몰락을 가져온다고 보는 점에서 주권론과 혼합정론은 공통된다. 하지만 주권론에서 주권자는 그 논리상 공공선을 추구할 수밖에 없으며, 공공선의 규정 권한 및 권력을 독점하고 있다. 반면 혼합정론에서 권력의 독점은 나태와 안일 속에서 사익을 배타적으로 추구하는 부패를 가져 오는 핵심요소이다. 주권론에서 주권은 권력과 공공선의 독점을 통해 사익의 추구를 원천적으로 배제하는 반면, 혼합정론은 권력의 독점과 사익 추구 그리고 부패를 연결시킨다. 따라서 주권론은 권력의 분점이 통일성을 저해하고, 사익 추구의 경향을 촉진하는 것이라면, 혼합정론에서는 권력의 분점을 통한 견제와 균형이 사익 추구 경향을 제어하고 공익의 추구를 촉진한다.

주권론은 권력의 독점을 통해, 혼합정론은 권력의 분점을 통해 부패와 혼란을 막고자 한다. 주권론은 권력의 우위를 통해, 혼합정론은 권력의 균형을 통해 질서를 세우고자 한다. 주권론은 명령과 복종이라는 위계적 질서 속에서, 혼합정론은 견제라는 상호관계 속에서 공동체의 유지와 발전이 가능하다고 본다. 주권론에서 주권자는 영속적이어야 하며, 혼합정에서 권력은 순환적이어야 한다. 주권이 한시적이면 그것은 주권이 아니기 때문이며, 혼합정에서 권력은 영구히 소유되면 독점으로 부패를 가져오기 때문이다. 주권은 동의를 필요로 하지 않는다. 그 의지와 명령에의 복종이 중요할 뿐이다. 반면 혼합정에서는 동의와 합의가 중요하다. 동의가 없는 것은 자의적 명령과 복종만이 있을 뿐이다. 이런 점에서 주권론의 최우선 목적은 안전이다. 주권이 없는 다양한 권력들의 경쟁은 내전과 혼란만을 야기할 뿐이고, 국가라는 공공선의 단일 의지를 형성해 낼 수 없기 때문이다. 반면 혼합정의 공화는 자유를 추구한다. 그 자유는 다양성의 인정과 보존 속에서 유지된다. 권력의 분점 및 분립은 바로 다양한 세력의 인정 속에서 가능한 것이다. 주권이 단일성에 기반한다면, 공화는 다원성에 의지한다.[17]

그런데 공화의 자유는 주종적인 지배관계(domination)에 반대된다. 하지만 주권은 법을 제정하는 최고 권력이고, 그 법에 구속되지 않는 명령적 의지와 타인의 복종을 요구한다는 측면에서 주종적 지배관계의 특성을 가지고 있다. 주종적 지배관계 속에서 혼란을 극복하고 안

---

17 비롤리는 이탈리아 공화주의자 카타네오의 말을 빌려 다음과 같이 적고 있다. "그는 "공화국이란 자유다"라고 썼다. 그리고는 여기에 다음과 같은 매우 중요한 몇 마디를 덧붙였다: "공화국은 다원성이며 복수성이다. 즉 공화국은 연방성이다."" 노르베르토 보비오(Norberto Bobbio)에 의하면, 이 말의 의미는 "단원적 국가는 그 본질상 권위주의적으로 되지 않을 수 없으며, 따라서 결국 고압적이며 전제적이 될 수밖에 없는데, 왜냐하면 단원성은 어쩔 수 없이 자율성과 자유로운 창의를, 즉 한마디로 자유를 질식시키기 때문이다; 자유를 진정으로 보장하는 것은 오직 정치적 구심이 다수라는 점, 즉 오직 다원적이며, 획일화되지 않은 단합, 즉 무차별적 단합이 아닌 다양성을 함유한 단합이다; 이것이 사회가 번영하고 시민적 발전을 가져오는 유일한 환경이다"라는 것이다(Viroli 2006, 88).

전과 질서를 가져올 수 있다는 것이 주권론의 근본적 문제의식이다. 하지만 혼합정론은 주종적 지배관계를 근본적으로 공적인 것이 아닌 사적인 지배로 본다. 주인의 사적 이익을 위해 자의적으로 동료 시민을 억압하고 폭력을 사용하기 때문이다. 따라서 억압하는 자의 오만과 방종은 부패를 가져오고, 억압받는 자의 분노는 저항과 모반을 가져와 국가 공동체의 몰락이 일어난다. 주권이 단일성 속에서 순수성을 주장할 때, 다름은 반대로 이해되고, 이견은 불복종과 저항으로 파악될 수 있다. 반면 혼합정은 다양성과 자유 속에서 차이와 이견을 적극적으로 체제 내에 수용하여 견제와 균형을 통한 부패의 경향을 제어할 수 있다고 본다.

주권론에 기반한 민주는 배타적인 권력에 대한 요구가 내재해 있다. 하지만 현실의 공동체에서 누가 주권자인지는 많은 논의가 필요하다. 군주주권의 경우 군주라는 현실의 인물이 있지만, 민주주의에서는 루소도 설파한 대로 인민과 그 일반의지는 국가의 건설을 위해 구성해 낸 논리적 결과이기 때문이다. 하지만 최종 심급의 권력으로서 인민주권이 없다면 국가구성과 그 권력기관 구성의 기준점이 사라지기에 문제가 발생한다. 정당성의 근거가 없어지기 때문이다. 문제는 그 정당성의 근거로서 주권자를 현실에서 찾고, 일부 정치세력이 그 담지자로 자신을 주장할 때 나타난다. 이럴 때 주권의 특성인 배타적이고 배제적인 언명과 양분법의 논리가 나타난다. 일부 정치세력의 정치선동 구호나 언론사들의 논평 등에서 종종 볼 수 있는 '주권자의 명령'이라는 말은 바로 이러한 특징들을 잘 보여준다. 주권의 명령으로 포장할 때, 타인의 의견은 틀린 것이 되고, 자신들의 주장은 옳은 것이 된다. 주권의 명령이니 반드시 타인은 복종해야 된다. 그리고 자신들은 그것에 구속되지 않는 무제한의 자유를 지니게 된다. 따라서 민주는 국민 전체에 적용시키되 특수한 개별 국민에게 적용시켜서는 안 된다. 국민 전체가 인민주권의 담지자이지 현실의 구체적 개개인이나 단체들은 주권을 소유하고 있지 않다는 의미이다. 하지만 국민 개개인은 인민주권의 구성부분이기에 동등하고 자유로운 주권자이다. 법 위에 있고, 타인에 대해 명령을 내린다는 의미에서 주권을 실제에서 소유하고 행사할 수는 없지만, 인민주권의 구성원이라는 의미이다. 똑같은 인민주권의 구성원들이기에 법에 복종하고, 타인을 공동체 구성원으로 인정하고 배려해야 한다. 이런 의미에서 공화의 의미가 중요해진다.

이제 공화는 인민주권을 보존하기 위해 중요해진다. 일부 세력이 권력을 독점하고 그것을 배타적으로 행사함으로써 사적 이익을 추구하는 것을 막기 위해서다. 인민주권은 개인이나 일부 집단이 소유할 수 있는 것이 아니기 때문이다. 민주주의 사회에서 일부 세력들이 모두 저마다 주권을 주장하는 것은 아이러니컬하게도 주권의 부재를 증명하는 것이다. 공화는 인민주권의 구성원들이 인민주권의 원리를 보존토록 해 주는 핵심 기제이자 이념이다. 배제와 명령 그리고 지배가 아닌 자유와 공존을 통해 공동체 구성원들의 협업을 이끌어 내기 때문이다. 견제와 균형의 원리는 다양한 세력 및 의견이 존재함을 전제하고 인정한다. 그들이 공동체에서 배제되고 낙오되지 않도록 법과 제도를 만드는 것이 공화의 핵심이다. 그렇지 않았을 때 권력의 분점이 사라지기 때문이다. 정치·경제·사회적 자원을 일부 세력이 독점할 때, 거기서 소외되고 배제된 세력이나 계층은 권력의 분점에 참여할 수 없게 된다. 이는 공동체의 분열과 몰락을 가져온다. 다름과 갈등의 적극적 포용은 바로 권력의 분점을 전제하는 것이기에 공화의 목적을 위해 필수적인 것이다.

최근 우리나라 사회에서 계층, 지역, 남녀 그리고 세대 갈등 등 여러 가지 갈등이 중첩되어 나타나는 현상을 보이고 있다. 여기에 정치권에서는 대화의 정치보다는 진영논리 등을 통해 갈등과 대립의 증폭을 꾀하는 징조마저 보이고 있다. 진영논리는 대표적으로 양분법의 논리를 사용한다. 아군과 적군의 구분 속에 우리 편은 정의를, 상대편은 불의를 대변한다고 본다. 합리로 무장한 논쟁이나 대화 대신 조롱과 멸시 그리고 비난이 난무하게 된다. 이렇게 되면 상호적인 설득과 수긍 대신 일방적인 외면만이 남게 된다. 민주주의 사회에서 난무하는 이러한 비민주성은 민주공화에 대한 몰이해에서 비롯된다고 보여진다. 민주는 내가 주권자가 아니라, 우리 모두가 주권자라는 말이다. 우리 모두가 자유롭고 평등한 주권자라면 서로에게 주권을 강요할 수 없게 된다. 이제 공화가 필요하게 되는 것이다. 공화는 자유와 다양성을 존중한다. 독점보다는 분점을 지향한다. 따라서 견제와 균형의 묘를 중요시한다. 대화와 타협이 핵심인 이유이다. 공화를 이루는 것이 바로 혼합의 원리이다. 혼합은 순수와 자의 그리고 독점과 배제를 지양한다. 이를 통해 공동체의 보존과 유지를 지향한다. 따라서 민주는 공화 속에서 유지될 수 있다. 구성원들 각각이 스스로를 주권자라고 주장하는 순간 민주는 깨어지고 공동체는 분열과 혼란으로 빠지기 때문이다. 공화 속에서 민주가 보존될 수 있고, 민주 속에서 공화가 더 활성화될 수 있다는 것이 민주공화의 참된 의미일 것이다.

참고문헌

갈상돈. 2014. "파벌정치와 메디슨의 민주공화국: 양원제의 정치이념을 중심으로."
『한국정치학회보』 제48집 4호.
강정인·조긍호. 2012. 『사회계약론 연구-홉스, 로크, 루소를 중심으로』. 서울: 서강대학교
출판부.
김경희. 2011. "폴리비오스-로마와 혼합정체론." 전경옥 외 지음. 『서양 고대·중세
정치사상사』. 서울: 책세상.
김기봉. 2004. "국가란 무엇인가: 개념사적인 고찰." 『서양사론』 제82권.
김용민. 2011. "키케로-고대 정치철학과 근대 정치철학의 가교." 전경옥 외 지음. 『서양
고대·중세 정치사상사』. 서울: 책세상.
김현철. 2018. "이소노미아." 『법철학 연구』 21권 1호.
박경철. 2006. "보댕, 홉스, 루소의 주권이론과 주권론." 『江原法學』 Vol. 23.
박상섭. 2008. 『국가·주권』. 서울: 소화.
박혁. 2012. "의지의 정치에서 의견의 정치로-루소의 『사회계약론』에 나타난 의지의 정치에
대한 아렌트의 비판." 『정치사상연구』 제18집 제1호.
양병우. 1976. 『아테네 민주정치사』. 서울: 서울대 출판부.
오향미. 2013. "장 보댕(Jean Bodin)의 주권론." 『국제정치논총』 Vol. 53.
유홍림. 2019. "공화주의 전통의 현대적 의의." 『한국정치연구』 제27집 제3호.
임승휘. 2005. "장 보댕의 『국가론』과 절대주의." 『프랑스사 연구』 Vol. 13.
이수석. 1997. "혼합정체의 정치사상사적 연구: 고대 혼합정체론의 전개와 부활을 중심으로."
고려대학교 박사학위논문.
함재학. 2016. "국민주권과 정치신학: 헌법이론의 탈주술화는 요원한가?" 『법철학 연구』
제19권 제2호.
허승일. 2015. 『로마 공화정 연구』. 서울: 서울대 출판부.
Aristoteles. 2009. 『정치학』. 천병희 역. 서울: 도서출판 숲.
_____. 2002. "아테네 정치제도사." 『고대 그리스정치사 사료: 아테네·스파르타·테바이
정치제도』. 최자영·최혜영 역. 서울: 도서출판 신서원.
Bermbach, Udo. 1985. "Wiederstandsrecht, Souveränität, Kirche und Staat: Frankreich
und Spanien im 16. Jahrhundert." Iring Fetscher and Herfried Münkler, hrsg.
Pipers Handbuch der Politischen Ideen Bd. 3, 101-162. München: Piper Verlag.
Bodin, Jean. 1992. *On Sovereignty. Four Chapters from The Six Books of the
Commonwealth*. Edited and translated by Julian Franklin. Cambridge: Cambridge
University Press.
_____. 2005. 『국가론』. 임승휘 옮김. 서울: 책세상.
_____. 2013. 『국가에 관한 6권의 책』 2권. 나정원 역. 서울: 아카넷.
Bourke, Richard and Skinner, Quentin. 2016. *Popular Sovereignty in Historical*

Perspective. Cambridge: Cambridge University Press.

Canovan, Margaret. 2015. 『인민』. 김만권 옮김. 서울: 그린비.

Cicero. M. T. 2007. 『국가론』. 김창성 옮김. 파주: 한길사.

Forrest. W.G. 2001. 『그리스 민주정의 탄생과 발전』. 김봉철 역. 서울: 도서출판 한울.

Gratton, Peter. 2012. *The State of Sovereignty. Lessons of the Political Fictions of Modernity*. New York: State University of New York Press

Machiavelli, Niccolò. 2019. 『로마사 논고』. 강정인 · 김경희 역. 서울: 한길사.

Martin, Thomas R. 2003. 『고대 그리스의 역사』. 이종인 역. 서울: 가람기획.

Mayer-Tasch, Peter Cornelius. 2000. *Jean Bodin. Eine Einführung in sein Leben, sein Werk und seine Wirkung*. Düsseldorf: Parerga.

Pocock, J.G.A. 2011. 『마키아벨리언 모멘트』. 곽차섭 옮김. 서울: 나남.

Polybios. 1991. "세계사." M. I 핀리 엮음. 『그리스의 역사가들』. 이용찬 · 김쾌상 옮김. 서울: 대원사.

Quaritsch. Helmut. 1975. "Staatsraison in Bodins 'Republique'." In RomanSchnur ed. *Staatsräson. Studien zur Geschichte eines politischen Begriffs*. Berlin: Duncker & Humblot.

_____. 1986. *Souveränität: Entstehung und Entwicklung des Begriffs in Frankreich und Deutschland vom 13. Jh. bis 1806*. Berlin: Duncker & Humblot.

Rousseau, J. J. 2018. 『사회 계약론』. 김영욱 옮김. 서울: 후마니타스.

Thucydides. 2011. 『펠로폰네소스 전쟁사』. 천병희 역. 서울: 도서출판 숲.

Viroli, Maurizio. 2006. 『공화주의』. 김경희 · 김동규 역. 경기: 인간사랑.

제3장   동·서양 정치사상이라는 양분법을 넘어서

—한국정치사상의 모색을 위한 시론—

홍태영(국방대학교)

* 이 원고는 서강대학교 현대정치연구소. 『현대정치연구』 제13권 1호. 2020에 실린 것을 이 책의 형식에 맞추고 내용을 일부 수정하여 실은 것입니다.

I. 서론

대학이 학문의 실용성을 중요한 기준으로 삼기 시작하면서 정치학의 위기가 발생하고 그 중에서도 정치사상은 정치학 내에서 예전만큼의 권위를 누리지 못하고 있다. 그것은 한편으로 정치사상 자체가 현실정치와 지나치게 멀어져 버린 스스로의 잘못인 점도 부인하기 어렵다. 인문학의 유행 속에서 마치 정치사상이 교양 혹은 고담준론의 창고로 여겨지는 것 또한 현실이다. 하지만 고대 이래 정치적 사유가 중요했던 것은 그것이 항상 공동체로부터 제기된 문제에 대해 답변하고자 했다는 것 때문이며, 동·서양을 막론하고 그러한 문제의식은 뚜렷했다. 플라톤의 『국가』의 출발점은 공동체의 정의 및 그 공동체에서 살아가는 개인의 정의 문제를 다루었다는 점에서 결국 지금 여기에서의 삶의 문제가 그 출발점이라는 것을 의미한다. 퇴계와 율곡 역시 도덕적 이상사회의 실현을 위한 논의를 진행하면서 국가의 철학과 이념 그리고 국정 운영 방향, 즉 시대의 당면과제에 대한 논의에 영향을 미치는 것이었다(박성우 2014; 김형찬 2018). 실용성의 문제와는 다른 차원에서 최근 정치사상은 현실로부터 너무 멀어진 것은 아닌지 자문해 볼 필요가 있다.

그러한 점에서 동·서양 정치사상의 구분에 대해 다시 생각해 볼 필요가 있다. 동·서양 정치사상의 구분이 연구대상이 되는 '텍스트'의 구분에서 비롯될 수는 있지만, 정치사상이라는 학문의 차원에서 볼 때 현재적 문제의식에서 출발한 동·서양 정치사상 구분이 어떤 의미를 가질 수 있는지 고민해야 한다. 현실적으로 교육, 연구의 측면에서 동·서양 정치사상의 비중을 고려한다면, 서양정치사상의 비중이 훨씬 더 커진 것이 사실이다. 한때 동양 및 한국 정치사상의 중요성이 대두되면서 연구와 교육이 활발해지긴 했지만, 금세 위기에 빠진 듯하다.

사실 서양정치사상이 지배적인 이유는 현재 우리의 삶이 서구적 근대에 의해 만들어지고 규정되는 삶이라는 점 때문이다. 그렇다고 막연하게 우리의 삶이 과거의 전통에 의해 규정되고 내면화된 무엇이 있다는 것 때문에 동양정치사상을 교육하고 연구해야 한다는 것은 추상적이다 못해 공허하다. 하지만 현재 대학의 교육과 연구에서 서양정치사상의 우위가 서구중심주의 및 오리엔탈리즘의 여파라는 것 역시 부인하기 어렵다. 서구중심주의와 오리엔탈리즘에 대한 비판이 최근 확산되고 있지만 현실에 있어서는 여전히 정치학 전반에 걸쳐 서구중심적 사유가 강하게 존재한다. 하지만 정치적 현실이 존재하고 그로부터 문제가 제기되고 질문을 도출한다면, 답변을 찾는 과정에서 다양한 통로가 가능하고 그러한 점에서 동·서양 정치사상 구분에 대해 새롭게 생각할 필요가 있다. 우리에게 필요한 것은 '한국적' 현실이 제기하는 문제에 답하는 '한국'정치사상의 재구성이 아닐까?

이상의 논의로부터 정치사상이란 무엇이며, 그 역할과 책무, 그리고 그에 따른 연구 방향, 나아가 궁극적으로 '한국'정치사상 정립의 필요성이 제기된다. 우리는 역사적으로 정치사상 및 정치철학에 대한 다양한 흐름과 방법을 접해 왔다. 각 정치사상의 흐름에서 자신들이 추구하고 있는 정치사상의 방법론 및 그 연구 주제는 그러한 흐름을 만들어낸 공동체의 문제와 결합되어 있다는 것이다. 이 글은 우선 2절에서 서구정치사상의 네 가지 흐름―미국 시카고학파, 영국 케임브리지학파, 프랑스 아날학파, 독일 개념사학파―이 각 나라의 근대성에 대한 고유한 문제의식과 결합된 정치사상의 방법론과 문제설정을 어떻게 형성하고 전개하고 있는지를 살펴볼 것이다.[1] 그리고 3절에서 마루야

---

1   서구정치사상 연구의 네 가지 흐름이 서구정치사상 연구를 모두 포괄할 수는 없지만, 네 개 학파는 나름 그들 사이에 비판적 교류를 통해 서로에 대해 자주 언급하고 있다는 점

마 마사오의 일본에서의 근대성의 변용과 형성 그리고 일본정치학의 문제설정, 1990년대 이후 한국정치사상 연구자들의 다양한 모색들의 문제의식을 살펴보고자 한다. 이러한 다양한 흐름들이 각 나라의 근대성의 특수성을 어떻게 이해하면서 그것을 정치학적 문제의식과 결합하는지 살펴보면서 그것으로부터 발생하는 고유한 정치사상의 방법론에 대해 이해해 본다. 그것을 통해 마지막 4절에서는 근대성의 이식·수입, 변용의 과정에 대한 인식과 한국에서의 근대정치의 이해를 위해 한국정치사상이 추구해야 할 문제의식과 그 방법론에 대해 탐구해 보도록 하겠다. 이러한 과정을 통해 동·서양 정치사상이라는 구분 자체가 갖는 한계와 그 극복의 방향에 대한 시론적 제안을 하고자 한다.

II. 근대(성)의 상이한 출발과 그 형성에 대한 이해들: 서양정치사상의 다양한 조류와 방법론

이하에서 살펴볼 서양정치사상 연구의 네 가지 흐름은 그 연구방법론과 정치사상에 대한 정의에 있어서 주요하게 두 가지 문제와 결합되어 구별되어진다. 하나는 근대성의 문제이고, 다른 하나는 역사(학)와의 관계 설정이다. 물론 이 두 가지 문제는 자신의 고유한 역사 속에서 근대성 형성의 특수성을 규명하려 하며, 그것은 현재 자신의 공동체의 문제와 그 해결방안을 찾는 과정에서 제기되는 것이라는 점에서 결합되

을 고려했다. 예를 들어 스키너는 스트라우스에 대한 비판에서 출발하면서 독일 개념사학파와의 차별성을 자주 언급하고 있으며, 독일 개념사학파 역시 스키너 및 아날학파에 대한 언급과 비판을 수행하고 있다. 프랑스의 로장발롱 역시 스키너와 개념사학파에 대한 비판적 언급을 자주 행하고 있다. 따라서 서로 자신과 다른 학파와의 관련성을 언급하거나 구별짓고 있다는 점에서 충분히 비교가 가능하고 훨씬 의미가 있다고 판단된다.

어 있다. 결국 현대 정치철학에서 역사(학)와의 관계를 염두에 두면서 문제의식을 발전시켜온 정치사상 연구의 경우 특히 '근대(성)' 및 근대 정치에 대한 문제의식에 집중된다. 근대를 어떻게 이해할 것인가의 문제와 더불어 근대가 자신의 공동체에 대해 어떠한 의미를 부여하고 현재 정치체의 형성에 어떤 역할을 했는가에 대한 질문을 던지게 된다. 이러한 정치사상 연구의 공통된 특징은 러브조이(Arthur O. Lovejoy) 이래의 사상사(history of political thoughts) 및 관념사(history of ideas)에 대한 적극적인 비판으로부터 자신의 고유한 방법을 출발한다는 점이다. 사상사나 관념사의 경우 그것들이 형성된 역사적 맥락에 대한 무관심 그리고 개별 이념의 내적 연관성에 대한 무시 속에서 단위 이념들로 구성된 철학체계와 이데올로기의 전개만을 파악하려 한다는 비판을 받아 왔다. 결국 이러한 비판은 역사(학)와의 밀접한 관계를 형성시키면서 정치철학의 작업을 수행할 필요성을 제기한 것이다.

정치사상과 역사(학)의 결합에서 출발한 새로운 정치사상의 추구라는 유사한 문제의식에도 불구하고 개별 나라의 특수성을 충분히 고려해야 한다. 미국, 영국, 프랑스, 독일에서 형성된 근대성에 대한 정치사상과 역사(학)의 결합에서 출발한 이러한 정치사상의 구성은 각 나라의 구체적인 현실을 반영한 결과물이다. 근대(성)의 형성에 있어서 선발지역에 해당하는 미국, 영국, 프랑스에서 정치사상의 문제의식은 근대성의 한계 내지는 그것이 만들어낸 폐해에 대한 비판과 정정의 필요성 그리고 새로운 대안의 모색이다. 독일의 경우 이와는 차별화된 문제의식이 보인다. 즉 근대성에 있어서 선발지역과의 시간적 차이가 존재함에 따라 그러한 차이를 어떠한 방식으로 해소하면서 자신의 독특한 근대성을 확립하는가의 문제가 제기된다.

근대에 대한 비판적 접근은 나라별 특수성에 따른 차이에도 불구하고 미국 시카고학파의 스트라우스, 영국 케임브리지학파의 스키너, 프랑스 로장발롱에게서 유사하게 나타난다. 레오 스트라우스의 근대성에 대한 비판은 고대정치철학이라는 자신의 준거점과 결합되어 있다. 마키아벨리에서 시작된 근대성의 첫 번째 물결은 가치척도의 저하를 통한 현실주의의 확립이라고 할 수 있다. 고전정치철학에 대한 거부, 즉 좋은 공동체 및 좋은 삶의 의미와 그 가치 추구를 포기하고 애국주의나 정치적 미덕으로 그것들을 대체한 것이다(Strauss 2001, 219). 자연적 의무를 대신하여 자연적 권리를 강조하는 홉스와 로크에 이르러 개인은 도덕적 세계의 중심이 된다. 그리고 근대성 제2의 물결을 형성한 루소에 이르러 이성적인 것과 현실적인 것의 필연적 일치를 통해 초월적인 것을 제거하였고, 그것은 헤겔의 역사철학에서 분명히 드러났다. 니체에 의해 열린 근대성의 세 번째 물결은 개인과 근대국가 사이의 조화의 가능성을 거부하면서 법을 창조하고 부과하는 위대한 개인을 발견한 것이다. 근대사상은 가장 극단적인 역사주의 속에서, 즉 영원성의 관념을 망각에 빠뜨리면서 최고의 자의식에 도달한 것이다(Strauss 2002, 75-76). 근대성에 대한 스트라우스의 비판은 결국 고전정치철학으로의 회귀라는 정치철학의 임무를 부과한다. 스트라우스는 정치철학이란 "좋은 삶, 좋은 사회가 무엇이냐는 지식을 향한 지향성"이 명시화되는 탐색이라고 정의한다(Strauss 2002, 10-11). 정치철학에 대한 스트라우스의 이러한 정의는 고대정치철학 특히 플라톤의 정치철학에 대한 절대적인 의존에서부터 출발하였고, 그러한 의존에 근거하여 마키아벨리 이래 근대정치철학을 비판하였다. 고대정치철학이 제기한 질문은 "최선의 정치체제란 무엇인가"였다. 여기서 정치체제란 단순한 정치제도를 넘어서 공동체의 질서와 형식이며, 삶에 대한 특정한 양식이다. 그것은 "더불어 살아가는 삶의 형식이며 사회를 살아

가고, 사회 안에서 살아가는 양식"이다(Strauss 2002, 45). 그러한 의미
에서 정치체제의 문제는 결국 '정치적인 것'의 문제이다. 스트라우스는
정치철학이 철학의 한 분야라는 점을 강조하면서 정치철학은 "정치적
인 것들의 본질에 대한 의견을 정치적인 것들에 대한 지식으로 대체하
려는 시도"로서 고유한 역할을 자리매김해야 한다고 주장한다(Strauss
2002, 13). 결국 정치철학은 진리에 대한 학문이며 정치적인 것의 영역
또한 진리의 영역이 된다.[2]

스트라우스의 이러한 정치철학 개념에 대해 케임브리지학파의 퀜
틴 스키너는 맹백한 반기를 든다. 스키너는 "개별적인 질문들에 대한
개별적인 답변만이 있을 뿐"이며, "질문자의 숫자만큼이나 많은 다른
질문"이 있다고 주장한다(Skinner 2012, 143). 즉 다양한 행위자들에
의해 여러 다른 의도로부터 만들어지고 발화된 다양한 진술들이 있을
뿐이다. 따라서 이러한 진술들, 즉 텍스트가 "무슨 의미로 의도되었으
며, 어떤 식으로 그런 의미를 갖도록 의도"되어 작성되고 형성되었는
지를 파악함으로써 이해될 수 있다고 강조한다(Skinner 2012, 141). 텍
스트의 의도를 파악하기 위해서는 '언어학적' 작업으로서 언어적 협약
과 그것을 통한 언어적 컨텍스트에 대한 이해가 우선되어야 한다.[3] 스

---

2   시카고학파는 텍스트에 대한 치밀한 독해로부터 출발하여 정치철학을 수행한다. 고대정
    치철학의 텍스트는 단순한 독서를 통해서가 아닌 일종의 암호 풀이와 같은 것으로 엄밀
    한 작업이 요구된다. "숨겨진 암호를 찾아 비로 쓸 듯이 샅샅이 읽어라"라고 말하는 경구
    가 말해주듯이, 고전 연구에 있어서 암호해독을 위한 텍스트의 집요하고 철저한 정밀 독
    해를 강조하는 것이다. 김홍우(1992, 1); 함규진(2014).
3   스키너는 텍스트를 이해하려면 말해진 것의 의미만이 아니라 텍스트의 저자가 그 말을
    함으로써 담고자 하는 의미에 대한 설명도 제시되어야 한다는 점을 강조한다(Skinner
    2012, 131). 스키너는 저자의 발화에 대한 이해에 있어서 언어적 맥락(context)을 통한
    이해를 강조하고 특정한 맥락 속에서 저자의 의도, 즉 저자가 말하고 행하고자 한 바에
    대해 이해해야 한다는 점을 강조한다. 따라서 기존 정치사상 연구에서와 같이 '단위 관
    념'을 추적하거나 '영속적인 사안들'에 대한 질문에 답하는 것을 찾는 작업은 피해야 할

키너의 정치철학은 시간이 흐르면서 사라져 버린 근대 초의 경쟁적 구상, 그럼에도 불구하고 정치적, 도덕적으로 현재 우리 세계에 대한 대안적 구상으로서 의미를 지닐 수 있는 것들을 발굴하고자 한다. 스키너는 대안적 가능성을 발굴함으로써 현 상황에서 정치 이론이 무비판적인 이데올로기로 타락하지 않도록 하며, 나아가 새로운 대안을 통해 현 상황의 난관을 극복할 수 있는 수단을 찾고자 한다(Skinner 2012, 200-201). 공화주의 정치철학자로서 스키너가 수행한 마키아벨리와 근대 정치사상 연구는 마키아벨리에 대한 기존 해석을 넘어 새로운 해석을 통해 자유주의 정치철학에 의해 사라져 버린 공화주의 사상을 복원하였다(Skinner 2004; 2010). 그리고 자유주의 이전의 자유에 대한 스키너의 연구는 '권리이론 없이 개인적 자유이론이 있을 수 없다'라는 자유주의에 대한 비판과 더불어 18세기 이후 자유주의의 지배 속에서 사라져 버린 공화주의적 자유, 특히 '신로마적 자유국가이론'을 복원하는 데 기여하였다(Skinner 2007). 스키너 등 영국 케임브리지학파의 컨텍스트에 대한 강조는 명예혁명 이후 자유주의 승리의 역사를 기록하고자 한 휘그적 역사관에 의해 파묻혀 버렸던 대안적 역사를 복원하려는 시도이기도 하다. 또한 서구 역사 속에서 주변화되어 있었던 로마 이래의 공화주의 사상과 역사를 복원하고자 한 것이었다.

프랑스 아날학파의 전통 속에 있는 로장발롱은 근대성에 내재된 모순에 주목한다. 로장발롱은 '민주주의는 역사를 가진다'를 넘어서 "민주주의는 역사이다"라는 테제를 통해 자기 작업의 성격을 드러낸다(Rosanvallon 2002). 근대정치의 이해는 곧 민주주의의 이해이며, 민주주의에 내재된 모순적 특성을 근대성 자체로 파악한다. 이것은 민주

연구방법이라고 말한다(Skinner 2012, 140).

주의를 장기적인 시간 속에서 형성된 모순 덩어리로 이해하고자 하는
데, 이는 민주주의 자체 내에서 모순의 해결 가능성을 찾았던 토크빌
의 영향이자, 또한 '아날(Annales)학파'의 전통이기도 하다. 로장발롱
은 프랑스 자유주의 전통을 복원하고자 하면서 토크빌의 사유가 보여
준 근대 민주주의의 내재적 모순성, 즉 민주주의적 전제정의 가능성과
민주주의 자체의 모순 해결의 열쇠로서 정치적 자유의 추구를 장기적
인 시간의 흐름—토크빌의 시간관이자 동시에 아날학파의 개념이기도
한 '장기지속'—속에서 읽고자 했던 것이다. 그리고 그것을 통해 이후
근대 민주주의 이해의 중요한 열쇠를 찾고자 하였다. 그러한 시각에서
프랑스혁명에 대한 해석 그리고 프랑스 공화국 및 공화주의의 정착 과
정에 대해 탐구하였고, 공화주의와 민주주의 관계에 있어서도 목적론
적 해석을 거부하고 그 개념들이 갖는 모순과 긴장을 드러내면서 프랑
스 민주주의의 특수성을 이해하고자 한다.[4] 로장발롱은 사회를 형태 짓
고 사회적인 것에 대한 해결의 양식을 구성하는 것으로 '정치적인 것'
을 이해하고, 그러한 "정치적인 것에 대한 개념적 역사"로 정치철학자
의 작업을 정의한다(Rosanvallon 2002). 곧 '정치적인 것'에 대해 사유
하는 것이 정치철학이며, 그것을 통해 사회를 이해하고 민주주의의 확
장 가능성을 보고자 한다. 민주주의 사회의 비결정성 및 모순성, 누구

---

4   로장발롱의 역사 읽기에 영향을 준 리쾨르는 텍스트가 원저자 혹은 발화자가 의도한 의
     미를 가질 수도 있지만, 시간의 흐름이나 언어의 은유적이고 다의적인 특성 때문에 원저
     자의 의도와는 무관하게 의미의 자율성을 획득할 수 있다는 점을 강조하였다. 문장으로
     환원되지 않는 구조화된 전체로서 "텍스트가 의미하는 바는 더 이상 저자가 의미한 바
     와 일치하지 않"으며, "올바른 이해의 문제는 이제 더 이상 단순히 저자의 의도에 돌아감
     에 의해 해결될 수 없다"고 주장한다(Ricoeur 2003, 245, 369). 따라서 텍스트 연구에서
     중요한 것은 저자의 의도—스키너가 강조했던—보다는 그 텍스트가 새로운 맥락 속에서
     얻게 되는 공적인 의미이며, 새로운 의미의 획득을 둘러싼 논의 과정에서 '해석의 갈등'
     이 발생하는 것이다.

도 독점해서는 안 되는 빈 장소로서 권력, 열린 공간으로서 정치적인 것을 사유하는 것은 관계들의 체계로서 사회를 이해하는 사회 '과학'의 영역이 아닌 바로 정치철학의 영역이다(Lefort 2015).

스트라우스가 근대성에 대한 비판에서 출발하여 자신의 고유한 정치철학을 확립하려 하고, 스키너와 로장발롱이 근대성에 내재한 다양한 흐름과 모순에 주목했다면, 독일의 코젤렉을 중심으로 하는 개념사학파는 근대성 형성에 있어서 후발국가인 독일의 특수한 문제의식을 반영한 흐름을 형성한다. 코젤렉을 중심으로 하는 개념사학파는 사회구조의 역사와 결합한 개념 형성의 역사에 중요성을 부여하면서 독일적 근대의 특수성, 즉 프랑스 계몽주의가 내재하고 있는 보편주의적 문명과 구별되는 독일적 근대성 형성의 특수성을 통해 독일 역사를 이해하고자 한다. 개념사학파는 독일의 독특한 문화와 역사의 특수성에 대한 강조를 통해 사회사와의 결합을 요구하고 있다. 이처럼 독일의 개념사학파는 독일 역사의 특수성에 대한 강조로부터 발현된 고유한 연구방법을 구성하고자 한다.[5] 코젤렉의 개념사의 기본적인 출발점은 근대성이 가지고 있는 다양한 측면과 경로들을 역사적으로 탐구하는 것이며, 그것을 통해 다양한 근대 세계의 출현 과정에 대한 엄밀한 성찰을 목적으로 하는 고유한 방법론으로서 개념사를 적용하고자 한다. 특히 개념사학파는 독일적 특수한 발전—Sonderweg—을 주장하면서 독일어권에서 근대가 등장하면서 형성시킨 근대의 특수한 형태와 그

---

5   개념사 연구자 리히터는 스키너 및 포콕(J. G. A. Pocock) 등의 맥락주의 연구와 자신의 개념사학파를 비교하면서 스키너의 연구—특히 『근대정치사상의 토대』—가 "경쟁집단, 운동 또는 권력자들 사이 투쟁의 언어 속에서 개념의 용법을 추적하기보다는 개별 이론가를 공화주의나 절대주의의 범주 속에 넣음으로써 논쟁의 맥락을 제공"하고 있으며, 이러한 연구는 근대 국가를 향한 역사 발전이라는 목적론적 전제를 가지고 있다고 비판한다(Richter 2010, 233).

형성 과정을 추적하고자 한다(Richter 2010, 104). 코젤렉은 개념사 연구를 수행하기 위한 특정한 역사의 가능성을 포착할 수 있는 인식범주로서 '경험공간'과 '기대지평'이라는 개념을 제시한다(Koselleck 1998, 388-415). 그는 이 범주에 기반하여 인류학적으로 주어진 경험의 공간과 기대의 지평 사이에 존재하는 긴장을 비롯한 시간성의 지표를 통해 출현할 수 있는 다양한 근대의 특수성을 이해하고자 한다. 개념사 연구는 근대 세계의 출발에서부터 시작되며, 또한 정치, 경제, 사회를 논의하기 위해 사용된 언어의 연구와 급진적인 구조적 변화에 대한 탐구를 결합시키고자 한다(Richter 2010, 85). 결국 개념사는 사회사와 결합된다. '개념사'의 기본적인 초점은 "정치·사회사상에서 사용된 주요 개념들의 의미의 연속, 변모 및 혁신"이다(Richter 2010, 34). 하지만 정치·사회적 언어는 역사적 환경의 변화 속에서 그 의미의 연속성을 유지하거나, 또한 반대로 변환되면서 단어의 차원을 넘어 사회적 의미 구조나 개념의 망을 통하여 특정한 담론이나 이데올로기를 형성하게 된다. 따라서 개념의 역사에 대한 탐구는 개념의 사회적, 정치적 용법에 주목하기 위해 언어사적인 자료뿐만 아니라 그 개념이 작동하였던 사회의 역사를 보여주는 사회사적 자료들에 대한 연구와 결합하여야 한다. 왜냐하면 개념들의 전환과 사회의 변화 사이에 역동적 상호작용이 존재하기 때문이다.

이상에서 살펴본 정치사상 및 정치철학 연구의 네 가지 흐름의 출발점은 자신들이 기반하고 있는 정치공동체의 현재적 문제의식이며, 각각 상이한 문제의식에서 비롯된 상이한 방법론 그리고 정치와 역사에 대한 상이한 문제의식을 발전시켰다고 할 수 있다. 특히 대부분의 정치철학의 과제는 근대의 위기—나라 및 학파에 따라 자유주의의 위기 혹은 민주주의의 위기 그리고 근대성 자체의 위기 등의 형태로 진단—로부터 근대에 대한 새로운 이해와 그 위기를 벗어나기 위한 새로운 탈출구—자유주의에 대한 대안적 출구를 찾거나 민주주의 자체의 쇄신을 위한 노력, 혹은 근대성을 비판하는 방식 등—를 모색하는 작업이라고 할 수 있다. 이러한 차별성에도 불구하고 서구적 근대의 문제설정, 즉 근대의 넘어설 수 없는 지평으로서 '민주주의'의 문제는 각 나라의 특수성과 결합하여 그에 대한 역사적 이해와 새로운 전환의 계기를 찾고자 하는 작업으로 이어지고 있다는 공통점 역시 존재한다고 볼 수 있다.

III. 문명화 과정의 객체에서 자생적 근대성의 발견 그리고 근대성의 변용으로

서구 근대화의 물결을 수용하거나 그것이 강제되었던 동양의 경우, 정치사상과 관련하여서도 이중적 과제를 갖는다. 하나는 서구의 근대화가 제기한 문제, 즉 동양과 서구와의 만남이 제기한 문제로서 서구적 근대를 어떻게 수용하고 적용할 것인가, 또 다른 하나는 전통적인 동양의 정치사상이 제기한 문제로서 동양의 정치사상이 서구의 근대화를 만나면서 그것들을 어떻게 받아들이고, 그 과정에서 자신의 위상을 어떻게 설정하는가의 문제이다. 결국 동양과 서양의 만남이 만들어낸 정치사상의 과제를 자신에게 고유한 정치사상, 즉 '한국'정치사상, '일본'정치사상, '중국'정치사상을 어떻게 형성할 것인가의 문제로 귀착된다.[6]

6　중국정치사상의 흐름에 대한 검토가 진행되지 못한 것은 이 연구의 커다란 한계임은 분명하다. 언어적 한계와 더불어 중국정치사상 특히 근대 중국정치사상이 충분히 소개되

1. 마루야마 마사오와 일본정치사상

마루야마 마사오는 오규 소라이라는 에도 사상가의 저작을 독일의 사회과학적 방법론을 통해 엄밀하게 분석해 냄으로써 일본의 '근대성'의 뿌리를 밝히는 독자적인 학풍을 성립시키면서 일본학계의 스칼라십의 수준을 전 세계에 과시했다는 평가를 받고 있다. 무엇보다도 마루야마 마사오는 지극히 일본적 문제의식을 가지고 정치사상 및 정치철학이라는 학문을 수행하였다. 마루야마 스스로도 자신의 책, 『日本政治思想史硏究』를 "근세 시기를 망라한 정치사상 내지 정치학설의 통사"가 아니라 "본질적으로 문제사"라는 점을 강조하고 있다(마루야마 마사오 1995, 80-81). '사상사'라는 명칭을 가진 자신의 작업에 대해 마루야마는 이러한 '사상사'는 독립된 학문으로서 '한 시대의 정신적 전체 구조'를 종합적으로 파악하고 또한 그 역사적 추이를 분명하게 살펴보려는 것이라고 정의한다(마루야마 마사오 1997a, 19-20). 이러한 사상사는 사료적 고증을 엄밀하게 확정해야 한다는 점에서 문맥을 배제하고 자신의 사상을 전개하는 '사상론'과 구별된다. '사상사'는 비록 '사실사(事實史)'와 다르지만 사료적 고증에 의해 제약을 받으며, "자료의 주체적인 구성"을 통해 새로운 창조의 작업을 갖는다. 하지만 '사상사'의 작업은 마치 작곡가의 영혼을 재현해야 하는 연주자와 같이 자기 마음대로 창조하는 것은 아니며 일종의 이중 창조로서 '추창조(追創造)'를 해야 한다. 그러한 의미에서 "역사에 구속당하는 동시에 다른 한편으로 역사에 대해 자신이 작용을 한다"고 할 수 있다(마루야마 마사오

지 못한 영향도 있고, 또한 사회주의 경험을 거치면서 근대성에 대한 문제의식이 뚜렷한 차별성을 가진 것도 한 원인이 될 것으로 짐작한다. 그럼에도 불구하고 추후 중요한 연구과제임은 분명하다.

1997a, 40).

이러한 사상사에 대한 정의와 방법론을 제기한 후 마루야마는 일본 사상사 연구의 당면 문제로서 근대성의 문제를 제기한다. 그러한 근대성의 문제는 일본이나 중국도 마찬가지로 유럽의 충격에 대해 어떤 식으로 주체적으로 대응했는가의 문제와 연결되어 있다. 이 지점에서 마루야마 마사오는 유럽 사상사를 기준으로 그것이 동양에 들어와 어떻게 변화되었는지에 대한 비교도 필요하지만, 어떤 문제를 세우고 어떻게 해결하려고 했는지, 어떤 식으로 유럽의 근대 사상을 그 도구로 사용하려고 했는지에 대해 사유할 필요성을 제기한다(마루야마 마사오 1997a, 43-44). 이것은 분명 마루야마오가 유럽중심적인 사유를 동양의 일본이 어떻게 근대에 대해 주체적으로 사유했고 대응하고자 했는지를 탐구할 필요성을 제기한 것이라 할 수 있다.

마루야마의 구체적인 사상사 연구 작업의 성과물인 『日本政治思想史硏究』는 결국 일본의 근대성의 형성, 그 뿌리를 찾는 작업이라고 할 수 있다. 하지만 그것은 단지 유럽의 근대성이 어떻게 일본에 뿌리 내리는가의 문제가 아니라 일본이 어떻게 근대성을 형성해 나갔는가에 대한 작업이다. 좀 더 구체적으로 말한다면, 자기 글의 주된 동기는 "봉건 사회에서 정통적인 세계상이 어떻게 내면적으로 붕괴해 가는가"에 대한 질문에서 시작되었다고 말한다. 그러한 과제를 수행함으로써 마루야마는 일본 사상의 근대화의 패턴, 즉 서구 및 아시아 국가들에 대해서 갖는 일본 사상의 근대화의 특질을 규명하고자 했다고 말한다. 결국 마루야마는 오규 소라이가 이룩한 '유교의 정치성'의 발견, 즉 유교를 정치화함으로써 일본의 봉건시대에서 근대성의 단초를 마련한 것이라고 파악하였다(마루야마 마사오 1995, 207-208). 그것은 정치적인 것과 사적인 도덕의 연속성을 단절시키는 효과를 동반하였다. 나아

가 마루야마는 정치적인 것의 독립성을 통해 정치적 지배를 위한 혹은
정치적 위기 극복을 위한 '작위'의 가능성을 열어놓은 것이다. 그것은
자연적 질서로부터 분리된 새로운 주체화의 가능성을 제시한 것이다
(마루야먀 마사오 1995, 347-348).

마루야마의 이러한 작업은 일본이 중국과 달리 '근대'가 내재적으
로 준비되고 있었다는 것을 실증적으로 보여주려 하였다는 점과 함께,
당시 '근대의 초극(超克)'으로 불리는 보수우익들의 시류에 영합하는
전체주의 논리와 국수주의적 주장에 대해 비판을 가하고자 했던 '사
상적 저항'의 표현이었다고 평가받는다(김석근 1997, 24). 하지만 근대
화가 성공한 후에 근대성의 사상적·문화적 요소가 일찍이 내재해 있
었디는 '사후적 논리구성'은 반증 불가능한 명제에 가깝다는 강정인의
비판은 충분한 타당성을 가진다(강정인 2013, 397). 강정인은 마루야마
가 서구중심주의에 충실하면서 동시에 일본중심주의를 전개했다고 비
판한다. 마루야마에게는 분명 서구적 근대화가 도달해야 할 목표지점
으로 설정되어 있었던 것이고, 중국과 달리 일본의 주자학, 특히 소라
이가쿠에는 서구의 근대를 흡수 혹은 적극적으로 맞이할 정도의 근대
성을 자발적으로 형성하고 있었다는 논리인 것이다. 이 경우 결국은 서
구의 근대성이라는 보편성 및 일본에 근대성의 맹아가 존재했다는 일
본의 상대적 우월성 나아가 일본의 한반도 지배를 정당화하는 식민지
근대화론의 정당화 논리도 가능해진다. 자생적 근대화의 맹아가 없었
던 조선을 근대화된 일본이 지배함으로써 한반도의 근대화를 가능케
한다는 논리이다.[7]

---

7   이러한 식민지근대화론에 대한 반발로 1960년대 김용섭 등 한국사학계에 내재적 발전
      론이 등장하였고, 한국의 역사가들 역시 조선에서 근대의 맹아를 찾으려는 작업에 몰두
      하게 되었다. 여전히 이러한 논의는 진행 중이며, 2019년 반일민족주의 전개 속에서 식

　　마루야마는 이러한 청년시절의 작업이 한계를 가졌다고 판단했는
지 전후 자신의 작업에 대한 자기비판의 과정을 거친다. 마루야마는 자
신이 마르크스주의자인 적은 없지만, 마르크스주의의 영향을 받아 "보
편사적인 역사적 발전단계가 있다는 것을 당연의 전제로 하여 사상
사를 생각"하였다는 것이며, 헤겔의 이른바 '세계정신의 전개 과정'으
로서 사상의 발전을 파악하려 하면서 사상사를 접근하였다는 것이다
(박충석 1998, 421-422). 서구의 보편주의에 대한 시각은 결국 마루야
마 스스로 서구중심주의적 시각을 체현하고 있음을 실토한 것이라고
할 수 있을 것이다. 하지만 이러한 자기비판과 함께 마루야마는 '원형',
'고층(古層)', '집요한 지속저음', '집요저음'과 같은 개념들을 통해 문
화접촉과 문화변용이라는 관점에서 일본의 변용된 사상사를 재구성하
고자 한다. 일본 역사의식을 고층을 이루는 것들을 통해 '잇달아 되어
가는 추세'라는 구절로 그 경향성을 표현한다. 그리고 무엇보다도 일본
의 역사의식의 '지배적인 주선율'로 전면에 나섰던 것은 유교·불교·노
장사상 등 대륙에서 전파된 관념이며, 또 메이지 유신 이후는 서구로부
터 수입된 사상이었다는 것을 분명히 한다(마루야마 마사오 1998, 351).
결국 마루야마는 외래사상이 일본화되는 과정을 살펴보고 그 과정에
공통된 패턴이 존재하고 있다는 사실을 발견하고 그 패턴을 '고층'이
라는 사유양식으로 표상했던 것이다. 그것을 통해 주선율을 이루는 외
래사상을 어떠한 형태로 수용하고, 어떻게 활용할 것인가를 고민하는
일본사상사 방법론을 제시했다(이희복 2010, 343-349). 이즈음에 마루
야마는 정치사상에 대한 자신의 정의와 방법론에 기반한 '일본'정치사
상사 연구를 진행하면서 정치사상 체계를 구축하였다고 할 수 있다.

　　민지근대화론 역시 맹위를 떨치고 있다.

　또 다른 한편으로 마루야마의 작업은 정치사상 연구와 더불어 정
치사상의 그늘에 가려져 있던 일본 정치의 현상 분석에 대한 작업으
로까지 확장된다. 마루야마 마사오의 「과학으로서의 정치학」(1946)과
「초국가주의의 논리와 심리」(1946)라는 두 논문은 "전후 일본 정치학
의 새 출발을 선언한 문서"로서 "전후 일본 정치학의 방법론과 연구 주
제에 관한 시사와 방향성 및 모델"을 제공한 역작으로 평가받고 있다
(고희탁 2013, 153). 우선 전자에서 마루야마는 일본 정치학이 "자체의
기반과 환경으로부터 문제를 끄집어내는 대신에 유럽 학계에서의 그
때그때의 주제나 방법을 끊임없이 뒤쫓아가고 있다"고 지적하면서 학
문과 현실적 대상과의 분열이 심각함을 비판하면서 논의를 출발한다
(마루야마 마사오 1997b, 394). 마루야마는 정치학의 '방법'의 문제가
그 대상의 문제와 결코 떼놓을 수 없이 얽혀 있는 것이 정치적 사유의
특질이라는 점을 강조하면서 정치학은 철저하게 구체적인 현실과 매
개되어야 함을 강조한다. 그러한 의미에서 정치학자가 정치적 현실에
대해서 "어떠한 이론을 구성한다는 것 자체가 하나의 정치적 실천"임
을 강조한다.[8] 그러한 점에서 「초국가주의의 논리와 심리」는 글의 초입
에서 말하고 있듯이, 일본 국민을 예종적 상황으로 몰고 가고, 전 세계
를 2차 세계대전으로 몰고 갔던 이데올로기적 요인으로서 초국가주의
의 실체에 대해 분석하고자 한다. 그리고 그것은 오랜 일본 근대의 역

8　마루야마 마사오(1997b, 407). 그러한 점에서 마루야마의 많은 책을 번역한 김석근이
　　『현대정치의 사상과 행동』에 붙인 '역자 서문'에서 마루야마의 학문적 구성을 평가할 때,
　　① 에도와 메이지 시대 사상사 연구, ② 일본 파시즘에 대한 분석과 비판, ③ 순수 정치학
　　적인 주제들에 대한 진지한 탐구로 파악하는 것은 단순한 이해가 아닌가 싶다. 마루야마
　　의 정치학적 문제설정이 철저하게 일본정치 현실과의 관계 및 자신의 정치적 실천의 차
　　원에서 전개된 것을 감안한다면, 그의 정치학적 연구 작업의 구조적 결합에 대한 이해가
　　필요하고, 또한 '순수 정치학'이라는 표현 역시 어울리지 않다고 볼 수 있다.

사 속에서 정치제도와 민중의 심리구조와의 연관성을 포착하려 한다
는 점에서 기존의 자신의 작업으로 이후 연구될 자신의 작업을 일정하
게 예측하게 한다.[9]

　두 개의 글 이후 『현대정치의 사상과 행동』의 구성이 보여주듯이,
마루야마는 1부 "현대 일본의 정신상황"이라는 제목으로 묶은 일본의
내셔널리즘과 파시즘, 군국주의에 대한 비판과 분석 그리고 2부 "이데
올로기의 정치학" 및 3부 "'정치적인 것'과 그 한계"라는 제목으로 묶
은 서구 정치의 이데올로기적 현안 및 정치학적 개념, 결국 일본 정치
의 현실의 문제로부터 도출된 이데올로기적 문제와 개념에 대한 분석
을 행하였다. 마루야마는 그 책의 〈영어판 서문〉에서 그러한 자신의 작
업이 일본 사회에 대한 '병리학적 분석'이며, 그것은 일본이 "맹목적인
군국주의적 내셔널리즘의 분류(奔流)"에 무력했던 사태가 발생했던 원
인에 대한 탐구로서 학문적 출발점을 삼고자 했으며 또한 "시민으로서
의 사회적 책임감에 대한 실천적 응답"이었다는 점을 밝히고 있다(마
루야마 마사오 1997b, 662-663). 그리고 그는 이러한 문제들에 대한 답
을 찾는 과정에서 마르크스주의의 비판적 사회분석과는 달리 "일본문
화의 성격을 검토하고 일본인의 일상의 행동과 사고 과정을 분석"하는
것을 통해 그 답을 찾고자 하였다(마루야마 마사오 1997b, 663). 결국
마루야마의 정치사상 연구는 현실정치와의 연관성 속에서 그로부터
제기된 문제들, 특히 일본을 이해하고 또한 일본이 봉착한 상황으로부
터 벗어나기 위한 탈출구를 찾는 과정에서 가장 핵심적인 질문이 무엇

9　물론 이것이 퀜틴 스키너가 우려하듯이, 대학자의 저술을 목적론적으로 해석하려 한다
　거나 일관된 논리가 작동한다는 식으로 짜맞추기를 하고자 하는 것은 아니다. 그럼에도
　불구하고 마루야마 저술들의 내적 연관성에 대해서는 나름 의미를 부여할 수 있으리라
　본다.

인가를 묻고 그에 답해 나가는 과정이라고 할 수 있다. 그것은 정치학
자로서의 문제를 찾는 과정과 동시에 답변이며, 또한 현실에 대한 개입
이었다. 이러한 작업 과정에서 마루야마는 일본의 전통적 정치사상의
발굴 작업은 물론 서양정치사상으로부터의 개념들을 자유롭게 적용하
면서 '일본'정치사상을 구성해 냈다고 할 수 있다.

2. 한국정치사상의 다양한 모색

정치사상 연구에서 해방 이후 오랫동안 한국정치학계의 특징은 서구
사상에 대한 소개와 재해석 내지는 특정한 개념을 통한 그것의 한국적
적용을 위한 시도 등으로 요약할 수 있다. 해방 이후 1990년대 이전까
지 정치사상 연구의 특성은 정치사상가별, 시대별, 관념 또는 개념별
이해 등이거나 혹은 그것들을 적절하게 혼용하는 것을 그 방법론으로
요약할 수 있다.[10] 하지만 그 대상은 대부분 서양정치사상이었다. 또한
한국정치사상이라는 특정한 분야에 한정하여 그 특징을 살펴본다면,
해방 이후 1980년대까지의 연구는 '근대화'의 시각에서 한국정치사상
을 접근하는 것이었다(안외순 2011, 363). 결국 근대화의 시각은 서구
중심주의를 기본적으로 전제하면서 한국정치사와 한국정치사상을 바
라보거나, 이제 한국정치사상에 대한 연구가 '필요하고 중요하다'는 것
을 인정하는 수준에서 이루어진 것이다(부남철 2002, 20). 이것은 해방
이후 한국사회과학의 경향과도 맞물려 있다. 1960년대 이후 근대화론

10　조찬래(1996, 15-16). 물론 1970년대에도 한국적 정치학 및 한국정치사상 연구의 고유
　　성과 특수성을 강조하면서 한국정치학 발전의 필요성을 강조한 학자들도 존재하였다.
　　문승익(1974)은 '자아준거적 정치학'이라는 개념을 통해 우리의 상황과 필요에 조응하
　　는 정치학의 필요성을 제기하였고, 최창규(1979)는 문승익을 따라 "주체의 자아준거적
　　자기의지"에 따라 역사에서의 재생산의 가능성을 제기하였다.

이 유입되었고, 또한 일제 시기 이래 '식민사관'의 극복 노력 속에서 등
장한 '내재적 발전론'의 경향은 한국 인문사회과학의 방향을 결정지었
다. 1963년 2월호 『사상계』의 특집 "한국사를 보는 눈"을 통해 식민사
관의 타율성론과 정체성론을 전면적으로 비판하려는 시도가 제기되었
다. 식민사관의 극복이라는 문제의식 속에서 한국사의 해석에서 내재
적 발전론이라는 입론이 제기된 것이다. 하지만 이와 동시에 1960년대
미국의 행태주의적 방법론에 근거한 정치학의 보급과 근대화론의 확
산은 한국정치학 전반에 걸쳐 미국정치학이 지배하는 구조를 낳았다.
따라서 정치사상 연구에서도 서양정치사상을 소개하거나 번역하는 수
준에 머물러 있었던 것이 사실이다. 앞서 본 마루야마 마사오처럼 한
국 내에서 근대성의 맹아를 찾으려는 시도와 같이 내재적 발전론의 영
향을 받은 한국정치사상 연구는 거의 부재―한국사 연구자들의 경우
는 예외이다―한 것이 사실이다. 한국의 정치학은 다른 어느 분야에 비
해서도 미국 내지는 서양정치학의 지배가 뚜렷했던 분야라고 할 수 있
다. 그것은 아마도 민주주의라고 하는 서구정치의 가치가 '보편성'을
가지고서 한국정치(학)에 가장 큰 화두이자 해결해야 할 현실적, 이론
적 과제로 제시되었기 때문이라고 할 수 있다.

　하지만 1990년대 이후 한국정치사상 연구가 양적으로나 질적으
로 확대되고 한국정치사상 고유의 문제의식 역시 확장되고 심화되기
시작하였다. '한국적' 정치사상에 대한 모색과 더불어 한국정치사상의
독자성과 구체적인 방법론에 대한 고민들이 진행되었다(안외순 2011,
365-366). 예를 들어 한국정치사상 연구의 방향과 방법론 등 원론적인
수준에서의 논의는 지속적으로 제기되어 왔다. 불교, 기독교 등 종교의
정치사상적 관련성을 주목할 것을 강조한다거나(김한식 1999), 한국
정치사상의 통사적 구성을 위해 그 유기적 연결고리로 유교정치에 주

목할 것(손문호 2001), 혹은 개념별·사상가별·시대별 고전에 대한 연구(이택휘 1999), 그리고 현실 상황에 대한 진단과 문제해결을 위한 처방, 비전, 목표 등을 고려하는 문제해결적 접근을 강조하는 연구(정윤재 1999) 등의 방안들이 제시되었다. 이러한 제안들을 검토하면서 부남철은 '한국정치사상의 학문적 정체성'을 확립할 필요성을 제기한다(부남철 2002). 이것은 결국 한국정치사상 연구에 있어서 한국정치사상에 대한 문제의식, 연구대상과 방법에 대한 학적 공감대의 필요성을 제기한 것이다. 1990년대 이후 한국정치사상 연구는 그 연구대상의 확장, 방법론의 다양화 등 많은 성과들을 거둔 것은 분명하지만 원론적 수준의 논의가 오히려 미흡했다는 지적에 대해 일정한 공유가 있는 것은 분명하다.

배병삼은 한국정치학의 외면은 서구정치학의 절대적인 영향을 받고 있지만 한국정치학의 속살구조는 전통 정치문화에서 깊은 영향을 받았을 것이라고 확신한다(배병삼 2013, 236). 하지만 배병삼의 경우 오히려 서구중심주의적 한국정치사상을 하고 있는 것이 아닌가라는 강한 의구심을 갖게 한다. 배병삼은 정약용에게서 한국 정치과학, 즉 정치 그 자체를 객관적으로 주목하고 사유한다는 점에서 '과학'으로서 정치과학의 기원을 발견한다고 주장한다. 특히 정약용은 "정치를 객관화하고 이에 대해 정면으로 서술하는 논문", 「原政」을 남겼으며, 전통 유교가 개인의 삶과 가족공동체 그리고 자연계까지 미치는 광대한 영역을 포섭해 정치를 인식하는 것과 달리 「原政」은 국가 내부의 공적 활동에 국한해 정치를 대상화하는 점에서 정치과학적 특징을 드러낸다고 주장한다(배병삼 2013, 238-239). 결국 배병삼 역시 '정치과학'이라는 것을 서구정치학의 기준을 통해 정의하고 있다. 그는 한국 전통적 정치학, 즉 조선의 정치학 속에서 서구적 정치학의 요소가 있는가를 발견하고자 하며, 그것을 통해 한국정치학의 기원을 찾고자 한다. 이것은 마치 마루야마 마사오가 오규 소라이에게서 근대성의 요소가 있었음을 발견했던 것과 유사한 '데자뷰' 현상이다. 유사하게 배병삼은 박지원의 『열하일기』는 중국과 조선의 국제관계라는 새로운 지평을 열었으며, '국제정치적 차원의 국가'를 발견하였다는 점을 강조하면서 그를 국제정치학자로 칭한다. 그리고 최한기는 '비교정치학'의 기원으로 위치지어진다. 이렇게 되면 배병삼이 최초에 언급했던 한국정치학의 속살구조는 18세기 있었던 실학자들에게서 존재했던 서구정치학의 흔적들이 된다. 결국 한국정치학은 외면에서는 서구의 절대적 영향력에 있고, 속살 역시 서구와 유사한 것이 된다면, 한국정치학은 얼마나 서구화되었는가에 따라 평가되어야 하는 꼴이 되고 만다.

이와 달리 서양정치사상 연구자들의 한국정치사상에 대한 접근은 다른 방향에서 이루어진다. 김비환은 한국정치사 연구의 지배적인 패러다임을 이루었던 것은 정치경제학이나 정치사회학이었으며, 그러한 패러다임은 주로 정치적 근대화의 한계 혹은 그 가능성을 규명하는데 초점을 맞추어 연구를 진행하여 왔으며, 그에 따라 정치근대화의 주체로서 한국인의 도덕적 특성에 대한 연구의 소홀, 자아성찰적 문제의식에 바탕을 둔 한국정치사에 대한 정치철학적 연구의 부재라는 불완전성을 지적하면서 그 한계를 비판한다(김비환 1999). 따라서 김비환은 서구식 정치적 근대화와 한국인의 자아 사이의 부적합 혹은 갈등을 해결하기 위한 정치철학적 연구의 필요성을 제기한다. 그는 전통과 (서구적) 보편 사이의 균형, 즉 전통으로부터 제기된 지역공동체의 유대감과 보편적 시민의식 사이의 균형을 통해, 귀속과 자유라는 두 가지 욕구를 모두 충족시킬 것을 이상적인 결론이라고 제시한다(김비환 1999, 25). 김비환이 이러한 문제의 해결책을 위해 제시한 '공동체 내적 개인'이라는 개념은 서양의 개인주의적 인간관을 극복하지 못했던 한국 정치사상 연구자들에게 전통과 현대의 조응의 길을 제공했다는 평가를 받기도 한다(안외순 2011, 366).

양승태의 경우 서양정치철학 연구자로서 서양의 고대에 대한 깊이 있는 연구와 함께 한국정치사상의 과제로 '국가정체성'의 문제를 제기하고 나아가 그 문제를 정당연구와 연결 지으려 한다는 점에서 정치사상과 현실정치 사이의 매개고리를 찾으려는 의미 있는 방향성을 제시하기도 하였다(양승태 2006; 2011). 하지만 그의 시론적 문제 제기는 좀 더 구체적인 작업으로 이어지지는 않고 있으며, 자신의 연구의 출발점 역시 헤겔철학이라는 지극히 관념론적인 수준에 머물고 있다는 한계가 있다. 즉 그는 "인간의 정신세계는 그가 속한 민족이나 국가의 교육, 문화, 도덕, 정치생활 등 사회적 및 역사적 삶 전체를 통해 형성되고 발전한다"라는 헤겔적 사고틀을 통해 한국정치를 접근하고 있으며, 그러한 문제설정은 구체적인 한국정치사에 대한 상대적 소홀이라는 결과를 낳고 있다.[11] 양승태는 케임브리지학파나 개념사학파와 같이 정치사상과 역사의 결합을 추구하는 학문적 흐름에 대해서는 비판적인 입장을 취한다. 현실의 역사적 맥락에서만 정치사상을 이해하려는 시도는 구체성과 생동감을 줄 수도 있겠지만 본질적인 정신세계를 이해하는 데 있어서는 한계를 갖는다고 비판한다. 그는 정치현실에서

---

11   양승태(2011; 2015). 예를 들어 양승태가 한국 정당에서 최근 쟁점으로 제기되는 복지문제에 접근하는 방식을 보면 그 의미가 분명해진다. 양승태는 복지문제에 대해 이해하고자 할 때, 복지문제가 대두된 현실과 현실의 문제를 타개하기 위한 각 정당의 현실인식과 대응책, 구체화된 정책 등에 대해 연구하는 것이 아니라 복지라는 개념을 고대 그리스인들은 어떻게 이해했는지에 대한 설명부터 시작하여 원래 복지가 어떤 의미를 가지는지를 알아야 한다고 강조한다(양승태 2011, 20). 지극히 사변적이고 구체성이 결여된 연구방법이 아닌지 의문을 가질 수밖에 없다.

작동하는 정치사상의 경우 사상의 본질에 해당하는 현실초월적 정신이 숨겨져 있기 때문에 그것에 대한 이해는 역사적 연구가 아닌 철학적 연구를 통해 이루어져야 한다고 주장한다. 그가 국가정체성 및 보수주의의 위기와 더불어 그것을 극복하기 위한 제안을 담고 있는 『대한민국 무엇이 위기인가』(2020)의 경우 본인의 문제의식을 현대 한국정치의 현실에 투영하여 적극적인 제안을 하고 있는 저술이다. 물론 이 책 역시 본인의 기본적인 정치철학에 대한 관점으로서 정치학의 본령으로서 "국가정체성 위기의 실체에 대한 파악"과 "새로운 정체성을 확립하려는 지성적인 탐구" 작업을 수행하기 위해 '정신사'의 변화와 발전에 주목하고 있다.

김비환과 양승태의 근본적인 문제제기가 이후 한국정치사상 연구에 얼마나 어떻게 반영되었는지는 좀 더 체계적인 검토가 필요하겠지만, 아직 그것의 구체화 작업은 미진한 듯하다. 그러한 측면에서 강정인(2004; 2007; 2014)의 작업은 서양정치사상 전공자로서 서구중심주의 극복에 대한 문제의식에서 출발하여 한국정치사상에 대한 새로운 정립의 필요성 그리고 그에 근거한 구체적인 연구결과물을 제출하고 있다는 점에서 주목할 만하다. 강정인은 주변부로서 한국의 정치사상 전공자들이 "중심과 주변의 위상적 차이를 사상적으로 극복하기 위한 전략의 일환으로서 주변성에 대한 섬세한 감수성과 비옥한 비전을 토대"로 하여 한국정치사상을 구성해 내는 전략이 필요함을 강조한다(강정인 2007, 25). 실제 강정인은 그러한 목적 달성을 위해 다양한 한국정치사상의 전략을 제시한다. 서양정치사상의 한국화, 동아시아·한국전통 정치사상의 현대화, 그리고 현대 한국정치의 사상화 등 세 전략은 한국정치사상이 서구중심주의를 극복하고 "한국에 고유한 또는 특수한 문제의식에서 시작하여 보편화되는 수순"을 밟을 수 있는 길임을 강조한다. 그리고 구체적인 작업은 강정인이 제기한 한국정치학의 정체성을 구성하기 위한 삼중의 관계, 즉 전통학문으로서의 정치학과 서구 학문으로서의 정치학 그리고 그 학문이 발 딛고 서 있는 현실이라는 삼자와의 입체적 관계 속에서 파악되어야 한다는 제언 속에서 이루어진다(강정인 2013, 21).

그의 정치사상 연구는 이 세 가지 축을 따라서 진행되어 왔으며, 그 대표적인 연구결과물 중의 하나가 『한국현대정치사상과 박정희』(2014)라는 저술이다. 현실정치의 문제를 정치사상적 접근을 통해 작업한 이 책은 그 삼중의 관계를 얼마나 잘 융합하였는가에 대한 판단을 해줄 수 있다. 강정인은 한국 근대 정치가 갖는 서구문명에 대한 잠정적 보편성, 즉 한국과 서구가 근대성의 물질적·정신적 기초—자본주의, 산업사회, 계몽주의, 합리주의, 진보주의, 민주주의 등등—를 공유하면서 동시에 한국이 추구해온 특수성을 규명하고자 한다(강정인 2014, 19-20). 그러한 보편-특수 관계를 묘사하고 한국 현대정치의 이념적 지형의 특징을 묘사할 수 있는 개념으로 '비동시성의 동시성' 및 '민족주의의 신성화'라는 개념을 제시하고 있다. 강정인의 이러한 접근은 박정희가 해방 이후 한국에서 근대화 및 남한에서 국민국가 형성의 중심에 있는 인물이라는 것 때문에 박정희에 대한 사상적 이해는 한국 현대정치사상의 핵심을 이해할 수 있도록 해주는 이점에 기반한 것이라고 할 수 있다. 또한 이러한 작업은 근대화 과정에서 서구적 근대화가 중심을 이루지만 동시에 한국적 전통의 근대화가 이루어지며 그것을 통해 '한국적 근대'의 모습을 볼 수 있을 것을 기대한다. 따라서 박정희에 대한 사상적 이해가 결국 강정인이 말하는 삼중의 관계 속에서 한국정치학의 정체성이 확립된다는 것을 의미하며, 또한 한국정치학이 세 가지 작업을 동시에 수행해야 한다는 것을 말하는 것이기도 한다. 그리고 세 가지 작업이 하나의 정치(학)적 대상에 대한 분석 속에서 결합되어 진행될 수 있다는 것을 보여주었다는 점에서 의미 있는 연구 성과이자 예시라고 할 수 있다. 마치 코젤렉이 말하였던 경험공간과 기대지평의 결합으로서 개념사의 연구 혹은 마루야마 마사오가 말하였던 접촉과 변용을 통해 재구성된 정치사상이라는 것과 유사하다고 할 수 있다. 무엇보다도 한국(남한)에서 근대 국민국가 형성에서 중심적 역할을 행한 박정희라는 인물에 주목하면서 그를 통한 한국정치의 사상과 역사를 들여다보고 한국정치의 실체를 밝히려 했다는 점은 강정인의 독창성으로 평가해야 하는 부분이다.

하지만 강정인의 연구는 서구중심주의를 극복하기 위한 그의 문제의식과 그로부터 제기되는 한국정치사상의 구성에 대한 다양한 혹은 포괄적인 제안에 중점을 두게 되면서 출발점에서 제시된 "정치사상이란 무엇인가"의 문제와는 거리가 발생하는 결과를 낳고 있다는 의구심이 든다. 즉 그가 정치사상에 대한 정의와 그 역할에 대해 논하면서 정치사상은 "정치공동체를 운영하는 패러다임의 역할"을 하며 "현재의 정치사회에 대한 비판적 분석과 풍부한 상상력을 토대로 하여 바람직한 정치사회에 대한 대안을 제시하고자 하다는 점에서 규범적"이라고 주장하였다(강정인 2007, 11). 하지만 그러한 정치사상의 정의와 역할에 대한 그의 논의에 비추어본다면, 서구중심주의를 극복하기 위해 그가 제시한 전략은 마치 서구중심주의를 극복하기 위한 모든 다양한 시도는 정치사상으로서 의미를 갖게 되는 결과를 가져오면서 '정치사상' 자체의 출발점을 망각해 버린 효과(?)를 낳고 있다.

그리고 최근 강정인이 편집하여 출판한『인물로 읽는 한국현대정치사상의 흐름』이라는 책의 서문에서 강정인은 '정치사상'을 추상적이거나 이념적 수준에서 파악하기보다는 구체적으로 이해하고자 하며,

그러한 정의에서 출발하여 '한국정치사상'을 새롭게 재구성하려는 작업을 수행하고 있다. 그는 '정치사상'이 "정치공동체를 운영하는 기본 프로그램 역할"을 하며, "인간의 정치적 삶에 대한 조건을 설명하고 사람들이 정치에서 차지하는 자신의 위치를 이해하도록 도와주며, 정치적 행동강령을 제공"한다고 제시하고 있다.[12] 하지만 정치사상의 이러한 확대된 이해와 정의는 정치철학, 정치사상, 정치이데올로기 등을 거의 모두 포괄하는 정의가 되어버린다. 이러한 과욕은 결국 정치사상 자체의 정의와 범위를 흐릿하게 하는 결과를 낳게 된다. 사실 이 부분에서는 강정인이 스스로 재규정하는 '정치사상' 및 '정치철학'에 대한 개념적 정의에 대한 검토가 필요하지만, 그렇다 하더라도 일반적 의미에서 정치철학과 정치사상이 갖는 정의와 주어진 역할이라는 측면, 특히 '규범성'의 측면은 그에게 사라져 버린 듯하다.

다른 한편으로 한국정치사와 결합한 한국정치사상의 재구성이라는 측면에서 강정인, 안외순 등은 한국정치사상의 현재화라는 이름으로 서구적 개념과 유사한 것들이 전통적인 한국/동양 정치사상에 존재했음을 전제하고 그것을 복원하여 서구의 그것들과 재구성하고자 한다. 더 나아가 하나의 개념에 대한 동·서양 정치사상의 작업을 병행함으로써 개념의 풍부화 및 한계들을 극복하려는 시도이다. 예를 들어 'justice'라는 서구적 개념에 대해 '정의'라는 동양적 개념을 과거로부터 소환하여 둘의 만남을 통한 재구성이다. '한국적인 것'이라는 것은

---

12 강정인 외(2019 9). 이러한 정의는 강정인 등이 번역한 테렌스 볼의 책에서 나오는 '이데올로기'에 대한 정의와 겹쳐진다(Ball et al. 2019). 하지만 레오 스트라우스 이래 정치철학, 정치사상, 이데올로기의 구분은 그것들이 모두에게 동일한 기준과 역할을 하는 것은 아니지만 나름대로 의미가 있다. 특히 이데올로기와 정치철학/사상의 구분은 필요하다. 이데올로기는 기본적으로 근대의 산물로서, 대중과 (정치) 철학/사상의 만남을 위해 '정당' 혹은 정치세력이 대중화한 관념으로서 그 역할과 함의는 분명 구분되어야 한다.

한국의 고유한 긴 역사적 과정을 통해 형성되어온 것과 새로운 외부적인 것이 만나면서 재구성되는 과정을 통해 형성되는 것을 말하며 그것은 동시에 현재의 한국인들의 문제의식 및 한국정치의 향방에 대한 연구, 결국 정치적인 것과의 동시적 이해를 필요로 한다는 것이다(안외순 2011, 370-371). 그와 함께 안외순은 한국전통 정치사상에 존재하는 다양한 개념들과 사상가의 인식, 문화적·정치적 이념과 사상들에 대한 정치(精緻)한 이해를 통해 현대 사회의 문제를 해결하는 데 기여할 수 있을 것을 기대한다. 하지만 이러한 기대감이 한편으로 서구의 근대성이 가져온 폐해를 동양의 전통사상을 통해 해소하고자 하는 또 다른 편견의 산물은 아닌지 우려되기도 한다. 강정인이 한국정치사상 연구의 현재화를 위한 자신의 작업과 함께 대표적인 연구로 제시하고 있는 이승환, 장현근의 작업 역시 그러한 문제의식을 통해 '한국적 정치학'을 모색하고자 하는 경우이다.

장현근은 서구 민주주의의 한계와 그 병폐를 극복하기 위한 돌파구를 동양적 사유 속에서 찾고자 한다. 즉 정치와 윤리의 재결합, 도덕적 정치엘리트의 육성, 권력을 넘어선 근원적인 가치에 대한 치열한 고민이라는 이른바 동양적 사유를 통해 서구 민주주의의 한계를 극복하고자 한다(장현근 2012, 13). 더 나아가 장현근은 동양정치사상이 서구식 민주주의 제도를 통해 등장한 현대의 정치가들에게 "위대한 정치가로서의 모범적 위상"을 보여줄 수 있을 것을 기대하면서 그것을 통해 현대정치에 대한 각성과 변화를 추구하고자 한다(장현근 2012, 20). 이승환 역시 자본주의적 근대성이 효력을 다하고 있는 지금 인간다운 삶에 대한 성찰을 위한 지적 자산을 유교에서 찾고자 한다. 즉 유교에서 제시하고 있는 바람직한 삶과 사회에 대한 청사진, 국가와 시장 간의 조정된 자율성, 도덕의 경제에 대한 우선성, 자기규율과 자기절제의 미덕 등은 자본주의적 근대성이 낳은 폐해를 극복하기 위해 적극적으로 참고해야 할 지적 자산이라고 주장한다(이승환 2004, 269). 특히 유교의 자산은 물질적 진보에 매달렸던 근대에 대하여 문화적·도덕적 진보를, 탐욕과 개발 대신에 균평(均平)과 절검(節儉)에 눈을 돌리고 경제와 기술의 효율성 못지않게 인격의 완성과 공동체의 중건(重建)에 힘쓸 수 있도록 하는 주체적 근대화의 가능성을 제공한다고 본다(이승환 2004, 323-324).

결국 상당수의 동양정치사상 연구자들은 서양정치사상의 한계와 병폐를 극복하기 위한 돌파구 혹은 '규범성'의 역할을 동양정치사상에서 찾고자 하며, 심지어 서구의 사상가들 역시 서구의 근대적 사유의 한계를 돌파하기 위한 우회로로 동양적 사유에 주목한다. 그들은 동·서양 정치사상의 결합 혹은 융합을 통해 서로의 한계를 극복하고자 시도한다. 하지만 이승환 스스로도 그러한 작업에 대해 신중한 접근의 필요성을 동시에 제기한다. 이승환은 최근 포스트모던 담론에서 서구의 도구적 합리성의 위기를 극복하기 위한 방법으로 "공자의 사유체계에 나타난 미학적 사유방식"을 대안으로 제시하는 경향들을 바라보면서 유교에 대한 서구담론의 이면을 들여다본다. 즉 계몽주의 초기 서구의 공자 예찬론은 계몽적 기획의 성공과 그에 따른 제국주의적 팽창과 함께 급격히 공자 폄하론으로 바뀌었듯이, 최근의 공자에 대한 신화화 역시 그들의 재건이 완료되면 언제든 또다시 토사구팽(兎死拘烹)될 수 있으리라 우려한다(이승환 2004, 67-68). 이것은 곧 유교에 대한 이해의 일천함에 근거한 서구의 도구주의적 수용과 서구적 사유의 이면에 내재해 있는 오리엔탈리즘 때문에 그러한 우려를 부식시키기 어렵다는 것을 말한다. 사실 동·서양 정치사상 모두 그것들의 발생과 정교화 과정은 기본적으로 맥락적이다. 결국 그것들이 결합된 역사와의 관

련 속에서 이해되어야 하며, 그것의 재맥락화 과정 역시 현실정치와의
충분한 고려 속에서 이루어져야 한다.

IV. '한국'정치사상을 어떻게 할 것인가?

결국 현대 한국정치사상은 정치사상 연구에 있어서 서구정치사상이
무의식적으로 내재하고 있는 서구중심주의 극복의 과제와 함께 서구
및 동양 정치사상의 고전에 대한 훈고학적 독해가 아닌 현재성을 갖는
정치사상의 구성이라는 이중적 과제를 안고 있다. 동서양 고전의 독해
와 해석은 '지금', '여기'의 '정치' 및 '정치적인 것'의 문제의식 속에서
이루어져야 한다. 무엇보다도 지금 제기되어야 하는 것은 '문제'가 무
엇인가에 대한 논의이다. 무엇을 통해, 즉 정치사상의 어떠한 개념적
틀을 통해 문제를 해결할 것인가에 대한 논의 이전에 우리에게 문제가
무엇인지, 즉 정확한 질문을 제기하는 것이 우선되어야 한다. 그리고
이후 그 문제에 대한 해결책을 찾는 과정에서 우리는 동서양의 다양한
정치(학)적 개념을 통해 문제를 해석하고 답을 찾아가는 지혜를 발휘
할 수 있을 것이다.
　　오랫동안 한국에서의 정치학 및 정치사상, 정치철학의 연구가 서
구 중심적으로 이루어져 온 것이 사실이다. 그렇다고 그에 대한 반동으
로서 한국정치사상 및 동양정치사상을 읽는다는 것은 동일한 오류를
반복할 뿐이다. 이미 사라져버린 전통, 혹은 이미 파괴되어 버린 사상
을 복원한다는 것은 우리의 기억 속에 혹은 우리의 몸에 내재되어 있
는 오래된 전통을 깨우는 것인가? 아니면 서구의 것이 우리의 현재와
충돌하기 때문에 그것을 완화하기 위한 방법인가? 한국정치사상을 읽

고 한국정치사상사에 대한 작업이 필요한 것은 한국의 역사 및 정치를 이해하기 위해서이다. 역사 속에서 정치 및 정치적인 것이 어떻게 이해되었고, 정치적 사유를 어떻게 진행했는지에 대한 탐색이 바로 한국정치사상사에 대한 작업이다. 현재의 한국정치에 이르는 과정에서 역사 속에서 정치적인 것이 변형되고 전달되는 과정에 대한 탐색이 필요하다. 그것은 서구적 근대와의 만남을 통해 형성된 한국적 근대에 대한 이해이자 한국의 근대사 자체이다. 그 과정에서 우리가 만나는 서구에 대한 이해를 위해 우리는 서양정치사상을 이해할 수 있다. 서양의 정치사상 및 역사에 대한 이해는 서구 사유 체계에 대한 이해를 위한 것이며, 또한 서구의 현재를 이해하기 위한 통로이다. 동서양 정치사상의 이분법을 극복하는 작업은 두 사상의 가운데 어느 지점을 선택하여 그 두 사상의 타협점을 찾는 작업이 아니다. 현재 우리가 처해 있는 여기의 문제를 해결하기 위해 동·서양 정치사상의 구분이 필요하지 않다. 그것을 해결하기 위한 충분한 사유와 고민 속에서 다양한 정치학적 개념과 사상이 필요한 것이다. 정치적 과제, 사회적 문제 등 현재, 여기에서 '문제가 되는 것'을 문제화하는 과정이 우선이며, 그러한 과정에서 해결을 위한 사상적 고민이 필요한 것이지, 역으로 전통적 개념을 현재, 여기로 가져와 현재화하겠다는 발상은 본말전도인 것이다.

우리가 한국정치사와 결합한 한국정치사상을 재구성하고자 할 때, 현재 한국의 정치와 관련하여 근본적으로 이해하고 연구해야 할 과제는 한국 근대 정치의 형성 및 한반도에서 전통적 조선에서 근대적 정치공동체로의 이행 과정, 그 실패와 좌절은 물론 다양한 정치공동체의 구성을 위한 사유들과 구체적인 노력들을 살펴보면서 정치와 정치적인 것에 대한 사유를 총체적으로 조망하는 것이라 할 수 있다. 결국 한반도에서 근대성의 형성에 대한 정치학적 이해이다.[13] 이 과제는 전

통적으로 언급되어온 동양정치사상과 서양정치사상의 만남에 대한 이
해이며, 서양정치사상 개념들의 번역 과정—그것이 동양정치사상에
존재함에 따라 차용되기도 하고 또한 새롭게 만들어지는 과정—이기
도 하다. 예를 들어 전통적으로 조선의 정치학자—사실 이 개념 역시
서구적이며, 서구의 잣대로 정치학자를 구별해 내는 결과가 된다—가
사유했던 정치 혹은 정치적인 것, 내지는 오히려 '政治'에 대한 관념을
발견하는 것이 필요하다. 그리고 그것이 서구의 politics의 번역어로
'정치'라는 개념이 채택되면서 이해되는 구조, 즉 두 개의 용어가 만나
면서 서로를 통해 이해되고 포섭되는 과정과 배제하는 것들에 대해 이
해함으로써 한국적인 근대 정치 개념이 만들어지는 과정을 이해할 수
있게 된다.

　최근 한국 사회과학 및 역사학계에서 개념사적 접근을 통해 한국
근대정치사 및 한반도에서 근대성에 대한 연구를 시도하고 있다. 예를
들어 2007년부터 한림과학원은 〈동아시아 기본 개념의 상호소통사업〉
이라는 개념사 연구 프로젝트를 진행하고 성과물을 제출하고 있다. 이
연구 프로젝트는 코젤렉의 개념사 문제의식에서 출발하여 한반도에
서 근대성 형성에 대한 천착으로 이어지고 있다. 동아시아와 서구의 만
남, 서구 근대의 동양 언어로의 번역 그리고 새로운 근대적 주체의 형
성 등 한반도에서 전통과 서구 근대의 만남 그리고 근대로의 전환 과
정에서 표출된 문제들을 개념사적 시각을 통해 포착하고자 한다. 현재
그 결과물로 '만국공법', '국가, 주권', '헌법', '국민, 인민, 시민', '민족,

13　결국 독일의 개념사학파나 일본의 마루야마 마사오와 같은 문제의식, 즉 앞서 진행된
　　'보편'으로서 '선발' 내지는 서구적 근대와의 만남을 통한 '후발' 혹은 동양적 근대, 즉
　　'특수'를 어떻게 형성하였는가에 대한 문제의식으로부터 한반도의 근대에 대한 이해를
　　차용하는 것은 의미 있는 작업이 된다. 다만 그것 이상의 문제의식을 확장, 심화시키는
　　작업이 요구된다.

민족주의', '문명', '제국', '문학', '보수', '경제, 경제학', '권력', '사회', '인종차별주의' 등의 개념에 대한 연구가 출판되었고, 코젤렉의 개념사 학파의 책들을 번역·출간하고 있다. 하지만 이러한 연구가 아직까지는 기존 정치사상사의 틀을 크게 벗어나고 있지 못하고 있다는 아쉬움이 있다. 이 시리즈의 상당수 개념이 '서구중심주의적' 혹은 '규범적 관점'을 통해 접근되고 있으며, 그에 따라 개념사가 추구하는 '의미의 생산 과정'으로서 번역 과정을 포착해 내지 못하고 있다는 점이다(나인호 2014, 102). 몇몇 책의 구성을 살펴본다면, 특정한 개념이 서양에서 어떠한 역사적 배경을 통해 탄생하여 어떠한 발전 경로를 거쳤는가에 대한 연구에 상당한 양을 할애한 뒤, 그 개념이 동아시아 특히 한반도에 수입되어 어떠한 '왜곡'의 과정을 거치는지를 그리려 하고 있고, 다시 서구의 본래 '올바른 개념'으로 정정할 필요성을 제시하는 것으로 마무리된다.

하지만 한반도에서 근대성 형성의 문제에 있어 우리가 개념사를 통해 기대하는 것은 "전통 개념의 좌절사를 거쳐 전통과 근대 개념의 복합으로 형성되는 새 개념의 역사"이다(하영선 외 2009, 9). 하지만 그러한 문제의식 속에서 저술된 『근대한국의 사회과학개념 형성사』의 경우 사회사와의 결합의 필요성을 강조함에도 불구하고, "우리는 당시 개념 논쟁에의 삼면전에서 완패했음을 보여준다"는 평가나 "문명주도국들의 국제적 개념 전파에 효율적으로 대응하지 못했다"라는 평가 등은 새로운 개념 형성의 역사라기보다는 한반도의 근대사에 대한 규범적 접근과 평가에 머무르고 있다는 비판이 가능하다(하영선 외 2009, 34-35). 사실 19세기 말 독자적 근대화의 실패와 뒤이은 식민지화의 역사를 개념 논쟁에서의 패배의 결과로 이해하는 것은 과도한 관념론적 해석이다. 그 과정은 결국 사회·정치사에 대한 연구와 더불어 개념사

연구가 결합되어 이해되어야 한다. 나아가 독일의 개념사학파가 보여준 것에 덧붙여 한국을 비롯한 동아시아의 경우 서구의 동양으로의 '번역'의 과정이 새롭게 부가되어 있다는 점은 결정적인 변수이다. 동아시아에서 전통적으로 부재한 개념에 대한 새로운 개념의 창조가 이루어졌고, 그것은 수입된 개념에 새로운 의미 부여의 과정이자 동시에 사회적 변화 과정이다. 비록 유사한 개념이 존재한다 하더라도 번역 과정에서 서구 개념과의 절충, 융합, 변이를 통한 재개념화 과정이 이루어진다. 이러한 번역과 새로운 개념의 형성 과정에 대한 이해는 전통적 개념에 대한 이해, 전통 개념과 서구 개념과의 만남, 그리고 번역이나 창조를 통한 새로운 개념의 탄생 과정을 탐구해야 한다. 여기에는 그 시기 일본이나 중국을 통해 이미 번역된 개념이 다시 한국인의 언어로 번역되거나 수입되는 과정을 동시에 살펴야 한다는 것도 덧붙여야 한다.

이러한 점을 염두에 두고서『근대한국의 사회과학개념 형성사』I, II권의 항목들을 살펴보면, 강동국, 김성배의 글은 한반도에서 전통적 개념의 의미, 근대 초 서구적 개념의 유입 시기 중국, 일본에서 개념의 번역 과정에서 발생한 의미의 전환, 그리고 다시 한반도로의 유입 과정에서 나타난 개념의 변이 과정 등을 서술하면서 개념의 번역을 통한 새로운 개념의 탄생 과정을 그리고 있다(하영선·손열 엮음 2012). 반면에 일부 다른 글의 경우 개념의 번역 및 변이 과정을 체계적으로 드러내지 못하고 있다. 무엇보다도 아쉬운 것은 두 권의 책에서 서술되고 있는 개념들의 변이 과정을 살펴보면서 개념들 간의 상호연관성 그리고 그러한 연관들을 통해 유추되거나 상상될 수 있는 한반도에서 근대성의 윤곽이 드러나지 않는다는 점이다.

또한 한반도에서 근대성 형성과 관련하여 근대 지식과 담론의 형성을 이해하기 위한 다양한 근대적 인쇄매체들에 대한 문화사적 접근이나 정치사 및 정치사상 연구자에 의한 해방 이후 한국정치사에 대한 새로운 접근방법을 통한 연구가 진행되고 있다. 특히 이데올로기에 대한 기존의 이론적, 사상적 접근을 넘어서 정치사와 결합한 한국정치사상의 재구성을 위한 시도들이 등장하고 있다. 예를 들어 헌법, 자유주의, 보수주의, 시민, 민족주의 등에 대한 연구에서 보이듯이, 정치사와 정치사상의 결합은 최근 두드러진 경향이다(서희경 2012; 문지영 2011; 이나미 2001; 201); 정상호 2013; 강정인 2014; 김보현 2006). 그리고 그러한 연구들은 실증주의 역사학 혹은 서양정치사상의 개념적 시각을 통해 한국정치사를 접근하기보다는 한국정치사에 대한 엄밀한 연구를 통해 한국 정치변동의 주요 계기가 되는 사상적 개념을 추론하고 그것의 형성과 의미 변화를 파악하고자 한다. 특히 이 연구들은 서구 근대 정치사상 개념이 한국 근대 정치사의 전개를 통하여 어떤 굴곡과 변형을 겪는지, 또한 한국의 근대성 형성에서 어떤 역할을 하는지에 주목한다는 점에서 한국정치사상의 정체성 형성에 기여하고 있다. 나아가 이러한 연구들은 정치사상과 정치사의 결합으로서 '한국'정치사상 연구를 통해 한국정치의 지형을 파악하고, 현재 한국정치에 대한 이해를 풍부하게 할 가능성과 필요성을 동시에 가지고 있다. 그것은 앞서 언급했던 다양한 정치사상 연구의 흐름들이 보여주고 있듯이 정치학적 탐구는 '장기지속'의 시간과 구조의 변화 속에서 발생하는 권력 관계와 '정치적인 것'의 변화를 파악해야 하기 때문이다.

'정치적인 것' 그리고 정치에 대한 사유의 학문으로서 정치사상, 즉 훈고학도, 역사학도 아닌 '정치'에 대한 사유의 학문으로서 정치사상이 자리를 찾아야 한다. 결국 우리가 발 딛고 서 있는 '여기'-'지금'이 출발점이며, 문제를 문제로 만드는 과정으로서 사유에 대한 학문이 바로 정치사상이며, '한국'정치사상이 구성될 수 있다. 그리고 그 과정을 통해 정치사상이 갖는 '규범'의 역할은 서양정치사상 혹은 동양정치사상에서 찾아지는 것이 아니라 공동체의 윤리와 결합하여 스스로 구성해 나가야 한다. 정치학이 사회과학으로서 의미를 지니는 것은 무엇보다도 우리의 정치공동체의 문제에 대한 고민에서 시작되기 때문이다. 그것이 바로 정치학이 자신의 자리를 찾는 것을 통해 현재의 정치학의 위기를 극복하는 길이기도 하다.

참고문헌

강정인. 2004. 『서구 중심주의를 넘어서』. 서울: 아카넷.
_____. 2007. "한국정치사상 어떻게 할 것인가?: 반성과 대안." 『사회과학연구』 15집 2호.
_____. 2013. 『넘나듦通涉의 정치사상』. 서울: 후마니타스.
_____. 2013. "현대정치학의 보편성과 정체성." 강정인 엮음. 『정치학의 정체성』. 서울: 책세상.
_____. 2014. 『현대한국정치사상과 박정희』. 서울: 아카넷.
강정인 외. 2019. 『인물로 읽는 현대한국정치사상의 흐름』. 서울: 아카넷.
고희탁. 2013. "전후 일본의 정치학 정체성론 연구." 강정인 엮음. 『정치학의 정체성』. 서울: 책세상.
김보현. 2006. 『박정희 정권기 경제개발-민족주의와 발전』. 서울: 갈무리.
김비환. 1999. "전환기 한국사회의 정치철학의 임무: 한국적 민주정치공동체의 존재론적 기초를 찾아서." 『한국정치학회보』 33집 1호.
김석근. 1997. "변혁시대를 산 한 지성인의 양심과 저항." 마루야마 마사오. 『현대정치의 사상과 행동』. 서울: 한길사.
김한식. 1999. "한국정치사상 연구서설: 접근방법과 관련하여." 『한국정치학회보』 33권 2호.
김현주. 2013. 『사회의 발견』. 서울: 소명출판.
김형찬. 2018. 『율곡이 묻고 퇴계가 답하다』. 서울: 바다출판사.
김홍우. "감수자 서문." 레오 스트라우스·조셉 크랍시 엮음. 『서양정치철학사 I』. 김영수 외 역. 서울: 인간사랑.
나인호. 2014. "'한국개념사총서'의 이론적 감수성." 『개념과 소통』 13호.
마루야마 마사오. 1995. 『日本政治思想史研究』. 김석근 역. 서울: 韓國思想史研究所.
_____. 1997a. "사상사의 사유방식에 대하여." 마루야마 마사오·나카무라 하지매 외. 『사상사의 방법과 대상』. 서울: 소화.
_____. 1997b. 『현대정치의 사상과 행동』. 김석근 역. 서울: 한길사.
_____. 1998. 『충성과 반역』. 박충석·김석근 역. 서울: 나남출판.
문승익. 1974. "자아준거적 정치학: 그 모색을 위한 제안." 『국제정치논총』 13-14집.
문지영. 2011. 『지배와 저항-한국 자유주의의 두 얼굴』. 서울: 후마니타스.
박성우. 2014. 『영혼 돌봄의 정치』. 서울: 인간사랑.
박충석. 1998. "해제: 마루야마 마사오의 학문세계." 『충성과 반역』. 박충석·김석근 역. 서울: 나남출판.
배병삼. 2013. "한국정치학의 기원과 정체성 탐색." 강정인 엮음. 『정치학의 정체성』. 서울: 책세상.
부남철. 2002. "한국정치사상 연구의 현황과 과제." 『한국동양정치사상사연구』 1권 1호.
서희경. 2012. 『대한민국 헌법의 탄생』. 서울: 창비.
손문호. 2001. "한국정치사상사 연구의 현황과 논점." 한국동양정치사상사학회 창립 학술대회.

안외순. 2011. "한국사회과학의 자생적 성장: 한국 전통 정치사상의 현재화 모색을 중심으로." 『東方學』 21집.

양승태. 2006. "국가정체성 문제와 정치학 연구: 무엇을, 어떻게-하나의 거대 연구 기획을 위한 방법론적 시론." 『한국정치학회보』 40집 5호.

_____. 2011. "국가정체성 문제와 한국의 정당: 거대 담론의 출발을 위한 정치철학적 시론." 『한국정치학회보』 45집 4호.

_____. 2015. "정치사상을 연구한다는 것은 무엇인가-헤겔의 '철학으로서의 철학사' 이념에 대한 재성찰." 한국정치사상학회 발표문.

_____. 2020. 『대한민국 무엇이 위기인가』. 서울: 철학과 현실사.

이나미. 2001. 『한국 자유주의의 기원』. 서울: 책세상.

_____. 2011. 『한국의 보수와 수구』. 서울: 지성사.

이승환. 2004. 『유교담론의 지형학』. 서울: 푸른숲.

_____. 2012. 『횡설과 수설』. 서울: 휴머니스트.

이화여대 한국문화원. 2004. 『근대 계몽기 지식개념의 수용과 그 변용』. 서울: 소명출판.

이희복. 2010. "전통사상과 고유양식, 그리고 일본사상-마루야마 마사오의 일본 사상사 방법론을 소재로." 『인문과학연구』 24.

이택휘. 1999. 『한국정치사상사』. 서울: 전통문화연구회.

장현근. 2012. 『성왕. 동양리더십의 원형』. 서울: 민음사.

정상호. 2013. 『시민의 탄생과 진화』. 서울: 한림대출판부.

정윤재. 1999. "'자아준거적 정치학'과 한국정치사상 연구: 문제해결적 접근의 탐색." 정윤재·김영수·김석근·한규선·정영훈. 『한국정치사상의 비교연구』. 서울: 한국정신문화원.

조찬래. 1996. "정치사상 연구의 50년사-현황, 경향 및 문제점." 『한국정치학회보』 29권 4호.

최창규. 1979. 『근대한국정치사상사』. 서울: 일조각.

하영선 외. 2009. 『근대한국의 사회과학 개념사』. 서울: 창비.

하영선·손열 엮음. 2012. 『근대한국의 사회과학 개념사』 2. 서울: 창비.

함규진. 2014. "레오 스트라우스: 철학자와 정치인의 갈림길에서, '책의 목소리를 들어라'." 『인물과사상』 4.

Ball, T., Dagger, R. and O'neil, D. 2019. 『현대정치사상의 파노라마』. 강정인 외 역. 서울: 아카넷.

Koselleck, R. 1998. 『지나간 미래』. 한철 역. 서울: 문학동네.

Lefort, C. 2015. 『19-20세기 정치적인 것에 대한 시론』. 홍태영 역. 서울: 그린비.

Richter, Melvin. 2010. 『정치·사회적 개념의 역사』. 송승철·김용수 역. 서울: 소화.

Ricoeur, Paul. 2003. 『해석학과 인문사회과학』. 윤철호 역. 서울: 서광사.

Rosanvallon, P. 2002. *Pour une histoire conceptuelle du politique*. Leçon inaugurale au Collège de France faite le jeudi 28 mars 2002. Paris: Seuil.

Skinner, Quentin. 2004. 『근대정치사상의 토대』. 박동천 역. 서울: 한길사.

_____. 2007. 『퀜틴 스키너의 자유주의 이전의 자유』. 조승래 역. 서울: 푸른역사.

_____. 2010. 『마키아벨리의 네 얼굴』. 강정인·김현아 역. 서울: 한겨레출판.

_____. 2012. 『역사를 읽는 방법』. 황정아·김용수 역. 서울: 돌베개.

Strauss, Leo. 2001. 『자연권과 역사』. 홍원표 역. 서울: 인간사랑.

_____. 2002. 『정치철학이란 무엇인가』. 양승태 역. 서울: 인간사랑.

제2부   정치경제

제4장　정치경제학의 양분법적 논의를 넘어서
－시장 vs. 국가, 자본주의 vs. 민주주의 논쟁을
중심으로－

임혜란(서울대학교)

I. 서론

정치경제학이란 정치와 경제의 상호작용을 연구하는 학문이다. 양자 간의 상호관계는 워낙 복잡다기한 양태로 나타나기 때문에, 정치경제 분야에서는 종종 편의를 위해 양자를 분리하거나 대립관계로 설정해 놓고 양분법적 논의를 전개하고 있다. 이러한 양분법적 논의는 여러 사례에서 나타나고 있다. 가장 대표적인 사례가 행위주체를 기준으로, 정치의 구현체인 국가와 경제의 구현체인 시장 간의 양분법이다. 또 다른 예로 추구하는 목표를 기준으로, 효율성을 지향하는 자본주의와 형평성을 지향하는 민주주의 간의 양분법적 논의를 들 수 있다.

국가와 시장의 양분법적 논의는 스미스(Adam Smith)로부터 베버(Max Weber)에 이르기까지 많은 학자들에 의해 진행되어 온 바 있다. 시장중심 시각과 국가중심 시각은 나름의 독자적인 이론적 전제와 주장을 가지고 발전해 왔다. 스미스는 경제를 정치로부터 분리시키고 자기조정적 시장원리에 대해 설명하면서 국가의 시장개입은 비효율성을 가져온다고 강조한다. 이와 달리 베버는 국가를 독자적 정치실체로 파악하며, 사적 영역의 이익추구로는 달성할 수 없는 국가의 자율성 개념을 강조한다. 자유주의와 마르크스주의가 정치를 경제에 대한 종속변수로 인식한 것과 달리 베버는 정치적 영역을 독립변수로 상정하였다.

이 두 시각은 이후에도 사사건건 논쟁을 지속해 왔다. 예컨대 동아시아의 빠른 성장을 두고 두 시각은 각각 시장의 역할 또는 강한 국가의 역할을 강조한다. 1997년 동아시아 외환위기, 2008년 글로벌 금융위기, 2010년 유럽 재정위기 때에도 이들의 논쟁은 지속되었다. 위기의 원인을 두고 시장의 내재적 광기 때문이라거나 또는 정부의 과도한 개입 때문이라고 대립각을 세웠다. 위기에 대처하기 위한 정책적 처방, 앞으로의 위기 가능성에 대비하기 위한 선제적 정책대안을 두고도 서로 동의하지 못하는 결과를 낳았다. 시장을 강조하는 시각은 국가개입의 축소를, 국가를 강조하는 시각은 시장에 대한 재규제를 강조한다. 이러한 양분법적 논쟁은 현실을 설명하고 정책적 대안을 제시해야 하는 사회과학 연구의 유용성의 차원에서 많은 문제를 내포하는 것이다.

시장중심 시각은 국가의 개입이 필연적으로 경제적 비효율을 가져온다는 주장을 근거로 국가개입의 축소라는 정책적 처방을 제시한다. 그러나 국가의 개입이 필연적으로 경제적 비효율을 가져올 것이라는 주장은 경험적으로 맞지 않다. 더 나아가 국가와 시장은 역사적으로 끊임없이 상호작용해 왔다는 점에서 국가와 시장에 대한 양분법적 논의는 몰역사적이다. 국가의 시장개입 여부가 중요한 것이 아니라 국가의 어떤 시장개입이 어떤 결과를 가져왔는지 살펴봐야 한다. 그런 점에서 시장과 국가에 대한 양분법적 논의를 지양할 필요가 있으며, 그 대안적 연구시각을 심각하게 모색해 볼 필요가 있다.

국가와 시장이 상호작용해 왔다는 논의를 보다 역사적 맥락에서 살펴보기 위해 구체적인 정치체제와 경제체제의 상호작용에 대한 논의로 이어가 볼 필요가 있다. 정치체제와 경제체제는 역사적 발전 과정에서 다양한 형태의 조합으로 공존해왔다. 부르주아 자본주의, 사회민주적 자본주의, 권위적 자본주의, 민주적 자본주의 등 그 조합은 다양하다. 본 연구는 그 가운데 자본주의 경제체제와 민주주의 정치체제의 상호관계에 초점을 두고자 한다.

민주주의와 자본주의의 관계에 대한 논쟁은 오랫동안 학자들 간에 진행되어 왔다. 이 두 체제는 철학적 원리와 작동방식상 공존할 수 없다는 주장과 이 두 체제는 서로를 강화할 수 있는 체제라는 상반된 주장이 존재한다. 서로 다른 주장의 논리적 설득력과 별개로 이 두 체제는 역사적으로 상호 공존해 왔다. 상호 공존해 왔다는 역사적 사실 자체가 이 두 체제의 정합성을 증명해 보이는 것은 아니다. 왜냐하면 이 두 체제는 세계의 다양한 국가에서 많은 모순과 갈등을 반영하고 있기 때문이다. 민주주의와 자본주의의 서로 다른 철학적 기조와 작동 방식의 다름에 대한 양분법적 논의에 매몰되기보다는 역사적 공존 사실을 받아들이고, 이러한 공존이 어떤 조합으로 병행해 왔는지, 어떤 갈등과 위기를 겪어왔는지 논의할 필요가 있다.

민주주의와 자본주의의 개념적 정의 및 작동방식은 국가마다 다르다. 민주주의의 정의는 과정적 민주주의부터 실질적 민주주의에 이르기까지 실로 광범위한 내용을 내포한다. 특히 핵심 원리로서 자유와 평등의 가치를 다 포함할 수 있으나, 이 둘은 충돌 가능성이 있다. 자본주의도 제도적 유형에 따라 영미식 자본주의, 독일식 자본주의로 나눠 볼 수 있다. 또한 자본주의의 시기별 진화에 따라 고전적인 자유방임 자본주의(자본주의 1.0), 케인즈주의에 기초한 수정자본주의(자본주의 2.0), 시장 주도를 재강조하는 신자유주의 자본주의(자본주의 3.0) 등 다양한 모습으로 전개된다. 글로벌 금융위기 이후 시장과 국가의 혼합경제를 강조하는 자본주의 4.0 개념이 등장하기도 했다.[1] 이처럼 민주주의 및 자본주의의 개념은 여러 가지 가치를 다양하게 포함할 수 있으며, 어느 가치를 더 중시할 것인가 하는 문제는 개별 국가의 정치적 선택에 달려 있다(임혜란 2018). 그런 점에서 같은 민주주의 또는 같은 자본주의 국가라 하여도 그들이 중시하는 철학적 가치가 서로 다를 수

---

[1]   홀과 소스키스는 영미식 자유시장경제(Liberal Market Economy, LMEs)와 독일식 조정 시장경제(Coordinated Market Economy, CMEs) 유형화를 통해 각 모델이 어떻게 제도적 배열의 관점에서 비교 가능한지 살펴보고 있다(Hall and Soskice 2001). 또한 자본주의 진화 과정은 Kaletsky(2010, 제1장)를 참고할 것.

있다. 민주주의의 다양성(Varieties of Democracy)과 자본주의의 다양성(Varieties of Capitalism) 논의가 학계에서 주목을 받아온 것도 이와 같은 현실의 다양성을 반영할 필요가 있다는 점을 반증해주고 있다고 볼 수 있다.[2]

두 개의 개념을 대립시켜 논의를 전개하면 쟁점을 단순화시켜 논리가 명확해질 수 있다는 장점이 있다. 그러나 이와 같은 양분법적 논의는 각 입장의 이론적 전제와 주장을 발전시키는 데 기여했는지 모르나, 그것이 가져올 부정적 측면을 간과한 경향이 있다. 양분법적 논의는 지나친 단순화로 인해 현실을 추상화시킬 우려가 있을 뿐만 아니라, 인위적인 대립구도를 설정해 현실을 왜곡시킬 수도 있다는 심각한 우려가 있다. 예컨대 둘 가운데 어느 하나에 중점을 둬야 한다는 논의는 사실상 현실의 본질을 간과할 수도 있으며, 보다 다양한 대안의 가능성을 제한할 수도 있다. 따라서 각 진영의 이념논쟁에 머물러 있기보다는 현실에 대한 보다 적합한 대안을 제시해 볼 필요가 있다.

이에 본 연구는 정치경제학의 양분법적 논의가 어떤 이론적, 경험적 오류가 있을 수 있는지 살펴보는 데 그 목적이 있다. 이하 본 연구의 내용은 다음과 같다. 제2절은 시장과 국가의 양분법적 논의에 대한 이론적 전제와 논쟁을 검토해 봄으로써 양분법적 논의가 갖는 문제점을 지적해 본다. 제3절은 자본주의와 민주주의에 대한 양분법적 논의를 비판적으로 살펴보며 이 두 체제의 역사적 공존 과정의 모순과 갈등에 대해 분석해 볼 것이다. 제4절은 결론으로 이 연구의 요약과 함의를 제시한다.

---

2   V-Dem Report에서는 전 세계 민주주의 국가를 지표를 통해 다양한 유형으로 나누어 각 국 순위를 비교 분석하고 있다(V-Dem Institute 2017). 홀과 소스키스는 LMEs와 CMEs 의 유형화를 통해 '자본주의의 다양성' 논의를 제시한 바 있다(Hall and Soskice 2001).

II. 시장과 국가의 양분법적 논의

1. 아담 스미스의 정치와 경제의 분리

시장과 국가에 대한 양분법적 논의의 원조는 고전경제학의 이론으로 돌아갈 수 있다. 고전경제학은 경제를 사회나 정치로부터 자율적인, 자연적 논리를 가진 독립된 영역으로 분석하는 길을 열어놓았다. 아담 스미스는 경제와 시장이 정치로부터 분리된, 자기조정적인 민간 경제를 상정하고 논의를 전개하였다. 아담 스미스는 부의 원인을 알아내는 데 역점을 두었으며, 다음과 같은 명제를 제시하고 있다. 첫째, 모든 인간은 보다 잘 살고 싶어한다. 둘째, 인간은 교역 본능이 있다. 자신이 가진 것을 남의 것과 바꾸고 싶어하는 욕구는 모든 인간에게 내재하는 본능이다. 아담 스미스는 이러한 인간의 본능을 억제하기보다는 이용하는 것이 부에 이르는 길이라고 주장한다. 인간의 이기심은 훌륭한 자원이 될 수 있기 때문에 정부는 이러한 이기적 인간들을 억압해서는 안 된다. 아담 스미스는 인간의 이기적 본능이 친절성, 박애심, 희생정신과 같은 것보다 더 강력하고 지속적으로 인간행동의 동기부여에 기여한다고 주장한다.[3]

아담 스미스는 초기 유치산업의 경우 그 산업이 성숙할 때까지 자유무역의 예외를 둘 수도 있다고 봤으나, 그렇다고 예외를 많이 두지는 않았다. 스미스는 이른바 '유치산업 보호론'(infant industry protection)에 대해 숙고를 거듭했으나 끝내 받아들이지 않았다. 그런

---

3   스미스는 공익을 추구하려는 의도도 없고 자신이 공익에 얼마나 이바지하는지조차 모르는 이, 오직 자신의 이익만을 도모하는 이는 그 과정에서 '보이지 않는 손'에 의해 이끌려 의도하지 않았던 부수적 결실을 얻게 된다고 보았다. 토드 부크홀츠(2001, 44-47).

이유는 스미스 자신이 유치산업 보호육성책을 어느 시기 이후 단호히 중단할 수 있을 정도로 정부가 정치적 결단력과 의지력을 지녔다고 믿지 않았기 때문이다. 또한 타국의 보호정책에 대한 자국의 보복행위로서의 관세 역시 그만큼 세상의 부를 감소시킬 뿐이라고 봤다. 1930년대의 대공황은 각 국가가 무역보복을 감행하여 관세를 올린 결과 경제 상황이 더 악화된 것과 무관하지 않다(토드 부크홀츠 2001, 68-69). 스미스가 제시한 정부의 역할은 첫째, 국방의 의무, 둘째, 법치에 의한 사회정의 유지, 그리고 셋째, 도로·운하·교량·교육 등의 공공시설과 제도 관리를 통한 군주의 존엄성 확립 등이다. 이러한 주장은 고전학파 경제학의 기초를 만들었다 할 수 있다.

아담 스미스는 어떤 외적 관리도 없는 '보이지 않는 손'(invisible hand)이라는 자연적 법칙에 의해 개인들의 사적 추구가 스스로 유익한 결과를 낳는다고 전제했다. 밀(John Stuart Mill)은 개인의 자유로운 자기이익 추구가 지속적인 협상 과정을 통해 도달한 조화 상태를 자연의 질서가 온전하게 드러난 '정상상태'(stationary state)라고 불렀다. 신고전파는 독립적인 시장 논리에 의한 할당/배분 및 그에 따른 균형을 이론화하고 그 결과 독자적이고 불변하는 영역으로서의 경제 개념을 이끌어냈다. 경제를 성장, 진화, 발전하는 자연의 일부로 이해하며 시장관계를 국부와 번영을 위한 정책적 수단으로 간주한다. 매클라우드(H.D. Macleod)는 1875년 정치와 무관하게 교환과 재산을 다루는 학문으로서 경제학이라는 명칭의 사용을 최초로 제안하였으며, 이는 마셜(Alfred Marshall)과 제본스(William Jevons) 같은 권위 있는 신고전파 경제학자들에게 수용되어 널리 확산되었다(지주형 2013, 137-138).

2. 폴라니의 시장과 국가의 연계

정치와 경제를 분리한 신고전파에 대해 마르크스(Karl Marx) 및 폴라
니(Karl Polanyi)는 다음과 같이 비판한다. 마르크스는 자유주의 고전
정치경제학이 경제를 자율적 영역으로 파악하는 것은 이데올로기적
성격을 반영한다며, 대신 자본주의가 갖는 역사적이며 정치적인 성격
을 부각시킨다(지주형 2013, 141). 폴라니는 자유주의 고전경제학이 시
장과 국가를 양분법적으로 분리한 것과 달리 이 둘의 역사적 상호작용
을 강조한다. 특히 폴라니는 시장과 국가에 대한 양분법적 논의가 얼마
나 몰역사적이며 허구인지 비판하고 있다.

　폴라니는 경제가 지니고 있는 사회적, 정치적 성격을 누구보다
강조한 학자이다. 폴라니는 신고전경제학이 제시한 이론적 전제들
을 다음과 같이 비판한다. 첫째, 시장 우위의 전제(market primacy
assumption)는 태초에 시장이 존재했다는 전제로부터 출발한다. 그러
나 태초에 시장은 존재하지 않았다. 역사적으로 볼 때 시장이 자연적
으로 발전한 경우에도, 시장의 형성은 국가에 의해 의도적으로 만들어
졌다. 특히 폴라니는 영국 자본주의 발전의 초기 시기 자발적인 시장
경제의 형성 과정에서 국가의 개입은 매우 중요한 역할을 담당했다고
주장한다. 구빈법(Poor Laws of 1601) 및 신구빈법(New Poor Laws of
1834)은 엘리자베스 여왕의 재임 시기 이후 중앙정부의 적극적 역할에
의해 진행되었다.[4] 폴라니는 자유방임(laissez-faire) 경제가 의도적인

4　Polanyi(1941, 140). 1601년 이래의 구빈법이 교구를 단위로 하고 지방행정을 지주로
　하고 있는 것에 반하여 신구빈법은 빈민 처우를 전국적으로 통일하며 구빈행정을 중앙
　집중적 구조로 시행하였다. 신구빈법은 또한 정주법, 즉 각 교구는 자기 교구 내에서 출
　생한 법적 거주권 소지자에 한하여 구빈을 책임진다는 법, 다시 말하면 빈민의 자유로운
　이동을 금지하는 법을 완화하였다.

국가행위의 산물임을 강조한다.[5] 미국의 재산권이 형성되는 과정과 철도와 같은 기간산업을 건설하는 데 있어 국가의 초기 개입은 매우 중요했다. 미국이 유치산업을 보호해야 한다는 이념과 제2차 세계대전 전까지 보호주의적 이념을 강조한 경우도 산업진흥과 국제무역 경쟁에 있어 국가의 역할이 얼마나 중요했는지 반영하는 것이다.

둘째, 폴라니는 자기조정적 시장(self-regulating market system)의 전제, 또는 자기균형적 시장(self-equilibrating economy)의 전제가 허구에 기초한다고 보았다. 폴라니는 수요와 공급의 균형을 설명하는 시장 기제가 실제적으로 시장에서 매매가 되기 위한 목적하에 생산되는 상품의 경우에만 적용된다고 주장했다. 그러나 토지, 노동, 화폐는 생산 과정에 들어가는 투입요소(input)이나 이들은 상품의 정의에 해당하지는 않는다고 보았다. 노동은 인간의 패턴화된 행동이며, 토지는 분할되어왔던 자연이며, 화폐는 회계 및 저장의 수단이다. 폴라니는 이들을 허구적(fictitious) 상품으로 이해하고 있다. 이들은 실제 상품과 같은 원리로 움직이거나 취급받지는 않기 때문이다. 자기조정적 시장의 개념이 작동되려면 토지, 노동, 화폐가 실질적 상품으로 취급되어야 한다. 자기조정적 시장의 개념은 그런 점에서 허구에 기초하고 있으며 현실에는 존재하지 않는다는 것이다(Block and Somers 2014, 32). 사실상 이런 간극을 메우기 위하여 정부는 다양한 역할을 해왔다. 예컨대 시장에서 필요한 노동기술을 훈련시키기 위해, 실업 및 노동부족을 줄이기 위해 다양한 제도적 노력을 기울여왔다. 또는 노동시장의 균형을 위해 이민정책과 같은 수단을 사용하거나 실업을 보조하기 위해 구제 조처를 제시하였다. 토지의 경우도 이와 유사하다. 토지시장의 환경

---

5   While laissez-faire economy was the product of deliberate state action, subsequent restrictions on   laissez-faire started in a spontaneous way. Polanyi(1941, 141).

을 구축하기 위해서는 우선 사유재산권 제도를 확립해야 하며, 토지의
가치를 올리기 위해 다양한 인프라, 즉 도로, 공원, 운하 등을 건설한
다. 가장 중요한 점은 어떤 용도의 토지가 허용되는지에 관한 법 규정
등이 완비되어야 한다는 것이다. 화폐와 관련해 대부분의 국가는 중앙
은행을 건설함으로써 통화와 신용 공급 및 수축의 과도한 변화에 대비
한다.[6] 결론적으로 정치와 경제 영역의 양분법적 분리는 허구에 지나지
않는다. 폴라니에 의하면 정부는 토지, 노동, 화폐시장을 관리, 감독하
는 데 집중적으로 간여해왔으며, 경제의 핵심적 부분을 구성해왔다고
보았다.

사실상 폴라니는 당시 자기조정적 시장의 종말을 바라볼 수 있었
다. 1920년대 인플레이션, 통화가치의 붕괴, 1930년대 금본위제의 붕
괴, 1940년대 경제적 자유주의의 패배가 그 역사적 예이다(Polanyi
1941, 142). 시장시스템과 국가개입은 서로 배타적인 개념은 아니다.
시장시스템이 만들어지지 않았을 경우 국가는 이를 만들기 위해 개입
할 필요가 있다고 봤다.[7] 폴라니는 자유방임(laissez-faire)과 자유시장
은 '자연적'이지 않으며, '계획된'(planned) 것이라고 봤다. 자유방임
경제는 의도적인 국가정책에 의한 결과라는 것이다. 자유시장경제를
만들고 유지하기 위해서는 국가의 정치적 권력이 필요하다(Block and
Somers 2014, 106).

2008년 미국발 글로벌 금융위기의 원인이 시장실패였는지 정부실
패였는지를 두고도 논란이 지속된 바 있다. 한편에서는 미국발 금융위

---

6   조정역할이 사적 영역에 있는 경우 boom-bust 사이클이 극심하나, 중앙은행이 들어와
    조정해도 이러한 사이클은 사라지지 않았다(Block and Somers 2014, 33).
7   폴라니는 자기조정시장을 제도적 관점에서 이해한다. 이는 집합주의적 방식으로서 규제
    (regulation, restriction)의 제도를 우선하게 되며, 노동조합법 또는 반트러스트법 같은
    것을 예로 들고 있다(Polanyi 1941, 148-149).

기는 금융자본주의의 내재적 모순이 위기로 드러난 것이며 이를 시장
실패였다고 보기도 한다. 또 다른 한편에서는 2008년 금융위기의 원인
은 시장실패가 아니라 정부실패였다고 강조한다. 정부의 주택시장과
은행에 대한 막대한 보조금 지급 및 규제정책 등이 위기의 원인이었다
고 본다.[8] 1997년 동아시아 외환위기 때에도 위기의 원인이 정부의 과
도한 개입, 또는 과소한 개입(규제완화) 때문이라는 서로 다른 논쟁이
존재했다.[9] 결국 위기의 원인은 정부가 과다 또는 과소 개입했다는 사
실 때문이 아니라, 어떤 개입을 했기 때문인가라는 논의로 나아가야 한
다. 정치와 경제는 분리될 수 없는 것이었으며, 자기조정시장 개념은
허구일 뿐 현실에서는 찾아보기 어렵다. 즉, 경제정책은 정치적 고려와
떼어놓고 생각할 수 없다.

3. 자유시장과 국가개입의 정의

'자유시장'의 정의는 무엇인가? 국가개입의 정의는 무엇인가? 아동노
동(child labor)을 예로 들어보자. 선진국에서는 아동은 교육을 받아
야 할 권리를 보장하고 있어 아동노동과 관련한 정책적 논쟁조차 일어
나지 않는다. 그러나 개발도상국은 아동의 교육에 대한 권리가 완전히
발전하지 못했을 경우가 많다. 그 경우 아동노동에 대한 국가의 규제
는 '개입'으로 인식될 수 있다. 환경기준과 관련한 경우도 마찬가지이

---

[8] Salsman(2013). 예컨대 정부는 빈곤층의 주택구매를 지원하기 위해 Fannie Mae와
Freddie Mac을 이용해 막대한 담보대출사업을 벌였으며 이러한 정부실패가 위기의 주
원인이라고 지목한다. 정부실패를 강조하는 측은 월가의 칼럼니스트들을 예로 들 수 있
다.

[9] 동아시아 외환위기의 원인을 두고 too much government intervention, too little
government intervention의 논쟁이 존재한다(Chang 1998).

다. 환경기준 규제가 OECD 국가에 처음으로 도입되었을 때만 해도 이는 기업에 대한 잘못된 개입이라고 비판받았으나, 지금은 개입으로 인식되지 않는다. 반대로 개발도상국은 이러한 엄격한 환경기준을 정당하다고 보지 않을 수 있으며 이는 보이지 않는 무역장벽이라고 비판할 수 있다(Chang 2003, 83-84). 결국 핵심은 개별국가가 어떤 권리와 의무를 정당하다고 볼 것이냐의 기준에 따라 어떤 사회에서는 '개입'으로 또는 '개입이 아닌 것'으로 해석된다. 어떤 국가가 자유경제인가 아닌가의 판단 여부는 그 국가의 '권리-의무' 구조에 대한 제도에 달려 있다. 어떤 시장도 자유롭지 않다. 모든 시장은 누가 시장에 어떤 조건으로 참여하는지에 대한 규율을 제시하고 있기 때문이다. 그리고 이러한 규율은 어떤 사회에서는 완전히 받아들여지며, 이 경우 국가개입이 아니며 따라서 '자유로운'시장이 되는 것이다(Chang 2003, 85).

쉐브로스키(Adam Przeworski) 역시 내버려둬야 하는 '시장'(market)이 과연 존재하는가의 질문을 제기한다. 일반적으로 시장이 잘할 수 있는 부분은 개입하지 않은 채 그대로 놔둬야 하며, 민간영역이 이 부분을 잘하지 못했을 때 '시장실패'(market failure)가 발생한다. 이때 국가가 들어가 대신 그 역할을 해야 한다. 국가는 독점을 규제하며, 공공재를 제공하고, 외부효과에 대해 적절히 대응해야 한다는 것이다. 그러나 과연 그대로 둬야 하는 '시장'의 영역은 무엇인가에 대해 여전히 답은 내려지지 않았다(Przeworski 2003, 40-41).

모든 시장 가격은 사실상 정치적이다. 현실 속에서 정치적 요소와 결부되지 않은 시장 가격은 없다. 예컨대 임금과 이자율은 상당한 정도 정치적으로 결정된다. 임금은 최저임금 법률에 의해 영향받을 뿐만 아니라 노동기준, 복지수당과 같은 다양한 규제에 의해 영향을 받는다. 이자율 역시 매우 정치적이다. 중앙은행이 독립적이라고 주장하기도

하나, 현실은 전혀 그렇지 않다.[10] 자유방임에는 그 어떤 것도 '자연적'
인 것이 없다. 자유시장은 자연적으로 형성되는 것이 아니다. 가장 자
유무역 산업에 속하는 면직물 산업은 보호주의적 관세, 수출포상금, 간
접적 임금보조의 도움에 의해 발전된 것이다. 자유방임은 국가에 의해
형성된 것이다.

시장 자유주의자인 프리드먼은 가장 핵심적 개념으로 '자유'를
제기한다. 그는 경제적 자유와 정치적 자유의 관계에 대해 다음과 같
이 논의하였다. 시장은 자유의 직접적 요소이며 경제적 자유는 목적
그 자체이다. 동시에 경제적 자유는 정치적 자유를 달성하기 위해 필
요불가결한 수단일 수도 있다(Friedman 1962, 8). 시장의 자발적 교환
방식은 강압에 의하지 않은 조정역할을 할 수 있다. 정치적 자유가 가
능하기 위해서는 경제적 자유가 보장되어야 한다. 프리드먼은 정부는
시장이 할 수 없는 일, 예컨대 게임의 법칙을 결정하고 중재하며 실행
(enforce)하는 일을 해야 한다고 봤다. 1930년대 경제대공황의 원인은
시장경제의 내재적인 불안정성 때문에 일어났다기보다는 정부의 잘못
된 정책적 조정(mismanagement) 때문이라고 한다.[11] 프리드먼은 정부
개입을 축소해야 한다는 결론을 제기하였다. 그럼에도 그 역시 정부의
역할은 중요하다고 봤다. 예컨대 자유시장경제를 위한 안정적 통화, 재
정정책의 틀을 제시하거나, 개인이 경제성장에 매진할 수 있도록 법적,
경제적 프레임을 건설해야 한다는 것이다. 프리드먼에게 있어서도 자

---

10 Chang(2003, 96). 중앙은행의 독립성을 강조하는 사람들은 비정치화라는 가면을 쓰고
　　있다고 비판받는다.
11 정부의 잘못된 정책으로 미약한 경기 위축이면 될 것을 오히려 거대한 공황으로 갔다
　　는 것이다. 예를 들면, 국제무역에 대한 관세정책, 복잡하고 부당한 세금구조, regulatory
　　commissions, government price and wage fixing, 이러한 정책으로 개인이 자원을 잘
　　못 사용하게끔 하는 유인을 제공했다는 것이다(Friedman 1962, 38).

유시장경제를 건설하기 위해서는 정부의 역할이 중요하다고 간접적으로 암시하고 있다(Friedman 1962, 38-39).

시장체제와 정부개입은 서로 배타적인 개념이 아니다. 경제자유주의자들조차도 시장체제를 만들기 위해 그리고 만들어진 이후엔 유지하기 위해 국가개입을 요구하기 때문이다. 자유시장으로 가는 길은 중앙집중적 조직과 개입 과정에 의해 진행되었다. 자유시장체제를 감시하기 위해 행정체제가 유지, 확장된 것이다. 자유방임 시장은 의도적인 국가정책의 결과이다(Polanyi 1941, 139-149). 그런 점에서 자유시장과 국가개입은 배타적이라기보다는 상호적이기까지 하다.

4. 국가의 시장개입이 비효율성을 가져온다는 전제

신고전파 경제학의 주장을 따라가다 보면 국가에 대한 합리적 전제에도 불구하고 그 논리적 과정에 허점을 찾아볼 수 있다(임혜란 2019). 신고전파 경제학은 국가의 시장개입이 필연적으로 비효율성을 가져온다고 보았다. 그 주장의 근거는 국가에 대한 다음과 같은 전제로부터 기인한다. 국가는 이기적 국가, 규제국가, 지대추구국가이기 때문에 국가의 시장개입은 반드시 실패한다. 첫째, 국가는 공익의 수호자가 아니라 사익의 추구자이다. 정치인은 재선을 추구하며 관료는 예산을 극대화하는 사람들이다. 이기적 국가라는 전제에 따르면 정치인은 재선이라는 사익으로 인해 경제를 조작할 것이다(Tufte 1978). 관료들은 예산 극대화 추구가 개인의 권력유지와 소득확대를 가져온다고 보기 때문에 불필요한 국가기구의 확장을 초래하여, 그 결과 경제의 비효율성을 증대시킨다. 둘째, 고전파의 후손인 시카고학파는 국가의 시장에 대한 개입을 국가의 규제로 정의하며, 국가의 규제는 사회적 효율성의 상실을 가져온다고 본다. 이기적 국가는 이익집단이 제공하는 표와 돈을 교환하여 규제를 통하여 이익집단으로 소득을 이전시켜준다. 셋째, 버지니아학파로 불리는 좀 더 극단적인 신고전주의자들은 국가에 의한 자원배분은 필연적으로 지대를 발생시킨다고 강조한다. 지대는 기회비용을 초과하는 독점이윤이다. 사회구성원들은 경쟁을 통한 이윤추구보다는 로비나 뇌물을 제공하여 국가의 규제를 통한 지대를 추구함으로써 사회 전체적으로 손실을 초래하게 된다.[12]

사실상 국가에 대한 이러한 설명은 역사적으로 국가의 시장개입이 얼마나 경제적 비효율을 가져왔는지 잘 설명할 수 있는 것처럼 보인다. 정부행위에 대한 이와 같은 합리적 선택이론의 적용은 정치에 대해 현실주의적 가정을 도입함으로써 현실을 이해하는 데 유용한 분석시각을 제시한다. 그러나 정부의 시장개입은 역사적으로 지속되어 왔기 때문에 시장개입을 제한해야 한다는 주장은 비현실적이다. 더 나아가 정부의 시장개입이 경제적 비효율을 가져온다는 주장에 대한 대표적인 반증 사례로 동아시아 신흥공업국(Newly Industrializing Countries, NICs)의 경제성장 경험을 예로 들 수 있다. 동아시아 발전국가는 국가의 '연계된 자율성'(embedded autonomy)이라는 제도적 특성을 활용해 특정산업에 대한 집중투자와 생산을 지속할 수 있었다. 국가는 시장의 신호(signal)를 따라가는 역할을 하기보다는 오히려 경쟁력 있는 산업에 전략적으로 투자함으로써 시장을 주도하였다. 동아시아 발전모델

---

12 20세기 말 시카고학파는 인간행동의 합리적 행위자모델(rational actor model of human behavior)을 적용하여 공공선택이론(public-choice theory), 신고전적 제도주의, 신정치경제를 발전시켰다. 공공선택이론은 James Buchanan, Gordon Tullock에 의해 발전된 이론으로, 정치현상에 경제학 방법론을 적용한다. 이들은 정부개입이 시장실패의 주요인임을 강조한다. 공공선택이론에 의하면 제도는 관료 또는 정치인들이 자신의 이익을 위해 형성한 것으로 결국엔 비효율을 가져올 것으로 보았다(임혁백 1994).

은 자유시장하에서 일어날 수 있는 결과와는 다른 생산 및 투자 결과의
가능성을 강조함으로써 고전주의 시각과는 반대되는 논의를 제기하였
다.[13]

국가가 시장에 개입해야 하는가 아닌가의 논쟁은 앞의 설명에서
와 같이 비역사적일 수밖에 없다. 국가의 시장개입은 효율적인 결과를
가져올 수도 또는 비효율적 결과를 가져올 수도 있다. 결국 국가와 시
장은 역사적으로 상호작용해 왔기 때문에 국가의 어떤 시장개입, 어떤
정책이 어떤 결과를 가져왔는지에 대한 역사맥락적 분석이 필요하다.
그런 점에서 국가가 중요한가, 시장이 중요한가의 이념적 논쟁에 머물
러 있어서는 안 될 것이다. 시장과 국가는 모두 불완전하기 때문에 어
떤 형태의 조합이 보다 문제를 줄일 수 있을지 고민할 필요가 있다.

III. 민주주의와 자본주의의 양분법적 논의

1. 민주주의와 자본주의의 관계

시장과 국가의 관계에 대한 역사 제도적 논의를 위해 실질적 시스템인
정치체제와 경제체제에 대한 논의로 이어갈 필요가 있다. 정치체제와
경제체제는 역사상 상호보완적으로 병행해 왔다. 문제는 어떤 이념의
정치체제와 어떤 이념의 경제체제가 서로 잘 맞는 파트너인가 하는 점
이다. 민주주의, 권위주의, 자본주의, 사회주의 등은 서로 다른 철학적

---

13 예를 들어, 한국의 중화학공업 육성정책은 한국경제의 비교우위라는 시장적 신호와는
    역행하는 투자일 수 있었으나, 정부의 주도적 역할을 통해 한국경제의 비교우위를 역동
    적으로 재구성할 수 있었다(Wade 1990; Lim 1998).

전제와 원리, 그리고 서로 다른 제도적 배열에 기반하고 있어 서로 잘 맞는 파트너를 찾는 것이 쉽지는 않다.[14] 민주주의와 자본주의는 기본적인 원리와 목표 등에서 근본적인 모순이 있기 때문에 이 둘이 과연 잘 맞는 짝인가에 대해 많은 학자들이 의문을 제기해 왔다. 그러나 철학적 가치와 원리의 충돌에도 불구하고 민주주의와 자본주의는 오랜 시간 공존해 왔다.

민주주의와 자본주의는 역사적으로 다양한 형태의 조합으로 병행해 왔다. 부르주아 민주주의는 영국의 시민혁명과 프랑스혁명 시기 귀족계급에 대항한 부르주아 계급이 시민혁명을 통해 세력을 확대함으로써 민주주의의 기반을 마련한 경우이다. 사회적 민주주의는 프롤레타리아에 의한 폭력혁명 대신 의회민주주의적 방법으로 사회주의를 실현하려는 형태이다. 이처럼 민주주의와 자본주의는 원리상 평등과 불평등의 지향점을 갖고 있는 상충적인 체제이지만 역사적으로 개별 국가의 발전 과정에서 보완적 관계로 공존해 왔다.

역사적으로 볼 때 자본주의는 정치적 자유를 위한 필요조건은 되어도 충분조건은 되지 않는다. 예컨대 과거 파시스트 이탈리아, 스페인, 독일은 정치적으로 자유롭지 않은 체제였으나 경제조직은 자본주의 체제였다. 그런 점에서 자본주의는 정치적으로 자유롭지 않은 체제와 공존할 수 있다(Friedman 1962, 12-14). 구 동구유럽이 경제위기 이후 개혁 과정을 통해 자본주의 시장 시스템을 받아들일 때 그 과정은 매우 고통스럽고 갈등을 수반한 과정이었음에 틀림없다(Przeworski

---

14 홀과 소스키스는 '자본주의의 다양성' 논의를, V-derm 연구소는 '민주주의의 다양성' 논의를 통해 세계 각국은 서로 다른 지향점을 갖은 다양한 정치, 경제 제도로 유형화될 수 있다고 한 바 있다. 그런 점에서 볼 때 민주주의와 자본주의는 많은 갈등적 요소에도 불구하고 역사상 공존해 왔다(Hall and Soskice 2001).

1991, 190-191). 서구 유럽과 미국이 자본주의 발전 이후 민주주의로 순차적 이행을 했다면, 동아시아 국가들은 권위주의와 경제성장을 병행했으며 그 이후 민주주의로 이행했다. 이와 달리 남미와 아프리카는 군사쿠데타와 경제저발전이 지속되는 등 국가들마다 서로 다른 궤적을 밟아갔다. 그만큼 자본주의 시장체제는 다양한 정치체제와 결합되는 양태를 보일 수 있다.

민주주의 정치체제를 채택하고 있는 나라들은 자본주의 경제체제를 채택하고 있지만 자본주의 경제체제를 채택하고 있는 많은 국가들은 민주주의 정치체제가 아닌 경우도 많다. 다양한 정치체제하에서 정치적 생존이 목적인 정치인들은 자본주의의 경제성장을 필요로 했을 수도 있기 때문이다. 자본주의와 민주주의의 상관관계에 대한 경험적 연구들은 이 두 체제의 상관관계가 시간과 장소에 따라 다르게 나타나며 이 둘 간에 단선적인 인과관계를 발견할 수 없다고 결론짓고 있다 (임혁백 1994, 300).

그럼에도 자본주의와 민주주의의 관계에 대한 학자들의 논쟁은 여전히 양립 가능하다는 쪽과 양립 가능하지 않다는 쪽으로 나뉜다. 첫째, 자본주의와 민주주의가 양립 가능하다는 논의는 자본주의가 민주주의를 촉진한다는 주장에서부터 출발한다. 이 두 체제는 개인적 선택의 자유가 사회적으로 소망스러운 결과를 낳는다는 신념에 기초한다. 자본주의 시장에서 생산자는 소비자들이 원하는 상품을 제공해야 한다는 것과 같이 민주주의에서 정치인은 인민의 지지를 얻기 위해 인민이 원하는 정책을 제공한다. 생산자와 소비자, 정치가와 유권자 간의 결정에 의해 경제적 재화와 정치적 권력의 효율적 배분이 가능하다는 동일한 원리에 기초하고 있어 민주주의와 자본주의는 서로 강화하는 체제라는 것이다. 슘페터가 근대민주주의는 자본주의 발전 과정의 산물이라고 했듯이, 부르주아 헤게모니는 자신의 계급적 이해, 즉 자본주의의 재생산이 위협받지 않는 한도 내에서 여러 다양한 정치적 집단의 이해가 표출될 수 있도록 수용했다는 것이다. 쉐브로스키는 국가의 행위자나 시장의 행위자는 모두 자기 이익을 추구하는 존재라고 전제한다. 결국 이들의 행위를 제약하는 것은 환경적·제도적 요소라고 보았다. 민주주의에서 선거는 정치인들의 행위를 제약하고 견제와 균형의 제도를 건설하게 하여 정치권력의 집중 또는 남용을 막을 수 있다. 쉐브로스키는 '성장'은 '정치적 과정'에 의해 영향을 받는다고 한다. 제도적 디자인을 어떻게 하느냐에 따라 민주주의는 경제성장을 유도할 수도 있다고 보았다.[15]

둘째, 자본주의와 민주주의의 양립이 불가능하다는 주장은 이 두 체제가 서로 다른 철학적 원리하에 서 있다는 점을 강조한다. 민주주의는 1인 1표라는 평등의 원리를, 자본주의는 1$ 1표라는 불평등의 원리에 기반을 둔다. 민주주의는 생산수단의 소유와 관계없이 1인 1표를 부여하는 평등한 체제이다. 자본주의는 생산자원을 소유하고 있는 사람들에게 더 많은 권력을 부여하는 불평등한 체제이다. 자본주의 체제에서 생산수단을 소유하지 않은 다수가 표의 힘이 작용하는 민주주의를 이용할 때 장기적으로 이들 간의 갈등과 충돌이 불가피하여 민주주의와 자본주의의 공존은 어려워질 수도 있다. 부르주아 계급과 정치적 우파는 다수 빈민의 지배가 궁극적으로는 사유재산권과 자유시장을 없애버릴 것이라고 두려워한다. 이와 반대로 노동계급과 정치적 좌파는 자본가들이 연합하여 경제사회적 분배를 추구하는 다수의 지배

---

15 쉐브로스키는 'better democracy, better economy'라는 표현을 통해 민주주의 정치시스템의 제도적 배열은 자본주의의 경제적 성과에 영향을 미칠 수 있다고 보았다 (Przeworski 1991, 170, 215).

형태인 민주주의를 붕괴시킬 수 있다고 경고했다. 스트리크(Wolfgang Streeck 2011)는 우파가 자본주의를 붕괴시키려는 좌파를 두려워하기보다, 오히려 좌파가 민주주의를 폐기하려는 우파를 더욱 두려워해 왔다고 보았다. 어느 주장이 더 설득력 있는지는 모르나, 불평등의 피해를 입은 계층과 부의 특권을 누리는 계층 간의 반목과 두려움은 민주적 자본주의 사회에 지속되어 온 것이 사실이다.

최근 전 세계적으로 보이는 현상은 이 둘의 조합이 과연 가능한가에 대한 부정적 시각에 손을 들어주는 것 같다. 2008년 미국발 금융위기에서 시작된 글로벌 경제위기 그리고 2010년 유럽 재정위기 등만 봐도 민주적 자본주의 체제에 내재되어온 이상적 신호가 급기야는 위기로 폭발하는 경우가 증가하고 있다.

시장과 국가에 대한 양분법적 논의와 마찬가지로 자본주의와 민주주의의 관계에 대한 양분법적 논의 대신 이 둘의 역사적 공존 과정에 대한 인식으로부터 출발할 필요가 있다. 자본주의와 민주주의가 양립 가능한지, 아니면 철학적 원리와 작동방식에 있어 양립 불가능한지의 논쟁의 결과, 이 둘의 공존이 필연적으로 불가피한 것도 자본주의하에서 민주주의가 불가능한 것도 아닌 것을 알 수 있다. 이 둘이 공존하는 과정에는 위기와 같은 많은 도전이 기다리고 있다. 따라서 자본주의와 민주주의의 역사적 공존 과정을 따라가 보면서 최근 어떠한 도전과 위기에 봉착했는지 살펴볼 필요가 있다.

2. 자본주의와 민주주의의 불편한 역사적 공존

자본주의는 민주주의든 권위주의이든 어떤 정치체제와도 잘 공존하나 민주주의는 자본주의하에서만 존재해왔다고 볼 수도 있다. 자본주의와 민주주의는 서로 다른 원리에 의해 지배되는 체제이며 그런 점에서 갈등을 가져온다. 특히 사회경제적 불평등과 정치적 평등관계엔 기본적인 긴장관계가 있다. 이러한 긴장관계는 노동시장의 규제, 경제적 복지증대, 노동조합의 힘 강화, 사회민주적 계급행동주의 등에 의해 완화되어 왔다. 민주주의와 자본주의가 그렇다고 공존할 수 없다는 것은 아니다.[16]

스트리크는 민주주의와 자본주의의 공존을 민주적 자본주의(democratic capitalism)로 명명하였다. 민주적 자본주의는 자원분배에 대한 서로 다른 두 가지 갈등적 원리가 공존하는 정치경제 시스템이다. 하나는 자유시장 원리, 다른 하나는 민주적 사회정의 원리이다. 민주적 자본주의 체제는 이 두 가지 원리를 동시에 존중해야 한다. 실제적으로 이 두 가지 원리는 동시에 충족되기 어려우며 결과에 의해 처벌받기도 한다. 민주적 권리를 충족시키지 못할 경우 다수의 지지를 잃게 되며, 경제적 자유원리를 무시하게 되면 이는 곧 경제적 위기에 따라 정치적 지지까지 상실하게 된다. 스트리크는 이 체제의 발전 과정을 제2차 세계대전 이후부터 최근까지 어떻게 변화되었는지 분석하였다.[17]

민주적 자본주의 체제는 제2차 세계대전 이후 북미, 서구 유럽 지역에서 보다 발전되어 왔다. 1980년대 민주화 물결은 제3세계 지역에 유입되어 민주적 자본주의 체제가 확산되었다. 민주적 자본주의 시스템은 1945년 이후 현재까지 총 4번의 위기를 겪었다. 첫 번째 위기는 1960년대~1970년대 중반까지로 민주적 자본주의 시스템은 자본과 노동의 갈등적 요구에 대응하기 위해 인플레이션에 의존하는 방식

---

16   이 둘이 공존하기 위해서는 mutual embedding이 필요하다고 하였다(Merkel 2014).
17   이 논의는 서구중심적 논의에 한정되어 있다는 비판을 받을 수 있다(Streeck 2011).

을 택한다. 이 방식은 미래의 자원을 끌어다 현재의 소비와 분배에 사용하는 것으로 장기간 지속되기 어렵다는 문제가 있다. 이는 결국 높은 실업률을 가져옴으로써 노동자들에게 해를 가져왔다. 두 번째 위기는 1980년대 정부의 공공부채가 증가하는 시기이다. 1979년 미국 연방은행 총재인 볼커(Paul Volcker)는 금리를 인상함으로써 인플레이션 문제를 잡을 수 있었다. 이후 인플레이션은 지금까지도 낮게 지속되었던 반면 실업률은 점차 증가하였다. 1980년대 신자유주의 이념은 영미를 중심으로 실천되었으며 이는 곧 전 세계로 확산되었다. 정부는 시민의 복지혜택에 대한 요구에 대응하기 위해 정부부채의 비율을 높이는 정책으로 문제를 해결하려 했다. 낮은 금리가 유지되었음에도 공공부채의 비율이 높았기 때문에 재정의 많은 부분이 부채비용으로 충당되어 이 역시 장기간 지속되기 어렵다.

세 번째 위기는 1990년대 금융규제완화 시기를 들 수 있다. 1990년대 클린턴 행정부는 사회갈등을 해결하기 위한 방법으로 금융섹터에 대한 규제완화 정책을 시행하였다.[18] 부동산 자산 및 노동기술에의 동등한 접근을 위해 정부가 빚을 지기보다 개인이 빚을 지게 한 것이다. 금융탈규제와 저금리를 통해 개인은 근사한(decent) 집을 살 수 있게 되었다. 신용등급이 낮은 저소득층에게도 주택자금을 빌려준 서브프라임 모기지 주택담보대출상품의 확산은 부동산 버블을 가져왔다. 주택가격이 상승하고 자산 가치가 증가하게 됨으로써 이를 통해 소비와 교육비용 등을 충당할 수 있게 되었다. 그러나 이 역시 장기적으로 지속될 수 없었으며, 결국 2008년 글로벌 금융위기를 가져왔다.

마지막 시기는 2008년 위기 이후 다시 공공부채가 증가하는 시기

---

18 이는 'privatized Keynesianism' 구호로 설명된다. 공공부채를 개인부채로 전환한 당시 상황을 잘 반영한다(Streeck 2011, 17).

를 들 수 있다. 사적 영역에서 형성된 부채에 대한 상당 부분을 국가가 공유하게 되었다. 과도한 금융자유화에 대한 처벌을 민주주의 정부가 국민에게 부과할 수는 없었던 것이다. 이 시기에서는 국제금융투자자와 국가와의 갈등이 부각된다. 국채 금리가 오르면 그 비용은 결국 국민들에게 돌아간다. 정부부채가 높은 국가들이 세금을 인상하려 하자 국민들의 반대에 부딪치게 되었고, 결과적으로 정부는 복지서비스를 줄이게 된다. 2010년 남유럽 국가들의 재정위기는 과다한 복지수요 충족을 위한 재정지출 증가에 기인한 것이었다. 특히 그리스는 재정파탄으로 국가부도(default) 위기 직전까지 갔다가 IMF로부터 구제금융을 받아 가까스로 위기를 모면했다. 그 과정에서 경제적 주권을 훼손당했으며 국민들은 극심한 불황과 고실업으로 큰 대가를 치르기도 했다. 이후 이탈리아와 같은 나라는 EU 최고 수준의 공공채무와 재정적자 축소에 대한 압박으로 공공의료에 대한 투자를 축소하게 된다.[19]

민주적 자본주의 체제에서는 필연적으로 공공소득과 공공지출의 불균형이 커질 수밖에 없으며, 결국엔 공공부채가 증가할 수밖에 없다 (Streeck 2011, 23). 인플레이션, 공공부채, 개인부채 이 세 가지 방법은 결국 장기적으로 또 다른 문제를 가져올 뿐 문제를 해결하지 못한다. 자본주의와 민주주의의 갈등, 사회정의와 자유경제의 갈등은 국가 내부에 머무르는 게 아니라 국제화되었다. 민주적 자본주의의 위기와 모순이 국제화된 것이다. 국가 내 뿐만 아니라 국가 간 갈등으로 확대되었다. 오늘날 경제적 세력은 정치적 힘을 갖게 되었으나 많은 시민은 민주적 방어수단 및 역량을 잃게 되었다. 대중의 힘은 자본가들의 힘에 비해 비교할 수도 없을 정도도 약화되었다. 오늘날의 갈등사회에서는

---

19   최근 COVID-19의 가장 큰 피해를 보고 있는 이탈리아의 경우 노령사회 및 열악한 의료 시스템이 그 원인으로 지목되고 있다(연합뉴스 2020. 3. 16).

자본을 가진 집단이 난공불락의 정치적 힘, 국제금융산업을 장악하고 있는 형국이다. 금융위기 시 국가는 시민들의 대리인(agent)이라고 인식되기보다는 IMF의 대리인이라고 인식된다. 스트리크는 국제시장에 대해 책임감 있게 행동하기 위해서는 민주주의는 잠시 보류하고 시민들에 대한 요구에 무책임하게 되는 비용을 치르더라도 긴축재정 정책을 유지해야 한다고 강조했다(Streeck 2011, 26). 정부와 시민은 긴축재정, 재정건전성의 필요성을 인지해야 한다는 것이다. 그러나 스트리크의 주장은 현실적으로 실행되기 어렵다. 정부의 구성원들은 결국 '정치적 생존'이라는 행동유인을 따르게 될 것이므로 자신의 정치적 생명에 부정적 영향을 미칠 정책을 선택할 것으로 기대하기는 매우 어렵기 때문이다.

민주주의와 자본주의의 위기를 또 다른 관점에서 강조한 메르켈(Wolfgang Merkel)은 이 두 체제의 공존이 어려운 이유로 금융자본주의를 지목한다. 메르켈은 케인지언 복지국가, 조직화된 자본주의 시대에서는 노동과 자본 간의 힘의 균형이 유지될 수 있었다고 강조한다(Merkel 2014). 제2차 세계대전 이후 자본주의는 복지국가 또는 케인지언 이념에 의해 조절되었다. 사회복지 자본주의 시기는 민주주의라는 정치체제의 정치적 도움을 통해 사회적·정치적 책임으로부터 떨어져 있을 수 있었다.

사회복지 자본주의의 황금기는 금융자본주의 시기에 이르러 붕괴된다. 금융자유화, 정보화, 세계화는 민족국가 중심의 조직화된 자본주의의 생존을 어렵게 하였다. 금융자본주의 시대에서는 노동과 자본 간의 불안정한 힘의 균형이 깨지고 자본으로 그 힘이 옮아가게 되었다. 금융자본주의는 생산과 교환 형태의 비즈니스가 아니라 브로커, 은행, 주식시장, 자본시장, 투자자들의 의한 돈(화폐)의 비즈니스이다. 세계화를 통해 금융탈규제, 부분적 탈산업화 현상이 가속화되어 1950년 대 GDP 대비 산업비중이 40%, 금융비중이 10%였던 것이 2000년대 에 들어서면 산업비중이 10%, 금융비중이 50%로 역전되었다. 금융자 본주의에서는 높은 수익을 기대할 수 있는 대신 높은 위험을 감수해야 한다. 금융은 정보기술 발전과 융합되어 그 발전양상이 보다 복잡화되 었다.[20]

금융자본주의가 민주주의의 위기를 가져오는 이유를 메르켈은 다 음과 같이 설명한다. 첫째, 증가한 사회경제적 불평등과 빈곤은 불균형 적인 정치참여를 가져온다. 경제적 불평등은 곧바로 사회적, 그리고 정 치적 불평등으로 옮아간다. 서구 민주주의 국가의 선거 투표율은 점차 낮아지고 있다. 총선 투표율이 50% 미만인 것을 감안하면, 이는 매우 심각한 수준이다. 미국의 100,000달러 이상 소득의 가계 80%가 투표 하며, 15,000달러 이하 소득계층의 33%만 투표한다는 결과가 있다. 투 표율의 하락과 선택적 선거를 하는 계층이 증대하는 현상은 미국과 서 구 유럽에 확산되었다. 정치참여가 점차 낮아지는 원인은 사회경제적 불평등과 무관하지 않다.

둘째, 금융자본주의 시기에는 금융자본이 얼마든지 국가 경계를 넘어서서 움직일 수 있는 옵션이 있기 때문에 민주주의 국가를 더욱 취약하게 만든다. 투자자들이 외국으로 투자를 옮기게 되면 낮은 경제 발전, 낮은 사회투자를 가져오며 이는 곧 지지율 하락을 가져올 것이기 때문이다. 선거에서 높은 지지를 얻기 위해서는 실물경기의 성과에 의

---

20 금융자본주의 시대에서는 비시장적 조정의 요소, 즉 규제국가(regulatory state), 신조합 주의(neocorporatism)는 그 중요성이 떨어지게 된다. 조지 소로스가 1998년에 이미 이 러한 변화를 두고 'financial capitalism in the driver's seat'이라고 한 바 있다(Merkel 2014).

존할 수밖에 없으며 이는 곧 금융시장의 신뢰를 얻는 것에 집중할 수밖에 없다. 셋째, 금융화의 시기는 국가를 보다 취약하게 만든다. 금융자본주의 시대에는 기업은 산업생산보다 금융산업을 통해 보다 많은 이익을 내기 때문에 산업의 금융에 대한 종속, 국가와 사회의 금융에 대한 종속 현상을 낳는다. 국가는 금융시장을 탈규제함으로써 자신을 무력화시킨다. 금융섹터의 규제완화는 시장의 과도한 지배를 가져오게 되며, 국가는 평가기관에 의해 평가되는 정책실행자로 전락한다. 대중민주주의로부터 시장은 자유상태가 되는 것이며, 민주주의와 자본주의의 갭은 더욱 커져간다.[21]

자본주의가 민주주의에 미치는 영향을 연구한 임혜란(2018)은 한국 민주주의의 위기를 사회기반의 해체와 대표성의 위기로 설명하였으며, 위기의 원인으로 자본주의 체제의 사회경제적 불평등의 악화와 경제개혁의 실패를 지적하고 있다. 자본주의 경제에서 어느 정도의 불평등은 불가피하다. 그러나 불평등의 수준이 정치참여에 부정적으로 영향을 미치게 될 때 이는 민주주의의 위기를 가져올 수 있다.

자본주의라는 경제질서는 어떤 유형이든 정치체제와 역사적으로 상호작용해 온 것이 사실이다. 이러한 역사적 사실을 염두에 두고, 민주주의와 자본주의가 서로 잘 맞는 짝인가 아닌가의 양분법적 논의, 자유시장과 정치개입의 양분법적 논란에서 벗어나야 한다. 그보다는 이 두 체제가 역사상 어떤 조합으로 유지되어 왔는지, 현재의 세계화된 금융자본주의 시대의 특성상 정치시스템은 어떤 역할을 통해 자본주의 시스템과 공존할 수 있는지 고심해야 한다. 자본주의 체제와 민주주의

---

21 경제적 정치적 세계화는 정책결정이 더욱 의회에서 행정부로 옮아가게 된다. 의회는 시간이 소요되는 것에 반해 현대사회에서의 결정은 시간을 다투는 일과 관련되어 더욱 행정부 중심의 결정으로 옮아가게 된다(Merkel 2014).

체제의 상호보완성에 균열을 가져오는 양상을 분석하고 이를 보완할
방법을 찾아야 한다.

IV. 결론

본 연구는 정치경제학에 내재하고 있는 양분법적 논의를 극복하기 위
해 시장과 국가의 양분법적 논의의 바탕이 된 이론적 전제와 논쟁을
검토하였다. 더 나아가 시장과 국가가 역사적으로 상호작용해 왔다는
점을 바탕으로 구체적인 경제체제와 정치체제인 자본주의와 민주주의
의 관계에 초점을 두고 논의하였다.
　　우선 시장이 태초에 존재하였고 국가가 이에 개입함으로써 시장
의 비효율성을 가져왔다는 스미스 고전경제학의 논의를 비판적으로
살펴봤다. 스미스의 시장우위적 전제, 자기조정적 시장의 전제가 왜 허
구인지 폴라니의 논의를 통해 비판하였다. 자유시장과 국가개입의 정
의 또한 개별국가의 권리와 의무에 대한 제도적 디자인에 따라 결정될
수 있어 이는 다분히 '정치적'인 개념이라 할 수 있었다. 국가의 시장
개입이 필연적으로 비효율을 가져올 것이라는 신고전경제학의 주장은
비록 합리적 선택이론을 이용하여 인간에 대한 현실적 이해를 돕고 있
는 유용성은 있어도, 국가개입이 비효율을 필연적으로 가져오지 않을
수도 있다는 역사적 사실에 의해 그 주장의 설득력을 잃고 말았다.
　　국가와 시장은 결국 역사적으로 상호작용해 왔기 때문에 무엇이
더 중요한가라는 이념적 논쟁보다는 국가와 시장이 역사적 맥락에서
어떤 조합으로 공존해 왔는가에 대한 분석이 보다 필요하다. 이에 민주
주의와 자본주의의 역사적 공존에 대해 논의할 필요가 있었다. 민주주

의와 자본주의의 관계에 대해서는 양립 가능과 양립 불가능의 양분법
적 논의가 지속되어 왔다. 결론적으로 보면 이 둘에 대한 어떤 단선적
인 인과관계를 이끌어내기 힘들다. 이 둘의 관계를 이념에 기반하여 논
쟁하는 것보다 이 둘이 어떻게 공존해 왔으며, 공존 과정에서 어떤 모
순과 갈등을 보여줬는지 살펴볼 필요가 있다.

민주주의와 자본주의의 양분법적 논의가 문제될 수 있는 것은 민
주주의의 형평성과 자본주의의 효율성의 충돌과 관련된 논의 때문이
기도 하다. 소득불평등의 순기능을 강조하는 논의, 예컨대 영국 대처수
상의 신자유주의 사조는 경제성장으로 낙수효과(trickle-down effect)
가 소득불평등을 자연스럽게 치유하도록 해야 한다고 강조한다.[22] 이러
한 논의는 성장(효율성)과 재분배(형평성)의 상충(trade off) 주장과 연
관된다. 자본주의의 효율성을 지향하다보면 민주주의의 형평성이 희
생되며, 형평성을 추구하다보면 효율성을 희생될 수밖에 없다는 양분
법적 논의인 것이다. 민주주의와 자본주의 체제에 대한 또는 형평성과
효율성에 대한 양분법적 논의는 둘 가운데 하나를 선택할 수밖에 없다
는 논리로 휘말릴 가능성이 높게 된다. 1980년대 이후 전 세계에 광범
위한 영향을 미친 신자유주의 이데올로기의 확산이 그 예이다. 시장과
국가, 자본주의와 민주주의, 효율성과 형평성 이 두 가지 옵션 가운데
우리는 어느 하나에 더 초점을 둘 수밖에 없는가?

20세기의 국제정치경제 역사는 고전적 자유주의 시기의 '시장'에
서 1945년 이후 제한적 자유주의 시기의 '국가'로, 1970년대 신자유주

---

22 소득불평등의 순기능을 강조하는 입장에 의하면, 경제개발 초기에는 소수에게 소득을
집중적으로 몰아줌으로써 그들만이라도 창업과 교육의 기반을 마련하는 것이 모두가 가
난하게 남아 있는 것보다 낫다고 한다. 이 논의는 신자유주의적 사고 및 시장근본주의적
경제철학의 핵심이다(임혜란 2018).

의 시기의 '시장'으로 회귀했다. 2008년 글로벌 금융위기 이후 포스트 신자유주의 시기에는 '국가'로 회귀하는 듯했지만, 여전히 금융자본주의 시기 금융자본의 힘이 우세하여 글로벌 시계추는 논란의 여지는 있겠으나, 여전히 시장 쪽에 남아 있는 것으로 보인다.

시장의 횡포 속에 국내적 갈등과 위기의 징조를 내포한 많은 국가들은, 문제해결을 위해 자국우선주의와 보호무역주의로 회귀하고 있다. 민주적 자본주의 체제는 국가 내부의 위기와 모순에 대해 해답을 찾지 못한 채 위기의 갈등을 국가 간 갈등으로 확대한 것이다. 미국의 트럼프와 중국의 시진핑 등 강력한 국가의 역할이 강조되는 시기인 것처럼 보이나, 사실은 강력한 국가의 힘은 내부의 문제해결을 위해 쓰이고 있다기보다는 외부국가를 희생양으로 공격하는 양상으로 나아가고 있다. 내부의 갈등을 외부화하면 세계경제 및 정치는 이전보다 더욱 위기에 취약하게 된다. 민주적 자본주의 체제는 세계화, 금융화 시대에 그 모순이 보다 극대화되었다. 포퓰리즘 정책의 남발은 공공소득과 공공지출의 불균형을 악화시킨다. 자본주의 경제체제와 민주주의 정치체제의 균열 지점을 찾아내고 새로운 보완시스템을 모색할 시기이다.

정치경제학의 양분법적 논의는 시장이냐 국가냐라는 이념적 논쟁에 머무르게 됨으로써 정작 국가와 시장이 서로 배태되어 있는 역사적 맥락과 구체적 공존 과정을 인지하지 못하게 한다. 효율성과 형평성은 그 어느 하나도 포기할 수 없는 중요한 가치이다. 따라서 오늘날 마주하고 있는 거대한 위기의 소용돌이 속에서 효율성과 형평성의 양분법적 시비에 머물러 있기보다는 개별국가가 처한 보다 구체적인 상황에 대한 분석을 통해 실질적인 정책적 대안을 제시해 보는 것이 보다 유용한 미래를 가져올 것으로 본다.

참고문헌

안청시·정진영 엮음. 2000. 『현대 정치경제학의 주요 이론가들』. 아카넷.

임혁백. 1994. 『시장·국가·민주주의』. 서울: 사회비평사.

임혜란. 2018. "한국의 민주주의 위기와 경제개혁." 『한국정치연구』 제27집 1호.

_____. 2018. 『동아시아 발전국가모델의 재구성』. 서울대학교 출판문화원.

_____. 2019. "정치경제." 『정치학의 이해』. 서울대 정치학과 교수진 공저. 박영사.

지주형. 2013. "정치경제학의 방법론적 토대들: 사상사적 흐름과 이론적 비판." 『인문논총』 32권.

토드 부크홀츠. 2001. 『죽은 경제학자의 살아있는 아이디어』. 이승환 옮김. 서울: 김영사.

Block, Fred. 1990. "Political Choice and the multiple 'logics' of capital." edited by Sharon Zukin and Paul DiMaggio. *Structures of Capital.* Cambridge: Cambridge University Press.

_____. 2008. "Swimming against the Current: The Rise of a Hidden Developmental State in the United States." *Politics & Society* 36-2.

Block, Fred and Margaret R. Somers. 2014. *The Power of Market Fundamentalism.* Cambridge: Harvard University Press.

Chang, Ha-Joon. 1998. "South Korea: The Misunderstood Crisis." *World Development* 26-8.

_____. 2003. *Globalization, Economic Development and the Role of the State.* London and New York: Zed Books Ltd.

Friedman, Milton. 1962. *Capitalism and Freedom.* The University of Chicago Press.

Hall, Peter and David Soskice. 2001. *Varieties of Capitalism: The Institutional Foundations of Comparative Advantage.* Oxford: Oxford University Press.

Kaletsky, Anatole. 2010. *Capitalism 4.0: The Birth of a New Economy.* Bloonsbury Publishing.

Kruger, Anne. 1990. "Government Failure in Development." *Journal of Economic Perspectives* 4, (Summer).

Lim, Haeran. 1998. *Korea's Growth and Industrial Transformation.* London: Macmillan Press.

Lindblom, Charles E. 1977. *Politics and Markets.* Basic Books.

_____. 1988. Democracy and Market System. Norwegian University Press.

Merkel, Wolfgang. 2014. "Is capitalism compatible with democracy?" *Z Vgl Polit Wiss* 8, 109-128. https://link.springer.com/journal/12286

Polanyi, Karl. 1941. *The Great Transformation.* Amereon House.

Przeworski, Adam. 1991. *Democracy and the market.* Cambridge University Press.

_____. 2003. *States and Markets: A Primer in Political Economy.* Cambridge University

Press.

Salsman, Richard M. 2013. "The financial crisis was a failure of government, not free market." *Forbes* (Sep 19).

Streeck, Wolfgang. 2011. "The Crisis of Democratic Capitalism." *New Left Review* 71. (Sep-Oct).

Tsai, Kellee S. 2007. *Capitalism without Democracy: the private sector in contemporary China*. Cornell University Press.

Tufte, E. 1978. *Political Control of the Economy*. Princeton: princeton University Press.

V-Dem Institute. 2017. *Democracy at Dusk?* V-Dem Annual Report.

Wade, Robert. 1990. *Governing the Market: Economic Theory and the Role of Government in East Asian Industrialization*. Princeton, New Jersey: Princeton University Press.

World Bank. 1993. *The East Asian Miracle: Economic Growth and Public Policy*. Oxford University Press.

Zukin, Sharon and Paul DiMaggio. eds. 1990. *Structures of capital: The social organization of the economy*. Cambridge: Cambridge University Press.

제5장   합리성의 사회적 구성
-합리주의와 구성주의의 양분법을 넘어서-

정재환(울산대학교)

I. 서론

정치와 경제의 상호작용을 연구하는 (국제)정치경제학이 점차로 발전하면서 정치와 경제를 독립적인 영역으로 구분하여 이해하려는 양분법적인 사고는 상당한 정도로 극복되었다. 하지만 정치경제학의 발전과 함께 정치경제학 내부에서 다양한 이론적 관점들이 상호 경쟁 또는 충돌하는 현상이 생겨났다(Cohen 2008). 특히 합리주의와 구성주의는 정치경제적 현상에 대해 근본적으로 대립적인 해석을 제시하고 있다.

합리주의적 관점은 개인 또는 집단이 사회에서 차지하고 있는 경제적 위치에 의해서 규정되는 자기이익(self-interest)이라는 것이 객관적으로 인식가능하면, 각 개인이나 집단은 객관적으로 인식할 수 있는 자기이익을 최대화시키거나 만족할 만한 수준으로 달성하고자 하는 '합리적' 행위자라고 가정한다. 이와 같은 이론적 가정에 기초하여 합리주의적 관점은 정치경제적 현상을 합리적 행위자들의 사회적 상호작용의 결과로 설명한다. 개방경제정치(Open Economy Politics) 모델은 합리주의적 관점에서 정치경제적 현상을 분석하는 대표적인 연구 프로그램이다(Lake 2009).

이에 반해 구성주의적 관점은 "물질적 세계가 인간의 행동과 상호작용을 형성하거나 반대로 인간의 행동과 상호작용이 물질적 세계를 형성하는 방식은 물질적 세계에 대한 규범적이고 인식적인 해석에 따라 달라질 수 있다"는 가정에 기초하고 있다. 구성주의적 관점은 물질적 세계가 인간의 관념 밖에 실질적으로 존재하지만 외부세계와 인간의 상호작용은 외부세계에 대한 인간의 해석에 의해 형성된다고 생각한다. 또한 인간의 해석에 영향을 주는 관념은 미시적 수준에서 존재하는 주관적(subjective) 관념체계가 아니라 사회적 구조로 존재하는 상호-주관적(inter-subjective) 관념체계라는 점을 강조한다(Adler 1997, 322-323).

합리주의적 관점은 합리성을 모든 인간의 행동에서 나타나는 보편적인 특성으로 상정하고, 거시적인 정치경제적 현상을 야기하는 개별적 행위자들의 선택을 설명하는 변수로 합리성을 강조한다. 이에 반해 구성주의적 관점에 따르면 인간의 행동은 사회적 관념구조에 배태되어(embedded) 이루어진다. 따라서 개별적 행위자들의 합리적 선택을 가능케 하는 사회적 관념구조의 역할이 중요하다. 합리주의적 관점에 따르면 합리성은 설명변수(explanans)이지만, 구성주의적 관점은 합리성을 설명대상(explanandum)으로 생각한다(Blyth 2003, 697).

이 글은 이와 같은 합리주의와 구성주의의 대립적 입장을 통합적으로 극복하기 위해서 합리성의 사회적 구성 과정에 주목한다. 정치경제적 현상은 특정한 사회적 관념구조를 통해서 형성된 공동지식의 토대 위에서 이루어지는 사회적 상호작용의 결과물이라고 할 수 있다. 합리주의적 관점은 개별적 행위자들의 합리적 선택에 기초하여 사회적 상호작용을 분석하는 데 초점을 두고 있지만, 사회적 상호작용의 토대가 되는 사회적 관념구조에는 관심을 두지 않는다. 즉 합리주의적 관점은 특정한 사회적 관념구조를 불변하는 상수로 간주하고 개별적 행위자들의 선택과 사회적 상호작용을 분석한다. 이에 반해 구성주의적 관점은 특정한 시공간에 존재하는 사회적 관념구조를 분석하려고 한다. 따라서 구성주의적 관점은 합리성의 사회적 구성 과정을 분석하여 합리주의적 관점이 가지고 있는 약점을 보완해 줄 수 있다. 합리주의적 관점과 구성주의적 관점을 종합하여 판단하면, 정치경제학 현상은 단순히 합리적 선택에 의해서 이루어지는 사회적 상호작용이 아니라 특정한 사회적 관념구조에 배태되어 구성된 합리성에 기초하여 이루어지는 사회적 상호작용의 결과물로 볼 수 있다.

이 글은 다음과 같이 구성되어 있다. 2절에서는 합리주의적 관점과 구성주의적 관점의 핵심적 특징을 설명한다. 3절에서는 합리성의 사회적 구성 과정을 중심으로 합리주의적 관점과 구성주의적 관점이 어떻게 통합될 수 있는지 논의한다. 4절에서는 합리성의 사회적 관념구조를 중심으로 2008년 글로벌 금융위기의 전개 과정을 분석할 것이다. 마지막 장에서는 이 글의 주장이 가지는 이론적 함의를 간략하게 정리한다.

II. 합리주의와 구성주의

합리주의적 관점은 물질적 이익을 극대화하려는 개별적인 행위자들의 상호작용으로 정치경제적 현상을 설명하고자 한다. 이에 반해 구성주의적 관점은 사회적 관념구조를 통해서 정치경제적 현상을 설명하고자 한다. 또한 구성주의적 관점은 거시적 수준에 존재하는 사회적 관념구조가 아닌 미시적 수준에 존재하는 주관적 관념을 통해 개별적 행위자들의 행동을 설명하려는 관념주의(idealism)와도 구분되어야 하고, 사회구조를 관념적 구조가 아닌 자본주의 시장경제라는 물질적 구조로 이해하는 마르크스주의(Marxism)와도 구별되어야 한다. 물질적 이익과 개별적 행위자를 강조하는 합리주의와 사회적 관념구조에 토대를 두고 있는 구성주의는 정치경제적 현상을 설명하는 가장 대립적인 관점이라고 할 수 있다.

표 1 합리주의적 관점과 구성주의적 관점

구분	행위자 중심의 접근	구조 중심의 접근
물질주의적 입장	**합리주의**	마르크스주의
관념주의적 입장	관념주의	**구성주의**

1. 합리주의

경제적 합리성은 정치경제적 현상을 설명하기 위해 활용되는 가장 지배적인 이론적 개념 또는 가정이다. 경제적 합리성에 따르면 인간은 객관적으로 인식 가능한 자기이익을 가능한 극대화할 수 있는 선택을 하려고 한다(Simon 1978). 좀 더 구체적으로 살펴보면, 경제적 합리성은 인간의 정치경제적 행위가 일관적인 원칙에 따라 이루어진다고 가정한다. 경제적 합리성이 가정하는 인간 행동의 일관성은 두 가지 차원에서 구분하여 살펴볼 수 있다. 첫째는 결과에 대한 선호(preferences over outcome) 또는 목적의 합리성이고, 둘째는 행위에 대한 선호(preferences over action) 또는 수단의 합리성이다. 만일 한 행위자가 X라는 목적을 달성하기 위해 Y라는 행동을 선택한다면, X는 결과에 대한 선호이고, Y는 행위에 대한 선호이다(Powell 1994, 318; Clark 1998, 252).

경제적 합리성에 따르면 인간 행동의 결과에 대한 선호는 자기이익의 극대화이다. 자기이익이란 "타인과 규칙에 대한 도구적 태도"(an instrumental attitude toward other actors and toward rules)에 기초하여 설정된 자신의 복지 증진이라고 정의할 수 있다(Hurd 1999, 386-387). 즉, 인간의 행동은 타인의 복지와 사회적 규칙을 고려하지 않고 자신의 복지를 최대한 증진시키는 것을 목적으로 한다. 또한, 경제적 합리성에 기초한 인간의 행위에 대한 선호는 주어진 환경 속에서 자신의 복지 증진을 가장 극대화할 수 있는 선택을 하는 것이다. 따라서 특정한 행위자가 자신의 복지를 최대화할 수 없는 행위를 선택한다면 이는 비합리적 행위로 판단될 수 있다(Sen 1973). 경제적 합리성은 이와 같은 목적과 수단의 합리성이 결합된 개념이다. 즉, 인간은 자신의 복지를 최대한 증진시키는 목적을 성취하기 위한 최적의 수단을 선택을 한다는 것이다.

정치경제학 연구에서 경제적 합리성이 지배적인 지위를 차지한 중요한 이유는 무엇보다도 경제적 합리성이 정치경제적 현상을 설명하는 데 있어 이론적 간명성(theoretical parsimony)과 보편적 적용 가능성(universal applicability)이라는 장점을 제공해주기 때문이다. 합리주의적 관점은 인간의 행동을 자기이익의 극대화라는 간명한 원칙에 따라 이루어지는 것으로 가정한다. 또한 자기이익의 극대화라는 원칙은 인간의 정치경제적 행위에 보편적으로 통용될 수 있는 것으로 상정된다. 따라서 경제적 합리성의 개념을 활용하면 모든 정치경제적 현상을 자기이익을 극대화하려는 복수의 행위자들 사이에서 이루어지는 사회적 상호작용의 결과물로 설명할 수 있다.

경제적 합리성이 가지고 있는 이론적 간명성과 보편적 적용 가능성은 다양한 정치경제적 현상을 설명하는 데 큰 장점을 가지고 있다. 하지만 경제적 합리성의 가정이 현실적인 인간의 행태와는 상당 부분 괴리가 있다는 것이 가장 큰 문제점이다(Thaler 2000). 특히 수단의 합리성은 인간이 자신의 복지 증진을 위한 최적을 선택을 할 수 있는 능력을 가지고 있다고 가정한다. 행위자를 둘러싼 외부적 환경은 최적의 행위에 대한 선호를 선택하기 위해 고려해야 할 유인구조(incentive structure)로 기능하기 때문에 행위에 대한 선호는 행위자를 둘러싼 외부적 환경에 대한 이해에 기초하고 있다(Koelble 1995, 235). 이 점에서 수단의 합리성은 일관적으로 나타나는 특정한 행위 패턴을 의미하는 것이 아니라 행위자를 둘러싸고 있는 (다른 행위자들의 행동을 포함한) 외부적 환경을 정확하게 파악하고 이에 따라 자신의 선택을 수정할 수 있는 능력을 의미한다(Beckert 2003, 773). 따라서 행위자를 둘러싼 외부적 환경과 그 변화를 정확하게 파악하는 능력이 경제적 합리성에 기초한 행동을 가능케 하는 필수적 조건이다(Gourevitch 1986, 58; Powell 1994, 337). 만일 외부적 환경에 대한 정확한 이해가 이루어지지 않는다면 의도와 상관없이 자기이익의 극대화와 어긋나는 행위에 대한 선호를 형성할 수 있다. 하지만 자신을 둘러싼 환경을 정확하게 파악하는 것은 오직 행위자가 완전한 정보와 그 정보를 모두 처리할 수 있는 능력을 가진 이상적인 조건이 갖추어져 있을 때에만 가능한 일이다(Blyth 2002, 28).

　이와 같은 문제 때문에 경제적 합리성 개념은 두 가지 다른 형태로 분화되었다. 포괄적 합리성(comprehensive rationality)은 인간이 완전한 정보와 그 정보를 모두 처리할 수 있는 능력을 가지고 있다는 이상적인 조건을 가정한다. 이에 반해 제한적 합리성(bounded rationality)은 인간의 '의도적 합리성'(intentional rationality), 즉 합리적으로 행동하려는 경향은 인정하지만 인간의 능력은 제한적이라고 상정한다. 제한적 합리성 개념에 따르면 인간은 자기이익을 극대화하려는 의도는 있지만 정보의 부족과 계산적 능력의 부족 때문에 종종 합리적 선택에 실패한다(Jones 1999). 제한적 합리성은 목적의 합리성에는 문제를 제기하지 않지만, 인간이 자신의 목적을 달성하기 위한 최적의 수단을 달성할 수 있는 능력인 수단의 합리성에는 한계가 있다는 점을 인정한다.

2. 구성주의

합리주의적 관점이 인간 행동의 보편적인 특성이라고 가정되는 합리성에 기초하여 정치경제적 현상을 설명하려고 한다면, 구성주의적 관점은 정치경제적 현상을 설명함에 있어 사회적 관념구조의 역할을 강조한다. 무엇보다도 구성주의적 관점은 다음과 같은 세 가지 핵심적인 특징을 가지고 있다.

첫째, 합리주의적 관점이 개별적 선택의 상호작용의 결과로 정치경제적 현상을 설명하고자 한다면, 구성주의적 관점은 사회구조에 기초를 두고 정치경제적 현상을 설명하고자 한다.[1] 합리주의적 관점은 사회에는 오직 개인들만 존재하고 있다는 존재론적 개인주의에 토대를 두고 미시적 수준에서 이루어지는 개별적인 합리적 선택을 통해서 거시적 수준에서 발현되는 정치경제적 현상을 설명한다(Elster 1989, 13; Thiemann, Aldegwy and Ibrocevic 2018, 956). 이에 반해 구성주의적 관점은 거시적 수준에 존재하는 구조적 특성으로 미시적 수준에서 이루어지는 개인들의 행위와 상호작용을 설명한다.

둘째, 구성주의적 관점은 사회구조가 본질적으로 관념적 요소로 이루어져 있다고 상정한다. 구성주의적 관점은 자연적 세상(natural world)과 사회적 세상(social world)의 존재론적 구성방식에 근본적인 차이가 존재한다고 본다. 자연적 세상이 인간의 행동을 제약하거나 가능케 하는 물리적 구조(material structure)에 기초하여 형성되어 있다면, 사회적 세상은 인간의 행동과 상호작용을 관리하는 관념적 구조(ideational structure)에 토대를 두고 있다는 것이다(Searle 1995).

---

1 여기서 사회구조는 행위자가 변경하기 어려운 정형화된 사회적 관계로 행위자들의 행동을 제약하거나 가능케 해주는 사회적 기제라고 정의할 수 있다.

셋째, 구성주의적 관점은 인간의 행동과 상호작용은 (타인의 행동을 포함한) 외부적 환경에 대한 규범적이고 인식적인 해석에 기초하고 있다고 본다. 즉 외부적 환경에 인간이 어떻게 대응하고 행동할 것인가 하는 것은 외부적 환경에 대한 인간의 해석에 따라 달라진다는 것이다. 또한 인간이 외부적 환경을 해석하는 데 토대가 되는 것은 미시적인 수준에서 존재하는 주관적 관념이 아니라 거시적인 수준에서 존재하는 상호-주관적인 사회적 관념구조이다(Adler 1997, 322-323).

물론 자연적 세상에 존재하는 물리적 구조와 달리 사회적 관념구조는 개인적 행위와 독립해서 존재하는 것으로 물화(reification)할 수는 없다(Maynard and Wilson 1980, 287). 사회적 관념구조는 개별적 행위자들의 사회적 상호작용을 형성하기도 하지만 개별적 행위자들을 통해서 형성되기도 하는 이중적 성격을 가지고 있다. 통시적(diachronic) 또는 역사적 과정으로 보면 현재 존재하는 사회적 관념구조는 과거에 이루어진 개인들의 사회적 상호작용의 결과이다. 하지만 공시적(synchronic) 관점에서 보면 현존하는 사회적 관념구조는 현재 이루어지고 있는 사회적 상호작용을 가능케 하는 기제로 작동한다. 따라서 통시적으로 보면 개별적 행위자가 사회적 관념구조보다 선행하지만, 공시적으로 보면 사회적 관념구조가 행위자보다 선행하여 존재하여야 한다(Archer 1982, 467-468; Lawson 2012, 350-351). 이러한 점에서 개별적 행위자와 사회적 관념구조는 "상호 형성적이지만 존재론적으로 구별된 실체"로 볼 수 있다(Wendt 1987, 360).

III. 합리성의 사회적 구성

합리주의와 구성주의는 정치경제적 현상을 설명하는 가장 대립적인 관점이지만, 구성주의적 관점이 인간은 일관적인 방식으로 자기이익을 계산하고 추구하는 합리적 선택을 한다는 점을 부정하는 것은 아니다. 구성주의적 관점이 강조하는 바는 자기이익을 계산하고 추구하는 특정한 방식이 사회적으로 구성되는 과정이다. 즉 개별적 행위자들이 "어떤 사회적 조건 하에서 '어떻게' 합리적 행위자가 되는가"에 대한 설명이 필요하다는 것이다(구갑우 2004, 315). 따라서 구성주의적 관점에 따르면 합리성은 인간의 행동을 설명하는 독립변수일 뿐만 아니라 설명되어야 할 종속변수이기도 하다.

개인의 사회적 행위는 고립되어 존재하는 개별적 행위가 아니라 집단적 행위의 일부로 이루어지는 것이다. 사회적 행위의 개별적 지향성(intentionality)은 집단적 지향성의 존재를 전제로 하며 집단적 지향성이 규정하는 범위 내에서 존재할 수 있다(Searle 1995). 이 집단적 지향성의 내용을 결정하는 것이 사회적 관념구조이다. 따라서 사회적 관념구조는 개인들이 수행할 수 있는 "사회적 행동의 가능성의 영역"을 구성한다(Hayward 2000, 30). 이러한 점에서 사회적 행위에 대한 주관적 판단은 독립적으로 형성되는 것이 아니라 사회적 관념구조에 배태되어 형성된다. 사회적 관념구조는 주관적 판단을 직접적으로 결정하지는 않지만 이러한 판단의 토대가 되는 사회적 공동지식의 역할을 수행한다(Katzenstein, Keohane and Krasner 1998, 678-682). 즉 주관적 판단과 사회적 관념구조가 일치하는 것은 아니지만 주관적 판단은 사회적 관념체계가 규정하는 범위 내에서 형성된다는 것이다.

이러한 점에서 개별적 행위자들의 합리성은 미시적 수준의 특성으로 존재하는 것이 아니라 사회적 관념구조에 배태되어 있는 구조적 특성을 가지고 있다. 또한 합리성은 시공간을 초월하여 존재하는 불변적 상수가 아니라 사회적 관념구조에 따라 상이하게 형성될 수 있는 변수이다. 따라서 합리성은 사회적 관념구조의 변화에 따라 변동하는 사회성(sociality)을 가지고 있다(Pizzorno 2008). 이 점에서 구성주의적 관점은 합리성을 부정하는 것이 아니라 합리성의 사회적 구성 과정에 주목한다. 사회적 관념구조는 특정한 사회에서 어떠한 사회적 행위가 '합리적'으로 간주되는가를 결정한다.

합리주의적 관점에 따르면 인간의 결과에 대한 선호는 항상 자기이익의 증진이다. 하지만 원자화된 개인이 아닌 사회적 동물로서 인간은 사회적 가치의 내면화로 인해 자기이익의 증진을 위한 "타인과 규칙에 대한 도구적 태도"를 유지할 수 없다. 인간은 사회화 과정에서 특정한 사회적 가치를 내면화하고, 이는 결과에 대한 선호를 형성하는 중요한 요소가 된다. '사회적 가치의 내면화'를 통해 규범적 관념구조는 개별적 행위자가 추구하는 '자기이익의 정당한 범위'를 규정한다. 이로 인해 내면화된 사회적 가치와 충돌되는 자기이익은 사회적 행동의 목적으로 작동하기 어렵다(Connolly 1993, 54-55).

특히 사회적 가치의 내면화에 영향을 주는 핵심적인 요소는 정체성의 문제이다. 자신이 누구인가, 보다 구체적으로는 자신이 어떠한 집단 또는 사회의 구성원이라고 생각하느냐에 따라서 자기이익, 즉 결과에 대한 선호가 달라질 수 있다(Abdelal et al. 2006, 698). 특정한 정체성을 가진 행위자는 자신이 속해 있다고 생각하는 집단 또는 사회에 일정 정도의 책무와 공감을 가지게 되고, 이로 인해 자신이 속해 있는 집단 또는 사회에 존재하는 규범적 관념을 내면화하는 경향이 생긴다(Sen 1977). 이러한 점에서 "정체성은 이익의 토대가 된다"(Wendt

1992, 398).

또한 제한적 합리성이 주장하는 것처럼 행위자가 합리적 선택을 위해서 고려해야 할 정보는 너무나 많고, 이에 비해 인간의 정보처리 능력에는 분명한 한계가 있다. 구성주의적 관점에 따르면, 사회적 세상에는 제거할 수 없는 불확실성이 존재할 수밖에 없기 때문에 이와 같은 인식적 한계는 기술적으로 극복할 수 있는 것이 아니라 인간 사회의 영구적인 특징으로 보아야 한다. 불확실성은 확실성과 다를 뿐만 아니라 위험성하고도 구분된다. 확실성은 행위자가 자신의 특정한 선택이 야기할 수 있는 모든 결과를 알 수 있는 상태를 의미하며, 위험성은 특정한 선택이 야기할 수 있는 결과에 대한 확률적 개연성을 알 수 있는 상태이다. 이에 반해 불확실성은 미래에 벌어질 사건들이 측정 불가능하여 특정한 선택이 야기할 수 있는 결과를 확률적 계산으로 전환할 수 없는 상태를 가리킨다(Carruthers 2013, 525-526).

불확실성은 '주관적 불확실성'과 '구조적 불확실성'이라는 두 가지 형태로 구분될 수 있다. 주관적 불확실성은 행위자의 인식적 능력의 한계에 주목한다. 즉 주관적 불확실성은 행위자가 가지고 있는 "불완전한 정보와 그 정보를 처리하는 제한된 지적 능력"으로 인해 발생되는 불확실성이다(North 1993, 160). 이와는 대조적으로 구조적 불확실성은 "비결정적인 열려 있는 체제"로 존재하는 사회적 세상의 구조적 특징으로 인해 발생하는 불확실성이다(Lockwood 2015, 727). 주관적 불확실성이 행위자들의 정보 획득과 처리 능력의 향상을 통해서 극복될 수도 있는 장애물이라면, 구조적 불확실성은 행위자의 능력으로는 극복할 수 없는 인간의 존재론적 조건이다. 구조적 불확실성이 존재하는 조건 속에서는 행위자가 얼마나 많은 정보를 가지고 있는가와 상관없이 현재의 행위가 초래할 수 있는 미래의 결과에 대한 확률적 계산이 불가능하다(Blyth 2006, 496).

불확실성이 존재하는 세상에서 개별적 행위자들은 자신들의 행동이 야기할 결과에 대한 합리적 판단을 스스로 형성할 수 없다. 따라서 불확실성에 직면한 개별적 행위자들은 "평균적인 견해에 대한 평균적 견해"를 살펴보는 경향이 있다(Keynes 1973, 156). 불확실성의 조건 속에서 개별적 행위자들은 자신들의 행동을 결정함에 있어 스스로 판단하기보다는 타인들이 어떻게 행동하는가를 보고 자신들의 행동을 결정한다는 것이다. 이런 점에서 사회적 행위를 위해 필요한 합리적 판단은 개별적인 차원에서 형성되는 '주관적' 판단이 아니라 집단적으로 형성되는 '상호-주관적' 판단이다(Hall 2009, 453-454). 상호-주관적 판단은 개별적 행위자들의 판단을 단순히 합쳐 놓은 개별적 판단의 합이 아니다. 상호-주관적 판단은 사회적으로 공유되고 있는 인식적 관념구조를 인지하고 있고 이에 관여할 수 있는 능력을 가진 행위자들이 공유하는 집단적 지향성이다. 이러한 점에서 사회적 관념구조는 "인식적 불확실성을 관리하기 위한 공유된 사회적 형판(template)"의 역할을 한다(Nelson and Katzenstein 2014, 363).

구성주의적 관점은 합리성을 사회적 관념구조와 독립적으로 존재하는 인간의 보편적 특성이 아니라 사회적 관념구조에 따라 상이하게 구성될 수 있는 사회적 특성으로 상정한다. 구성주의적 관점에 따르면, 원자화된 개인이 아닌 사회적 동물로서 인간은 자신들이 속해 있는 사회에서 역사적으로 형성되고 변형되는 규범적 관념구조에 따라 사회적으로 용인되는 자기이익의 정당한 범위를 내면화한다. 또한 구조적 불확실성에 직면한 개별적 행위자의 합리적 판단은 사회적으로 공유되고 있는 인식적 관념구조에 토대를 두고 형성되는 상호-주관적 판단이다. 따라서 합리성은 모든 정치경제적 현상에 보편적으로 적용해

야 할 이론적 가정이 아니라 사회적 관념구조에 따라 변화하는 경험적
으로 파악해야 할 대상이다.

합리주의적 관점은 개별적 행위자들의 사회적 상호작용을 분석하
는 데는 초점을 두고 이러한 상호작용의 토대가 되는 사회적 관념구조
에는 관심을 두지 않는다. 합리주의적 관점은 특정한 사회적 관념구조
를 불변하는 상수로 간주하고 개별적 행위자들의 선택과 상호작용의
결과로 정치경제적 현상을 설명하고자 한다. 이에 반해 구성주의적 관
점은 특정한 시공간에 존재하는 사회적 관념구조의 형성 과정을 귀납
적으로 분석하려고 한다. 이러한 점에서 구성주의적 관점은 사회적 관
념구조에 토대를 두고 이루어지는 합리성의 사회적 구성 과정을 분석
하여 합리주의적 관점이 가지고 있는 약점을 보완해 줄 수 있다.

IV. 사회적 관념구조와 2008년 글로벌 금융위기

합리성을 구성하는 사회적 관념구조가 어떻게 작동하는지를 보다 구
체적으로 살펴보기 위해 2008년 글로벌 금융위기의 전개 과정을 논의
하고자 한다. 1980년대 이후 국제금융시장의 자유화와 탈규제화는 "효
율적 시장 가설"(the efficient market hypothesis)에 기초하여 정당화
되었다(Fama 1989). 효율적 시장 가설에 따르면 금융시장은 사용 가능
한 모든 정보를 활용하는 합리적 행위자들로 구성되어 있기 때문에 증
권의 시장가격은 그 증권에 내재되어 있는 실질적인 가치를 반영하게
된다. 만일 실질가치와 시장가격의 차이가 존재한다고 하더라도 거래
비용을 고려하면 합리적 금융행위자들의 행동을 변화시킬 정도의 유
인이 되지 못하는 작은 수준에 불과하다. 따라서 금융 행위자들의 합리

성을 전제로 하면 금융시장은 안정적인 균형을 향해 움직이는 내재적 메커니즘을 가지고 있다(Harnay and Scialom 2016, 405-406). 경제활동의 투명성이 보장되고 그에 따라 충분한 정보가 제공된다면 금융시장의 행위자들은 자신들의 행동에 대한 "위험성"을 충분히 고려하여 합리적인 선택을 할 것이며, 개별적 금융 행위자들이 위험성을 충분히 고려하여 행동하면 금융시장의 거시적 안정성도 확보될 것이다(Blyth 2013, 206-207).

효율적 시장 가설의 관점에서 보면 금융위기는 투명성이나 정보 부족 등과 같이 개별적 행위자들의 합리적 선택을 방해하는 제도적 장애물이 존재할 때 발생하는 문제이다. 예를 들어, 2008년 위기가 발생하기 전까지 신용평가기관들은 주택담보부증권(Mortgage Backed Securities, MBS)과 부채담보부증권(Collateral Debt Obligation, CDO) 등과 같은 구조화 증권에 매우 호의적이고 낙관적인 평가를 부여하였다. 이러한 신용평가 인플레이션으로 인해 모기지 대출에 기초한 구조화 증권의 거래가 급속하게 증가하여 미국 부동산 시장에 금융거품이 형성되었다(White 2009, 394-396; Besedovsky 2018, 67). 이처럼 효율적 시장 가설이 가정하는 합리주의적 관점에 따르면 신용평가기관이 잘못된 정보를 시장에 공급하여 개별적인 시장 행위자들의 합리적인 판단을 방해했기 때문에 2008년 위기의 주된 원인이 된 미국 부동산 시장의 거품이 형성된 것이다.

또한 거시건전성(macroprudential) 관점은 합리성의 한계라는 관점에서 2008년 위기의 원인을 진단한다(Borio 2011). 거시건전성 관점에 따르면 2008년 금융위기는 금융 행위자들의 "개별적인 행동이 아닌 집단적 행동"의 결과이다(Baker 2013, 115). 금융기관들이 개별적으로 자신들의 안정성을 증진시키려는 행위가 "집단적으로 시스템 전체를 훼손하는 결과"를 초래한 것이다(Brunnermeier et al. 2009, xvii).
미국 서브프라임 모기지 시장에서 채무불이행이 증가되기 시작했을
때 금융 행위자들이 위험 자산을 처분하려고 하는 것은 자신들의 건
전성을 유지하기 위한 합리적 선택이었다. 하지만 금융시장에 존재하
는 다수의 행위자들이 똑같은 유형의 위험 자산을 처분하려고 하자 해
당 자산의 가치가 폭락하게 되었고 이는 금융시장 전체의 혼란으로 이
어졌다. 따라서 개별적으로 건전성을 향상시키려는 합리적인 행위가
금융시장 전체의 위험성을 증가시키는 결과를 초래한 것이다(Persaud
2009, 2). 이 점에서 2008년 위기는 개별적 행위자들이 가지고 있는 합
리성이 자신들의 행동이 야기할 수 있는 집단적 결과는 예측하지 못한
다는 합리성의 한계를 보여준 사건이었다.

　합리주의적 관점과 달리, 구성주의적 관점은 금융시장의 합리성
을 구성하는 사회적 관념구조의 역할을 강조한다. 금융시장에 존재하
는 가장 핵심적인 사회적 관념구조는 금융 행위자들이 광범위하게 활
용하는 계산적 관념체계이다. 금융시장의 계산적 관념체계의 주된 역
할은 미래의 기대 수익을 파악하기 위한 확률적 위험성을 측정하는 것
이다. 특정한 가치평가 모델과 공식은 경쟁적 모방 과정을 통해서 금
융시장의 지배적인 계산적 관념체계로 자리 잡는다. 이 경쟁적 모방
과정은 객관적 근거를 중심으로 이루어지는 합리적 과정이라기보다
는 명성이 있는 선두 행위자를 추종하는 사회적 과정이다(Nelson and
Katzenstein 2014, 369-370). 특정한 가치평가 모델을 다수의 시장 행
위자들이 모방하게 되면 그 모델의 내재적 가치와 상관없이 사회적으
로 공유되는 관념체계가 될 수 있다(Lawson 2012, 360). 사회적으로
확립된 계산적 관념체계는 직접적으로 개별적 행위자들의 행동을 결
정하지는 않지만 개별적 행위자들의 합리성은 계산적 관념체계에 배

태되어 형성된다. 따라서 금융시장의 "합리성을 가능하게 만드는 것"
은 계산적 관념체계라고 할 수 있다(Carruthers 2013, 526).

예를 들어, 신용평가기관이 제공하는 신용평가 정보가 금융 행위
자들의 투자 결정의 인식적 기초로 광범위하게 사용되면서 신용평가
기관이 활용하는 계산적 관념체계가 금융시장의 사회적 관념구조로
자리 잡게 되었다(Paudyn 2013, 800). 특히 신용평가기관은 구조화 증
권의 발전과 함께 "묘사적 평가에서 확률적 예측"으로 계산적 관념체
계를 변화시켰다(Besedovsky 2018, 68-69). 국가신용등급 등과 같은
전통적인 신용평가 방식은 "추상적인 지식보다는 경험상의 지식"에
기초한 질적 자료에 의존한 보다 사례 중심의 접근법이었다. 이에 반해
구조화 증권의 발전과 더불어 "위험성 계산이 근원적인 경제적 현실을
반영할 수 있다"고 믿는 "계량 열광자"(quantitative enthusiasts)들이
신용평가 분석을 지배하게 되었다(Mike 2009, 35). 구조화 증권의 신
용평가를 위한 계량적인 접근법의 등장과 함께 양적인 형태의 지식이
가지는 중요성은 상승했고, 상대적으로 사례 중심의 질적인 지식의 중
요성은 약해졌다(Paudyn 2013, 790; Besedovsky 2018, 70-74).

이러한 보다 계량적인 방식의 신용평가 방식은 "동일한 범주의 자
산의 과거 자료에서 특정한 패턴을 모델링하여 신용 위험성을 추출"하
려는 접근법이다. 계량적 접근법이 신용평가의 지배적인 모델로 자리
잡으면서 신용평가의 의미도 변화하였다. 과거의 전통적인 신용평가
가 채무불이행의 가능성에 대한 평가였다면, 새로운 계량적 접근법은
"채무증권의 기대 현금 흐름을 측정"하는 것을 목표로 하였다(Coval,
Jurek and Stafford 2009, 8). 2008년 위기가 전개되는 과정에서 특히
중요했던 계산적 관념체계는 Value-at-Risk(VaR)에 기초한 위험성 관
리 모델이었다. VaR은 일정한 조건 속에서 발생할 수 있는 최대 손

실 예상치를 추정하는 모델로 1980년대 말 J.P 모건(Morgan)에서 개발되어 활용되기 시작했다. 1994년에 J.P. 모건은 VaR 모델을 시장에 공개하였고 그 이후 많은 시장 행위자들이 이 모델을 자신들의 위험성 관리 모델로 활용하였다(Nelson and Katzenstein 2014, 377-378; Lockwood 2015, 722).

2008년 금융위기 이전에 시장 행위자들이 증권화 과정 속에서 위험적인 투자를 지속했던 이유는 VaR 등과 같은 계산적 관념체계에 기초하여 개별 행위자들의 합리성이 구성되었기 때문이었다. 예를 들어, VaR 모델은 보통 과거 3-4년의 경험적 자료에 기초하여 최대 손실액을 추정하기 때문에 몇 년간의 안정적 성장 이후에는 위험성을 과소평가하는 경향이 있다. 따라서 이 모델에서는 2008년 금융위기 등과 같은 심각한 시장의 폭락은 시스템적으로 예측에서 배제된다(Best 2010, 36). 이러한 VaR 모델의 결함에도 불구하고 이 모델이 금융시장의 사회적 관념구조로 자리 잡자 불확실성을 확률적 계산으로 전환시켰다는 "통제환상"(the illusion of control)이 시장을 지배했다(Colander et al. 2009, 254). 이 통제 환상이 시장 행위자들에게 과도한 자신감을 불어넣었고 이는 결국 과도하게 위험한 투자와 금융 거품으로 이어졌다(Lockwood 2015, 738-739).

2006년부터 미국 주택가격이 하락하기 시작하자 서브프라임 주택담보대출의 채무불이행도 증가하였고 결국 이는 미국 부동산 시장의 거품을 붕괴시켰다. 하지만 서브프라임 시장의 금융 손실이 세계금융시장의 붕괴를 가져올 정도로 큰 규모는 아니었다. 서브프라임 주택담보대출 시장의 규모는 약 7천억 달러 정도였고 이에 반해 전 세계 자본시장의 규모는 약 175조 달러였기 때문에 전 세계 금융시장에서 서브프라임 시장이 차지하는 비율은 그다지 크지 않았다(Sinclair 2010,

101). 2008년 10월에 서브프라임 증권시장의 손실은 대략 5천억 달러 정도로 추산되었고, 이는 2000년대 초 닷컴(dot.com) 버블 붕괴에 따른 손실보다 훨씬 작은 규모였다(Bell and Hindmoor 2015, 12-13). 이러한 점에서, 2008년 위기를 이해하기 위해서는 "주택담보시장에서 발생한 수천억 달러 정도의 손실이 어떻게 전 세계적 금융과 경제에 엄청난 규모의 혼란을 초래하게 되었는가" 하는 점도 설명되어야 한다(Brunnermeier, 2009, 91).

양적인 측면에서 보면 서브프라임 시장의 채무불이행 증가는 전 세계적 금융시장의 혼란을 가져올 정도로 큰 규모는 아니었다. 하지만 질적인 측면에서 서브프라임 채무불이행의 증가는 현존하는 지배적인 계산적 관념체계에 대한 불신을 가져오기에 충분한 정도였다. 서브프라임 채무불이행의 증가는 단순히 정보 오류의 문제로 인식되지 않았다. 만일 기존에 활용했던 정보와 현실과의 불일치가 발생하면 금융 행위자들은 인식적 조정을 통해 자신들의 투자 포트폴리오의 구성을 변화시키는 방향으로 움직였을 것이다. 하지만 서브프라임 채무불이행은 단순한 정보 오류가 아니라 당시 금융시장의 기초를 이루는 사회적 관념구조에 심각한 문제가 있다는 광범위한 불신을 야기하였다. 이로 인해 서브프라임 위기는 인식적 조정이 아니라 인식적 구조의 붕괴를 야기하였다.

사회적 관념구조의 붕괴는 자산의 가치에 대한 하락이 아니라 가치 자체의 평가를 어렵게 만드는 '가치평가 위기'를 불러일으켰고, 이는 다시 전체 금융시장의 유동성 위기를 야기했다(Langley 2010, 77). 가치평가 위기로 인해 다수의 금융 행위자들이 공황상태에 빠지거나 매우 높은 수준의 경계심을 가지고 행동함에 따라 현금 흐름이 경색되게 되어 시장이 비유동적인 상태로 전환되었다(Brunnermeier 2009,

91-92). 시장 유동성이 급격히 사라지자 다수의 금융기관들이 지급불능 상태에 빠지게 되었다. 예를 들면, 2008년 3월에 미국 증권거래위원회 위원장이 지적한 것처럼, 베어스턴스(Bear Stearns)의 붕괴는 "자본의 부족이 아니라 자신감의 부족" 때문에 발생한 사건이었다. 금융거래의 자신감을 상실한 거래 상대방들의 신용 철회와 거부가 야기한 유동성 손실이 결국 베어스턴스의 붕괴를 가져온 원인이었다(Morris and Shin 2008, 230-231).

2008년 위기 이전에 미국 부동산 시장의 금융거품을 야기한 구조화 증권시장이 형성되었던 것은 특정한 계산적 관념체계가 금융시장의 사회적 관념구조로 자리 잡았기 때문이었다. 즉 VaR 모델 등이 사회적 관념구조로 자리 잡았기 때문에 금융 행위자들은 구조화 증권의 위험성과 가치에 대한 사회적으로 통용되는 합리성을 구성할 수 있었다. 서브프라임 시장의 채무불이행 증가는 구조화 증권에 대한 개별적인 행위자들의 합리성을 구성했던 사회적 관념구조에 대한 불신을 가져와 불확실성이 다시 전면에 부상하게 되었다. 금융시장 행위자들은 불확실성 속에서 자신들의 주관적 합리성을 구성하기 위해 의존할 수 있는 계산적 관념체계가 존재하지 않는다고 생각하자 금융거래에 대한 자신감을 상실했고 이는 결국 전면적인 유동성 위기로 발전하였다.

V. 결론

합리주의적 관점은 특정한 사회적 관념구조를 불변하는 것으로 간주하고 개별적 행위자들의 선택을 자기이익의 극대화라는 합리성의 원칙에 따라 이루어지는 것으로 파악한다. 또한 이에 기초하여 거시적인

정치경제적 현상을 합리적 행위자들의 사회적 상호작용의 결과로 이
해한다. 이에 반해 구성주의적 관점은 합리성을 사회적 관념구조에 배
태되어 구성되는 사회적 산물로 상정한다. 또한 사회적 관념구조는 불
변하는 것이 아니라 변화할 수 있는 것으로 본다.[2] 따라서 구성주의적
관점에 보면 사회적 관념구조의 변화에 따라 합리성의 성격도 변화할
수 있다.

　이와 같은 합리주의와 구성주의는 상호 대립되는 관점이라기보다
는 사회적 상호작용에 대한 두 가지 상이한 차원을 다루는 관점이라고
볼 수도 있다. 합리주의적 관점은 특정한 사회적 관념구조 내에서 이루
어지는 사회적 상호작용에 초점이 있는 반면에, 구성주의적 관점은 사
회적 관념구조의 변화에 주목한다. 콕스(Robert Cox)의 표현을 빌리
면, 합리주의적 관점은 사회적 관념구조를 불변하는 것으로 간주하고
그 구조 내에서 발생하는 문제에 초점을 두는 '문제풀이형'(problem-
solving) 관점과 유사한 반면, 구성주의적 관점은 현존하는 사회적 관
념구조를 주어진 것으로 당연시하지 않고 구조의 변화 가능성을 모
색하는 '비판적'(critical) 관점의 성격을 가지고 있다(Cox 1981, 128-
130).

　사회적 관념구조는 일반적으로 너무나 당연시 여겨지는 구조이기
때문에 안정적인 시기에는 사회적 관념구조의 중요성을 파악하기 어
려운 점이 있다. 하지만 브리스(Mark Blyth)가 이야기한 '나이티안 불
확실성'(Knightian uncertainty)을 발생시키는 2008년 글로벌 금융위
기 등과 같은 체계적 위기가 발생하면, 안정적인 시기에 파악되지 않
던 사회적 관념구조의 영향력이 보다 명확하게 드러나게 된다(Blyth

2　만일 사회적 관념구조가 변화하지 않는다면 사회적 관념구조에 합리성이 배태되어 있다
　는 주장은 의미 없는 주장이 될 것이다.

2002). 또한 체계적 위기를 극복하기 위해서는 기존의 사회적 관념구조에 대한 신뢰를 다시 회복하여 기존의 안정적인 사회적 상호작용을 다시 복구시키든지, 아니면 새로운 사회적 관념구조를 확립하여 새로운 질서를 구성해야 한다. 이러한 점에서 합리주의와 구성주의를 대립적으로 보는 양분법을 넘어서 정치경제적 현상의 두 가지 다른 차원을 통합적으로 분석하는 연구 프로그램을 발전시킬 필요가 있다.

참고문헌

구갑우. 2004. "국제정치경제(학)와 비판이론: 존재론과 인식론을 중심으로." 『한국정치학회보』 38집 2호.

Abdelal, Rawi, Yoshiko M. Herrera, Alastair Iain Johnston and Rose McDermott. 2006. "Identity as a Variable." *Perspectives on Politics* 4-4.

Adler, Emanuel. 1997. "Seizing the Middle Ground: Constructivism in World Politics." *European Journal of International Relations* 3-3.

Archer, Margaret S. 1982. "Morphogenesis versus Structuration: On Combining Structure and Action." *British Journal of Sociology* 33-4.

Baker, Andrew. 2013. "The New Political Economy of the Macroprudential Ideational Shift." *New Political Economy* 18-1.

Beckert, Jens. 2003. "Economic Sociology and Embeddedness: How Shall We Conceptualize Economic Action?" *Journal of Economic Issues* 37-3.

Bell, Stephen and Andrew Hindmoor. 2015. "Masters of the Universe but Slaves of the Market: Bankers and the Great Financial Meltdown." *British Journal of Politics and International Relations* 17-1.

Besedovsky, Natalia. 2018. "Financialization as Calculative Practice: The Rise of Structured Finance and the Cultural and Calculative Transformation of Credit Rating Agencies." *Socio-Economic Review* 16-1.

Best, Jacqueline. 2010. "The Limits of Financial Risk Management: Or What We Didn't Learn from the Asian Crisis." *New Political Economy* 15-1.

Blyth, Mark. 2002. *Great Transformations: Economic Ideas and Institutional Change in the Twentieth Century*. Cambridge: Cambridge University Press.

_____. 2003. "Structures Do Not Come with an Instruction Sheet: Interests, Ideas, and Progress in Political Science." *Perspectives on Politics* 1-4.

_____. 2006. "Great Punctuations: Prediction, Randomness, and the Evolution of Comparative Political Science." *American Political Science Review* 100-4.

_____. 2013. "Paradigms and Paradox: The Politics of Economic Ideas in Two Moments of Crisis." *Governance: An International Journal of Policy, Administration, and Institutions* 26-2.

Borio, Claudio. 2011. "Implementing a Macroprudential Framework: Blending Boldness and Realism." *Capitalism and Society* 6-1.

Brunnermeier, Markus. 2009. "Deciphering the Liquidity and Credit Crunch 2007-2008." *Journal of Economic Perspectives* 23-1.

Brunnermeier, Markus, Andrew Crockett, Charles Goodhart, Avinash Persaud and Hyun Song Shin. 2009. *The Fundamental Principles of Financial Regulation*. Geneva

Report on the World Economy 11. Geneva: Institutional Center for Monetary and Banking Studies.

Carruthers, Bruce G. 2013. "From Uncertainty toward Risk: The Case of Credit Ratings." *Socio-Economic Review* 11-3.

Clark, William Roberts. 1998. "Agents and Structures: Two Views of Preferences, Two Views of Institutions." *International Studies Quarterly* 42-2.

Cohen, Benjamin J. 2008. *International Political Economy: An Intellectual History.* Princeton: Princeton University Press.

Colander, David, Michael Goldberg, Armin Haas, Katarina Juselius, Alan Kirman, Thomas Lux and Brigitte Sloth. 2009. "The Financial Crisis and the Systemic Failure of the Economic Profession." *Critical Review* 21-2/3.

Connolly, William E. 1993. *The Terms of Political Discourse.* Princeton: Princeton University Press.

Coval, Joshua, Jakub Jurek and Erick Stafford. 2009. "The Economics of Structured Finance." *Journal of Economic Perspectives* 23-1.

Cox, Robert W. 1981. "Social Forces, States and World Orders: Beyond International Relations Theory." *Millennium: Journal of International Studies* 10-2.

Elster, John. *Nuts and Bolts for the Social Sciences.* Cambridge: Cambridge University Press, 1989.

Fama, Eugene F. 1965. "The Behavior of Stock-Market Prices." *Journal of Business* 38-1.

Gourevitch, Peter. 1986. *Politics in Hard Times: Comparative Responses to International Economic Crises.* Ithaca: Cornell University Press.

Hall, Rodney Bruce. 2009. "Intersubjective Expectations and Performativity in Global Financial Governance." *International Political Sociology* 3-4.

Harnay, Sophie and Laurence Scialom. 2016. "The Influence of the Economic Approaches to Regulation on Banking Regulations: A Short History of Banking Regulations." *Cambridge Journal of Economics* 40-2.

Hayward, Clarissa Rile. 2000. De-Facing Power. Cambridge: Cambridge University Press.

Hurd, Ian. 1999. "Legitimacy and Authority in International Politics." *International Organization* 53-2.

Jones, Bryan D. 1999. "Bounded Rationality." *Annual Review of Political Science* 2.

Katzenstein, Peter J., Robert O. Keohane and Stephen D. Krasner. 1998. "International Organization and the Study of World Politics." *International Organization* 52-4.

Keynes, John Maynard. 1973. *The General Theory of Employment, Interest, and Money.* London: Macmillan.

Koelble, Thomas A. 1995. "The New Institutionalism in Political Science and Sociology." *Comparative Politics* 27-2.

Lake, David A. 2009. "Open Economy Politics: A Critical Review." *Review of International Organizations* 4-3.

Langley, Paul. 2010. "The Performance of Liquidity in the Subprime Mortgage Crisis." *New Political Economy* 15-1.

Lawson, Tony. 2012. "Ontology and the Study of Social Reality: Emergence, Organisation, Community, Power, Social Relations, Corporations, Artefacts and Money." *Cambridge Journal of Economics* 36-2.

Lockwood, Erin. 2015. "Predicting the Unpredictable: Value-at-Risk, Performativity, and the Politics of Financial Uncertainty." *Review of International Political Economy* 22-4.

Maynard, Douglas W. and Thomas P. Wilson. 1980. "On the Reification of Social Structure." *Current Perspectives in Social Theory* 1.

Mike, Anette. 2009. "Risk Management and Calculative Cultures." *Management Accounting Research* 20-1.

Morris, Stephen and Hyun Song Shin. 2008. "Financial Regulation in a Systemic Context." *Brooking Papers on Economic Activity* 39-2.

Nelson, Stephen C. and Peter J. Katzenstein. 2014. "Uncertainty, Risk and the Financial Crisis of 2008." *International Organization* 68-2.

North, Douglass C. 1993. "What do We Mean by Rationality?" *Public Choice* 77-1.

Paudyn, Bartholomew. 2013. "Credit Rating Agencies and the Sovereign Debt Crisis: Performing the Politics of Creditworthiness through Risk and Uncertainty." *Review of International Political Economy* 20-4.

Persaud, Avinash. 2009. "Macro-Prudential Regulation," Crisis Response July (2009).

Pizzorno, Alessandro. 2008. "Rationality and Recognition." In Donatella della Porta and Michael Keating (eds.), *Approaches and Methodologies in the Social Sciences*. Cambridge: Cambridge University Press.

Powell, Robert. 1994. "Anarchy in International Relations Theory: The Neorealist-Neoliberal Debate." *International Organization* 48-2.

Searle, John R. 1995. *The Construction of Social Reality*. New York: Free Press.

Sen, Amartya. 1973. "Behaviour and the Concept of Preference." *Economica* 40-159.

_____. 1977. "Rational Fools: A Critique of the Behavioral Foundations of Economic Theory." *Philosophy and Public Affairs* 6-4.

Simon, Herbert A. 1978. "Rationality as Process and as Product of Thought." *American Economic Review* 68-2.

Sinclair, Timothy J. 2010. "Round Up the Usual Suspects: Blame and the Subprime Crisis." *New Political Economy* 15-1.

Thaler, Richard H. 2000. "From Homo Economicus to Homo Sapiens." *Journal of Economic Perspectives* 14-1.

Thiemann, Matthias, Mohamed Aldegwy and Edin Ibrocevic. 2018. "Understanding the Shift from Micro-to Macro-Prudential Thinking: A Discursive Network Analysis." *Cambridge Journal of Economics* 42-4.

Wendt, Alexander. 1987. "The Agent-Structure Problem in International Relations Theory." *International Organization* 41-3.

_____. 1992. "Anarchy is What States Make of It: The Social Construction of Power Politics." *International Organization* 46-2.

White, Lawrence J. 2009. "The Credit-Rating Agencies and the Subprime Debacle." *Critical Review* 21-2/3.

제6장   수렴과 다양성/분기 이분법

─미중 패권 전이 논쟁에 주는 함의─

이왕휘(아주대학교)

I. 머리말

수렴과 다양성/분기 이분법은 정치경제학의 최대 난제들 중 하나라고 할 수 있다.[1] 자본주의적 세계경제가 형성된 이후 후발국이 선진국의 제도와 수준을 모방/이식하려는 시도는 끊이질 않았다. 모방/이식의 결과로서 국가들 사이의 제도가 유사해지고 소득 수준의 차이가 줄어드는 수렴 현상이 등장하였다. 그렇다고 해서 모든 국가가 하나의 단일한 제도를 채택하거나 모든 나라 국민이 동일한 소득 수준에 도달한 적은 아직까지 없었다. 수렴이 다양성/분기를 완전하게 해소하지 못했기 때문에, 이 이분법은 여전히 논쟁의 대상으로 남아 있다.

정치경제학계에서 수렴과 다양성/분기 이분법은 자본주의 다양성(varieties; diversity of capitalism) 논쟁과 대분기(great divergence) 논쟁에서 집중적으로 논의되어 왔다. 이 논쟁에 이분법이 전제되어 있다는 점에서는 공통점이 있지만, 그 이론적 가정과 실천적 함의는 전혀 다르다. 자본주의 다양성 논쟁의 핵심은 서구(유럽 및 미국) 중심적 수렴론에 있다. 첫째, 수렴의 주체는 유럽과 미국을 포함하는 서구였다. 따라서 비서구는 서구 모델을 모방/이식해야 하는 객체에 불과했다. 둘째, 수렴의 기준도 서구 모델이었다. 따라서 서구 모델은 보편(일반), 비서구는 특수(예외)로 간주되었다. 마지막으로 수렴의 과정은 서구 모델과 동질화를 의미했다. 이런 점에서 수렴은 비서구가 서구와 차이를 줄이는 과정에 다름 아니었다. 반면, 대분기 논쟁은 서구 중심적 수렴론의 근거를 비판하고 있다. 첫째, 제국주의 이전에 서구와 비서구(특히 중국의 강남지역)의 경제적 차이가 크지 않았다는 사실을 실증함

---

1 수렴(convergence)의 반대는 제도 분석에서는 다양성(diversity), 수준 분석에서는 분기(divergence)로 구분될 수 있다.

으로써, 서구 모델의 우월성을 비판하였다. 둘째, 서구 모델이 우월하지 않다면, 비서구가 서구 모델로 수렴할 이유가 부정된다. 마지막으로 세계적 차원에서 서구 모델로 수렴은 비서구가 서구 모델을 자발적으로 수용했다기보다는 서구가 강제적 수단을 통해 비서구에 서구 모델을 강제했던 것이다.

대분기 논쟁을 통한 수렴과 다양성/분기 이분법의 재해석은 미중 세력전이 논쟁을 이해하는 데 중요한 시사점을 제공할 수 있다. 2008년 세계금융위기 이후 미국과 중국 사이의 경제력 격차가 급격히 축소되면서, 중국 모델로 수렴 가능성에 대한 관심이 고조되어 왔다(Bell 2015; 전성흥 2007/2008; 장윤미 2011; 崔恩珍 2011). 아직까지 중국 모델이 무엇인가에 대한 합의가 없지만, 천하체계/조공질서, 문명형 국가, 트랜스시스템사회 등이 그 후보로 간주되고 있다. 중국 모델 논쟁은 시진핑 정부가 추구하는 인류운명공동체(人类命运共同体; Community of Common Destiny) 개념에 직간접적으로 연계되어 있다는 점에서 중요한 국제정치적 함의를 가지고 있다.

그 이론적 배경과 역사적 맥락이 다르지만, 천하체계/조공질서, 문명형 국가, 트랜스시스템사회 모두 중국의 역사적 경험을 강조한다는 점에서 '중화의 재보편화'/중국화(Sinicization/Chinification)에 불과하다(전인갑 2016). 즉 '중화의 재보편화'/중국화는 서구 중심적 수렴론―서구=주체(자아)/보편(규칙)/중심(문명), 비서구=객체(타자)/특수(예외)/주변(야만)―을 중국 중심적 수렴론―중국=주체(자아)/보편(규칙)/중심(문명), 비중국=객체(타자)/특수(예외)/주변(야만)―으로 대체한 것이다. 진정한 의미의 인류운명공동체를 발전시키기 위해서는 이분법의 대체가 아니라 해체가 필요하다. 역사적 경험에 내재된 시공간적 한계를 넘어서는 중국 모델을 제시되지 않는다면, 다른 국가들이 자발적으로 중국 모델을 모방/이식하는 중국 중심의 대수렴(great convergence)은 가능하지 않을 것이다.

이하에서는 수렴과 다양성/분기 이분법을 자본주의 다양성 논쟁과 대분기 논쟁을 중심으로 분석한다. 2절에서는 두 논쟁들에 반영되어 있는 이분법의 개념적 문제를 비판적으로 검토한다. 논쟁의 역사적 전개 과정에 대한 재해석을 통해 실증주의적 개념 정의의 한계를 보여주는 동시에 그 대안으로 탈실증주의적 관점에서 이분법을 해체한다. 3절에서는 중국 내에서 논의되고 있는 천하체계/조공질서, 문명형 국가, 트랜스시스템사회를 구체적으로 검토한다. 마지막으로 이 논쟁이 미중 세력 전이 논쟁에 가지는 함의를 도출할 것이다.

II. 이분법: 역사와 평가

1. 자본주의 다양성 논쟁과 대분기 논쟁

자본주의 다양성 논쟁은 제2차 세계대전 이후 미국을 중심으로 전개되어 왔다(Hall 2015; Witt et al. 2018; Feldmann 2019). 20세기 초까지 예외주의를 주장하던 미국은 제2차 대전 중 20세기를 미국의 세기(American Century)로 선포한 후 미국의 제도와 가치를 모범규준/국제기준으로 만들어 세계 각국에 전파하였다. 물론 미국 모델에 대한 평가에는 여러 번의 반전이 있었다. 1970년대 석유 위기 이후 브레턴우즈 체제가 붕괴되면서 일본 모델과 독일 모델이 미국 모델에 대한 대안으로 제시되었다(Zysman 1983). 그러나 1989년 냉전의 종식 직후 등장한 '역사의 종언'은 1997년 동아시아 금융위기 이후 미국 모델을 다시 한 번 본보기로 확립하였다(Fukuyama 1992). 이런 맥락에서 20세기 후반 세계적 차원의 수렴 현상을 미국화와 동일시하는 것은 결코 과장이라고 평가할 수 없다.

1970년대 이후 등장한 세계체제론, 지구사 연구, 캘리포니아학파 등이 촉발시킨 대분기 논쟁 이후 수렴론의 쟁점은 미국에서 중국으로 서서히 이전되어 왔다(Abu-Lughod 1989; Frank 1998; Studer 2015; Vries 2015; Garcia and Sousa eds. 2018). 유럽과 중국의 자본주의적 발전 과정을 비교분석한 대분기 논쟁은 중국 모델에 대한 서구 중심주의적 평가를 탈피할 수 있는 역사적 관점을 제공하였다. 이 논쟁의 핵심 질문은 '왜 유럽이 중국을 앞서게 되었는가' 또는 '왜 중국이 유럽에 뒤처지게 되었는가'이다(Brandt, Ma and Rawski 2014; Zilibotti and Storesletten 2014; Goldstone 2016; Johnson and Papageorgiou 2020). 정치 · 경제 · 사회 · 문화 · 종교 제도에 대한 비교연구에서 유럽이 중국보다 근대를 선취할 수 있었던 요인으로는 16세기 르네상스와 종교개혁, 정치적으로 17세기 근대국가/관료제, 경제적으로 18세기 산업혁명/자본주의 등이 제시되었다(North and Thomas 1973; Landes 1999; Abu-Lughod 1989; Jones 2003; Cox 2017). 캘리포니아학파는 경제력 규모와 과학기술 수준에 대한 상호비교방법(reciprocal comparative method)을 통해 유럽과 중국의 분기는 17-18세기가 아니라 19세기에 본격화되었다고 주장하였다(Wong 1997; Pomeranz 2000; Rosenthal and Wong 2011; Glahn 2016; Parthasarathi and Pomeranz 2018; Vries 2010; Broadberry, Guan and Li 2018; 강진아 2011; 김두진 · 이내영 2012).

캘리포니아학파는 '유럽사의 연장/확대로서 중국사'가 아닌 '중국사와 유럽사의 비교'를 통해 유럽=보편, 중국=특수라는 이분법을 해체하였다(Pomeranz 2002; Wong 2003).

대략 150년간의 막간을 제외한다면, 중국은 전 세계 최대 인구의 대부분에게 전 세계 평균 이상의 생활수준을 제공하였다. 몇 세기 동안 중국의 핵심 해안 지역에 사는 매우 소수의 사람들에게 세계 최고의 수준을 제공하였다는 것도 사실이다. 전 세계 인구의 20% 이상이 전 세계 토지의 7%에서 이렇게 성취를 제공했음에도 불구하고, 세계 환경에 부유한 북미 국가들보다 (현재까지) 훨씬 적은 영향을 주었다. 중국은 실패했던 자본의 거대한 일탈(deviation)이라기보다는 그 자체로서 근대세계에 적절하게 발전하는 경로로 평가될 필요가 있다(Pomeranz 2008, 96; Cf. Pomeranz 2005).

중국이 19세기 초까지 유럽과 유사한 제도와 생산력을 보유하고 있었다는 연구 결과는 두 가지 의미에서 혁명적이라고 평가될 수 있다. 첫째, 세계화=유럽화라는 공식이 붕괴되었다. 즉 비유럽이 유럽 모델로 수렴해야 할 당위성/정당성의 근거가 부정된 것이다. 두 번째는 유럽=선도자, 비유럽=추종자라는 공시적이고 통시적인 이분법이 붕괴되었다. 유럽과 비유럽을 동일한 이론과 기준으로 비교한다는 것은 유럽과 비유럽 사이의 시공간 차이를 인정하지 않는 것이다. 실제로 이 연구 이전에는 식민지로 전락한 중국을 산업혁명의 선두주자인 영국과 비교한다는 발상조차 감히 하지 못했다. 따라서 캘리포니아 학파의 연구 성과는 유럽 중심주의의 근저에 있는 목적론에 대한 효과적인 비판이라고 할 수 있다. 이 학파에 따르면, 수렴은 더 이상 일방적인 서구화를 의미하지 않는다(Zhang 2013).

2. 이분법의 재해석

자본주의 다양성 논쟁에서 수렴과 다양성/분기 이분법은 두 가지 차원에서 논의되고 있다. 첫 번째는 수준의 수렴과 다양성/분기이다. 세계적 차원에서 각국의 소득/생활/기술 수준이 수렴하거나 다양성이 유지되고 분기하는 현상이 대표적인 예이다. 개발도상국가들의 소득수준이 증가하여 선진국들의 소득수준과 격차가 줄어드는 현상은 수렴, 반대로 소득격차가 유지되거나 확대되는 현상은 다양성/분기로 지칭되었다. 두 번째는 제도의 수렴과 분기이다. 같은 제도를 유지해온 국가들이 서로 다른 제도를 채택하는 것은 수렴, 반대로 같은 제도를 가진 국가들이 다른 제도를 도입하는 것은 다양성/분기로 정의된다. 이런 의미에서 제도적 수렴은 동질화/동등화와 동의어로 간주되었다.

언뜻 보기에 두 가지 차원 사이에 관련성이 전혀 없는 것 같지만, 자세히 보면 두 차원은 세 가지 이론적 가정을 공유한다. 첫 번째 가정은 가장 효율적(실증적)이고 가장 바람직한(규범적) 수준과 제도가 있다는 것이다. 예를 들어 선진국/개발도상국/저개발국 분류에는 선진국의 수준과 제도가 가장 효율적이고 가장 바람직하다는 전제가 내포되어 있다. 두 번째 가정은 수렴을 일방적이고 단선적인 과정으로 본다는 것이다. 이 논리에 따르면, 가장 효율적(실증적)이고 가장 바람직한(규범적) 수준과 제도로 수렴은 선진국, 개발도상국, 저개발국 순으로 이뤄진다. 마지막 세 번째 가정은 수렴은 좋고 분기는 나쁘다는 가치판단이다. 따라서 개발도상국과 저개발국은 독자적인/독립적인 발전 경로를 고민/모색할 필요가 없이 선진국을 모방/추격하면 된다는 인식이 암묵적으로 배태되어 있다(이왕휘 2009; 2012).

이런 관점은 유럽과 미국에서 지배적인 서구 중심적 수렴론에 반영되어 있다. 이 수렴론에서 수렴의 주체(자아)는 서구인 반면, 비구서는 객체(타자)이다. 주체(자아)는 보편(규칙)의 담지자인 반면, 객체(타자)는 특수(예외)로 간주된다. 그 결과 중심은 문명으로, 주변은 야만으로 구분된다. 서구 모델을 보편으로 만들기 위해서는 비서구의 특수성은 지양되어야 한다. 이런 의미에서 수렴은 특수의 보편화에 다름 아니다.

표1 서구 중심적 수렴론

서구 모델	비서구 모델
주체(자아)	객체(타자)
보편(규칙)	특수(예외)
중심(문명)	주변(야만)

이러한 서구 중심적 이분법에 내재되어 있는 목적론적 오류를 회피하기 위해서는 수렴을 복합적이면서도 동태적인 과정으로 재정의해야 한다. 이는 수렴을 시공간을 초월해 고정된 규준이나 기준으로 평가하는 실증주의의 탈피를 의미한다. 수렴의 규준/기준은 계속 변화하기 때문에 수렴의 주체와 객체도 달라질 수밖에 없다. 수렴/분기의 주체, 기준, 방향은 변화하기 때문에, 자아/타자, 주체/객체, 동일성/타자의 구분은 역전될 수 있다. 즉 자아/주체의 타자/객체로 전환은 과거의 타자/객체가 새로운 자아/주체가 되는 것을 의미한다.

역사학계에서 세계사와 민족사의 통합을 위한 노력에 이런 관점이 투영되어 있다. 유럽 중심주의를 극복하기 위해서는 세 가지 원칙을 지향할 필요가 있다.

표 2 수렴/분기 이분법: 실증주의 대 탈실증주의

	수렴 (보편)	분기 (특수)
실증주의 즉자적 단선적 정태적	동일화/동등화 특정한 목표/수준의 일방적인 도달 과정	차이/상이성
탈실증주의 대자적 간주관적 동태적	주체(자아)가 권력(강요)과 정당성(권유)을 통해 자신의 특수성을 보편화	보편화의 근원적 불가능 또는 보편화에 대한 저항 (예외주의)

첫째, 동등성과 상이성을 상호 인정해야 한다. "상호성은 동등성을 실현시키며 이 형태의 동동성은 균형 잡힌 상호관계의 형태를 취하게 되는 것이다." 둘째 과거-현재-미래로 불가피하게 계속되는 목적론적 지속성이라는 관념은 버려야 한다. 과거로부터의 과정이 불가피하게 오늘날과 같은 상황에 도달한 것이 아니라 "현재적 삶의 상황을 위한 전제조건과 미래를 향한 의도된 변화에 관한 지식"을 얻기 위해 과거를 뒤돌아보는 것이다. 이러한 입장에서는 과거는 필연적으로 그렇게밖에 될 수 없다는 불가피성이라는 성질을 상실한다. 지난날의 상황은 달리 전개될 수 있었으며 현재와 같은 발전이 필연적으로 일어나지 않을 수도 있었다. 셋째, '다문화주의'를 지향(指向)해야 한다. 이는 다각적 시야(multiperspectivity)를 확보하고 다중심주의 (polycentrism)로 나가는 것을 의미한다. 나라마다, 민족마다, 지역마다 각각 과거를 보는 관점이 있다. 이로 인해 파생되는 상대주의적 혼란은 '인류의 원칙(principle of humankind)'에 의해 해결될 수 있을 것이다. 각 문화 각 전통은 인류의 원칙에 의해 타당성과 기여도가 점검되어야 할 것이다(차하순 2012, 22; Cf. 박혜정 2012; 2013).

이런 관점에서 수렴/분기의 역사적 변천을 보면, 시공간적으로 보편타당한 수준/제도는 존재하지 않았다는 사실이 자명하다. 시대별로 국가별로 수렴을 하려는 목표는 서로 달랐다. 세계경제가 통합되기 시작한 근대 이후 수렴의 주체와 객체는 계속 변화해 왔다.

실제로 19세기 초반 서구 열강이 아시아 전체를 식민지로 만들려는 제국주의가 등장하기 이전까지, 유럽인에게 아시아는 낙후되거나 열등한 지역이 아니었다. 이런 점에서 유럽 지식인들은 가장 선진적인 아시아 국가(특히 중국의 송·원 왕조)인 중국의 문명을 흡수하기 위한 노력을 하였다(朱谦之 1940; Spence 1998, Ch. 5; Clarke 1997; Hobson 2004; Osterhammel 2018; 井川義次 2009). 1680년에서 1820년까지 유럽은 아시아(중국을 포함하는)를 동등한 문명으로 취급하였으며 일부 계몽주의자들—독일에서는 라이프니츠, 프랑스에서는 볼테르—은 중국을 본받아야 할 국가로 간주하기도 하였다(안종수 2013; 송태현 2012).

예수회 사람들은 중국 경서를 번역해서 독자에게 권하여 송독하게 하는 것은 물론 중국 사상을 직접 실행해 볼 것을 희망했다. 특히 중요한 점은 그들이 단지 중국 철학을 소개하는데 그치지 않고 중국의 실제 정치 상황을 유럽의 학자들에게 가능한 범위 내에서 알리고 있다는 사실이다. 그로 인해 유럽인은 중국 문화에 대해 점차적으로 식견을 높일 수 있었고 중국의 정치는 결국 당시 흔들리고 있던 유럽 정국에 하나의 이상적인 모형이 되었다. 당시 유럽인은 모두 중국 민족을 순수 도덕적인 민족으로 여겼던 것이다(Reichwein 1925, 88).

물론 유럽이 중국을 동경만 한 것은 아니었다. 유럽은 지리학을 통해 중국이 세계의 중심이 아니라는 사실을 부각함으로써, 중국 중심적 질서에 대한 도전을 시작했다. 유럽이 천하체계에서 중심을 의미하는 중국을 중국어 발음 그대로 부르지 않고 차이나라는 이름으로 호칭하였다(Chen Bo 2016). 1840년 아편전쟁 이후 중국(청 왕조)에 대한 유럽의 동경은 멸시로 변화하였다. 유럽은 스스로를 문명표준(standard of civilisation)으로 설정하여, 모든 국가들이 본받아야 할 모범을 자임하였다. 이 당시 미국은 예외주의(exceptionalism)를 통해 유럽의 제도와 기준에 대한 수렴에 저항하였다.

자본주의 다양성 논쟁과 대분기 논쟁을 종합하여 볼 때, 수렴과 다양성/분기의 이분법은 다음과 같이 요약될 수 있다.

표 3 수렴/다양성의 역사적 변천

시대	수렴의 목표	수렴의 대상
유럽 르네상스	아시아(중국의 송·원 왕조)	유럽
유럽 제국주의	유럽	비유럽(미국 예외주의)
미국 패권	미국	미국 이외 국가
중국 패권(?)	중국	중국 이외 국가

III. 중국 모델 논쟁: 이분법의 초월 혹은 역전

21세기 들어 경제적으로 부상한 중국이 19세기 이전처럼 다시 모범규준과 국제기준을 제시할 것이라는 전망이 나오고 있다.[2] 이런 맥락에서

---

2   폴 코헨의 중국을 중심에 두는 접근법(China-Centered Approach)이나 미조구치 유조의 자유로운 중국학은 중국을 타자로만 보는 서구 중심주의를 탈피하기 위한 시도로 평

'중국적 특색을 가진 사회주의'에서 탈피하여 중국몽(中国梦)을 거쳐 인류운명공동체를 지향하는 것은 우연이 아니다. 중국 모델에 대한 논쟁은 서구/중국 및 전통/근대의 이분법에 대한 재해석을 통해 이뤄지고 있다. 이 논쟁의 궁극적 목적은 중체서용(中體西用), 동도서기(東道西器)와 같이 서구 모델로 수렴이 아니라 중국적 특성(中國性/中華性, Chineseness)에 기반을 둔 모델을 개발하는 것이다(이욱연 2017). 만약 중국이 중화의 재보편화에 성공한다면, 서구는 더 이상 주체(자아)/보편(규칙)/중심(문명)이 아니라 객체(타자)/특수(예외)/주변(야만)가 되어야 한다(전인갑 2016).

중국 모델에 대한 중국 내 논쟁은 천하체계/조공질서, 문명국가, 트랜스시스템, 인류운명공동체로 구분될 수 있다. 천하체계/조공질서가 중국 모델을 보편으로 본다면, 문명형 국가는 중국 모델을 특수(예외)로 간주한다. 트랜스시스템사회는 역사적으로 특수한 중국의 다원일체 구조가 보편화될 수 있는 가능성을 모색한다.

1. 천하체계/조공질서: 중국 모델의 보편화와 서양 모델의 특수화

자오팅양은 중국의 부상 이후 서양에서 등장한 중국 위협론에 대한 대응으로 천하체계를 주창하였다(趙汀陽 2005/2010).[3] "오늘날의 중국이 바야흐로 새롭게 대국이 되려는 것은 결코 고대의 모델인 대국의 꿈을 다시 꾸는 것이 아니라 새로운 정치 경험에 들어서는 것"(趙汀陽 2010, 10)이며 "중국의 고대 제국은 단지 부분적이면서도 매우 한정적으로 천하의 이상을 실천했을 뿐"(Ibid., 148-149)이라고 주장했지만, 자오

가된다. Cohen(2010); 溝口雄三(1989/2016); 장윤미·이종화(2017).
3 자오팅양 이외의 천하질서에 대한 중국 내 논의에 대해서는 송인재(2015) 참조.

팅양의 목적이 중국의 보편화라는 점은 분명하다. "중국의 지식 체계가 세계적인 지식 체계를 세우고 이에 따라서 새로운 보편의 지식 체계를 생산하는 데 참여하지 못하여 지식 생산의 대국이 되지 못한다면, 경제 규모가 거대하거나 물질 생산의 대국이라고 하더라도 (중국은) 여전히 소국일 것이다"(Ibid., 11).

중국을 보편화하기 위해 자오팅양의 전략은 서양의 특수화이다. "서양 철학은 서양의 가치관을 '보편적인 것'으로 믿었지만 이것은 단지 서양의 지방적인 관념을 세계에 강조하려고 한 것이지 결코 세계로 세계를 보는" 어떤 이론이 아니었다(Ibid., 31). 서양 모델이 보편적이지 않은 이유는 방법론적 개체론에 있다. 이런 맥락에서 그는 영국과 미국의 제국주의는 보편이 아니라 특수에 불과하다고 비판을 하였다.

일찍이 세계를 지배했던 영국과 오늘날 세계를 지배하고 있는 미국에서는 지금까지 모두 국가 이념만 존재했다. 따라서 모두 자국의 이익만 고려했기 때문에 세계를 관리하는 측면에서 영국과 미국은 지금까지도 정치적 합법성도 없었고 특히 철학적인 합법성도 없었다. 따라서 영국과 미국의 '세계 사유'는 단지 특수한 자신의 가치관을 널리 보급하여 보편화한 것에 지나지 않았을 뿐만 아니라 왜 타자는 생각할 만한 가치도 없었는지를 증명할 수 없었기 때문에 그것은 근본적으로 합법성을 상실했다. 서양 국가는 세계를 사유하지 않았다는 것에 문제가 있는 것이 아니라 실제로 언제나 세계를 사유했지만 **세계를 사유하는 것**과 **세계로부터 사유하는 것**이 완전히 다른 사상의 경지였다는 것에 문제가 있었다(Ibid., 12-13).

자오팅양은 서양 모델과 중국 모델의 비교를 통해 중국 모델의 보편화를 시도한다. "세계에 대한 서양의 사유가 "국가로 세계를 판단한 것"이라고 한다면 중국의 천하 이론은 "세계로 국가를 판단한 것"이다"(Ibid., 70). 이 비교의 궁극적 목적은 서양=보편, 중국=특수의 이분법을 중국=보편, 서양=특수라는 이분법으로 대체하는 것이다. 그에 따르면, 이 문제를 해결하기 위해서는 중국이 스스로를 특수(타자)가 아니라 보편(주체)으로 볼 수 있는 사고의 전환이 요구된다.

> 이렇게 중국을 '타자'로 간주하거나 서양의 상투적인 논리로 중국 사회와 중국 역사를 다시 쓰는 척하는 것은 중국의 새로운 서사를 말한다기보다는 차라리 중국에 관한 서양의 중국 학자의 서사와 매우 비슷하다고 말하는 편이 낫다. 표면적으로는 어떤 태도(가령 서양을 배척하는 것)를 지니고 있든 본질적으로는 주로 여전히 서양에 비추어 중국을 이해하고 있는 오늘날의 '중국을 다시 생각하는' 사상운동은 여전히 시작하고 있을 뿐이라고 말할 수 있다. 적어도 몇십 년 동안 이미 중국의 보편 의식으로 바뀐 '서양'은 중국을 '서양'으로 바꾸고자 한 어떤 욕망이었다… 중국은 서양에 반대하지 말고 중국을 근거로 서양을 이해해야만 한다는 점에 특히 주목해야 한다(Ibid., 24).

이런 관점에서 자오팅양은 천하체계를 보편적 유효성과 완벽한 전이성(轉移性, transitivity)을 가진 개념으로 정의한다. "어떤 정치 제도는 반드시 모든 곳(예컨대 각각의 국가와 지역)에서 똑같이 실행할 만한 것이어야 하는 동시에 각각의 정치 수준(예건대 사회의 기층 단위에서 국가와 세계에 이르기까지)에서도 구조의 동일성을 갖추고 있어야 한다"(Ibid., 33). 서양의 세계관은 이에 부합하지 않는다. "제국주의는 단지 국가 자체의 이익만을 생각해서 자국의 이익을 세계 이익과 세계의 모든 일을 판단하는 가치의 기준으로 삼거나, 심지어는 자국의 이익으로 다른 국가의 합법적인 기준을 판단하기 때문에 제국주의는 어떤 세계 이념이나 국가 이념이 아니라는 것을 아주 쉽게 알 수 있다"(Ibid., 69). 반면 "중국의 정치철학이 상상한 정치 제도는 정치의 기층 단위에서 곧바로 국가와 천하에 이르기까지 모두 동일한 구조를 유지하는 일관된 정치 게임을 보증할 수 있다는 것이 방법론에서 중국의 정치학이 우위를 차지하고 있는 점이다"(Ibid., 38).

천하체계를 이렇게 정의할 경우, 수렴과 다양성의 이분법은 다른 방식으로 정의된다. 즉 천하체계에서 다양성은 수렴과 동등한 범주가 아니라 하위의 범주가 된다.

중국의 기본 정신은 '변화'[化]에 있을 뿐만 아니라 내가 타자를 변화시키고 타자를 나로 변화시키는 데까지 이르는 것이 핵심이다. 이것은 당연히 다양화를 받아들여야 한다는 것을 의미하지만 이 '다양화'[多]는 오히려 통일[一]에 의해 받아들여진 것이다. 다양성은 반드시 어떤 전체적인 틀이 규제하는 가운데서의 다양성이다. 그렇지 않다면 규제를 잃어버린 다양성은 단지 혼란에 지나지 않을 뿐이다(Ibid., 25).

이런 논리에 따라 자오팅양은 천하체계에서는 보편화가 필요하지 않다고 주장한다.

천하 모델은 '보편화'(universalization)의 요구를 포함하지 않는다. 여기에서 보편화는 결코 표준화(standardization)와 같은 것이 아니라는 점을 구분해야 한다. 표준화는 갖가지 보편적이면서 통일적인 기준을 확실하게 세우는 것이지만 그 보편화의 기준은 기본적으로 모두 생산, 사회 관리 그리고 정치제도에 반드시 있어야 할 실용적 기준이다 (Ibid., 125).

이렇게 다양성을 정의할 경우, 천하체계에서 다양성은 제한적으로만 인정되고 있다는 비판을 받을 수밖에 없다. 이 문제를 해소하기 위해 자오팅양은 수렴과 다양성의 이분법을 원근과 친소의 이분법으로 대체하였다.

이러한 기본 정신이 세계에 관한 문제에서 구체화되었을 때가 바로 **천하에는 밖이 없는 것[天下無外]**이고, 사상의 문제에서 표현되었을 때가 사상에는 밖이 없다[思想無外]는 것이다(Ibid., 25-26). 이미 세계에는 밖이 없었으니 오로지 내부만 있었고 모든 것을 받아들일 수 없는 외부는 존재하지 않았다. 즉 오로지 내부 구조에서만 원근과 친소의 관계가 있었을 뿐이다. 모든 지역과 똑같았다고 하더라도 자연스럽게 중국에도 자신을 중심으로 삼은 '지방주의'가 있을 수 있었다 (Ibid., 74).

이런 맥락에서 조공체제는 강압적인 복종이 아니라 자발적 교류로 재해석되었다.

아득히 먼 지방들은 결코 동일한 문화 체계에 속하지도 않았을 뿐만 아니라 왕래도 비교적 적었기 때문에 원래부터 '법으로 규정된 조공 체계'는 '스스로 원하는 조공 체계'로 전환되었다. 즉 중원의 정통 왕조는 다른 국가가 천하 왕조를 존숭해야 조공 체계로 발전될 수 있다고 생각했지만 결코 그들이 이렇게 해야 한다고 강요하지는 않았다. 표면적으로 보면 조공의 자발성은 세계를 제어하는 측면에서 실질적인 힘에 한계가 있는 것 같지만, 예의에 관한 중국의 이해가 더욱더 중요해야만 했기 때문에 예의를 사람과 사람 사이나 국가와 국가 사이와 같은 모든 '상호 관계'(inter-ness)를 처리하는 보편 원칙으로 생각했다(Ibid., 115).

2. 문명형 국가: 중국 모델의 특수성 또는 중국 예외주의

문명국가(civilization-state) 또는 문명형 국가(civilizational state) 개념은 중국의 부상을 문명사적 관점에서 설명하려는 시도이다(张维为 2017/2018). 문명사적 관점에서 21세기 중국의 부상은 비정상에서 정상으로 복귀를 의미한다. 역사상 중국이 타자/주변으로 전락했던 시기는 아주 예외적이다. "중국이 서구에 비해 낙후한 것은 근대에 발생한 일이다. 오늘날 중국의 부상은 원래 중국이 세계에서 누렸던 숭고한 지위로 귀환하는 것에 불과하다"(张维为 2018, xxxv)

장웨이웨이가 중국 문명을 강조하는 이유는 유럽 중심주의를 극복하는 데 있다. 중국 담론을 통해 중국의 역사를 평가해야만 중국의 특수성을 정확히 인식할 수 있다는 것이다.

중국의 방법이 서구와 다르기만 하면 중국은 반드시 잘못된 것이며 서구가 분명 옳다는 것이다. 우리는 부단히 서구 모델을 따라야 하며, 서구 사회와 연결되고 더 나아가 최종적으로는 서구 사회에 받아들여져야 한다는 것이다…역사상 유럽 중심주의와 서구 문명 우월론은 식민주의, 제국주의, 종족주의에 이론적 기반을 제공했다. 또한 이후의

'역사 종언론'에 이론적 근거를 제공했다. 최근 국내외에서 중국의 쇠
락을 점쳤던 여러 관점들은 모두 기본적으로 '유럽 중심주의'와 거기
서 파생한 '역사 종언론'에 기반을 둔 것이었다. 우리는 '유럽 중심주
의'와 '서구 문명 우월론'을 근본부터 뜯어고치고, 그 원천부터 새롭
게 살펴볼 필요가 있다. 이를 통해 우리의 제도적 자신감, 이론적 자
신감, 경로의 자신감 그리고 문화적 자신감을 더욱 잘 확립할 필요가
있다(Ibid., 177-178).

이런 입장에서 장웨이웨이는 중국의 부상은 서구화가 아니라 중
국 모델을 통해서 이뤄졌다는 점을 강조한다. "중국은 서구가 인정하
지 않는 방식(즉, 중국 모델)을 통해 부상한 것이다. 또한 계속해서 서
구가 인정하지 않는 방식을 통해 신속히 세계 최대의 경제 대국이 될
것이다. 이러한 국가의 부상은 서구와 서구 모델을 초월한 것일 수밖에
없다"(Ibid., 6).

장웨이웨이는 문명국가와 문명형 국가를 엄격하게 구분하고 있
다. 그에 따르면, 전자는 중국이 민족국가를 형성하지 못한 상태를 지
칭한다는 점에서 부정적 함의를 가지고 있다. 즉 수천 년 동안 유지되
어 온 중화 문명 때문에 중국이 서구적 의미의 근대국가를 완성하지
못했다는 것이다. 반면 후자는 중국이 중화문명의 전통 속에서 민족국
가를 형성하였다는 것을 의미한다. "중국은 '민족국가'와 '문명국가'가
융합"(Ibid., 18)했다는 점에서 문명형 국가이다.

민족국가를 인정하는 문명형 국가는 민족국가의 한계를 비판하는
천하체계와는 차이가 있다. "중국은 하나의 근대 국가로서, 근대 국가
의 주권과 인권의 주요 개념을 수용했다. 중국은 조공 체제를 부활시키
지 않을 것이며 종족 우월론도 갖고 있지 않다"(Ibid., 19).

문명형 국가로서 중국의 특징은 네 가지 초월성과 네 가지 독특성으로 요약된다. 중국은 초대형 인구 규모, 매우 광활한 국토, 매우 긴 역사 전통, 매우 풍부한 문화적 자산을 가지고 있다. 동시에 중국에는 독특한 언어(표의어로서 중국어), 독특한 사회(개인보다 가족을 우선), 독특한 경제(사회주의적 시장경제라는 혼합형), 독특한 정치(국가형 정당 또는 총체적 이익 정당)가 있다. "이것이 오늘날 드러내고 있는 모든 특징은 절대 '선진'과 '낙후', '민주'와 '전제', '인권의 높고 낮음'이라는 지나치게 단순한 개념으로 개괄할 수 없다"(Ibid., 56).

장웨이웨이와 비슷한 문제의식에서, 탄종은 중국 중심론(sinocentrism)을 극복하기 위해 문명국가 개념을 발전시켰다(譚中 2017/2019). 그는 중국 문명사를 지리공동체−문명공동체−정치공동체−운명공동체의 발전으로 정의한다. 문명국가로서 중국의 특수성은 다양한 민족의 융합을 통한 문명의 건설이다.

중국에서는 '지리공동체'가 형성된 후 본토와 외부에서 온 서로 다른 '민족'이 모두 공동체의 구심력의 영향을 받아 각자 '민족'의 발전을 포기하면서 공동의 '문명'이 잉태된 것이다. 바꾸어 말하면 '민족국가'는 하나의 '민족'이 발전하여 하나의 정치체제인 '국가'를 형성한 뒤 대외적으로 확장하여 다민족의 종합체를 형성한 것이다. 중국은 헤아릴 수도 없이 많은 민족이 융합되어 하나의 '문명'을 이루면서 '민족'의 표지가 없는 '국가'를 형성한 것이다. '민족국가'에서는 어느 한 '민족'이 '국가' 위에 군림하지만, 중국에서는 '문명'이 '국가' 위에 있으며 그 어떤 '민족'도 통치적 지위를 차지하는 것을 허용하지 않았다. 사람들이 보통 말하는 '한족(漢族)'은 근본 민족이 아니다(譚中 2019, 94).

이런 논리에서 탄종도 천하체계를 비판하고 있다. 즉 자오팅양의 천하체계가 서구의 중국 중심론을 부추긴다는 점에서 문제가 있다고 지적한다.

> 중국의 '천하'는 경계가 있으며, 창장과 황허가 그어놓은 윤곽 안에서 발전하였다는 점을 강조하고자 한다. 이 같은 관점은 한편으로는 중국이 '천하' 밖에 또 다른 세계의 공간이 존재한다는 사실을 인정하는 것이고, 다른 한편으로는 중국이 세계의 모범 혹은 리더가 되기를 원치 않으며, 더욱이 그 어떠한 다른 나라의 생존공간에 침입하고 간섭하거나 개조할 의도가 없음을 보여준다… 자오팅양의 사유는 중국 발전의 '문명의 길'과 '민족국가' 선율 사이의 경계선을 분명히 가르지 않은 사유라고 필자는 생각한다(Ibid., 77-78).

장웨이웨이와 탄종 모두 중국이 중국 모델의 본원적 특수성을 강조하고 있다. 다른 국가들이 중국 모델로 수렴할 수 없기 때문에 중국 모델의 보편화는 중국이 다른 나라들을 포용할 때만 가능하다. 이런 점에서 문명형 국가는 시진핑 정부가 주장하는 인류운명공동체론을 뒷받침하는 논리로 활용될 수 있다.

3. 트랜스시스템사회: 특수한 중국 모델의 아시아적 보편화

처음부터 중국 모델의 보편성을 선험적으로 가정한 자오팅양과 달리, 왕후이는 중국 모델의 보편성과 특수성을 변증법적 관점에서 접근하고 있다(汪暉 2010a/2011a).

내 생각에, 특정한 역사적 시대와 역사 사회적 경험을 연구하려면 당
연히 그 특수성을 고려하여, 특히 서양의 보편주의를 비판해야 한다.
그렇지만 철학적으로 이 둘은 그리 타당하지 않다. 왜냐하면 지금까
지 특수주의적 서술이라는 것은 모두 보편주의적 특수주의였고 모든
보편주의적 서술은 특수주의적 보편주의였기 때문이다. 이 두 서술
은 언뜻 보기에 대립되는 것 같지만 사실 상호보완적이다. 우리는 일
정한 정도에서 이른바 독특성 혹은 독특성에 관한 보편주의를 만들어
야 한다. 이 독특성의 보편주의라는 틀에서 독특성에 대한 추구는 단
순한 특수주의로의 회귀가 아니라 독특성 자체를 통해 보편의 의미를
드러내고 어떤 조건에서 왜 이런 특수성이 보편성으로 전화할 수 있
는지를 묻는 것이다(汪暉 2011a, 138-139).

이런 관점에서 왕후이는 중국에 대한 서양의 해석은 서양=보편/
중국=특수, 서양=정상/ 중국=예외라는 이분법이 내재되어 있다고 비
판하였다.

중국은 하나의 문명·대륙·제국은 될 수 있지만 결코 '정상적인 민족
국가'나 '근대국가'는 될 수 없다. 여기서 '정상'과 근대'는 모두 서
양 자신이 상상하고 만들어낸 기준에 따른 것이다. 자신을 보편주의
(혹은 보편적 가치)의 틀에 억지로 밀어 넣는 서양적인 특수주의이
다. 민족주의 지식의 틀 안에서 형성된 이런 종류의 중국 서술은 유럽
의 민족-국가의 기준 모형이 전제된 것이다. 이런 기준 모형에 따르
면 정치공동체는 민족집단이 중심이 되어야 하고 기나긴 역사 속에서
형성된 다민족, 더 나아가 다문명 복합형 사회는 오히려 인위적이고
강제적인 것으로 간주된다(Ibid., 189).

유럽 중심주의(오리엔탈리즘)와 근대 민족주의로부터 탈피하기 위해 왕후이는 "서로 다른 문명, 종교, 종족 집단 및 기타 시스템을 포함하는 인간 공동체이거나 사회연결망"(Ibid., 409)으로서 트랜스시스템사회(trans-systemic society, 跨體系社會)라는 개념을 제시했다(Wang Hui 2014). 그는 아시아에 조공·외교·혼인·종교·언어 등을 매개로 구성된 한자문화권이나 유교 문화권 혹은 동아시아 문명이 여기에 해당된다고 지적하였다. "이 때문에서 중국 역사에서 문화적 경계와 정치적 경계의 종합과 통일을 논할 때에는 반드시 '문화' 또는 '문명'을 새롭게 정의―문화를 종교·언어·종족집단 혹은 그 밖의 단일한 요소로 정의하지 않고 '트랜스시스템사회'의 일상생활·습속·신앙·가치·예의·기호 그리고 정치체계의 종합체로 보는 것―해야 한다"(汪暉 2011a, 12-13).

트랜스시스템사회는 유럽 중심주의적 세계관과 역사관의 목적론적인 종적 시간 개념과 다른 횡적 시간 개념에 기반을 두고 있다. 종적 시간 개념은 접촉·혼합·연결·융합·분리·소멸에 초점을 맞추는 반면, 횡적 시간 개념은 혼합·병치·접촉·충돌·융합·전환·중첩 등을 포괄한다. "이는 부단히 파생되는 관계이고 복잡성으로부터 또 다른 혼합성으로 가는 과정이다. 민족·종족집단·계급·종교 그리고 기타 역사적 주체는 혼합성과 중첩성이라는 의미에서만 정의되어야 하고 또 그럴 수밖에 없다"(Ibid., 453).

트랜스시스템사회 개념을 도입한 이유는 양면적이다. 먼저 대외적 차원에서 중국과 그 주변 국가들 사이의 역사적 특수성을 이해하기 위해서는 유럽 중심적 국제관계관을 탈피해야 한다.

제국주의적 종속 관계와 아시아 지역의 조공 및 번속 관계 사이에는 중요한 차이가 있으며 둘은 결코 동질적이지 않다. 제국주의 종주국이 종주권 개념을 통해 유럽 식민 역사를 서술하고 아시아 지역의 책봉·조공·번속 관계와 동일시했을 때, 중국의 맥락에서도 'Suzerainty-종주권'과 '조공-책봉-번속-번지' 사이의 대역성을 만들어냈다(Ibid., 178-179).

대내적으로 다민족 국가에서 국민 형성과 민족 통합을 위한 정치적 필요성이 존재하기 때문이다.

'하나' 혹은 '융합체'라는 말에 한족이 다른 소수민족을 동화시킨다는 관점이 담겨 있는 것과 달리, '다원일체'가 강조하는 것은 혼합과 융합의 기나긴 과정이지 일방적인 동화가 아니다(Ibid., 199). 이런 의미에서 '차이를 인정하는 것'은 차이의 영구화가 아니라 다양성과 평등을 지향하면서 서로 다른 종족집단 간의 교류·공존·융합을 촉진하는 것이다(Ibid., 266). '중화민족'이라는 정치적 실체는 이미 완성된 역사적 사실이 아니라 여전히 형성되고 구축되는 과정에 있으며 한 세대 한 세대의 탐색과 실천에 지속적으로 오랫동안 의존하게 된다(Ibid., 221).

이런 개념적 틀을 기반으로 왕후이는 중국 근대사를 재해석한다. 그의 개념틀은 천하가 아니라 제국을 중심으로 구성되어 있다. 그 이유는 천하 개념이 유럽 중심주의적 관점에서 중국적 특수성을 표시하는 개념으로 왜곡되고 있다는 데 있다.

'천하'라는 개념은 중국 사상의 우주 자연과 예약 세계에 대한 사유와 밀접하게 관련된 것이며 아주 오랜 기원을 가지고 있다. 그러나 이 개념과 유럽의 민족-국가 개념을 단순하게 대비시키지 않고 이 개념을 다른 역사 문명과 비교한다면 다른 문명과 종교적 세계관 속에서 비슷한 표현을 찾아낼 수 있을 것이다. 이런 의미에서 이 개념만이 중국의 '독특성'을 나타낼 수 있다는 생각은 민족-국가의 기본 지식에 근거하여 전제된 중국 관련의 특수주의적 수사이지 심사숙고의 결과라고 할 수는 없다. 정치적 분석의 관점에서, '천하' 개념과 특정한 정치 공동체로서의 중국 사이에는 등호 표기를 할 수 없다(Ibid., 129).

이런 맥락에서 왕후이는 조공체제 속에서 중국/아시아 모델의 원형을 찾으려는 시도도 비판하고 있다. 왜냐하면 "'중심-주변', 중화제국-조공국(일본)이라는 이원론은 사실상 유럽 근대사상의 '제국-국가 이원론'을 복제한 것이다"(Ibid., 86).

조공권 내부에는 조공-회사 관계라는 것도 있다. 이 관계는 등가적이기도 하고 회사가 조공보다 가치가 높기도 했다. 따라서 조공 관계는 경제적 무역 왕래와 예의 왕래라는 이중적 성격을 갖추었다(Ibid., 97).

"교토학파의 기본적 이론 구조와 역사 서술은 유럽 근대성의 파생물"(Ibid., 122)이라는 점에서 왕후이는 동양적 근세 또는 송대 자본주의를 인정하지 않았다. 이러한 가설들은 중국/아시아의 역사를 단선진화를 가장한 근대 서양의 민족주의/자본주의의 틀에 견강부회한 것이다.

왕후이가 중국/아시아 모델의 다양성을 인정하는 이유는 중국 모델을 전면적으로 부정하는 것이 아니다. 반대로 그는 다양한 중국/아시아 모델들 중에서 유럽 중심주의와 근대 민족주의를 넘을 수 있는 대안을 모색했다(汪暉 2010b/2011b; 조경란 2005). 그러기 위해서 그는 아시아 내부의 다양성을 인정해야 한다고 강조하였다. "고도의 문화적 이질성은 아시아 내부가 일정한 지역구조를 형성할 수 없음을 말하지 않는다. 그보다 이는 우리에게 이러한 틀은 반드시 고도의 융통성과 다양성을 보유하게 된다는 사실을 일깨워준다"(Ibid., 104).

4. 중국 모델의 근본적 한계: 보편화될 수 없는 특수성?

전통의 재해석을 통해 구성된 중국 모델은 역사학계의 검증을 받고 있다. 대부분의 중국 모델이 역사적 사실을 편의적으로 취사선택하거나 심지어는 왜곡을 했다는 비판을 피하지 못하고 있다. 따라서 중국 모델에 대한 역사학계의 평가는 상당히 부정적이다.

　중국 모델의 가장 기본적인 문제는 중국에 대한 정의에 있다. 중국을 어떻게 정의하는가에 대한 합의가 사실상 존재하지 않는다(葛兆光 2017/2019). "우리는 단순히 지금의 중국이 예로부터 하나의 민족문화 언어 공동체였다고 인정할 수가 없는 것이다"(葛兆光 2019, 18) 고고학적 발굴이 계속되면서, 중화 문명의 기원이 단일하지 않다는 사실이 점점 더 분명해지고 있다. 이 때문에 중국의 기원은 역사학을 통해 구성된 것으로 간주된다. "고대 중국의 문화와 민족이 단일 기원은 아니라 하더라도 역사서술에 있어서는 줄곧 단일 기원의 틀을 세우는 데 노력해왔다"(Ibid.)

　실제로 영토, 인종, 언어, 문화, 대외관계의 측면에서 역대 왕조를 관통하는 공통분모는 거의 없다(葛兆光 2011/2012; 2014/2018). "지리적인 의미에서는 중심과 사방, 민족적인 의식에서는 나(중심)와 타자(주변), 문화적인 의미에서는 화(문명)와 이(야만) 그리고 정치적인 지위에서는 존(통치)와 비(복종)"(葛兆光 2012, 148-149)의 경계는 고정되어 있지 않았다. 실제로 영토, 인종, 대외관계의 측면에서 중국과 비중국의 구분은 계속 변화해왔다. "외국/만이가 점차 중국/화하가 되기도 하고, 때로는 중국/화하가 외국/만이가 되기도 했다"(Ibid., 78-79). 그래서 중국의 정의는 언어와 문화에 의존할 수밖에 없다. "중국은 하나의 민족적 공동체 의식을 지닌 문화적 상징이며, 문화와 풍습이 상대적으로 동일한 사회이자 하나의 문화적 공동체로서 길고 긴 역사과정 중 분명 상당히 명확한 연속성과 안정성을 유지했다는 것이다"(Ibid., 85).

문명사적 측면에서 문화적 공동체의 기원도 진한 시대 이전으로 거슬러 올라가지 어렵다는 사실이 인정되고 있다.

중국/한족은 흉노/만이 등 타자에 둘러싸인 가운데 도드라진 우리였다. 그것은 대를 거듭하는 역사 기억을 거쳐 일종의 정체성 또는 귀속감이라고 부를 수 있는 심리를 형성하였고, 사람들의 중국 의식을 형성하였다. 역사상 중국이라는 정식 명칭으로 불린 국가(혹은 왕조)가 없었다 하더라도 진한 제국의 기반을 닦은 중국이라 불리는 이 공동체는 시종 존재하였다. 후에 이 제국이 분열되든 통일되든, 혹은 축소되든 확대되든 중국은 시종 사람들의 관념 세계 가운데 존재하며 스스로 한족이라고 인정하는 사람들의 역사 상상과 문화적 정체성에 영향을 끼쳐왔다(Ibid., 32).

역사적으로 구성된 문화공동체로서 중국이 현재 중화인민공화국에 얼마나 반영 혹은 계승되었는가에 대해서 논란이 있다.

> 전통적인 제국과 현대의 국가는 국제, 민족, 강력, 정체성 등에서 이
> 미 근본적으로 달라졌기에, 우리는 현대국가(가령 영토나 통일)로 고
> 대 제국을 상상해서는 안 되며, 고대 제국(가령 대통일)으로 현대 국
> 가를 이해하거나 유지하려 해서도 안 된다. 안과 밖에 관해서는 전통
> 시기 종주권에서 현대의 주권으로, 전통시기의 변강에서 현대의 변계
> 로, 전통 시기의 사이에서 현대의 국민으로 이미 근본적 변화가 생겼
> 다(Ibid., 137).

이런 입장에서 거자오광은 천하체계를 시대착오적인 역사해석으
로 비판하였다. "세기 교체기의 중국 대륙 학계에서 천하주의가 세계
주의에서 세계주의로 위장된 민족주의로 전환되고, 또 이러한 주의가
상상에서 제도화된 정치 질서로 변화되기를 바라게 된 원인은 무엇인
가? 한마디로 말하자면, 당연히 이른바 '중국 굴기'가 야기한 흥분과
자극 때문이다"(Ibid., 167). 즉 천하체계는 역사적으로 근거가 없는 정
치선전에 불과하다는 것이다.

문명형 국가도 역사의 편의적 해석 또는 왜곡이란 비판을 벗어날
수 없다. 이 개념에는 중국의 특수성에 대한 역사적 근거가 제대로 제
시되어 있지 않다.

> 근래에 '중국 모델' 혹은 '중국 특수론'을 제창하는 데 힘쓴 학자들
> 이…서양 비역사학자들의 주장을 빌려 이 같은 사이비 개념을 다시
> 새롭게 사용해 역사상의 중국을 특수화하였다. 그러면서 한편으로는
> 고대 중국의 조공체계를 대단히 문명적으로 포장했고, 또 다른 한편

으로는 현대 중국이 현대 제도의 제약을 받는 데서 벗어나도록 했다 (Ibid., 177).

천하체계보다 더 복합적이고 중층적인 다원일체 구조를 지향하는 트랜스시스템사회도 역사적 정당성이 부족하기는 마찬가지다.

어떤 이는 현대 중국이 19세기 이전 제국의 영토와 인구, 정치 문화를 주권국가와 민족 범주 내부에 유지하고 있는 세계에서 유일한 사회란 이유로 트랜스시스템사회라는 특별한 이론을 제기하여 현대 중국에 합리성과 합법성을 부여하는 해석을 시도하기도 한다…그러나 경계 해야 할 것은, 만약 전통적인 제국 의식을 여전히 답습하여 현대 국가 의 상황에 맞춰 고대 제국의 역사를 상상하거나 해석한다면, 안개 속 에서 꽃을 보듯 문제의 본질을 놓치거나 우물 안 개구리 격이 될 수도 있다는 점이다. 현대 세계에서 많은 민족 모순과 종교 갈등, 영토 분 규는 종종 이러한 부적절한 답습이나 소급에서 기인한다(Ibid., 138).

거자오광의 비판은 중국 모델 논쟁이 가지고 있는 근본적 한계를 잘 보여준다. 천하체계와 문명형 국가는 물론이고 트랜스시스템사회 모두 중국의 특수성을 과대평가하는 편향을 가지고 있다. 더 큰 문제는 그 특수성이 무엇인가에 대한 정의가 결여되어 있다는 것이다. 몇 가 지 특징을 나열하는 것만으로는 중국이 가진 특수성을 정확하게 파악 을 할 수 없다. 이 작업은 공시적이고 통시적인 비교를 통해서만 가능 한데, 현재 중국 모델에 대한 논쟁인 공시적인 비교가 사실상 이뤄지지 않고 있다. 통시적인 비교도 중국 역사의 특정 시기를 중심으로만 검 토되고 있기 때문에 충분하지 않다(박병석 2018).

자오팅양이 주장하는 천하체계는 역사적 사실에 기반을 이론이기
보다는 중국 중심의 역사철학에서 나온 이념형이라고 할 수 있다. 천
하체계가 실제로 언제 어떻게 작용했는가에 대해서는 평가가 아주 다
양하다(김한규 2005). 송-요-금-서하 관계는 위계질서적 천하체계가
주권평등의 베스트팔리아 체제와 유사하다는 주장도 있다(Tao 1988;
Lorge 2015; Wang, Fei-Ling 2017).

천하체계나 문명형 국가는 보편성을 추구하는 기획이라는 점에서
현재 시진핑 정부가 발전시키고 있는 인류운명공동체 이념과 연계되
어 있다는 평가를 받고 있다(전인갑 2018). 또한 왕후이의 트랜스시스
템사회도 중국 공산당의 정당성을 옹호한다는 점에서 "관방적이고 정
치적이고 정책적인 근거"(Ibid., 210)라는 비판을 벗어나기 어렵다.

IV. 맺음말

미국은 트럼프 행정부 출범 이후 고립주의적 성향의 미국 우선주의
(American First) 전략을 추진하고 있다. 즉 미국 우선주의는 수렴의 규
준/기준을 제공하는 역할을 포기함으로써 미국 모델이 더 이상 보편적
모델로 간주되지 않게 만들고 있다. 이런 점에서 중국 중심의 대수렴이
나 중국화의 가능성은 열렸다고 할 수 있다.

21세기를 중국의 세기로 만들기 위해서는 다른 국가들이 중국 모
델로 수렴을 하게 만들어야 한다. 영국과 미국은 자본주의와 민주주의
를 발전시킨 경험을 다른 국가들이 따라야 하는 보편적 모델로 제시했
듯이, 중국은 자국의 특수한 경험을 보편적 모델로 제시해야 한다. 이
를 위해서는 자국의 역사적 발전 경험을 정리한 중국 모델과 중국이

패권을 어떻게 관리하겠다는 중국 질서를 동시에 제시해야 한다. 즉 '중국의 방법으로, 세계를 목적으로 하는 중국의 길'에 대한 구체적인 내용이 필요하다(우신보 2017). 이렇게 하기 위해서는 중국 모델에 대한 정의는 물론 다른 국가들이 자발적으로 수렴을 원하게 만드는 정당성을 확보해야 한다.

20세기 후반 모범규준/국제기준으로 간주되었던 미국 모델과 비교해 볼 때, 중국 내에서 중국 모델에 대한 논의는 아주 초보적인 단계에 있다고 할 수 있다. 수렴과 다양성/분기 이분법의 차원에서 중국 모델에 대한 네 가지 입장은 근본적으로 차이가 있다. 천하체계는 중국 모델의 세계적 보편성을 선험적으로 가정했다. 따라서 이 입장 내에서 분기/다양성은 수렴과 동등하지 않은 하위 범주로 전락하게 된다. 문명형 국가는 중국 모델의 특수성에 초점을 두었다. 그 결과 이 모델이 보편화될 가능성이 원천적으로 차단되었다. 트랜스시스템사회는 중국 내 다양성의 보편화를 수렴으로 제시하였다. 그렇지만 그 다양성이 중국 이외에서 어떻게 적용될 수 있을 것인가를 설명하지 않았기 때문에, 중국적 특수성을 옹호하는 주장으로 평가되고 있다.[4]

중국 모델을 중화의 재보편화로 등치시킨다면, 다른 국가들이 중국 모델로 수렴하기가 매우 어려울 것이다. 즉 천하체계나 문명형 국가는 보편화를 스스로 포기하는 예외주의라고 할 수 있다(Zhang 2013; Ho 2014; Nymalm and Plagemann 2019). 특히 천하체계가 패권질서를 탈피하는 대안이 아니라 새로운 패권을 추구하기 위한 전략으로 활용된다면, 중국 모델은 환영받지 못할 것이다(Callahan 2008). 이는 이

---

4   중국의 정치제도에 대해서 2000년대 초반부터 왕후이가 비판적 지식인에서 어용 지식인으로 변했다는 평가에 대해서는 류준필(2005); 백승욱(2011); 이종민(2012); 조경란(2013) 참조.

분법의 해결이 아니라 이분법의 역전을 추구한다는 점에서 서구 중심
주의나 오리엔탈리즘의 오류를 반복하는 것이다(Callahan 2012).

특수성에 대한 규정은 보편화의 전제 조건이라는 점에서, 중국
모델과 중국 질서는 아직까지 가능성의 영역을 벗어나지 못하고 있
다. 이러한 문제는 청 왕조를 한족 중심이 아니라 다인종 제국(multi-
ethnic empire)으로 보는 신청사(新淸史, New Qing history)에 대한
중국의 부정적 반응에 그대로 반영되어 있다. 중국 중심주의적 시각에
서 한족의 중심적 역할을 폄하하고 북방 민족의 역할을 강조하는 신청
사는 이단적이다(Rawski 1996; 김선민2011; 김형종 2016). 중국 정부가
공식적으로 추진하는 신청사 공정에서 이 문제가 어떤 식으로 다뤄지
는가를 보면, 중국적 특색 문제의 처리 방향을 어느 정도 가늠할 수 있
을 것이다.

참고문헌

강진아. 2011. "중국의 부상과 세계사의 재조명: 캘리포니아 학파에서 글로벌
　　헤게모니論까지."『역사와 경계』80.
김두진·이내영. 2012. "유럽산업혁명과 동아시아 대분기(Great Divergence) 논쟁."
　　『아세아연구』55(2).
김선민. 2011. "만주제국인가 청 제국인가: 최근 미국의 청대사 연구동향을 중심으로."『史叢』
　　74.
김한규. 2005.『天下國家: 전통시대 동아시아 세계질서』. 서울: 소나무.
김형종. 2016. "최근의 명청대 한중관계사 연구와 신청사."『동북아역사논총』53.
류준필. 2005. "우리에게 중국이란 무엇인가: 왕후이의 근대 중국 사상의 흥기독서 노트."
　　『문학과 사회』18(1).
박병석. 2018. "21세기 초 중국 신좌파의 중국정치모델 담론과 중화성(中華性)."
　　『한국동양정치사상사연구』17(2).
박혜정. 2012. "하나의 지구, 복수의 지구사."『역사학보』214.
＿＿＿. 2013. "지구사적 관점으로 본 동아시아사의 방법과 서술."『동북아역사논총』40.
백승욱. 2011. "중국 지식인은 '중국굴기'를 어떻게 말하는가: 왕후이의 중국굴기의 경험과
　　도전."『황해문화』72.
송인재. 2015. "21세기 중국의 천하 재해석과 신보편 탐색."『인문과학연구』44.
송태현. 2012. "볼테르와 중국."『외국문학연구』48.
안종수. 2013. "라이프니츠와 중국철학."『철학논총』73(3).
우신보. 2017. "'중국을 방법으로, 세계를 목적으로' 하는 중국의 길." 먼훙화 외
　　편. 성균관연구소 역.『다시, 중국의 길을 묻다: 시진핑 시대의 국가전략』.
　　성균관대학교출판부.
이왕휘. 2009. "기업지배구조 수렴론 비판: 국제기준/모범규준의 역사적 및 규범적 함의."
　　『한국과 국제정치』25(2).
＿＿＿. 2012. "수렴과 다양성의 이분법을 넘어: 기업지배구조 국제기준론 비판."『국가전략』
　　18(2).
이욱연. 2017.『포스트 사회주의 시대 중국 지성』. 서울: 서강대출판부.
이종민. 2012. "왕후이(汪暉)의 중국 개혁개방 서사에 대한 질의."『중국현대문학』61.
장윤미. 2011. "'중국모델'에 관한 담론 연구."『현대중국연구』13(1).
장윤미·이종화. 2017. "대안적 중국연구를 위한 비판적 소고."『중국학연구』82.
전성흥. 2007/2008. "'중국모델'의 부상: 배경, 특징 및 의미."『中蘇研究』116.
전인갑. 2016.『현대중국의 제국몽: 중화재보편화 100년의 실험』. 학고방.
＿＿＿. 2018. "비대칭적 국제질서: 천하질서, 그 변용과 현대적 재구성."『서강인문논총』51.
조경란. 2005. "중국 지식인의 현대성 담론과 아시아 구상."『역사비평』72.
＿＿＿. 2013. "중국에서 신좌파와 비판적 지식인의 조건: 왕후이의 "중국모델론"과 21세기

지식지형의 변화." 『시대와 철학』 24(1).

차하순. 2012. "중심주의의 극복과 역사인식의 확대." 『역사학보』 216.

崔恩珍. 2011. "중국모델(中國模式)론을 통해 본 중국사상계의 지식지형."
『중국근현대사연구』 50.

Abu-Lughod, Janet. 1989. *Before European Hegemony*. Oxford: Oxford University Press.

Bell, Daniel A. 2015. *China Model: Political Meritocracy and the Limits of Democracy*.
Princeton: Princeton University Press.

Brandt, Loren, Debin Ma and Thomas G. Rawski. 2014. "From Divergence to
Convergence: Reevaluating the History Behind China's Economic Boom." *Journal
of Economic Literature* 52-1.

Broadberry, Stephen, Hanhui Guan and David Daokui Li. 2018. "China, Europe, and the
Great Divergence: A Study in Historical National Accounting, 980-1850." *Journal
of Economic History* 78-4.

Callahan, William A. 2008. "Chinese Visions of World Order: Post-hegemonic or a New
Hegemony?" *International Studies Review* 10-4.

_____. 2012. "Sino-speak: Chinese Exceptionalism and the Politics of History." *Journal
of Asian Studies* 71-1.

Chen Bo(陳波). 2016. "The Making of "China" out of "Zhongguo": 1585-1690." *Journal
of Asian History* 50-1.

Clarke, John James. 1997. *Oriental Enlightenment: The Encounter Between Asian and
Western Thought*. London: Routledge(장세룡 역. 『동양은 어떻게 서양을 계몽했는가』.
우물이 있는 집, 2004).

Cohen, Paul A. 2010. *Discovering History in China: American Historical Writing on the
Recent Chinese Past*. New York: Columbia University Press.

Cox, Gary W. 2017. "Political Institutions, Economic Liberty, and the Great Divergence."
Journal of Economic History 77-3.

Feldmann, Magnus. 2019. "Global Varieties of Capitalism." *World Politics* 71-1.

Frank, Andre Gunder. 1998. *Reorient: Global Economy in the Asian Age*. Berkeley:
University of California Press(이희재 옮김. 『리오리엔트』. 이산, 2003).

Fukuyama, Francis. 1992. *The End of History and the Last Man*. New York: Free Press.

Garcia, Manuel Perez and Lucio De Sousa eds. 2018. *Global History and New
Polycentric Approaches: Europe, Asia and the Americas in a World Network
System*. Singapore: Palgrave Macmillan.

Glahn, Richard von. 2016. *The Economic History of China from Antiquity to the
Nineteenth Century*. Cambridge: Cambridge University Press.

Goldstone, Jack A. 2016. "Great Divergence and Great Convergence." *Social Evolution
& History* 15-2.

Hall, Peter A. 2015. "Varieties of Capitalism." in Robert A Scott, Stephen Michael
Kosslyn and Marlis Buchmann eds. *Emerging Trends in the Social and Behavioral*

Sciences. Hoboken: John Wiley & Sons.

Ho, Benjamin. 2014. "Understanding Chinese Exceptionalism: China's Rise, Its Goodness, and Greatness." *Alternatives* 39-3.

Hobson, John M. 2004. *The Eastern Origins of Western Civilisation*. Cambridge: Cambridge University Press.

Johnson. Paul and Chris Papageorgiou. 2020. "What Remains of Cross-Country Convergence?" *Journal of Economic Literature* 58-2.

Jones, Eric. 2003. *The European Miracle: Environments, Economies and Geopolitics in the History of Europe and Asia*, 3rd edition. Cambridge: Cambridge University Press.

Landes, David S. 1999. *The Wealth and Poverty of Nations*. New York: W. W. Norton.

Lorge, Peter. 2015. *The Reunification of China: Peace through War under the Song Dynasty*. Cambridge: Cambridge University Press.

North, Douglass C. and Robert Paul Thomas. 1973. *The Rise of the Western World: A New Economic History*. Cambridge: Cambridge University Press.

Nymalm, Nicola and Johannes Plagemann. 2019. "Comparative Exceptionalism: Universality and Particularity in Foreign Policy Discourses." *International Studies Review* 21-1.

Osterhammel, Jürgen. 2018. *Unfabling the East: The Enlightenment's Encounter with Asia*. Princeton: Princeton University Press.

Parthasarathi, Prasannan and Kenneth Pomeranz. 2018. "The Great Divergence Debate." in Tirthankar Roy and Giorgio Riello eds. *Global Economic History*. Bloomsbury Academic.

Pomeranz, Kenneth. 2000. *The Great Divergence: China, Europe, and the Making of the Modern World Economy*. Princeton: Princeton University Press.

_____. 2002. "Beyond the East-West Binary: Resituating Development Paths in the Eighteenth-Century World." *Journal of Asian Studies* 61-2.

_____. 2005. "Empire & 'Civilizing' Missions, Past & Present." *Daedalus* 134-2.

_____. 2008. "Chinese Development in Long-Run Perspective." *Proceedings of the American Philosophical Society* 152-1.

Rawski, Evelyn S. 1996. "Presidential Address: Reenvisionning the Qing: The Significance of the Qing Period in Chinese History." *Journal of Asian Studies* 55-4.

Reichwein, Adolf. 1925. *China and Europe: Intellectual and Artistic Contacts in the Eighteenth Century*, Translated by J. C. Powell, The History of Civilization, edited by C. K. Ogden (New York: Alfred A. Knopf.

Rosenthal, Jean-Laurent and R. Bin Wong. 2011. *Before and Beyond Divergence: The Politics of Economic Change in China and Europe*. Cambridge: Harvard University Press.

Spence, Jonathan D. 1998. *The Chan's Great Continent: China in Western Minds*. New

York: W. W. Norton.

Studer, Roman. 2015. *The Great Divergence Reconsidered: Europe, India and the Rise to Global Economic Power*. Cambridge: Cambridge University Press.

Tao, Jing-shen. 1988. *Two Sons of Heaven: Studies in Sung-Liao Relations*. Tucson: University of Arizona Press.

Vries, Peer H.H. 2010. "The California School and Beyond: How to Study the Great Divergence?" *History Compass* 8-7.

Vries, Peer. 2015. *State, Economy and the Great Divergence: Great Britain and China, 1680s-1850s*. London: Bloomsbury.

Wang, Fei-Ling. 2017. *The China Order: Centralia, World Empire, and the Nature of Chinese Power*. Albany: SUNY Press.

Wang, Hui. 2014. *China from Empire to Nation-State*. Cambridge: Harvard University Press.

Witt, Michael A., Luiz Ricardo Kabbach de Castro, Kenneth Amaeshi, Sami Mahroum, Dorothee Bohle and Lawrence Saez. 2018. "Mapping the Business Systems of 61 Major Economies: A Taxonomy and Implications for Varieties of Capitalism and Business Systems Research." *Socio-Economic Review* 16-1.

Wong, R. Bin. 1997. *China Transformed: Historical Change and the Limits of European Experience*. Ithaca: Cornell University Press.

_____. 2003. "Beyond Sinocentrism and Eurocentrism." *Science & Society* 67-2.

Zhang, Feng. 2013. "The Rise of Chinese Exceptionalism in International Relations." *European Journal of International Relations* 19-2.

Zhang, Hong. 2013. "Kenneth Pomeranz: A Non-Western Perspective on China." *China Today* (May 16).

Zilibotti, Fabrizio and Kjetil Storesletten. 2014. "China's Great Convergence and Beyond." *Annual Review of Economics* 6-1.

Zysman, John. 1983. *Governments, Markets, and Growth: Finance and the Politics of Industrial Change*. Ithaca: Cornell University Press.

葛兆光. 2011.『宅玆中國: 重建有關'中國'的歷史論述』. 北京: 中華書局(이원석 역.『이 중국에 거하라』. 서울: 글항아리, 2012).

_____. 2014.『何謂中國?: 疆域, 民族, 文化與歷史』. 香港: 香港中文大学出版社(translated by Michael Gibbs Hill, What Is China? Cambridge: Harvard University Press, 2018).

_____. 2017.『历史中国的内与外: 有關「中國」與「周邊」概念的再澄清』. 香港: 香港中文大学出版社(김효민·송정화·정유선·최수경 역.『전통시기 중국의 안과 밖 '중국'과 '주변'개념의 재인식』. 서울: 소명출판, 2019).

溝口雄三. 1989.『方法としての中国』. 東京: 東京大学出版会(서광덕·최정섭 옮김.『방법으로서의 중국: 중국을 방법으로, 세계를 목적으로』. 산지니, 2016).

譚中. 2017.『简明中国文明史』. 北京: 新世界出版社(김승일·전영매 역.『중국문명사』. 파주: 경지출판사, 2019).

_____. 2010a. 『亞洲視野: 中國歷史的敘述』. 香港: 牛津大學出版社(송인재 역. 『아시아는
　　세계다』. 파주: 글항아리, 2011a).

_____. 2010b. "「中國崛起的經驗及其面臨的挑戰」." 『文化縱橫』. 2010년 제2기(최정섭 역.
　　"중국굴기의 경험과 도전." 『황해문화』 72, 2011b).

_____. 2017. 『文明型国家』. 北京: 北京世纪文景文化传播有限责任公司(성균중국연구소 역.
　　『중국은 문명형 국가다』. 서울: 지식공작소, 2018).

井川義次. 2009. 『宋学の西遷: 近代啓蒙への道』. 人文書院.

趙汀陽. 2005. 『天下体系: 世界制度哲学导论』. 南京: 江苏教育出版社(노승현 역. 『천하체계:
　　21세기 중국의 세계 인식』. 서울: 길, 2010).

_____. . 1940. 『中国哲学对欧洲的影响』. 上海: 商务印书馆(전홍석 역. 『중국사상이
　　유럽문화에 끼친 영향』. 서울: 동과서, 2019).

제3부 　 한국정치

제7장   한국 정치의 갈등과 대립
        ―제도 정치를 중심으로―

강원택(서울대학교)

I. 들어가는 말

정치에서의 갈등은 본질적인 것이지만 그것이 정치제도를 통해 적절하게 해소되거나 완화되지 못하면 사회적 혼란은 커질 수밖에 없다. 한국은 민주화 이후 비교적 안정적인 형태로 민주적 공고화를 이뤄왔지만, 그럼에도 불구하고 최근 들어 사회적 갈등이나 대립은 오히려 증대되어온 경향이 있다. 사실 민주화 이전의 정치 갈등은 민주 대 비민주라는 단일한 균열에 기반해 있었다면, 민주화 이후에는 민주 대 반민주 균열은 상대적으로 약화된 반면, 지역 균열, 이념 균열, 세대 간 갈등, 계층적 양극화의 심화, 수도권과 지방 간 격차의 심화 등 이전에 비해 정치적 갈등이 매우 다양화되었고 중층화되었다. 피부로 느끼는 정치적 갈등의 심각성이 커진 것은 바로 이런 요인과 밀접한 관련이 있을 것이다. 그러나 어떤 면에서 본다면 이러한 갈등의 다양화는 우리 사회의 민주화가 진전되고 또 경제적, 사회적 발전을 이뤄오면서 겪어야 할 불가피한 진통일 수도 있다. 오히려 문제는 이처럼 우리 사회의 갈등이 다양화, 중층화되어 있지만 이를 해결해야 할 제도로서의 정치는 그것을 모두 수용해 낼 만큼의 역량과 폭을 갖추지 못하고 있다는 점이다. 다시 말해 정치제도를 통해 사회적으로 제기되는 다양한 갈등이 대표되고 논의되고 궁극적으로 해소되지 못하고 있기 때문에, 갈등의 당사자들이 직접 그 문제를 해결하려 들거나 거리로 뛰어 나오게 되고, 해소되지 못한 이러한 사회적 갈등은 또 다시 제도권 정치에 대한 불신과 혐오로 이어지면서 더욱 정치의 갈등 해소 능력을 위축시키고 있다. 그리고 이와 같은 정치권에 대한 불신의 강화는 사회적 갈등에 대한 일반 시민의 피로감을 더욱 높여주고 있다. 따라서 정치적 갈등을 효과적으로 해소하고 사회적 통합을 어떻게 이룰 것인가에 대한 진지한 고민이 필요한 시점이다.

사실 민주화 이후 확립된 우리나라 정치제도에 대한 문제점과 불만은 2016~2017년의 거대한 촛불집회를 통해 이미 표출되었다. 당시 폭발적으로 터져 나온 시민들의 불만은 일차적으로는 박근혜 대통령의 무능과 부패와 관련된 것이었지만, 동시에 사회적인 다양한 요구를 제대로 대표하지 못하고 이해관계의 대립과 충돌을 해소해내지 못하는 기성 제도권 정치에 대한 변화의 요구를 담고 있었다. 그러나 박 전 대통령에 대한 탄핵이 가결되고 정권교체가 이뤄진 이후에도 한국 정치는 그 이전과 크게 달라지지 않았다. 오히려 탄핵 가결 이후 정파적 갈등, 이념적 양극화는 더욱 격화되었다. 촛불집회 당시 문제점으로 제기되었던 제왕적 대통령제는 그 이후에도 전혀 달라지지 않았고, 청와대 중심의 통치도 변하지 않았다. 대통령은 통합의 상징이 아니라 갈등의 중심에 놓였다. 다양한 사회적 요구를 대표하고 상충하는 이해관계를 조정해내야 하는 국회는 협상과 타협을 통한 갈등 해결이라는 정치력을 발휘하지 못하고 끝이 없는 대립과 충돌로 사회적 갈등을 오히려 악화시켰다. 정당 정치의 지역주의 구도는 여전하고 지역 대립에 이념 대립까지 더해지면서 사회적 대립은 격화되었다. 이 글은 이와 같은 문제의식에서 출발하여 오늘날 한국 정치가 직면한 '양분법적 대립'의 원인을 진단하고 그것을 극복하기 위한 바람직한 대안을 모색하고자 한다. 이 글에서는 제도권 정치에서의 양분법적 대립의 원인을 정치제도, 특히 현행 대통령제와 정당 정치와 관련하여 찾고 그에 대한 해결의 방안을 제시할 것이다.

II. 문제의 진단

1. '제왕적' 대통령제

대통령제는 1948년 제헌헌법 때 채택된 이래, 1960년 이후 내각제를 채택했던 짧은 시기를 제외하면, 지금까지 지속적으로 유지되고 있다. 그런 만큼 우리에게 가장 익숙한 제도이기도 하다. 1948년에 만들어진 한국의 대통령제는 처음부터 대통령제와 내각제의 속성이 섞인 혼합형 대통령제로 시작되었고, 그 이후 오랜 시간의 권위주의 체제를 겪으면서 변모되어 왔다(강원택 2018, 3-27). 이렇게 권위주의 시대를 거치면서 '제왕적'이 되어 간 대통령제는 민주화 이후에도 변화되지 않은 채 유지되고 있다.

　　그런 점에서 오늘날의 정치 갈등을 평가하려면 민주화가 시작된 1987년으로부터 출발해야 한다. 사실 1987년 민주화 당시 새로운 정치 질서를 수립하는 과정에서 주요한 행위자들 간에 정치 갈등을 해소하고 사회적 통합을 이끄는 것이 중요하다는 문제의식은 공유되고 있지 않았다. 1987년 민주화의 의미는 '대통령 직선제 개헌'이라는 그 구호에 잘 요약되어 있다. 직선제 개헌이란 권력을 두고 다투는 정치적 경쟁이 현행 정치권력의 자의적 개입 없이 공정하게 이뤄져야 한다는 것을 의미하는 것이다. 이러한 요구는 '체육관 선거' 대신 공정한 경쟁을 통해 대통령을 선출하도록 하자는 것이고, 독재로 이어지게 되는 특정인의 장기 집권을 막도록 대통령의 임기를 단임으로 하자는 것이었다. 이러한 대통령 직선제 개헌 구호는 많은 국민의 지지를 받아 결국 6·29선언으로 이어졌고 민주화가 성취되었다. 다시 말해 한국 민주화는 절차적 민주주의의 복원을 추구하고자 한 것이며, 실제로 민주화 이후 추진된 거의 대부분의 정치개혁의 목표는 정치적 경쟁의 공정성을 제도적으로 확보하고자 한 것이었다.

그러나 1987년에 합의된 정치제도의 기본 틀이 경쟁의 공정성을 추구하는 것이었다고 해도 그것은 '정치 엘리트' 중심의 경쟁 구도 확립을 의도하는 것이었다. 김영삼, 김대중 등 당시 민주화 운동을 이끌었던 야당 지도자들과 노태우 등 권위주의 세력을 대표하는 정치 지도자 들 간의 경쟁 규칙에 대한 합의였던 것이다. 즉 시민의 폭넓은 정치 참여나 정치적 의사 표현의 확대와 같은 민주성의 증진보다는 경쟁의 규칙에 대한 합의라고 하는 도구적 차원에서 1987년 정치 질서는 완료되었다. 이 때문에 박명림은 "1987년 헌법 제정이 장기적인 관점에서 지속가능한 민주 헌법 체제의 구축이 아닌 협약 당시의 대표세력의 단기적 정치이해관계에 따른 헌법체제 구축이었다……안정적 민주 헌법 체제의 구축보다는 당면과제였던 장기집권 방지라는 구 헌법 체제의 극복과 또한 노태우 김영삼, 김대중으로 대표되는 3대 협약 세력의 이해의 교환의 산물이었다"(박명림 2005, 261-262)고 지적하고 있다.

그런데 돌이켜 생각해 보면, 당시 우리가 민주화로 받아들인 것은 기존의 권위주의적 대통령제로부터 매우 부분적 변화에 불과한 것이었다. 87년 헌법 개정을 논의한 이른바 '8인 정치회담'은 민정당 4명, 통일민주당 4명이었는데 민주당 4명 중 2명은 김영삼계, 2명은 김대중계였다. 그런 점에서 87년 헌법 개정은 노태우, 김영삼, 김대중이 사실상 주도한 것이었다. 이들의 관심사는 자신이 대통령이 될 수 있는 기회를 높이는 것이었다. 이 때문에 대통령 직선제, 5년 단임에 이들이 합의할 수 있었다. 그 이외의 거의 대부분의 쟁점에 대해서는 유신 이전 상태로의 회귀, 즉 1962년 개정된 헌법 규정을 참조했다. 당시 합의된 민주화는 '직선제'라고 하는 대통령 선출 방식의 변화, 그리고 유신 이후 만들어진 명백히 개악된 조항과 법 규정의 개정에 국한되었다. 즉 당시 헌법 개정을 주도한 이들은 민주화를 유신 이전의 시기로의 회귀로 이해했다.

반면, 당시 헌법 개정 과정에서는 1961년부터 1987년 사이의 16년 동안 군부 권위주의 시대에 축적되어 온 제도적, 구조적 유산에 대해서는 전혀 손을 대지 않았다. 이 때문에 그 시간 동안 조직적으로 강화되고 기능적으로 확대된 억압적 기구, 대통령을 중심으로 권력 집중이 이뤄지도록 한 제도와 관행, 하위 기관에 대한 통제, 정부의 민간 영역에 대한 개입과 통제 등 과거 시대에 축적되어진 권위주의적 구조가 거의 바뀌지 않은 채 '민주화' 이후의 시기까지 이어지게 된 것이다(강원택 2019, 70-73). 이에 따라 민주화 이후에도 검찰을 비롯한 각 기관의 독립성은 보장받지 못했고, 대통령의 '제왕적 통치'를 뒷받침하는 제도적 도구로 활용되어 온 것이다. 이 때문에 과거 권위주의 시대와 비교할 때 선출은 민주적 과정을 거쳤지만, 제도적, 관행적으로 부여된 대통령의 권력은 이전 시대와 별로 달라지지 않은 것이다. 더욱이 최근 들어서 대통령 '비서실'인 청와대가 국정 운영의 중심에 놓이고 행정 조직은 오히려 뒷전으로 밀려나는 '청와대 정부' 현상도 심화되고 있다(박상훈 2018). 그런 점에서 제왕적 대통령제에서 벗어나기 위해서는 무엇보다 '87년 체제'에서 규정한 선거 정치 중심의 절차적 수준의 민주화를 넘어서는 보다 본질적인 개혁 작업이 요구되는 것이다.

정치적 갈등이 격화되는 이유는 대통령이 실질적으로 모든 권력을 독점하기 때문이다. 대통령제가 본질적으로 승자 독식의 시스템이지만, 우리나라에서는 미국과 달리 집권당을 통해 의회를 장악하고, 사법부도 대법관 인사를 통해 영향력을 행사할 수 있다. 청와대 내에 인사수석실이 생겨나면서 일선 행정부의 비정무직 인사에 대해서도 영향력을 행사하고 있다. 3권 분립이라고 하지만 입법부, 사법부에 비해 대통령의 권력은 훨씬 강력하다. 중앙-지방 관계에서도 중앙정부는 압도적인 영향력을 갖는다. 지방자치가 도입된 지 20여 년이 지났지만, 여전히 대통령을 중심으로 한 중앙정부는 지방정부와 비교할 수 없는 막강한 권력을 행사할 수 있다. 이처럼 정치적 권력이 대통령에게 집중되면서 그만큼 권력의 분산이나 공유는 어렵게 된다. 승자는 이 막강한 권력을 차지하는 반면 패자에게는 어떤 권력도 주어지지 않는다. 이런 상황에서는 정파 간 권력 다툼이 격렬해질 수밖에 없다. 국가의 최고 지도자이지만 대통령이 양분법적 갈등의 중심에 놓이게 되는 것은 근원적으로 바로 이 때문이다.

대통령을 중심으로 하는 양극적 갈등이 최근 들어 더욱 격화된 것은 박근혜 전 대통령에 대한 탄핵과 관련이 있다. 박근혜 대통령에 대한 탄핵의 가결은 본인에게도 매우 불행한 사건이었지만, 한국 대통령제의 운영과 관련해서도 나쁜 선례가 되었다. 제도적으로 볼 때, 대통령제에서 가장 중요한 특성은 임기의 안정성이다. 대통령제에서는 한 번 선거에 당선되면 주어진 임기 동안 안정적으로 국정을 운영하도록 보장하고 있다. 내각제에서 총리와 내각은 의회의 신임에 의존하기 때문에, 의회에서 불신임 투표가 통과되면 임기 중이라고 해도 총리와 내각은 물러나야 한다. 그러나 대통령제에는 그런 우려에서 벗어나 안정적으로 통치할 수 있는 것이 제도적 장점이다. 더욱이 단임제에서는 또 다른 선거를 의식할 필요가 없기 때문에 더욱더 임기 동안 소신껏 국정 운영을 할 수 있다.

그러나 이제 한국의 대통령제에서 그와 같은 임기의 안정성을 충분히 기대하기 어렵게 되었다. 박근혜 대통령 탄핵과 함께 한국 대통령제에서 대통령에 대한 임기 중 탄핵은 이제 현실적으로 가능한 일이 되었다. 제도적으로 볼 때, 탄핵은 매우 예외적인 경우에 발생해야 하는 일이다. 미국에서 하원에서 탄핵안이 통과된 경우는 2019년 12월 도널드 트럼프까지 포함해서 세 차례에 불과하다. 그 이전에는 1868년 앤드류 존슨, 1998년 빌 클린턴에 대해 두 차례 하원에서 탄핵 소추가 통과되었다. 하지만 200년 이상 대통령제를 유지해 온 미국에서 실제로 대통령의 탄핵 소추가 상원까지 통과하여 실현될 경우는 없었다. 1974년 탄핵이 유력했던 리처드 닉슨은 하원에서 표결이 이뤄지기 직전에 스스로 사퇴했다. 그러나 한국에서는 2003년 이후 15년 사이에 노무현, 박근혜 두 명의 대통령에 대해 탄핵 소추가 이뤄졌고 그 중 한 명은 실제로 탄핵이 최종 인용되었다. 이제는 어떤 대통령이라도 임기 중 탄핵을 우려하지 않을 수 없게 되었다. 설사 탄핵이 이뤄지더라도 그것이 특별하고 매우 예외적인 것이 아닌 상황이 된 것이다. 그러나 이는 대통령제의 안정성을 해칠 수 있다. 즉, 대통령에게 조그마한 잘못이라도 발견되면 그것은 곧 대통령을 중심으로 한 정치적 갈등의 격화로 이어지고 결국 탄핵에 대한 논의로까지 이어질 수 있게 되었기 때문이다. 대통령이 임기 중 물러나야 하는 것은 매우 특별하고 예외적인 경우로 한정되어야 하며, 이것이 일반적인 운영의 방식으로 받아들여지는 것은 정치제도적으로 볼 때 매우 우려되는 일이다.

이러한 점은 한국의 5년 단임 대통령제를 고려할 때 더욱 심각한 문제를 낳는다(강원택 2016). 주어진 임기가 5년이지만 사실 마지막 1년은 차기 대통령 선거 과정으로 인해 현직 대통령은 세간의 관심에서 벗어나 있게 된다. 따라서 이 시기에는 누구나 레임덕 대통령에서 벗어나기 어렵다. 또 임기 초반에는 어느 대통령이나 6개월에서 1년 정도의 시행착오를 거치는 것이 보통이다. 이렇게 볼 때 임기가 5년이라고 해도 실제로는 3년 반 정도 통치할 수 있는 시간이 대통령에게 주어지

는 것이다. 그런데 우리나라에서는 대통령과 국회의원(그리고 지방의
회 의원과 단체장)의 임기가 다르기 때문에 어느 대통령이나 임기 중간
에 선거를 맞이하게 된다. 여기서 집권당이 패배하면 이는 대통령의 통
치력에 상당한 타격이 될 것이다. 더욱이 그로 인해 여소야대가 된다면
대통령의 통치력은 더욱 약화될 것이다. 여기에 탄핵의 가능성까지 상
존해 있다면 한국 대통령제에서는 안정적 통치를 기대하기는 어렵다.
오늘날 한국 사회에는 하루아침에 해결해낼 수 없는 어렵고 복잡한 과
제가 산적해 있지만 대통령의 통치력은 오히려 상당한 제약을 받게 된
것이다. 권력 기관을 활용한다는 점에선 대통령이 제왕적이지만, 정책
추진과 같은 보다 중요한 측면에서는 한국 대통령제는 그다지 효과적
이지 못하다.

　이런 상황의 변화와 관련해서 제기할 수 있는 또 다른 문제점은
대통령의 역할에 대한 것이다. 대통령은 국가의 원수이며, 대외적으로
국가를 대표한다. 그리고 국내에서 대통령은 체제 지속과 국민 통합의
상징이다. 그러나 최근 들어 대통령이 정치적 갈등의 중심에 놓이게 되
는 경우가 잦아졌다. 민주화 이후에도 김대중 대통령 때까지는 대통령
이 갈등의 중심에 놓였다고 말하기는 어렵다. 그러나 노무현 대통령 이
후에는 대통령이 갈등과 대립의 중심이 되고 있다. 우리 사회가 정치적
으로 양극화되면서 "내 편, 네 편"으로 정파적으로 갈렸고, 대통령 역
시 '모두의 대통령'이기보다 어느 정파에 국한된 이들의 지지를 받고
있다. 더욱이 앞서 언급한 대로 탄핵의 가능성이 실재하면서 이제는 당
선된 대통령을 임기 중 '몰아내고' 싶거나 그러한 공세에 맞서 어떤 경
우든 '보호하려는' 이들 간의 매우 적대적인 대립으로까지 나아가고
있다. 대통령이 갈등의 중심에 놓이게 되는 것은 국가적으로 매우 위험
한 일이다.

대통령이 갈등의 중심에 놓이게 되는 까닭은 대통령 직이 갖는 두 가지 상이한 역할 때문이다(강원택 2018, 39-40). 대통령은 국가 최고 지도자로 국민 통합과 체제 지속의 상징이지만, 동시에 정책 결정과 집행을 주도하는 행정 수반이다. 이 두 가지 역할은 애당초 모순적이다. 국민 통합은 '모두의 대통령'을 전제로 하지만, 정책 추진은 어느 쪽으로 편향된 '방향성'을 가질 수밖에 없기 때문이다. 경제 정책에서 형평을 강조하면 자유 경쟁은 제한을 받을 것이고, 대북 관계에서 유화적 입장을 취하면 적대적 관계를 선호하는 이들은 불만을 갖게 될 것이다. 그런데 대통령이 오늘날 우리 사회에서처럼 정치적 갈등과 대립의 중심에 놓이게 되면, 비판자들은 단지 행정부 정책의 방향에 대한 비판뿐만 아니라, 대통령을 중심으로 두는 우리의 정치체제(polity)에 대한 불신과 부정으로까지 이어질 수 있다. 예컨대, 대통령이 싫다고 전염병이 창궐할 때 감염 확산에도 불구하고 대규모 집회를 감행함으로써 그로 인한 사회적 혼란을 부추겨 대통령의 지지도 하락, 나아가 하야까지 몰고 가려는 생각을 한 사람이 있다면, 그 사람은 정책 담당자에 대한 반대와 정치체제에 대한 반대를 구분하지 못한 것이다. 대통령이 과도하게 정쟁의 중심에 놓이게 되면 이런 현상이 생겨날 수 있으며, 이는 국가 체제의 지속을 약화시키는 요인이 된다. 그러나 이 두 가지 역할이 분리된다면 이런 문제는 해결된다. 예컨대, 영국과 같은 나라를 예로 들어보면 보수당 보리스 존슨(Boris Johnson) 총리의 정책 추진 방향이나 정치적 결정에 대해서 매우 큰 불만을 갖는 이들이 많다고 하더라도 이것은 총리와 내각에 대한 비판이나 공격으로 이어질 뿐 그것이 엘리자베스 여왕에 대한 공격이나 비판으로 이어지지 않는다. 영국 여왕은 영국의 정치체제의 지속을 상징하고 국민 통합의 구심점이다. 이런 정치 구조 하에서는 정책의 담당자에 대한 비판이 아무리

거세다고 하더라도 정체(polity)에 대한 비판이나 심지어 부정으로까지 이어지지 않는다. 영국 사회가 보수당과 노동당 지지로 완전히 갈라져 버린 최악의 상황을 가정한다고 해도 그것이 '영국 국가,' '영국 정체'에 대한 비난이나 부정을 의미하는 것은 아니라는 말이다. 영국 정치에서 반대당은 "여왕 폐하의 충성스러운 야당"(Her Majesty's loyal opposition)이라고 불린다. 권력을 잃고 집권세력을 비판하는 야당이라고 해도 여왕으로 상징되는 영국의 근본적 정체에 대한 충성을 전제로 한다는 것이다.

그러나 최근 우리나라에서는 대통령이 정파적 갈등의 중심에 놓이면서 정체와 정권 담당자에 대한 구분 없이 대통령을 비판하고 부정하는 현상이 나타나고 있다. 특히 최근 일각의 극단주의 세력은 국가, 공동체의 이익보다 정파적 이해관계를 우선시하려는 경향도 나타나고 있다. 이러한 현상은 한국 민주주의의 안정을 위해 매우 위험한 일이다. 특히 남북이 분단되어 있고 군사적인 적대 상황이 장기간 지속되는 상황에서 국가 통합의 주체가 분명치 않다는 것은 매우 심각한 문제점이다. 그동안 강한 대통령제를 선호했던 이들의 주장이 분단 상황에서의 강한 리더십이었는데, 현 상황은 오히려 그 반대로 대통령이 사회적 분열과 갈등의 중심에 놓여 있다. 이런 문제를 해결하기 위해서는 국가 차원과 정책 차원의 정치적 리더십을 구분하고, 정책 수준에서의 갈등이 국가 차원으로까지 비화되지 않도록 해야 한다. 결국 현실 정치적 갈등으로 한걸음 벗어나 국가 통합의 상징의 역할을 담당해 줄 정치적 리더십을 제도적으로 확립하는 일이 필요하다. 이를 위해서는 결국 대통령에게 집중되어 있는 권한이 분산될 수 있어야 하고 대통령이 정쟁의 중심에서 벗어날 수 있어야 한다.

2. 양당제적 정당 정치

현재 우리 사회가 처한 양분법적 갈등 및 대립과 관련하여 생각해 볼 수 있는 또 다른 문제점은 정당 정치다. 정당은 대의제 민주주의의 핵심적 기제로, 사회적으로 제기되는 다양한 요구와 주장을 받아 의회라고 하는 제도적 공간에서 이들 간의 갈등과 대립을 조정하고 해소하는 역할을 담당하고 있다. 그러나 오늘날 한국의 정당 정치는 사회적 갈등과 대립을 해결하기보다 오히려 이를 부추기는 역기능을 하고 있다. 즉 사회적으로 양분법적 대립이 격화되어 온 것은 일반 시민들 간에 이념 대립과 양극화가 증대되었기보다 정당을 중심으로 한 정치 엘리트 간의 이념적 갈등이 심화되었다는 사실과도 관련이 있다(이내영 2011, 251-287).

　이렇게 된 데에는 여러 가지 이유가 있겠지만 우선적으로 들 수 있는 이유는 역시 앞서 제기한 '제왕적 대통령'이라는 정치 구조와 관련이 있다. 일반적으로 대통령제는 승자독식(winner-take-all)을 전제로 한다. 대통령 선거에서 단지 1%의 차이로 승패가 갈렸더라도, 승자는 권력의 100%를 차지하고 패자는 아무런 권력도 누릴 수 없다. 앞서 지적한 대로, 우리나라에서는 대통령의 권력이 강하기 때문에 단지 청와대와 일부 정무부서 직위에만 대통령의 임명권이 행사되는 것이 아니라 매우 폭넓은 범위까지 사실상의 인사권을 행사한다. 법적으로 임기가 보장된 행정 기구나 공적 단체, 공기업까지 모두 대통령의 영향력 하에 들어간다. 대통령 직을 차지한 경우 그 주변에 돌아갈 정치적 전리품의 규모가 크다. 최근 들어 '청와대 정부' 현상 속에서 이러한 정치적인 자리 배분의 경향은 더욱 강해지고 있다. 그런 만큼 권력을 잃게 되면 그러한 전리품의 배분으로부터 철저하게 배제된다. 한국 대통령제에서는 '권력 공유'의 경험이 일천하기 때문에 권력을 다른 정당과 공유한다는 인식도 희박하다.

이 때문에 정당 간 정치적 경쟁은 철저하게 제로섬(zero-sum)이다. 전부를 갖거나 아무것도 가질 수 없는 상황에서 경쟁은 남이 잘 되도록 두지 않아야 하는 것이다. 즉 남의 불행이 나의 행복이고, 남이 잘 되면 그만큼 나에게는 기회가 줄어드는 것이다. 이런 구조 하에서는 정치가 절대로 대화와 타협을 모색하는 형태로 가기 어렵다. 사회적 대립과 갈등을 촉발하는 한국 정치의 문제는 여기서 출발한다. 야당은 어떻게든 집권 세력의 약점과 문제점을 드러내어 보여야 하고, 여당은 이러한 야당의 공세로부터 대통령을 지켜내려고 한다.

과거 3김 시절에는 오랜 의회 경험에서 비롯되는 최소한의 '동업자 정신'이 있었고, 또 정당 내 장기간의 리더십이 확립되면서 미래의 이익을 위해 눈앞의 이해관계에 대해 유연한 태도를 보이기도 했다. 그러나 이제는 경쟁 정파를 실제로 적대시하는 "적대적 정치"(adversary politics)가 나타나고 있고, 정치적 협상 역시 단기적 이해관계에 매몰되어 정치적 타협이나 합의는 좀처럼 쉽게 이뤄지지 않는다.

사실 민주화 이후 정권교체가 반복되면서 역지사지(易地思之)의 경험을 통해 오히려 "합의 정치"(consensus politics)가 이뤄질 법하지만, 오히려 정반대의 현상이 나타나고 있다. 이렇게 되는 것은 단임제 하에서 정치적 경험이나 책임이 정당과 같은 제도적 기구를 통해 전수되지 않고 정권별로 단절되기 때문일 것이다. 그리고 이보다 더 중요한 이유는 최근 들어 이른바 "적폐청산"과 같이 지난 정권에 대한 보복까지 이뤄지고 있기 때문에, 현재의 정당 경쟁은 단지 '누려야 할 자리'를 위한 다툼에 더하여, '보복'을 둘러싼 고려까지 더해졌기 때문에 매우 대립적인 형태로 진행될 수밖에 없다. 이러한 극한적인 정당 간 대립의 문제를 해결하기 위해서는 결국 권력의 승자독식 구조가 혁파되어야 한다.

그런데 오늘날 한국 사회에서 나타난 정치적 양극화는 사실 양당 제적인 정당체계(party system)와 긴밀한 관련이 있다. 1988년 형성된 지역주의 4당 체제는 1990년 1월의 3당 합당과 함께 영남과 호남을 대표하는 한나라당 계열과 민주당 계열 두 거대 정당의 대결구도로 변모되었다. 그리고 그 이후 정당의 명칭이 바뀌고 또 부분적인 이합집산이 이뤄져 왔지만, 두 정당을 기반으로 한 양당적 정당 구도는 근본적으로 변화하지 않은 채 오늘날까지 이어지고 있다. 이렇게 양당제적 구도가 장기적으로 지속된 데에는 지역주의 정당에게 제도적 유리함을 주는 현행 단순다수제 중심의 선거제도의 영향이 크다. 또 한편으로는 앞서 본대로 승자독식의 제왕적 대통령제 하에서는 대통령 당선자를 낼 수 있는 정당이 중심적 역할을 할 수밖에 없기 때문에, 양 진영을 대표하는 거대 정당이 대통령 선거를 중심으로 영향력을 규합해 왔던 것이다.

그런데 이러한 양당제적 구도는 처음에는 영남 대 호남의 지역 대립으로, 그 이후에는 보수 대 진보라는 이념 대립이 더해졌고, 동시에 노령 유권자 대 젊은 유권자라고 하는 세대 대립이 추가되었다. 최근에는 가진 자 대 없는 자라는 계층적 대립까지 이 양당적 구도에 더해지고 있다. 다시 말해 우리 사회의 다양한 갈등이 해소되기보다 이 두 거대 정당을 중심으로 축적되어 가고 그만큼 양당을 중심으로 한 정치적 편 가르기의 정도는 더욱 심해졌다. 레이먼 등(Layman, Carsey, and Horowitz 2006)이 말하는 '갈등 확장'(conflict extension)이 이뤄져 온 것이다. 과거에 존속해 온 갈등이 새로이 부상된 갈등으로 대체되는 것이 아니라 그 위에 얹혀져 오히려 갈등이 확장되는 모습을 보인다는 것이다. 이들은 바로 이러한 갈등 확장을 미국 정치의 양극화의 원인으로 보았다. 사실 우리나라에서도 두 거대 정당은 쟁점이 되는 이슈가 등장할 때마다 이를 정파적인 것으로 해석하고, 국민을 두 개의 진영 중 한 곳으로 줄 세우도록 만들고 있다. 이러한 양극적 대립 속에서 두 거대 정당은 서로 정치적 이익을 얻는 '적대적 공존'을 유지하고 있다. 이러한 정파적 줄 세우기에 대해 시민사회 역시 자율성을 갖기보다 정파적 이해관계에 포획되는 모습을 보이고 있다.

최근 들어서는 보수든 진보든 강경한 지지층의 목소리가 양쪽 진영을 각각 대표하게 되면서 양극적 대립은 점차 격화되는 모습을 보이고 있다. 이로 인해 사회 전체적으로는 수에 있어서 오히려 다수일 수 있지만 상대적으로 정치적 의사표출이나 참여의 정도가 낮거나 온건한 입장을 선호하는 중도층이나 온건파의 목소리는 오히려 더욱 듣기 어렵게 되었다. 노이만이 말한 '침묵의 나선(spiral of silence) 이론'(Noelle-Neumann 1974)의 상황이 나타나고 있는 것이다. 강경파가 정국을 주도하는 상황에서는 타협의 정치보다 대결의 정치가 나타날 수밖에 없다. 더욱이 최근에는 강경 지지층이나 강경파 당원이 정당 외부에서 정당을 압박하는 모습도 나타나고 있다. 이로 인해 장외 투쟁에 나서거나 삭발, 단식의 강경 투쟁이 이뤄지거나, 최근 민주당 공천 과정에서처럼 강경파 당원이 선호하지 않는 정치인이 공천에서 탈락하는 일도 나타나고 있다. 이는 또 다시 이들의 눈치를 봐야 하는 강경파 정치인의 출현으로 이어지고 그만큼 정당 정치는 더욱더 대립적인 형태로 나아갈 수밖에 없다. 두 거대 정당이 정치적 선택을 양분하지 못하도록 중간에서 갈등을 조정하고 타협하게 할 제3의 정치 세력이 나타날 수 있어야 한다.

III. 무엇을 해야 하나

앞 절에서 정치적 갈등이 제도적으로 해소되지 못하고 있는 우리 사회의 문제점의 기원은 1987년의 정치 질서가 정치 엘리트 간의 권력 경쟁을 위한 규칙 설정에만 치중했기 때문이라는 점을 지적했다. 그리고 뒤이은 그동안의 정치개혁 역시 기본적으로 이러한 정치 엘리트 간의 경쟁 규칙을 보다 엄격히 하는 방향으로 추진되면서 유권자 대중의 정치적 소외를 증대시키면서 우리 사회 내부의 정치 갈등이 정치제도를 통해 제대로 해소되지 못하는 결과를 낳고 있음을 주장했다. 이러한 문제점을 감안할 때 정치 갈등이 정치권 내에서 효과적으로 조정할 수 있도록 하기 위해서는 일부 법 규정이나 제도의 보완을 넘어서는 수준으로 우리 정치제도의 본질적 기능에 대한 근본적인 인식의 전환이 필요하다고 생각된다. 권력 장악을 위한 다툼의 규칙 제정이라는 과거의 틀에서 벗어나 사회 통합과 갈등 해소를 위한 새로운 정치제도 마련이라는 새로운 패러다임으로 전환하려는 인식의 전환이 필요한 시점이다.

무엇보다 정치제도가 사회적으로 제기되는 다양한 이해관계를 적절하게 대표하고 그 갈등을 조정할 수 있는 역량을 가질 수 있도록 하기 위한 방향으로 정치개혁이 이뤄져야 한다. 다수 시민들이 제도 정치를 우회하여 직접 정치적 요구를 결집하거나 관철하려고 하지 않도록 만드는 일이 무엇보다 필요한 일이다. 이를 위해서는 결국 개방적이고 포용적인 정치제도의 확립이 필수적이다. 앞서 언급한 대로 한국 사회는 1987년과 비교할 수 없을 만큼 정치적, 경제적, 사회적으로 다원화되었고 그만큼 정치적 요구나 이해관계가 다양화되었지만 폐쇄적인 정당 구조, 표현과 참여의 억제 등으로 인한 협소한 대표성이 정치 갈등을 효과적으로 조정해내지 못하는 것이다. 이를 위해서는 각종 규제를 통한 정치적 표현과 참여에 대한 억누름의 구조를 풀고 다양한 사회적 의견이 제도를 통해 표출되고 대표될 수 있도록 해야 한다. 즉 '왜소해진 정치'를 어떻게 복원시킬 것인가 하는 점이 정치 갈등 해소와 사회통합을 위해 요구되는 정치개혁의 중요한 과제라고 할 수 있다.

한편, 1987년의 정치질서가 승자 결정을 위한 룰의 설정에 초점이 맞춰져 있었다는 것은 승자가 차지하게 될 혜택이 그만큼 매우 배타적이고 독점적이며 집중화된 권한이었음을 의미하는 것이기도 하다. 말하자면 정치 엘리트 간 승자 독식의 권력 경쟁이라는 구도 속에서 엄격한 경쟁의 규칙 설정이 요구되었던 것이다. 승자 독식이 의미하는 대로 승자의 혜택이 절대적인 만큼 경쟁은 더욱 치열할 수밖에 없어서 경쟁의 공정성 확보를 위한 법적 규제는 강화되어 왔던 것이다. 그러나 독점적 권력일수록 다양한 의견을 반영할 수 있는 수용의 폭은 줄어들 수밖에 없으며 그로 인해 소외되고 배제된 의견은 또 다른 정치적 갈등의 원천이 되었던 것이다. 따라서 정치개혁의 또 다른 방향은 독점적 권력을 분산하고 소수의 권력이 다수에게 공유되는 방향으로 제도적 변화를 이끌어 내는 것이다.

이런 점에서 볼 때 라이파트(Lijphart 1985)가 말하는 합의제 민주주의(consensus democracy)의 모델은 우리에게도 시사하는 바가 적지 않다. 라이파트는 아더 루이스의 표현을 빌려 "다수자의 지배와 정부에 있어서 여당 대 야당의 패턴은 그것들이 배제의 원칙들(principles of exclusion)이기 때문에 비민주주의적인 것으로 해석될 수 있"으며 "패배한 집단을 정책 결정에 대한 참여에서 제외시키는 것은 민주주의의 일차적 의미를 위반하는 것"이라고 지적한다. 특히 다원적 사회에서는 "반대보다는 합의를 강조하고 배제시키기보다는 포함시키고 또 근소한 과반수에 만족하는 대신에 지배하는 다수자의 규모를 최대화하려고 노력하는 민주주의체제, 말하자면 합의 (consensus) 민주주의"가 필요하다고 강조했다. 라이파트는 합의제 민주주의의 요소로, 집행권의 분담(대연합), 공식·비공식 권력 분립, 균형된 양원제와 소수자의 대표제, 다당제, 다차원의 정당제도, 비례대표제, 영토적 및 비영토적 연방주의와 분권화, 성문헌법과 소수자의 거부권 등을 그 특징으로 들었다. 라이파트는 합의제 민주주의 모델의 목표는 '다수자 지배의 견제'로 보았으며, 이를 위해 권력 분담(sharing of power), 권력 분산(dispersal of power), 권력의 공정한 분배(fair distribution of power), 권력의 위임(delegation of power), 권력에 대한 공식적 제한(formal limit on power) 등의 장치가 필요하다는 점을 역설했다.

이와 같은 합의제 모델을 적용할 때 우선 제기해 볼 수 있는 의문점은 우리 사회를 과연 라이파트가 전제로 했던 것과 같은 "실질적으로 별개의 하위사회(subsociety)로 분할된" 다원적 사회로 볼 수 있을까 하는 점이다. 물론 라이파트가 예로 들었던 벨기에나 스위스와 비교한다면 우리 사회는 인종적, 문화적 구성에서는 상대적으로 동질적 (homogeneous)이라고 할 수 있다. 그러나 30여 년간 지속되고 있는 지역주의 균열과 최근 들어 나타나고 있는 지역주의와 이념 균열의 중첩 현상 등을 고려할 때 매우 상이한 정치적 속성을 가진 '하위사회'가 이미 형성되었다고 볼 수 있다. 여기에 세대 간, 계층 간 균열이 함께 뒤섞이면서 정치적 의미에서 볼 때 우리 사회를 더 이상 '매우 동질적인' 것으로만 보기는 쉽지 않을 것 같다. 그렇다면 정치 갈등 해소를 위한 정치개혁은 "반대보다는 합의를 강조하고 배제시키기보다는 포함시키고 또 근소한 과반수에 만족하는 대신에 지배하는 다수자의 규모를 최대화하려는" 방향으로 이뤄져야 할 것이다. 물론 라이파트가 제시한 제도적 방안 중에는 제도적으로나 문화적으로 우리 정치체계에 부합하지 않는 것도 있을 것이다. 그러나 중요한 점은 합의제 민주주의 모델이 전제로 하는 통치의 기본 개념이다.

그동안 우리 정치제도의 모색이 권력을 독점하는 승자 결정에 모아져 있다면 이제는 이러한 합의제 민주주의 모델이 제시하는 것과 같이 정치 참여의 문제에 있어 '포함하고 늘리고 합의하도록 함으로써' 정치 갈등을 해결하는 형태로의 개혁을 추구해야 할 필요가 있다.

앞 절에서도 지적한 바 있지만 한국 정치에서 갈등이 효과적으로 해소되지 못하고 장시간 지속되거나 심지어 (확대) 재생산되는 가장 중요한 이유는 분출된 다양한 요구를 담아낼 수 있는 대표성의 공간이 너무 협소하기 때문이다. 이런 점에서 볼 때 한국의 정치 갈등 해소와 관련해서 가장 중요하고 시급한 과제는 역시 건강한 정당 정치의 확립이다. 우리나라의 정당은 대중적 정치 참여의 중심에 놓여 있지 못할 뿐만 아니라 엘리트 충원, 정책 대안의 생성에서도 매우 취약한 모습을 보여 왔다. 정당은 사회적으로 의미 있는 갈등을 대표함으로써 이익표출이나 이익집약의 기구로 기능하기보다 소수의 정치 엘리트가 선거를 통해 공직을 차지하기 위한 도구로 전락하는 모습을 보였다.

우리나라 정당은 민주화 이후 대체로 3~5개 정도의 온건 다당적 구조를 유지해 왔지만 지역주의 균열에 기초해 온 탓에 정당체계가 대표할 수 있는 정치적 요구의 폭은 매우 좁을 수밖에 없었다. 즉 정당 정치의 대표성을 협소하게 만든 가장 중요한 요인은 아무래도 지역주의 정당 구조에서 찾아야 할 것 같다. 게다가 정당 내부의 구성에 있어서도 특정 지역 출신을 배경으로 하는 '동심원적 엘리트 구조'를 형성하고 있어서 "대중적 이익을 대표하고 증진하거나 민주적 참여의 폭을 확대하는 것"은 아니었다(최장집 2002, 108).

지역주의가 건강한 정당 경쟁에 부정적인 영향을 미치는 까닭은 이처럼 정당 정치의 독과점 혹은 카르텔 구조를 확립하여 새로운 대안 세력의 출현을 막고 유권자의 정치적 선택을 제약함으로써 궁극적으로 선거 경쟁의 역동성을 약화시키기 때문이다(강원택 2010). 지역주의 정당 구조가 창출하는 협소한 대표성은 크게 두 가지로 나눠볼 수 있다. 하나는 새로운 정당들의 진입과 성장을 억제한다는 것이다. 특히 단순다수제 선거제도와 지역주의가 결합한 결과 지역적으로 밀집된 지지를 갖지 못한 정당이 커다란 불리함을 강요받을 수밖에 없게 되었다(강원택 2005, 48-55). 이로 인해 정당체계는 독과점 체제를 유지하면서 일종의 담합을 통해 정치적인 지대(地代, rent)를 챙겨온 것이고, 경제 시장에서 독과점이 소비자 후생을 감소시키는 것처럼 유권자의 정치적 후생을 감소시켜왔다. 무엇보다 다원화되고 중층화된 사회 갈등을 적절하게 대표해 줄 다양한 이념과 이해관계를 대표하는 새로운 정당의 등장이 기존 독과점적 정당체계로 인해 제약되면서, 라이파트가 말하는 다차원적 정당체계가 나타날 수 없게 된 것이다. 그리고 제도적으로 대표되지 못하는 갈등이 많아지게 되면서 그 정치체계의 부담은 커질 수밖에 없게 된 것이다.

지역주의로 인한 협애한 대표성은 또 다른 문제는 지역주의 패권 정당 자체의 문제이다. 시장에서든 선거에서든 경쟁이 치열하다면 경쟁 기업이나 정당은 소비자나 유권자의 선호를 맞추기 위해 다양한 노력을 기울이게 될 것이다. 소비자나 유권자의 요구에 예민하게 대응할 것이며, 새로운 제품이나 공약을 개발하고 유능한 인재를 끌어들이려 애쓸 것이다. 그러나 지역주의로 인해 지방 수준에서는 사실상 경쟁이 존재하지 않는 일당 지배체제가 되면서 유권자의 요구에 대한 정당의 대응성(responsiveness)은 크게 줄어들 수밖에 없게 되었다. 지역 패권 정당의 공천이 곧 당선을 의미하는 현실에서 당내 정치적 경쟁은 유권자를 대상으로 하는 것이 아니라 당 지도부의 승인을 얻기 위한 것이 된다. 이로 인해 유권자와 정당 간의 괴리는 더욱 커지게 되는 것이다. 그런 점에서 정치적 경쟁성의 회복이 중요하다. 독과점 구조 하에서는 기득권 집단의 이해관계를 깨뜨리기 어렵다. 현재 우리 정치는 중앙에서 보면 양당제적, 그리고 지방에서는 일당지배체제이다. 이런 상황에서 정치는 닫혀 있게 되고 스스로 혁신할 유인도 없다. 변화를 만들어내기 위해서는 결국 새로운 경쟁 세력이 정치권에 들어올 수 있는 구조로 바꿔야 한다.

따라서 정당체계가 보다 개방적이고 정당의 대응성을 높일 수 있도록 하기 위한 정치개혁은 너무도 시급하게 요구되고 있는 과제이다. 정당체계의 개방성을 높이기 위해서는 무엇보다 배타적이고 폐쇄적인 대표 구조를 깰 수 있는 비례성 높은 선거제도의 도입이 불가피해 보인다. 단순다수제 선거제도가 지역주의 정치의 원인은 아니더라도 최소한 이를 강화해 주는 효과를 낳았다면, 비례대표제의 강화를 통해 특정 정당의 지역 내 독점적 대표성을 약화시키도록 하는 방안이 필요하다. 비례성의 증진은 두 가지 측면에서 가능할 것으로 보인다. 하나는 2004년부터 도입된 정당투표에 의해 선출되는 비례대표 의석을 대폭 확대하는 것이다. 2020년 현재는 300석 가운데 겨우 43석에 불과하기 때문에 실질적으로 비례성 증진의 효과가 매우 적다. 적어도 전체 의원 수의 1/3에서 1/2의 규모로 늘려야 하고 이를 위해 필요하다면 의원 정수를 획기적으로 늘리는 방안도 전향적으로 검토해야 한다. 또 다른 방식은 지역구 의석과 정당명부 의석을 각각 산출하여 단순 합산하는 현행 혼합형으로부터 정당투표 비율에 따라 정당에 부여되는 의석 수를 결정하고 보완적으로 지역구 의석을 활용하는 혼합형 선거제도의 도입도 고려해 볼 수 있다. 이런 점을 고려하면 결국 선거제도 개혁의 방향은 지역주의가 강한 지역에서 정치적 취약한 지위의 정당이 의석을 확보할 수 있도록 비례의석을 늘리고 배분 방식을 바꾸는 것이 될 것이다. 즉 한나라당 계열 정당이 호남에서, 민주당 계열 정당이 영남에서 의석을 획득하는 정치적 결과를 가져올 수 있도록 비례대표 방식을 확대 도입해야 하는 것이다(강원택 2009). 2020년 국회의원 선거에서 도입된 이른바 '준연동형 비례대표제'로 인해 거대 정당들이 비례대표를 위한 '위성정당'을 만들고 실제로 다수 의석을 차지한 것에서 알 수 있듯이, 어설픈 개정보다는 비례성의 원칙이 확실하게 지켜질 수 있는 제도적 개혁이 필요하다.

지역주의 정당체계의 폐쇄성 극복과 관련하여 한 가지 더 고려할 사항은 정치적 공급자, 즉 대안적 정당의 참여를 가능하게 하는 것이다(이하 강원택 2010). 현재의 정당 체계는 지역주의적 대립 구도 하에 놓여 있기 때문에 특정 정당에 강한 지지 기반을 구축한 정당은 다른 지역에서는 의미 있는 대안으로 받아들여지지 못하는 문제점을 갖고 있다. 즉 영남에서 강한 지지를 얻고 있다면 호남이나 충청에서는 대안적 정치 세력으로 수용되지 못하고 있는 것이다. 다시 말해 그 지역의 패권 정당에 실망한 경우라고 해도 그러한 실망감이 곧 다른 정당으로의 지지의 이동으로 이어지지 못하는 것이다. 이처럼 정당 지지의 고정성(immobility of party support)이 존재한다. 이런 여건 하에서는 지역 수준에서 상이한 정치 세력 간의 다원적 경쟁을 기대하기는 어렵다. 중앙 정치에서 활동하는 정당들이 지역 내부에서는 의미 있는 대안으로 수용되지 못한다면 지역을 기반으로 하는 새로운 정치 세력이 지역 내부에서 등장할 수 있는 통로를 마련해 주는 일이 지역 내부의 정치적 다원주의를 확보하기 위해서 필요한 일이 될 것이다. 현행 정당법 규정을 이원화하여 지역 수준에서 활동하는 정당 설립이 가능할 수 있도록 법 규정을 바꿔야 한다. 이런 여건이 마련되어야 지역주의에 토대를 둔 폐쇄적인 정당 구조, 지역별 일당지배체제의 문제점을 근원적으로 극복할 수 있으며, 자발적 참여의 확대, 상향식 정당 건설, 그리고 생활정치의 활성화가 가능해질 수 있을 것이다.

마지막으로 우리 사회에서 정치 갈등이 쉽게 해소되지 않고 있는 근원적 요인은 앞서 언급한 대로 중앙집중화되어 있는 승자 독식의 권력 구조와 긴밀한 관련이 있다. 대통령이 모든 권력을 다 장악하게 되고 모든 문제 해결의 최종점에 놓여 있게 된다면 모든 사회적 갈등은 대통령을 중심으로 한 중앙 정치로 귀결될 수밖에 없다. 헨더슨(Henderson 1968)이 말하는 소용돌이의 정치(politics of vortex)는 바로 이런 구조 속에서 가능한 것이다. 따라서 정치 갈등을 완화하기 위해서는 사회 각 영역 혹은 지역과 같은 하위 수준에서 스스로 갈등을 자체적으로 해결할 수 있는 분권화된 구조를 만드는 것이 필요하다. 라이파트가 '다수자 지배의 견제'를 위해서 권력 공유, 권력 분산, 권력의 공정한 분배, 권력의 위임, 권력에 대한 공직적인 제한 등의 장치가 필요하다고 했던 주장을 상기할 필요가 있다. 장기적으로는 대통령의 권한을 분산시킬 수 있는 새로운 통치 구조로의 개헌을 고민해 봐야 한다. 국가 최고 통치자가 정쟁의 중심에 놓이지 않도록, 정치적 권위의 담지자와 실제 정책 집행 권한의 담지자를 구분하는 방향으로의 권력 구조 개편이 필요하다. 정치의 중심이 의회가 되어야 하고 행정 권력의 담당자 역시 의회에서 결정하는 것이 적절해 보인다. 의회 중심제 혹은 내각제가 이러한 통치 형태의 대표적인 것이지만 이에 대한 국민의 지지가 당장 높지 않다면, 총리에게 행정 집행의 권한을 부여하되 대통령이 정치적 권한을 통해 영향력을 행사할 수 있도록 하는 분권적 시스템도 고려해 볼 수 있다. 중요한 것은 라이파트가 말한 대로, 권력 공유 혹은 분배가 가능하도록 하는 체제가 되어야 한다는 것이다.

이와 함께 단기적으로는 권력 기관에 대한 국회나 시민사회의 견제력을 강화하고, 중앙정부가 갖는 많은 권한을 지방에 과감히 이양해야 할 필요가 있다. 즉 수직적 차원에서 기능적으로나 지리적으로 권한의 분산이 필요하다는 것이다. 지방으로의 권한 분산은 만일 현재의 지방행정체계가 적절하지 않다면 몇 개의 대권역으로 나누고 연방제까지는 아니더라도 그에 버금갈 만한 수준의 과감한 권한 이양이 필요할 것으로 보인다. 정치 갈등을 조정하는 중요한 원칙은 이처럼 권력이 한곳으로 집중되지 않도록 하는 일이다.

마지막으로 지적할 점은 시민의 역할에 대한 것이다. 한국 정치를 올바르게 이끌고 가기 위해서는 이제 시민의 역할이 중요해졌다. 과거는 국가의 시대였다. 경제적으로 낙후되고 정치적으로 권위주의적이고, 세계화 이전의 시절에는, 국가가 결정하고 방향을 정해 이끌고 가면 국민은 그냥 수동적으로 따라가면 되었다. 그러나 이제는 경제적으로 성장했고 정치적으로 민주화되었고, 시민의 자율성, 창의성도 커졌다. 국제 환경은 세계화되었다. 이제는 민간이 국가보다 효율적이고 혁신적이 되었다. 그러나 우리 사회에는 여전히 국가가 주도해야 하고, 시민은 수동적으로 따라야 한다는 인식이 남아 있다. 이러한 인식은 특히 제왕적 대통령제, 그리고 관료 집단의 이해관계 등과 맞물리면서 민간 영역에 대한 국가의 불필요한 개입과 통제로 이어지고 있다. 또 한편으로는 이런 인식이 공동체 문제에 대한 시민의 기여, 참여를 소홀하게 만들고 있다. 그런 점에서 국가, 지역, 마을 등 다양한 수준의 공동체에 대한 시민의 기여, 헌신 봉사의 중요성이 널리 인식될 수 있도록 이끄는 일이 중요하다. 더욱이 우려되는 우리 사회의 양극적 대립과 갈등을 완화하기 위해서는, 상이한 가치의 존중, 인정, 배려의 가치를 인식하고 체화하도록 하는 일이 필요하다. 자유민주주의는 다원주의적 사고에 기초하고 있다. 즉 서로 다를 수 있음을 인정하는 것이다(agree to disagree). 자유민주주의가 자유주의와 민주주의의 결합이라고 할 때, 자유주의의 핵심적 가치는 다양성과 그에 따른 차이의 인정, 곧 관용의 중요성이다. 우리나라에서 민주주의에 대한 논의와 고민은 오래되었지만 자유주의적 가치에 대한 고민은 그다지 많지 않았다. 이런 점에서 참여와 기여, 또한 배려와 관용이라는 가치를 전파하기 위한 시민교육에 보다 많은 노력을 기울여야 할 것이다.

IV. 결론

지금까지 한국 사회에서 나타나는 정치적 갈등이 왜 효과적으로 제도권 정치를 통해 해소되지 못하는지 그 원인을 진단했고 그에 대한 개선 방안을 모색해 보았다. 이 글은 현재 정치 갈등이 제대로 조정되지 못하는 근본적 원인을 1987년의 정치 질서 수립 과정에서 찾았다. 당시 정치 질서 모색이 정치 엘리트 간의 경쟁의 규칙 제정이라는 차원에 머물러 있었고 유권자는 수동적인 동원의 대상으로 간주한 탓에 유권자 대중의 참여와 의사표현을 제약하는 형태로 '정치개혁'이 진행되어 오면서 제도로서의 정치가 제 역할을 하기 어렵게 되었다는 것이다. 이러한 특성은 그동안의 우리 사회의 변화를 고려할 때 더욱 심각한 문제가 되고 있다. 민주화 직후의 정치 균열구조가 민주-반민주라는 1차원적 갈등에 기초해 있었다면 이제는 여기에 더해 지역 갈등, 이념 갈등, 세대 갈등, 계층 갈등, 서울과 지방 간 갈등 등 매우 다양하고 중층화된 균열 구조를 보이고 있다. 현행 정치제도가 이러한 변화를 제대로 반영해내지 못하면서 사회적 갈등은 제도를 넘어 '길거리 정치'에로까지 확산되고 있다.

이런 문제점을 극복하기 위해서는 정치체계, 특히 정당 정치가 다수의 참여를 이끌어 낼 수 있도록 보다 개방적이고 포용적인 형태로 개선되어야 한다. 비례성 높은 선거제도로의 개정, 지방선거 수준에서 지역적 대안 정당의 출현 허용, 당내 민주주의의 강화는 이런 점에서 필요한 조치이다. 이와 함께 자유로운 참여를 막고 정치 엘리트 간 경쟁 규칙 설정에만 초점을 맞춰온 선거법도 대폭 수정되어야 한다. 한편, 한국 사회에서 정치 갈등이 가열화되어 온 가장 근본적인 요인은 갈등 해결을 위한 최종적 권력이 대통령과 중앙정부에 지나치게 집중되어 있기 때문이다. 과도하게 집중된 대통령의 권력을 분권화하고, 기능적으로나 지리적으로 중앙정부에 집중된 권력을 분산하려는 노력 또한 정치 갈등 해소를 위해 중요한 일이다. 우리 사회가 양분법적 갈등과 대립을 극복하려면 정치 엘리트 중심의 해결책뿐만 아니라, 시민 스스로 공동체의 문제 해결에 적극 참여하고 자유주의의 핵심 가치인 다양성의 인정과 배려의 덕목을 발휘해야 할 것이다. 어쩌면 갈등과 대립을 극복하기 위한 첫걸음은 시민 개개인의 인식 변화에서부터 시작되는 것인지도 모르겠다. 대표성 높은 정당체계, 분권화된 권력구조와 같은 정치제도의 개혁과 함께 그 작동의 주체가 되는 시민의 기여와 배려 역시 우리 사회의 극심한 양분법적 대립을 넘어서기 위해 절실하게 요구되고 있다.

참고문헌

강원택. 2005. 『한국의 정치개혁과 민주주의』. 인간사랑.

_____. 2009. "지역주의 극복과 정치 통합을 위한 선거제도 개혁의 방안." 『입법과 정책』 1(1): 31-54.

_____. 2010. "폐쇄적 지역 정당 구조와 정치개혁: 지방정치를 중심으로." 『한국정치연구』 19(1): 2-20.

_____. 2016. 『어떻게 바꿀 것인가: 비정상 정치의 정상화를 위한 첫 질문』. 이와우.

_____. 2018. 『한국정치론』. 박영사.

_____. 2019. 『한국 정치의 결정적 순간들: 독재부터 촛불까지, 대한민국은 어떻게 만들어졌는가』. 21세기북스.

박명림. 2005. "헌법, 헌법주의, 그리고 한국 민주주의: 2004년 노무현 대통령 탄핵사태를 중심으로." 『한국정치학회보』 39(1): 253-276.

박상훈. 2018. 『청와대 정부: '민주정부란 무엇인가'를 생각하다』. 후마니타스.

이내영. 2011. "한국사회 이념갈등의 원인." 『한국정당학회보』 10(2): 251-287.

최장집. 2002. 『민주화 이후의 민주주의』. 후마니타스.

최장집·박찬표·박상훈. 2007. 『어떤 민주주의인가』. 후마니타스.

Henderson, Gregory. 1968. *KOREA: The Politics of the Vortex*. Cambridge, Massachusetts: Harvard University Press.

Layman, G. T. Carsey, and J. Horowitz. 2006. "Party polarization in American politics: characteristics, causes and consequences." *Annual Review of Political Science* 9: 83-110.

Kemell, Samuel. 1997. *Going Public*. Washington, DC: Congressional Quarterly Inc.

Lijphart, Arend. 1985. *Democracies: Patterns of Majoritarian and Consensus Government in Twenty-One Countries*. 최명 역. 『민주국가론』. 법문사.

Noelle-Neumann, Elisabeth. 1974. "Turbulences in the climate of opinion: Methodological applications of the spiral of silence theory." *Public Opinion Quarterly* 41(2): 143-158.

제8장 한국 시민사회의 양극화와 다양화

정병기(영남대학교)

I. 서론

한국 사회가 양극화되어 왔다는 것은 시작 시기에 대한 이견이 있지만 대부분 동의하는 현상이다. 이때 사회 양극화는 대개 "중간층이 소멸하고 소수의 상층과 다수의 하층이 분리되고 분열되는 현상"(김원식 2013, 226)[1]으로 이해된다. 그러나 시민사회가 양극화되어 왔다는 것은 논란의 여지가 있는 진술이다. 시민사회의 개념을 어떻게 규정하는가에 따라 달라질 수도 있지만, 주로 사회 내 조직 행위자들을 중심으로 이해할 때 양극화는 단일한 보편적 추세라고 말하기 어렵다.

'양극화'는 국립국어원 표준국어대사전에 따르면 "서로 점점 더 달라지고 멀어짐"이다. 대개 하나의 직선 스펙트럼에서 양극을 향해 중앙에서 멀어져가는 현상을 말하며, 이것은 집단 간 갈등에서 대립의 심화로 표출되는 것으로 이해된다. 이렇게 볼 때 한국 시민사회가 양극화되어 왔다는 것은 일면 맞기도 하고 일면 틀리기도 하다. 민주화 직

---

1   기존 연구 검토를 통해 이재철은 사회 양극화에 대해 더욱 자세히 정리해 참조할 만하다. "양극화에 대한 기존 연구를 살펴보면, 양극화는 다음과 같은 다양한 의미를 포함하고 있다. 첫째, 사회가 상이한 성격을 지니는 두 개의 집단으로 나눠지면서 양극단으로 이동하여, 집단 간 격차가 커지고 정치적 혹은 경제적 문제가 심각해지는 현상을 의미한다. 둘째, 성격이 다른 집단 간의 격리 거리가 멀어져서 상호 이동이 불가능한 상태를 의미한다. 양극화를 두 집단 사이의 이동 가능성을 감소시킴으로써 사회적 유동성을 낮추고 사회적 연대가 멀어지는 현상으로 이해하는 것이다. 셋째, 사회가 상호 이질적인 집단으로 분리된 가운데 상대적으로 우위에 있는 집단의 수는 점점 줄어들지만 그 집단의 힘은 더욱 커지고, 상대적으로 열세에 있는 집단의 수는 점점 늘어나지만 그 집단의 힘은 더욱 약해지는 현상을 의미한다. 넷째, 사회 전반에서 소득의 불평등이 심화되는 현상을 의미한다. 다섯째, 중산층이 소멸하고 단순 빈곤층이 증가하는 현상을 의미하기도 한다. 이 경우에 연구자들은 빈곤층의 증가가 소득 분배의 불평등 심화 현상과는 다르다고 주장한다. 이 밖에도 상이한 성격을 지닌 두 집단에서 집단 내 동질성이 보다 강화되는 현상을 양극화라고 부르기도 한다. 이렇듯 다양한 의미를 지니는 양극화는 특정 영역에서만 나타나는 현상이 아니라 사회 전반에 걸쳐서 나타나는 현상이다"(이재철 2009: 239-240). 이재철이 참고한 다음 문헌도 참조. 전병유(2005); 최광·강석훈·안종범(2006).

후 기존의 시민사회운동이 이른바 민중운동과 시민운동으로 분화될 때 양극화 현상으로 설명이 가능했지만 이후 다양한 부문과 이념으로 발전해가면서 다양화 혹은 다극화 현상을 보였기 때문이다. 구체적으로 그것은 지역, 계급/계층, 대북정책, 세대, 성별 등에서 다면적 혹은 다(多)주체적 갈등 심화 정도로 표현하는 것이 더 적절할 것이다.

그럼에도 불구에도 양극화라는 틀 안에서 이 현상들을 살펴볼 여지가 없는 것은 아니다. 다양한 부문과 이슈들에서 대립하는 두 집단의 갈등이 심해져 왔기 때문이다. 그러므로 이를 단일한 부문 혹은 이슈 안에서 본다면 양대 진영의 대립 심화라는 양극화로 볼 수 있다. 따라서 이 장에서는 우선 논란이 되는 시민과 시민사회의 개념을 정리한 후 시민사회의 핵심 행위(자)인 사회운동을 중심으로 그 분화와 대립을 고찰함으로써 시민사회의 변화와 전망을 살펴보고, 양극화의 해결 방안을 고민해 본다.

II. 주요 개념: 시민과 시민사회

이 글에서 시민사회는 물론 '신분적 구속에 지배되지 않으며, 자유롭고 평등한 개인의 이성적 결합으로 이루어진 사회'라는 일반적 개념에 기초한다. 하지만 분석의 대상으로 삼기 위해서는 '사회'라는 추상적이고 광범한 개념과 구별되는 구체적 개념을 정립할 필요가 있다. 그리고 이 정립을 위해서는 이미 해묵은 논쟁이라고 볼 수도 있는 그간의 논쟁을 간략하게나마 다시 살펴볼 필요가 있다.[2]

---

2   시민 개념과 시민사회 개념에 관해서는 주로 정병기(2013, 14-31)을 참조.

시민사회 개념 논쟁에서 중요한 혼란은 시민의 개념에서부터 비롯된다. 우리나라에서 '시민(市民)'은 일반적으로 사회의 구성원 전체를 의미하는 개념으로 쓰인다. 이것은 사회 구성원('공동체 구성원')을 말하는 '공민(公民)'으로 번역해야 할 citizen 등의 외국어[citoyen, citizen, cittadino, (Staats-)Bürger]를 잘못 번역한 데서 비롯되었다(초기에는 '공민'이라는 개념을 사용하기도 했지만 '시민'으로 대체되었다). 곧, 국가에 대한 정치적·법적 소속에 관련되는 단어인 '시민권'이라는 말에서 보듯이 국가에 대해 특정 의무(납세·병역 의무 등)를 지면서 국가로부터 보호받을 권리와 참여의 권리를 가진 '국민'과 사실상 동일하게 쓰인다.[3]

그러나 실제 TV를 비롯한 언론에서 '시민의 목소리'를 듣기 위해 인터뷰하는 사람들은 주로 농민이나 노동자가 아니라 자영 상공업자나 넥타이를 맨 화이트칼라이다(이러한 현상이 요즘은 많이 약해진 듯하지만 완전히 사라지지는 않았다). 이때 시민(市民)은 한자 의미 그대로 자본주의 초기 시민 형성기의 도시 거주자를 의미하는 듯하다. 이 도시 거주자라는 의미의 시민은 엄밀하게는 재산을 소유해 세금을 납부하는 자에게만 참정권을 부여하던 제한선거 시기(régime censitaire)의

---

3 공민을 뜻하는 프랑스어 citoyen(영어 citizen, 이탈리아어 cittadino)은 도시국가 당시까지의 공동체를 의미하는 citadelle(성채, 영지)에 기원을 둔다. 시민사회의 영어 표기인 civil society도 프랑스에서 유래했는데, 그중 civil은 citadelle과 ville(도시, 집합적 도회지)의 합성어로 만들어졌다. 반면 부르주아의 어원인 bourg는 장이 서는 큰 마을을 의미하는 것으로 자본주의적 의미의 도시를 말한다. 물론 citadelle도 도시국가 당시의 의미로는 도시라는 뜻이 있어 citoyen은 도시 거주자라는 의미도 갖는다. 하지만 이 경우에도 도시국가는 농어촌에 대비되는 '도시'라는 의미보다는 '국가'라는 공동체의 의미가 더 중요하다. citoyen에서 도시 거주자라는 의미를 소거하고 실존하는 인간 모두를 단지 '인간'이라는 이유 하나로 주권 국가의 평등한 신민, 즉 공민(civis)으로 인정하는 발상은 홉스의 자연법 사상에서 처음 제기되었다(홍윤기 2002, 27).

도시 거주 납세 유권자를 의미했다. 그런데 오늘날에 와서는 자본가라는 의미의 부르주아(bourgeois, capitalist, borghese, Kapitalist)로 바뀌었다. 따라서 오늘날 사용되는 시민 개념이 부르주아로 전환된 도시 거주자를 의미하지 않는 것은 분명하다. 그러나 위의 예에서 보았듯이 노동자와 농민, 빈민을 제외한 도시 중간층의 뉘앙스를 가진 용어로 사용되는 것도 사실이다.

　반면 인민 혹은 민중(peuple, people, popolo, Volk)은 현대 민주주의가 이루어지는 과정에서 형성된 것으로 대개 피지배 집단으로서의 국가 구성원을 뜻한다. 물론 링컨 대통령의 연설로 유명해진 "인민을 위한, 인민에 의한, 인민의 정치"라는 표현에서 드러나듯이, 현대 민주주의에서 인민은 주권자로서 누구의 지배도 받지 않고 누구도 지배하지 않는 자치적·자율적 존재다. 하지만 현대에도 여전히 독재 정치가 이루어지는 국가에서는 말할 것도 없고 특권층이 엄존하고 있는 상황에서 인민이나 민중은 피지배 혹은 비특권 계층을 의미하는 용어로 사용된다.

　한반도에서 인민이라는 개념은 북한에서 주로 사용됨에 따라 남한에서는 1980년대 이래 민중이라는 개념이 정착했다. 그러나 이 개념도 민주주의가 공고해지면서 점차 쓰이지 않게 되었다. 특히 비기득권층을 지칭하는 말로 서민(庶民)이라는 개념이 등장해 사용되기 시작했는데, 사실 이 개념도 사전적 의미와는 달리 사용되고 있다. 국립국어원 표준국어대사전에 따르면, 서민은 '아무 벼슬이나 신분적 특권을 갖지 못한 일반 사람' 혹은 '경제적으로 중류 이하의 넉넉지 못한 생활을 하는 사람'을 뜻한다. 그러므로 정치 경제적으로 상류층 아래 중간층 이하의 모든 사람들을 지칭하므로 중간층을 포함하는 개념이다. 달리 말해 '보통 사람들' 또는 '평범한 사람들(凡民)'을 뜻한다. 그런데 마치 중간층보다도 못한 사람들, 과거 이른바 '기층 민중'으로 표현되던 사람들을 지칭하는 말로 사용되고 있다. 이것은 정당과 정치인들이 서로 서민의 대표를 자처하는 역설 속에서 나타난 때아닌 '서민 논쟁'이었다고 할 수 있다.

최근 촛불집회는 시민 개념에도 영향을 미쳤다. 특히 2016/17년 촛불집회를 전후해서는 서민 개념의 사용도 급격히 줄어들고 '시민' 개념이 다시 등장하는 양상을 보인다. 하지만 다른 한편으로는 '국민'이라는 개념이 강화되면서 과거 '서민의 대표'를 자처하던 정당과 정치인들이 '국민의 대표'를 자처하기 시작했다. 이것은 포퓰리즘이 다시 발흥하는 세계적 흐름과도 관련이 있는 것으로 보인다.

이러한 시민 개념의 변화를 고려할 때 앞서 얘기한 것처럼 시민사회는 '신분적 구속에 지배되지 않으며, 자유롭고 평등한 개인의 이성적 결합으로 이루어진 사회'라는 일반적 개념으로 이해해야 한다. 하지만 그럴 경우 시민사회는 정치사회적으로 사회와 구별되지 않는다. 따라서 시민사회를 행위자의 소속이나 사회적 처지가 아니라 그 행위의 성격에 따라 구분할 필요가 있다. 이것은 시민사회를 국가 및 정치 영역과 구별함과 동시에 사회 행위자들의 능동적 행위를 파악하는 데 유용하다.

시민사회를 국가 및 정치 영역과 구별하기 위해서는 정치사회의 개념도 중요하다. 린츠(J. Linz)와 스테판(A. Stepan)은 정치사회 외에 경제사회를 더 추가하여, 국가, 정치사회, 경제사회, 시민사회라는 네 개의 영역을 구분했다(Linz and Stepan 1995, 9-14). 그들에 따르면, 정치사회는 조직이나 연합 들이 국가 장치에 대한 합법적 통제권을 확보하기 위해 경쟁하는 공식 영역을 의미하는데, 그 대표적 조직이 정당이다. 그리고 시민사회는 자발적 연합이 활동하는 영역으로서 국가로

부터 비교적 자율적인 개인들이 자신의 가치와 이해를 공식적·비공식적으로 표출하는 공간으로 이해한다.[4]

이 용례에 따라 이 글에서 시민사회는 정치사회와 구별되는 사회 행위자들의 영역을 의미한다. 그러므로 시민사회에는 가족과 같은 친밀성의 영역, 이익 집단과 같은 자원 결사체의 영역, 공론장으로 이루어진 사회운동의 영역 등 다양한 영역을 포괄하는 광범위하고 복합적인 공간이다(임현진 2018, 24). 하지만 보다 구체적으로는 공동체의 발전과 긴밀하게 연관된 목표와 활동을 하는 시민들의 집단 혹은 조직을 의미하는 것에 한정한다. '공동체의 발전과 긴밀하게 연관'된다는 점에서 그 활동은 공적 활동이며 더 나아가 공식적 활동에 국한한다. 다만 최근 촛불집회에서 나타났듯이 활동의 성격이나 양상이 공식적일 것을 요구할 뿐, 그 집단이나 조직이 공식적 성격을 가질 필요는 없다. 인터넷을 통한 사적 모임이나 실체가 없는 모임으로 광장에 집결한다면 그것도 시민사회 영역에 포함한다.

III. 민주화와 시민사회운동의 발전

시민사회를 '시민들의 집단 혹은 조직'으로 파악할 때, 그것은 대개 시

---

4 이 글과 관련해 중요한 것은 정치사회와 시민사회의 구분이므로 국가와 경제사회에 대한 소개는 생략한다. 최장집과 문병주도 토크빌(Alexis de Tocqueville)의 개념에 기초해 '정치사회'를 별도로 상정함으로써 시민사회의 영역을 더 구체화했다. 이때 정치사회는 일반적 의미의 정치권 혹은 정치 영역으로서, 시민사회와 국가를 매개하는 영역으로 설정된다. 이 개념은 정당 외에도 다른 정치 단체들이 다양하게 조직된 경우에 유용할 것으로 보인다. 이 글은 정치사회에 대한 분석이 아니므로 이 개념을 수용할 필요까지는 없으며, 이 글의 목적에 비추어 볼 때 린츠와 스테판의 논의와도 구별할 필요가 없다. 최장집(1993); 2000; 문병주(1996).

민사회운동(사회운동 혹은 시민운동)과 실질적으로 구분되지 않는다. 사회 일반과 언론에 대해서는 다른 장에서 다루므로 이 장에서는 실질적으로 시민사회운동에 대한 고찰에서 시작한다. 그리고 한국 시민사회의 발전도 민주화와 직접적으로 관련되므로 시민사회운동에 대한 고찰도 민주화 시기와 그 이후를 중심으로 살펴보고, 민주화 이전에 대해서는 이후 시기의 고찰을 위해 필요한 부분에 한정해 간략히 알아본다.

　민주화 이전에는 시민이라는 개념이 정착하지 못했을 뿐만 아니라 계급운동도 충분히 발전하지 못했다. 따라서 사회의 여러 저항 운동들은 정치적으로 민주화운동으로 간주되거나 사회 변혁에 초점을 둔 경우에는 민중운동이라는 개념으로 정리되었는데, 그것도 1980년대에 이루어졌다. 물론 4·19혁명과 짧은 민주당 정권 시기에 폭발적으로 터져 나온 사회적 정치 참여 현상은 이전의 시민사회 형성이 없이는 불가능했다. 하지만 5·16쿠데타 이후 개발독재 시기에 시민사회는 거의 사라지다시피 해 민주화운동으로 재기할 때까지 오랜 시간 기다려야 했다.

　게다가 1960년대 이전에 존재했던 시민사회와 1987년 민주화 이후의 시민사회는 그 물적 토대와 성격이 크게 달랐다. 전자가 산업화 이전 농업 중심 사회라는 물적 토대에서 학생운동 같은 소수 선진 집단에 의해 추동되었다면, 후자는 산업화 이후 크게 성장한 경제적 토대에 기반해 이른바 '시민의식'(공동체 구성원의 정체성을 가지고 자신의 권리와 의무를 적극적으로 사고하는 의식)이 대중적으로 확산하면서 발전해왔기 때문이다.

　따라서 민주화 이전에는 오늘날의 의미에서 볼 때 시민사회라고 부를 만한 현상이나 사회적 존재가 없었거나 태동 혹은 유아 수준이었다고 간주한다. 미약하나마 시민사회라고 인정할 만한 사회적 존재는 민주화와 더불어 생겨나기 시작했으며, 1990년대 이후 운동의 분화와 더불어 활발해지기 시작했다.

이것은 당시의 개념 논쟁으로도 연결되었는데, 1990년대에 시작된 초기 시민사회 논쟁에서 나타난, 민중운동과 시민운동을 둘러싼 논의가 그것이다. 민중운동은 기층 민중운동(조희연), 노동자-민중운동(김세균)이라고도 불리는 반면, 시민운동은 시민사회운동(윤성석·이삼성) 혹은 새로운 사회운동(백욱인)이라고 다양하게 불려왔다.[5] 더 나아가 이 둘을 아울러 '시민·사회운동'으로 규정하는가 하면, 진보적 시민운동과 보수적 시민운동을 구분하기도 한다(조희연). 또한 시민운동을 다시 운동 주체와 문제 영역에 따라 포괄적 시민운동(최장집) 혹은 종합적 시민운동(조희연)과 특수 전문적 시민운동으로 구별하기도 한다(조희연 1998; 1999; 최장집 2000).

이러한 개념 논쟁들은 모두 한국 사회운동의 역사적 특수성을 반영하고 있다. 그 역사적 특수성을 가로지르는 논쟁의 핵심은 민중운동과 시민운동의 구별이다. 물론 활발해지기 시작한 시민운동의 세분화도 중요하지만, 일차적으로는 민중운동과 시민운동의 구별이 더 중요하다. 이것은 시민사회의 최초의 양극화로 볼 수 있는데, 이와 같이 시민사회의 양극화로 접근하는 것은 민주화 이전 혹은 1990년대 이전에

5 조희연(1998); 김세균(2001); 윤성석·이삼성(2002); 백욱인(2009). 그 밖에 운동 단체와 관련해 유팔무는 친정부적, 자율적, 반정부적 사회운동 단체로 구분하고, 이기호는 기층운동, 전선운동, 이슈운동으로 분류하기도 한다. 또한 사회운동 단체들을 모두 NGO로 묶어서 설명하거나(조대엽, 한국사회이론학회 등), 이익집단 혹은 압력단체로 규정하기도 한다(이정희). 유팔무의 구분은 정부에 대한 관계에 국한되고, 이기호의 분류는 구분의 기준이 통일적이지 못하며, 조대엽과 이정희 등의 개념은 민중운동과 시민운동의 핵심적 차이점을 간과한다는 문제가 있다. 유팔무(1998); 이기호(1997); 조대엽(2007); 한국사회이론학회 편(2003); 이정희(2010).

존재했던 시민운동을 설명할 수 있다는 장점도 있다. 1980년대 이전에
도 환경, 여성, 지역 등 시민운동으로 분류되는 영역의 운동이 존재했
기 때문이다. 이 부문에서도 1990년대 이후 민중운동과 시민운동의 갈
등 속에서 계급의식을 가지고 자본주의 모순을 강조하는 진영은 스스
로를 시민운동으로 보지 않고 민중운동의 부문 운동으로 자처했던 것
이다.

오늘날과 같은 한국 시민사회의 발전은 기본적으로 1960년대 산
업화에 물질적 토대를 두고 있다. 노동, 농민, 빈민, 환경 부문의 운동
들은 산업화를 둘러싼 갈등과 직접 관련되며, 여성, 지역, 소수자 문제
등은 이 산업화라는 물질적 토대 위에서 이루어진 정치적 근대화와 맞
물려 있기 때문이다. 따라서 한국에서도 산업화가 지속되는 가운데 개
발독재의 모순이 첨예하게 드러나기 시작한 1970년대에 시민사회가
그 기반이 조성되고 이를 토대로 실제 태동함으로써 사회운동이 활발
해지기 시작했다. 따라서 1970년대는 '민주주의의 암흑기'라고 할 수
있음에도 불구하고 이미 전반기부터 반독재 민주화운동이 고양되고
그것이 각계각층으로 확산함으로써 '사회운동의 재형성' 혹은 '새로운
운동의 태동기'라고 할 수 있다.

1960년대를 시민사회의 물적 토대 형성기, 1970년대를 시민사회
의 태동기라고 한다면, 민주화 이전 1980년대는 시민사회의 유아기라
고 할 수 있다. 민주화 이후 시민사회가 시민의식을 갖춘 시민들이 불
완전하나마 개방된 정치 환경에서 대중적으로 형성되었다면, 민주화
이전 1980년대는 저항적 사회운동이 활발하게 전개되었지만, 그것은
여전히 억압적 정치 환경에서 일부 선진적 그룹에 의해 주도되었다. 특
히 적극적 정체성을 가진 시민이 대중적으로 형성되지 못했다는 점에
서 민주화 이전 1980년대 시민사회는 독립적 정체성을 갖지 못한 유아

로 비유할 수 있다.

합법적인 공간이 극히 제한된 조건으로 인해 재야운동 및 종교단체를 중심으로 하는 공개 기구 운동이 사회운동에서 중요한 위치를 차지했으며, 상대적으로 비판의식이 강하고 공간적으로 밀집된 구조를 가진 학생운동이 선도적 투쟁을 통해 사회운동을 활성화하는 주요 계기로 작용했다(윤수종 1993, 308-309). 노동운동도 학생운동으로부터 영향을 받았다. 하지만 노동운동은 종교단체 등과 연결되었을 뿐 아니라 1970년대부터 독자적인 태동과 발전을 이루어낸 점도 경시할 수 없다.

노동운동과 학생운동 외 다른 부문 운동들도 함께 형성되기 시작했다. 농민운동도 1970년대의 기반 조성기를 거쳐 1980년대 초반부터 적극적인 운동을 전개하다가 1986/87년 지역 농민회 조직 결성을 거쳐 1987년 전국농민협회(전농협)가 결성되었다. 이어 다양하고 적극적인 활동을 통해 1989년 초에 전국농민운동연합(전농연)이 결성되고 1990년에 전국적 통일 조직인 전국농민회총연맹(전농)이 출범했다.

도시 개발에 따른 철거와 관련된 주민운동도 이미 1970년대 초 광주 대단지 사건에서 시작되었으며, 1980년대에는 대부분 서울의 재개발 지역을 중심으로 형성되었다(정근식 1993, 327-331). 1980년대 중반에 '서울시철거민협의회' 중심으로 활발하게 전개된 빈민운동은 지역운동과 연계되기 시작했고, 서울올림픽 이후인 1989년 전국빈민연합(전빈연)이라는 전국 조직으로 재편되었다.

지역 주민운동은 환경운동과도 연결되는 중요한 고리였다. 비록 산발적이었지만 빈민운동과 유사한 시기에 쓰레기 매립장, 분뇨 처리장, 연탄 공장, 화력 발전소, 공해 배출 공장의 건설을 반대하는 각종 운동이 진행되었다. 이 산발적인 운동들은 1982년 한국공해문제연구소의 설립으로 목적의식적인 조직적 운동으로 전환하기 시작했다. 1984년에는 비록 소그룹적 성격이었지만 반공해운동협의회가 결성되었고, 이 협의회는 1988년 최초의 전국적 환경운동 조직인 공해추방운동연합(공추련)으로 발전했다.

여성운동도 1980년대 후반까지는 환경운동과 유사한 움직임을 보였다. 1980년대 여성운동은 기본적으로 1970년대 여성 노동자들의 적극적 투쟁의 맥을 이었다. 1985년 '여성 노동자 생존권 대책위원회'와 1986년 '부천서 성 고문 대책위원회'를 거쳐 1987년 전국 조직인 한국여성단체연합(여연)이 창립되었다.

통일운동은 특히 학생운동을 중심으로 널리 확산되었다. 학생운동은 미국과 제5공화국 정권을 광주 학살의 책임자로 부각시키면서 전국적인 결합을 이루어 '전대협'의 이름으로 반미운동을 대중화하고 북한 방문 및 각종 통일운동을 전개함으로써 민족 문제에 대한 논의와 인식을 심화시켰다. 각계각층의 통일운동은 정서적 차원을 넘지 못하거나 친정부적인 조직을 통해 전개되는 경우도 있었으나, 북한 바로 알기 운동을 통해 냉전의식에 입각한 반북의식을 일정하게 깨는 역할을 하였다(윤수종 1993, 312, 315).

한편 1980년대 중반 이후부터 모든 영역을 아우르는 전선운동이 성립되었다. 1985년 연대조직의 성격을 띤 전국적인 공개 운동 조직인 민주통일민중운동연합(민통련)의 결성이 그 첫 사례였다. 민통련은 비록 각 부문 운동을 지도하는 조직은 아니었지만 장외 재야 정치 운동 단체로서 반독재 민주화운동에서 중요한 역할을 담당하였다(윤수종 1993, 313). 더 나아가 1989년 초에는 모든 사회운동의 통일적인 조직화 및 지도의 필요성에서 전국적 통일 조직인 전국민족민주운동연합(전민련)의 결성으로 발전했다. 전민련은 민통련에 비해 노동운동,

농민운동, 빈민 및 주민 운동 등 전통적인 부문 운동뿐만 아니라 이들과 기본 가치를 공유하는 공추련과 여연으로 대표되는 환경운동 및 여성운동까지 포괄하는 조직으로서 명실상부한 전선운동체의 위상을 띠었다.

IV. 민중운동과 시민운동의 양극화와 수렴

영역별로 구체적 시기는 다르지만 대체로 1990년을 전후해 시민사회는 민중운동과 시민운동으로 분화되었다. 이것은 1987년 정치적 민주화로 인해 점차 언론 매체를 통한 간접적 공론 형성 기회가 넓어지고, 인적 자원들이 제도 정치권에 흡수되며, 신중산층의 확대로 시민사회 내 조직 공간이 확대된 것을 배경으로 한다(이기호 1997, 14). 또한 1980년대 후반 동구 현실 사회주의의 몰락으로 사회주의적 민중운동은 이념과 전망에서 큰 타격을 받아 새로운 전환을 모색해야 했다. 그에 따라 노동운동 등 민중운동의 약화 내지 온건화가 노정되는 한편, 과거 기본 가치를 공유했던 시민운동도 민중운동과 결별하거나 처음부터 그 가치를 공유하지 않는 새로운 시민운동이 생겨나기 시작했다.

이 분화가 본격화된 것은 개발독재의 직접적 계승 체제기인 노태우 정권 때보다 간접적 계승 체제기인 김영삼 정부 때였다. 김영삼 정부 시기는 3당 합당을 배경으로 한 지배 연합 구조가 지닌 문민정치 성격과 권위주의 성격이 중첩되고, 실질적 정치 참여 기회가 봉쇄된 채 정치적 견해를 표출하는 공론의 장을 제도권 언론이 거의 독점하다시피 했으며, 동구 현실 사회주의 몰락의 영향이 현실화되는 한편, 우루과이 라운드와 같은 쌀 시장 개방 요구가 사회운동 진영에게 새로운 협력의 기회를 제공한 것을 특징으로 했다(이기호 1997, 21).

이러한 상황에서 등장한 시민운동 단체가 1989년 경제정의실천 연합(경실련)과 1993년 환경운동연합(환경련) 및 1994년 '참여민주사 회와 인권을 위한 시민연대'(참여연대)였다. 경실련은 경제정의 실현을 목표로 부동산 투기 억제, 금융실명제 실시, 한국은행 독립, 재벌의 경 제력 집중 억제, 세제 및 세정 개혁 등을 요구하면서 설립되었다. 그 후 1991년 말부터는 1992년 총선을 겨냥해 정치·경제 분야의 개혁 정책 을 위한 캠페인을 벌였고, 14대 대선(1992)에서도 이 캠페인을 더 확 대하여 '경제 개혁과 민주 발전을 위한 정책 캠페인 운동 본부'를 발족 시켰다. 또한 1995년 지방선거에서는 각 지역에서 정책 과제를 도출하 는 등 점차 노동, 환경, 통일 문제 등으로 사업을 확대해나갔다(유팔무 1998, 87-88). 이처럼 경실련은 처음부터 경제 분야를 중심으로 활동을 넓혀 나가며 선거 무대에서 적극적으로 활동하는 종합적 시민운동 혹 은 포괄적 시민운동의 양상을 보여왔다.

환경련은 공추련의 민중운동적 성격을 버리고 시민운동적 성격을 강화했다. 그 밖에 선거에 적극적으로 참여하는 녹색연합도 중요한 환 경운동의 일익을 담당해 왔다. 녹색연합은 1991년 탄생한 배달환경회 의가 '배달환경연합'으로 개칭했다가 1994년 녹색당 준비위원회, '푸 른 한반도 되찾기 시민의 모임'과 통합해 배달녹색연합을 설립한 후 1996년 현재의 명칭으로 개명한 것이다(엄은희 2009, 56). 두 단체로 대표되는 환경운동은 환경련의 설립 이후 새로운 이슈별 시민운동의 중요한 축이 되었다.

여성운동의 경우는 다소 달랐다. 여연은 1991/92년에 입장 재검 토 논의가 시작되고 기층 여성 중심성이 약해지는 한편, 다른 시민운동 과도 함께 하지 않았다. 여성운동 전체 진영은 비록 다양한 이념과 목표들을 가지고 있지만, 여연은 민중운동의 계급 노선과 시민운동의 비계급 노선 중의 어느 하나에 편입하기를 거부하고 성성(性性)에 따른 독자적 구도를 주장하기 시작했다(장미경 2006, 30).

경실련과 유사한 종합적 혹은 포괄적 시민운동 단체지만 보다 진보적으로 분류되는 참여연대도 상대적으로 특수한 성격을 띤다. 참여민주주의를 이념적 좌표로 설정한 참여연대는 '제도 정치 이외의 영역에서 사회·경제적 민주화운동'을 강화하고, '이른바 재야와 시민운동, 나아가 노동조합과도 친화적 연대를 촉진하는 것'을 목표로 활동하기 시작했다(유팔무 1998, 97). 경실련과 환경련이 제도권 안의 활동에 집중했다면, 참여연대는 제도권 바깥에도 큰 관심을 보이고 민중운동과의 연대를 공개적으로 내세웠다.

이러한 변화 가운데에도 1995년에 건설된 민주노총은 1996/97년 김영삼 정부의 노동법 개악에 맞선 총파업을 계기로 사회·정치적 실체로 인정받게 되었다. 이후 민주노총은 변혁 지향적 민주 노조로서 사회개혁 투쟁을 임금인상 투쟁과 결합해 중요한 사회적 쟁점으로 부각시키는 등 전국 중앙조직으로서 적극적 역할을 수행하면서 노동자 정당의 설립에도 주체적으로 나섰다. 그러나 민주노총은 이른바 '국민파', '현장파', '중앙파'의 경쟁 속에서 2~4기를 제외하면 대개 '국민과 함께 하는 노동운동'으로 대표되는 국민파가 헤게모니를 장악함으로써 사회개혁 투쟁을 기본 노선으로 하되 시민운동과 연대하는 전략을 구사하게 되었다.[6]

민주화와 변혁적 움직임 속에서 한국노총도 과거의 '어용성'을 탈

6 　김세균(2001). 현장파는 정부와 자본에 대한 강경한 '투쟁'과 현장 노동자의 요구를 민주노총 조직 내부에 적극 관철하겠다는 '혁신'을 주장했으며, 중앙파는 국민파와 현장파를 아우르는 통합 지도력을 강조했다.

피하고 자주성을 획득하기 위해 노력하기 시작했다. 1988년부터 정부와 직접적인 관계를 갖기보다 선거 과정에 개입해 정당과 연계를 시도했고 이후에는 독자적인 정당 설립도 시도했다(최영기·김준·조효래·유범상 2001, 543-548). 그러나 보수 정당들과 연계를 시도하거나 노사협조주의적 정당 설립을 지향한다는 점에서 국가 의존적이라는 의미의 어용성을 탈피한 것을 제외하고는 큰 변화를 보여주지 못했다.

전선조직도 시민사회의 분화 흐름을 따랐다. 1992년 전민련이 전국연합으로 재편되면서 민중운동 진영의 대표성을 유지함에 따라, UR 협상 반대 투쟁을 계기로 1994년 경실련, 기독교윤리실천운동, YMCA, YWCA, 통일여성협의회, 환경운동연합, 흥사단 등 54개 시민운동 단체들이 모여 시민단체협의회(시민협)를 결성했다(이기호 1997, 19-20). 시민협은 비록 각 조직의 자율성을 최대한 보장하는 원칙을 세운 소극적이고 방어적인 연대 기구였지만, 상설 연대체로서 민중운동과 분리되는 시민운동의 전선조직이라는 위상을 갖게 되었다. 다만 여연과 참여연대는 정체성과 이념의 특수성에 따라 전국연합과 시민협을 비롯한 어떤 연대기구나 전선체에도 가입하지 않고 사안별 연대를 해왔다(여연 회원 단체들 중 '한국 여성의 전화'만 시민협에 가입).

1999년에는 전교조와 민주노총이 합법화되었고 그에 따라 노동운동은 점차 민중운동의 주축이 되었으며, '민중운동과 시민운동의 분화'라는 화두는 '노동운동과 시민운동'이라는 화두로 전환되기 시작했다(장미경 2006, 30). 게다가 2004년 민주노동당이 의회에 진출해 제3당으로서의 입지를 굳힘으로써 노동운동은 의회 정치적으로도 무시할 수 없는 사회적 존재로 성장했다.

한편 1980년대 중후반 한국 자본주의의 구조 변화와 1990년대 중반 고도성장이 막을 내리고 특히 1997년 외환위기 이후 사회의 양극화로 중간계급조차 중상층과 중하층으로 분화된 사회 계층구조 변화는 시민운동이 생성하고 성장하는 배경이 되었다. 우선, 불완전한 형태로나마 대량 생산과 대량 소비가 유기적으로 결합된 '주변부 포드주의'(peripheral fordism)가 확립되었는데, 이것은 실질임금의 상승에 따라 중간계급과 노동계급 상층의 물질적 기반을 향상시켜 이제까지 사회운동이 간과해온 환경, 여성, 교육, 지방자치, 의료, 교통, 인권 등 새로운 이슈들에 대한 관심을 제고했으며, 이로 인해 이 이슈들을 담당하는 시민운동이 생성되는 토대가 되었다(조현연·조희연 2001, 377). 곧, 사회경제적으로 성장한 중상층이 민주화를 통해 정치적 참여 기회가 확장된 공간에서 자신들의 이해관계를 정치적으로 더욱 강하게 대변하고자 하는 욕구를 시민운동을 통해 표출했다고 볼 수 있다.

1990년대 중후반에는 자산 소득이 거의 없어 임금 하락과 부동산 가격 하락에 따른 경제적 타격을 입은 중하층도 선진국의 사례와 달리 보수화로 귀결되지 않고 정치적 관심을 제고하는 방향으로 나아갔다. 또한 경제적 민주화는 말할 것도 없고 정치적 민주화조차 온전히 이루어지지 않은 상태에서 정경 유착, 관치 금융, 부실 경영 등이 중간계급을 더욱 옥죔으로써 특히 중하층의 정치 참여 의식이 고무되었다. 이러한 정치사회적 상황에서 경실련과 참여연대 등 종합적 시민운동이 성장했다고 할 수 있다.

더 나아가 2000년대 이후 시민운동은 "대의의 대행"(proxy representation)"(조희연 2000)이라고 불릴 정도로 급속히 성장했는데, 이것은 정당정치의 빈곤이라는 정치적 요인과 민중운동의 역할 방기라는 시민사회 내부적 요인 및 정보사회의 발전이라는 새로운 현상으로부터 크게 영향을 받았다(조현연·조희연 2001, 376). 2000년 총선시민연대 및 2002년 대선과 2004년 총선의 유권자 운동에서 시민운동이 준

정당적 기능을 수행한 것이 대표적 예다.[7]

1990년대 후반부터 2000년대 초반의 한국 시민사회는 노동운동으로 대표되는 민중운동과 새로운 운동으로 현상한 시민운동으로 대립되었다. 그러나 노동운동의 다수는 국민을 내세우며 계급성과 멀어져 온 반면, 시민운동은 국민보다는 중간층의 입장을 대변하는 데 집중했다. 그에 따라 표면적으로는 노동운동의 국민성과 시민운동의 시민성이 대립하는 것처럼 보였지만, 총선 등 주요 정치 국면에서는 두 진영이 연대함으로써 이념적으로는 사실상 수렴하는 성격을 띠기도 했다. 이 점을 지적해 김세균은 '노동운동도 시민운동적 성격의 운동을 추구'하게 되었다고 비판했고, 박영신은 '시민 없는 시민운동'이라고 비판하기도 했다(김세균 2001; 박영신 2003).

V. 진보와 보수의 양극화와 다양화

이재철은 민주화 이후 한국의 시민사회가 ① 정부 정책 과정의 협력자, 감시자, 비판자로서, ② 사회문제 해결과 사회적 봉사의 기능 및 사회적 불만을 표출하는 역할을 수행하며, ③ 새로운 제도와 관점을 제시하고 실험함으로써 제도적 창의성을 보였다고 평가했다(이재철 2009, 249). 그리고 이것은 새로운 제도 및 정책을 정부와 사회에 소개했고 이 제도들을 공식적으로 정부가 수용하도록 돕는 한편 정부 혹은 정치

---

7 1999년까지 조직된 시민단체는 약 4,023개로 집계되었으며 각 단체의 지부를 포함한다면 약 2만 개가 넘는 것으로 추정되었고, 2003년에는 약 7,400개로 늘어났으며 이 역시 지부를 포함할 경우에 약 2만 5천 개를 넘는 것으로 알려졌다. 시민의신문 편집부(2003).

제도에 의해 보호받지 못하는 사회 집단들의 입장을 대변함으로써 민주주의를 강화했다는 평가로 이어진다.

이와 같은 평가는 민주주의 발전이라는 맥락에서 시민사회 전체를 논할 때 적절하게 받아들여진다. 그러나 2000년대 이후 시민사회 내부에서는 또 다시 새로운 갈등과 양극화가 생겨났다. '국민성'과 '시민성'의 논쟁과 갈등은 상호 수렴되어 사라진 것이 아니라 진보와 보수라는 새로운 구도로 재편되었다. 또한 김대중·노무현 정부를 거치면서 보수진영도 저항적 시민사회 단체로서 사회운동의 양상을 띠기 시작했다. 이러한 현상과 관련해 주성수는 진보단체의 분열, 보수단체의 확장과 분열, 이로 인한 시민사회의 양극화를 2000년대 시민사회의 세 가지 특징으로 거론했다(주성수 2017, 463).

특히 2000년 총선과 2002년 시작된 촛불집회는 한국 시민사회의 새로운 구도를 형성하는 직접적인 계기였다.[8] 2000년 총선을 앞두고 참여연대 등 상대적으로 더 진보적인 단체들이 총선시민연대를 조직해 대응한 반면, 경실련 등은 총선시민연대에 참여하지 않고 별도의 낙선운동을 전개했다. 2002년 총선이 진보진영 내의 분열을 촉진한 계기라면, 2002년 촛불집회는 보수진영이 사회운동으로 등장하는 계기

---

8 촛불은 국제적으로 비폭력 평화 시위의 상징으로 알려져 있는데, 한국에서 촛불을 집회의 상징으로 선정한 것은 「집회 및 시위에 관한 법률」에 의해 해가 진 뒤에는 집회와 시위가 금지되었던 데에서 비롯되었다는 의견이 설득력 있다(홍성태 2009, 17-18). 위키백과에 따르면, 촛불시위(candle demonstration)는 침묵시위의 형태를 띠는데, 대표적인 것은 1988년 체코슬로바키아 브라티슬라바(Bratislava) 촛불시위이다. 그러나 한국에서는 촛불집회도 시위의 형태를 띠면 야간에 금지되므로 예외적으로 허용되는 문화행사의 형태를 빌려 촛불문화제라는 이름으로 시작되었다. 1992년 한국경제신문사에서 운영하던 코텔이 하이텔로 바뀌면서 유료화 정책을 폈을 때 어느 코텔 유저의 제안으로 일어난 것이 그 시초라고 한다. 그리고 『오마이뉴스』의 김기보 시민기자(아이디 '앙마')의 제안으로 2002년 11월 30일부터 개최된 효순·미선 추모 집회가 본격적인 촛불집회의 시작으로 알려져 있다. 정병기(2018, 386-387).

였다. 두 여중생(효순·미선)을 장갑차로 치어 사망케 한 미군을 처벌할
수 없는 불평등한 한·미 SOFA 협정에 저항하는 촛불시위가 4개월간
지속하면서 그동안 쌓여온 미국에 대한 비판이 전대미문의 수준으로
고조되었는데, 이 사건은 무엇보다 경실련의 분열에 직접적인 영향을
미치는 한편 보수진영의 조직화를 불러왔다. 경실련의 대표적 지도자
들 중 일부(서경석, 이석연 사무총장 등)가 새로운 중도 또는 보수단체
의 대표로 변신하는가 하면, 촛불집회에 맞서는 반공 보수단체들이 반
대 집회를 개최해 한국 시민사회 최초의 대규모 집단행동을 보였던 것
이다.[9]

진보진영 내의 분열을 더 상세하게 보면, 상대적 진보진영 내부에
서도 발견된다. 예를 들어 민주노총 내의 세 정파(국민파, 현장파, 중앙
파)에 뿌리를 두거나 민주노동당의 분열 혹은 사회당 등 기타 정당운
동과 연결된 사회운동이나 노동운동들이 존재했다. 그러나 이 세력들
은 독자적 역량이 미미해 시민사회 내에 의미 있는 영향력을 발휘하지
못하거나 민주노총 등 대표적 진보단체 내부에서 주로 활동했다.

내부 분열은 보수진영에서도 일어났다. 화형식 등의 과격한 집회
와 시위에 나서는 단체들과 이들을 경계하는 온건 단체들 사이의 분열
이다(주성수 2017, 464). 이를 두고 과격 단체를 수구 혹은 극우단체로
부르고 온건단체만을 보수단체로 보기도 한다. 전자에는 '헌법을 생각
하는 변호사 모임'과 이후 생겨난 '박근혜를 사랑하는 모임(박사모)',
대한민국어버이연합(어버이연합) 등이 있고, 후자에는 과거 관변 단체
였던 자유총연맹, 새마을운동, 바르게살기 등을 비롯해 '바른 사회를
위한 시민회의', 한국기독교총연맹, 보수주의학생연대 등이 있다. 이들

---

9 물론 보수단체의 시민사회 진입은 김대중 정부 당시 '햇볕정책'에 반대하는 일부 보수
   세력들이 단체를 조직해 활동을 시작한 것으로 본다. 주성수(2017, 463-464).

이 공유하는 이슈는 자유민주주의, 한미동맹 강화, 이라크 파병 환영, 북한 인권 문제 강조, 북핵 반대, 국가보안법 폐지 반대, 고교 평준화 반대, 기업 옹호, 사립학교법 개정 반대, 행정수도 이전 반대 등이다(이나미 2004, 171). 반면 2016/17년 탄핵 정국에서 극명하게 나타났듯이 온건 보수단체들이 박근혜 대통령 퇴진을 지지하거나 유보하는 입장을 취한 반면, 박사모, 어버이연합 등 수구 보수단체들은 태극기 집회를 조직해 퇴진 반대 집회와 시위를 벌였다.

2008년 촛불집회는 또 한 번의 시민사회 변화를 촉발했으며, 이 변화는 2016/17년 촛불집회를 거치면서 더 심화되었다. 김성일은 2008년 촛불집회 주체를 '다중'으로 규정하고 2016/17년 촛불집회 주체들을 '촛불'로 규정하며, 집단지성과 정동(affect)적 주체의 등장을 강조한다.[10] 2008년의 '다중'에게는 존재의 새로움과 낙관적 전망이 투사되었다면, 2016/17년의 '촛불'에게는 굴곡진 삶의 주름이 깊게 패인 존재의 고단함과 분노가 투영되었다고 본다는 점에서 동의할 만한 판단이다. 2008년 촛불집회 참가자들은 계급·민중 같은 전통적 저항 주체로부터 벗어난 새로움 자체에 대한 열광을 가졌다면, 2016/17년 촛불집회 참가자들은 신자유주의 광풍 속에서 산전수전 겪으며 능멸과 혐오의 시대를 견디다 광장에 다시 모인 정동적 다중이라는 것이다.

촛불집회에 참가한 시민들은 여러 면에서 자유로운 시민들이었다(이태호 2019, 226). 국가가 강요해온 획일적 이데올로기에서 '자유'로웠고, 특정 정당에 종속되지 않은 '자유'로운 주권자들이었을 뿐 아니라, 노동조합이나 기타 전통적 사회운동 조직으로부터 '자유'로웠다. 촛불집회를 통해 한국 시민사회는 점차 조직된 집단 주도성이 약

10　김성일(2017, 159). 두 촛불집회의 차이에 대해서는 정병기(2018) 참조.

화되고 개인 단위 참여의 자발성이 증대되어 왔다고 할 수 있다. 그리고 2016/17년 촛불집회에서는 한 걸음 더 나아가 이념이나 집단 정체성보다 분노나 혐오 같은 감정의 사회적 충동에 따른 개인의 정동성이 강화되었다고 볼 수 있다.

이 변화는 '진보'의 강화로 규정할 수 없으며 양극화만으로도 설명할 수 없다. 부패한 보수 정권의 붕괴라는 점에서 시민사회의 진보화를 얘기할 수는 있지만, 공격의 초점은 '보수'가 아니라 '부패'에 있었기 때문이다. 2016/17년 촛불집회에 참가한 시민들 중 보수정당(자유한국당, 바른정당) 지지층이나 무당파층이 36.14%였다(도묘연 2017, 131). 진보와 보수를 과거와 같이 독재-민주 구도나 좌-우 구도에서 벗어나 부패-반부패 혹은 그에 준하는 새로운 개념으로 설정하지 않는다면, 2016/17년 촛불집회 이후 한국 시민사회는 더 이상 진보와 보수로 규정하기 어렵게 되었다.

집단 중심성이 약화되고 개인 주체성이 강화되었다는 점도 중요하다. 이미 2008년 촛불집회에서 집회를 주도하는 지도부나 준비된 일정한 형식이나 의제는 부재했다(임경석 2008, 254-255). 2008년 5월 8일 여러 시민단체들과 인터넷 커뮤니티로 구성된 '광우병 위험 미국산 쇠고기 전면 수입을 반대하는 국민대책회의'가 꾸려졌지만 형식적인 지도부였을 뿐 실질적인 지도부가 아니었다. 또한 미국산 쇠고기 수입 문제라는 생활정치적 문제는 곧바로 이명박 정부의 공교육 자율화 정책, 한반도 대운하 건설, 물·가스·전기·의료 민영화에 대한 반대와 조·중·동 광고 거부 운동, KBS 사장 해임 및 YTN 낙하산 인사 등 정부의 언론 장악 음모의 저지라는 다양한 의제들로 확산되었다(정병기 2018).

특히 '아수나로'라는 청소년단체는 새로운 운동 양식의 압권이었다(정병기 2018; Aleksis 2008, 62-72). 대표도 두지 않을 정도로 개인의 자율성을 중시하는 모임을 자처하는 이 단체는 깃발조차 내걸지 않았다. 아수나로는 2005년 '청소년인권행동 아수나로'로 출범하여 같은 해 전국적 학생 인권 보장 시위를 이끌어내고 2008년 5월 17일 등교 거부 촛불시위에 참여했다. 또한 청소년에게는 선거권도 인권도 없다는 인식으로 2008년 서울시 교육감 선거를 겨냥해 '서울시 교육감 기호 0번 청소년 후보'를 상징적으로 내세웠다. 물론 청소년은 선거권뿐 아니라 피선거권도 없으므로 실제 후보 등록이 이루어지지는 못했지만, 이 행동이 2008년 촛불 집회에서 가지는 의미는 적지 않았다.

2016/17년 촛불집회에는 더욱 다양한 모임과 개인들이 참가해 전 세계적으로도 경이로운 양상을 보였다(정병기 2017). 한 자료집(이수영 2017, 192-197)에 따르면, 촛불집회에 등장한 깃발은 '혼자 온 사람들, 전국고양이노동조합, 고산병연구회, 범깡총연대, 범야옹연대, 사립돌연사박물관, 안남시민연대,[11] 안남대학교 리볼버과, 행성연합 지구본부 한국지부-하야와 번영을, 거리애호가, 우리는 서로의 용기당, 전국설명충연합회, 트잉여운동연합, 전견련, 무도본방사수후원회, 화분안죽이기실천연합, 고혈당, 햄네스티, 양배추취식실천연합, 민주묘총, 나만 고양이 없어, 보노보노, 포로리, 너구리, 프로혼참러가이포크스, 한국 주사맞기 캠페인 운동본부, 만두노총, 새우만두노조, 집가싶(집에 가고 싶다), 얼룩말연구회, 장수풍뎅이연구회' 등이다. 이 깃발들은 조직이 없이 비어 있는 깃발들로서 이 깃발을 들고 참가한 사람들은 스스로 '아무 깃발'이라고 부르는데, 이수영은 이를 "구체적으로 고정된 특정 깃발이 아니라 아무거나 될 수 있는, 무엇이든 될 수 있는 깃발

---

11   안남시는 영화 〈아수라〉에 나오는 가상의 도시.

들"(이수영 2017, 192)로 평가한다.

　이와 같이 정동적 주체로서의 개인이 등장한 것은 기존의 이념적·집단적 정체성에 대한 반작용이라고 할 수 있다. 이들은 이념과 진영으로부터 자유롭고, 전통적인 가치나 우선순위와는 명백히 다른 프레임으로 사물을 바라보는 자유로운 개인들로서 '우리'라는 집단 중심성을 벗어나 '나'들로 광장에 모여 각자의 정동을 사회적으로 표출하는 것으로 보인다. 이 정동들이 특정한 사회적 이슈와 맞물려 공통의 충동으로 작동할 때 거대한 사회적 힘으로 작용하는 것이다.[12]

　그러나 다른 한편 탄핵, 여성 인권, 노동, 환경 등과 같은 특정 이슈 영역 안에 들어가면 (다른 표현이 없는 한) 진보와 보수라는 두 진영으로 나뉘어 극한 대립으로 치닫는 경우가 많다. 최근 촛불집회와 태극기집회의 대립, 조국(曺國)과 검찰개혁을 둘러싼 대결, 페미니즘을 둘러싼 대립[13] 등은 대표적 예라고 할 수 있다. 따라서 촛불집회 이후 한

12　이태호의 다음과 같은 평가도 주목할 만하다. "행동하는 주체로서 스스로를 드러내기 시작한 '나'들은 촛불 내내 지속되었던 무대와 광장 사이 긴장의 한 축이기도 했다. 촛불집회에 참여한 이들은 동의할 수 없는 기획이나 주장에는 즉각적이고 주체적으로 반응했다. 예를 들어 누군가 무대에서 여성 비하적 혹은 성차별적인 발언을 했을 때, 구속된 노조 지도자나 진보정당 지도부에 대한 석방 주장이 과하다고 느꼈을 때, 연단에 특정 정당의 예비 대선후보나 주요 지도자가 등장했을 때 군중들은 현장에서 혹은 SNS나 인터넷 등을 통해서 즉각적으로 자신의 불편함을 표시하곤 했다. 그들은 박근혜 퇴진이라는 공통된 구호 아래 하나가 되었지만, 각자의 방식으로 각자의 이유로 광장을 즐겼다"(이태호 2019, 227).

13　페미니즘을 둘러싼 대립을 양극화로 보는 것은 주의를 요한다. 권김현영의 다음과 같은 지적을 주목할 필요가 있다. "여성들의 반응은 페미니즘 대중운동으로 촉발되어 그 자체의 합목적성을 지녔던 반면, 남성들의 반응은 언론 인터뷰와 설문조사 등의 방법을 통해 매우 적극적으로 발굴되는 방식으로 가시성을 획득했으나, '안티페미'라는 지향 이상의 방향을 자체적으로 만들어내지 못했다. 규모 면에서도 큰 차이를 보인다. 안티페미니즘을 내건 집회는 기껏해야 수십 명에 이르는 참여도를 보인 반면, 페미니즘 집회는 최대 수만 명에 이른다. 한마디로 '비교 불가'다. 이 흐름에 대응하거나 호응하거나 저항하는 남성들의 움직임도 일부 있었으나 이 시기 봉기한 여성들의 대응처럼 대중운동의 성

국 시민사회는 이슈와 집단이 다양해지고 정동적 개인들이 주체로 등
장하기 시작했지만, 이슈 내에서는 양극화 내지 극단화가 진행되고 있
다고 할 수 있다.

VI. 결론

임현진에 따르면, 민주화 이후 시민사회는 폭발적으로 성장해 동원
적 시민사회(mobilizational civil society)로부터 제도적 시민사회
(institutional civil society)로 전환했다(임현진 2018, 22-23). 이때 동원
적 시민사회는 "민주주의로의 이행기에 권위주의 정권을 끌어내기 위
해 시민들을 거리로 동원하는" 성격을 띤다면, 제도적 시민사회는 "민
주주의의 공고화 과정에서 법과 제도를 통해 시민들의 요구를 대변하
고 정권을 감시하는 특징"을 갖는다고 한다. 이 말은 한편으로 한국의
시민사회는 민주화 과정을 거치면서 비로소 형성되었다는 것을 뜻하
며, 다른 한편으로는 민주주의 공고화 이후 한국 시민사회도 비로소 안
정화되었다는 의미다.[14]

　　이와 유사한 맥락에서 이 글은 시민사회를 정치사회와 구별되는
사회 행위자들의 영역으로 파악해 민주화를 전후한 시기와 그 이후에
초점을 두었다. 그리고 더 구체적으로 고찰 대상을 공동체의 발전과 긴

　　격으로 전환되었다고 보기 어렵다. 그러므로 오히려 페미니즘 봉기에 대한 남성의 반응
　　을 분별하고 거기에서 남성성의 위기를 진단하는 것은 이분법에 기반한 양성 체제적 사
　　고방식의 일환으로 여성의 부상에 '대응되는' 남성의 자리를 서둘러 마련한 것에 가깝다
　　고 할 것이다"(권김현영 2019, 40).
14　안정화 혹은 제도화의 중요한 특징으로 임현진은 각종 싱크탱크 같은 전문가 사회 집단
　　이 증가하는 현상을 거론한다. 임현진(2018, 41-42).

밀하게 연관된 목표와 활동을 하는 시민들의 집단 혹은 조직에 한정했다. 다만 최근 촛불집회라는 특수한 현상을 고려해 인터넷을 통한 사적 모임이나 실체가 없는 모임으로서 광장에 집결하는 양상도 시민사회 영역에 포함해서 고찰했다.

1960년대가 시민사회의 물적 토대 형성기였다면, 1970년대는 시민사회의 태동기였다. 그리고 민주화 이전 1980년대는 저항적 사회운동이 억압적 정치 환경에서 일부 선진 그룹에 의해 주도되었다는 점에서 시민사회의 유아기라고 할 수 있다. 1987년 정치적 민주화를 통해 간접적 공론 형성 기회와 조직 공간이 넓어짐에 따라 비로소 시민사회가 성장하기 시작했으며, 동구 현실 사회주의의 몰락 등 국제적 요인도 한국 시민사회의 형성과 변화에 영향을 미쳤다. 1990년대 시민사회의 폭발적 성장과 분화는 이러한 요인들의 산물이었다.

민주화 이후 1990년을 전후해 한국 시민사회는 영역별로 구체적 시기는 다르지만 민중운동과 시민운동으로 분화되었으며, 이것을 일차 양극화라고 볼 수 있다. 이어 1990년대 말에는 노동운동이 점차 민중운동의 주축이 됨에 따라 민중운동과 시민운동의 분화는 노동운동과 시민운동의 대립이라는 새로운 양극화로 전환되었다. 그러나 노동운동이 계급성보다는 국민성을 강화하고 중간층 중심의 시민성을 대변하는 시민운동과 연대해감으로써 2000년대 초반부터는 두 운동이 수렴하는 현상을 보이기도 했다.

2000년대 이후 시민사회 내부에서는 새로운 갈등과 양극화가 생겨났다. 국민성과 시민성의 갈등이 수렴을 통해 사라진 것이 아니라 진보와 보수라는 새로운 구도로 재편되었기 때문이다. 게다가 김대중·노무현 정부를 거치면서 보수진영도 저항적 시민사회단체로 전환해 사회운동의 새로운 양상으로 등장함으로써 시민사회의 양극화를 심화시

컸다. 그리고 이 새로운 양극화는 진보진영뿐 아니라 보수진영에서도 내부 분열을 동반한 것이었다. 진보진영은 계급성을 강조하는 정파와 국민성을 강조하는 정파 및 중도파로 분열하고, 보수진영은 극단적 분파와 온건한 분파로 분열된 것이다.

촛불집회는 또 한 번 시민사회를 변화시켰는데, 특히 2008년과 2016/17년 촛불집회가 중요하게 작용했다. 2008년 촛불집회가 그 변화를 촉발했다면, 2016/17년 촛불집회는 그 변화를 촉진·심화시켰다. 2008년 촛불집회에서부터 그 참가자들은 계급이나 민중 같은 전통적 저항 주체로부터 벗어나는 양상을 보였다. 이념으로 무장한 조직이나 단체는 그들에게 덜 중요하거나 중요하지 않게 되었다. 2016/17년 촛불집회 참가자들에게 이 경향은 더욱 강화되어 이념보다 정동에 의해 행동하는 양상이 뚜렷이 나타났다. 촛불집회 이후 한국 시민사회는 조직된 집단의 주도성과 이데올로기성이 약해지고 개인 단위의 자발성과 정동성이 증대되었다고 할 수 있다.

이러한 변화는 한국 시민사회를 양극화만으로 진단하는 것을 어렵게 한다. 위에서 말했듯이 내부 분열을 동반한 양극화가 최근의 경향이었던 것이 사실이다. 하지만 개인 단위의 자발성이 증대되었다는 것은 집단적 갈등이 약해지고 그만큼 다양성이 증대될 수 있다는 것을 의미하며 실제 그러한 경향이 강해졌다. 게다가 2016/17년 촛불집회 참가자들 중 보수 정당 지지자나 무당파층이 약 36%였다는 점을 볼 때 단순히 시민사회를 진보와 보수의 대립으로 규정하는 것은 조심스럽게 되었다.

그러나 다른 한편 이념에 의한 양극화는 약해졌지만 정동에 의한 행동이 다른 양극화를 초래하기도 했다. 탄핵, 여성 인권, 노동, 환경 등과 같은 특정 이슈 영역 안에 들어가면 양 극단이 강화되고 이들의 대립이 심각하게 나타나기 때문이다. 다만 동일 이슈 내에서도 중도를 포함하는 다양화가 진행되는 가운데 양 극단이 강해지는 양상으로 이해할 필요가 있다. 이제 한국 시민사회 발전은 이 새로운 양극화 혹은 극단화를 어떻게 해결할 것인가에 달려 있다고 해도 과언이 아니다.

해결은 그 변화에 내재해 있다. 정동적 다중의 다양성을 촉진함으로써 양극화나 극단화를 약화시키는 것이다. 촛불집회 진행 과정에서 보았듯이 그 다양성의 촉진은 극단까지 배제하지 않는 열린 공론장을 통해 가능하다. 이미 한국 시민사회는 공론장 자체를 파괴할 정도의 극단적 경향들은 다중의 자발적이고 평화적인 감시와 통제를 통해 해결할 수 있을 만큼 성숙했기 때문에 극단적 세력의 파괴적 위험을 염려할 필요가 없을 것으로 보인다.

참고문헌

권김현영. 2019. "불평등 감각의 젠더 차이: 성차별 현실에 대한 부정과 인정."『창작과 비평』
　　제47권 3호.
김성일. 2017. "광장 정치의 동학: 6월 항쟁에서 박근혜 탄핵 촛불집회까지."『문화과학』
　　제89호.
김세균. 2001. "1987년 이후의 한국 사회운동."『한국정치연구』제10집.
김원식. 2013. "한국 사회 양극화와 다차원적 정의."『사회와 철학』제26집.
도묘연. 2017. "2016년-2017년 박근혜 퇴진 촛불집회 참여의 결정 요인."『의정연구』제23권
　　2호.
문병주. 1996. "한국 민주주의의 공고화를 위한 이론적 검토: 국가-정치사회-시민사회의 관계
　　및 그 내부 동학을 중심으로."『96년 연례 학술 논문집』. 한국정치학회.
박영신. 2003. "관심과 운동 세력: 우리 시민운동 내다보기." 한국사회이론학회 편.
　　『사회운동과 우리 사회: NGOs의 오늘과 내일』. 서울: 푸른사상.
백욱인. 2009.『한국 사회운동론』. 파주: 한울아카데미.
시민의신문 편집부. 2003.『한국민간단체총람 2003』. 서울: 시민의신문사.
엄은희. 2009. "한국 환경운동사의 재조명과 공명(共鳴)의 과제."『진보평론』제40호.
유팔무. 1998. "비정부 사회운동 단체(NGO)의 역사와 사회적 역할: 시민운동과 정부와의
　　관계를 중심으로."『동서연구』제10권 2호.
윤성석·이삼성. 2002. "한국의 시민사회운동과 민주주의 발전."『한국동북아논총』제24집.
윤수종. 1993. "한국 근·현대 사회운동사." 사회문화연구소 편.『사회운동론』. 서울:
　　사회문화연구소 출판부.
이기호. 1997. "김영삼 정부 시기의 정치와 시민사회의 분화: 사회운동 조직을 중심으로."
　　한국정치학회 9월 월례발표회 자료집.
이나미. 2004. "한국 보수단체의 이념적 분화."『시민사회와 NGO』제2권 2호.
이수영. 2017. "'장수풍뎅이 연구회' 깃발과 촛불 혁명."『혁명과 이행』, 제8회 맑스코뮤날레
　　2일차 자료집.
이재철. 2009. "한국 사회의 양극화와 세계화 그리고 시민사회."『21세기정치학회보』제19집
　　2호.
이정희. 2010.『이익 집단 정치: 갈등과 통합의 역동성』. 고양: 인간사랑.
이지호·이현우·서복경. 2017.『탄핵 광장의 안과 밖』. 서울: 책담.
이태호. 2019. "위태롭고 자유롭고 똑똑한 시민들과 사회운동." 김귀옥·박석운 외.『촛불 이후
　　사회운동의 과제 및 전망』. 서울: 선인.
임경석. 2008. "2008 촛불은 진정 우리 사회의 민주적인 변혁과 자기 성찰을 이끌 힘인가?:
　　대의 민주주의의 위기와 대중의 자발적인 주권 의식의 고양을 중심으로." 사회와 철학
　　연구회 편.『촛불, 어떻게 볼 것인가』. 서울: 울력.
임현진. 2018. "변화하는 한국의 시민사회: 과제와 전망."

공석기·임현진·김영춘·김태균·박명준·정영신.『한국 시민사회를 새롭게 하라』. 과천: 진인진.

장미경. 2006.『한국 여성운동과 젠더 정치』. 광주: 전남대학교 출판부.

전병유. 2005. "일자리 양극화와 정책 과제."『KNSI 특별기획 사회적 양극화 실태와 해법』. 새로운코리아구상을위한연구원.

정근식. 1993. "지역 개발과 주민 운동." 사회문화연구소 편.『사회운동론』. 서울: 사회문화연구소 출판부.

정병기. 2013. "한국 시민운동의 흐름과 '시민성'."『진보평론』제55호.

_____. 2017. "68 혁명 운동과 비교한 2016/2017 촛불집회의 비판 대상과 참가자 의식." 『동향과 전망』제101호.

_____. 2018. "2016~2017년 촛불집회의 성격: 1987년 6월 항쟁 및 2008년 촛불집회와의 비교."『동향과 전망』제104호.

정병기·도묘연·김찬우. 2018.『2016~17년 촛불집회: 민주주의의 민주화, 그 성격과 의미』. 경산: 영남대학교출판부.

조대엽. 2007.『한국의 사회운동과 NGO: 새로운 운동 주기의 도래』. 서울: 아르케.

조현연·조희연. 2001. "민주주의 이행 시대의 시민사회와 운동 정치." 조희연 편.『한국 민주주의와 사회운동의 동학』. 서울: 나눔의 집.

조희연. 1998.『한국의 민주주의와 사회운동: 비판·실천 담론의 복원과 재구성을 위하여』. 서울: 당대.

_____. 1999. "'종합적 시민운동'의 구조적 성격과 그 변화의 전망에 대하여."『당대비평』 제9호.

_____. 2000. "민주주의 이행과 제도정치·시민정치·민중정치."『경제와 사회』제46호.

주성수. 2017.『한국 시민사회사: 민주화기 1987~2017』. 서울: 학민사.

최광·강석훈·안종범. 2006.『국가 정체성과 나라 경제 바로 보기: 양극화의 거짓과 진실』. 서울: 봉명.

최영기·김준·조효래·유범상. 2001.『1987년 이후 한국의 노동운동』. 서울: 한국노동연구원.

최장집. 1993.『한국 민주주의의 이론』. 서울: 한길사.

_____. 2000. "한국의 민주화, 시민사회, 시민운동: '2000년 총선 시민연대' 시민운동의 의의." 『정치비평』제7권.

한국사회이론학회 편. 2003.『사회운동과 우리 사회: NGOs의 오늘과 내일』. 서울: 푸른사상.

홍성태. 2009. "촛불집회와 민주주의." 홍성태 편.『촛불집회와 한국 사회』. 서울: 문화과학사.

홍윤기. 2002. "시민 민주주의론: 민주주의적 이성과 천민 민주주의의 거부."『시민과 세계』 제1호.

Aleksis. 2008. "'왔노라, 보았노라, 딴지 걸었노라': 촛불집회에 나온 아수나로 이야기." 『진보평론』제37호.

Linz, Juan and Alfred Stepan. 1995. *Problems of Democratic Transition and Consolidation: Southern Europe, South America, and Post-communist Europe.* Baltimore, MD: Johns Hopkins University Press.

제9장

온라인 공간의 집단 극화와 갈등 연구
─온라인 커뮤니티와 유튜브 방송을 중심으로─

조희정(서강대학교)

이헌아(코리아리서치)

I. 문제제기

이 글은 온라인 공간, 특히 온라인 커뮤니티와 유튜브에서 표출되는 집단 극화(group polarization) 현상의 형성 배경과 과정을 경험적으로 분석하고, 그 효과와 의미에 대해 평가한다. 특히 최근 들어 주목받는 유튜브 방송에서의 이념 갈등과 온라인 커뮤니티의 젠더(gender) 갈등을 대상으로 분석한다.

집단 극화는 '개별 의사결정보다 집단 구성원으로서 의사결정할 때 평균 이상의 결정을 내리게 되는 현상'을 의미한다. 사회심리학에서는 1960년대 말부터 평균으로서의 대중에 비해 돌발행동을 보이는 집단 극화 현상을 연구해왔고, 2000년대 이후에는 인터넷 발전으로 인해 확장된 온라인 공간에서의 다양한 의견표출로서 집단 극화에 대한 관심이 다시 높아지고 있다.

집단 극화 연구는 포퓰리즘(Populism), 반지성주의(Anti-Intellectualism),[1] 파시즘(Fascism), 매카시즘(McCarthyism), 근본주의(Fundamentalism), 팬덤(fandom)·팬클럽, 극우정당(Extreme Right, far right), 넷우익(ネット右翼) 등 강한 의견 표출 현상에 대한 연구가 진행되었는데, 이 글에서는 (우리나라에서 특히 강하게 나타나고 있는) 유튜브 정치방송과 온라인 커뮤니티의 콘텐츠(contents)와 사회 반응을 분석하여 '온라인 집단 극화가 현재 한국 사회에 제시하는 정치적 쟁점과 당면과제'를 도출하고자 한다.

온라인 공간의 집단 극화 연구가 중요한 이유는 세 가지로 정리할

---

1   Hofstadter(1963)는 반지성적 태도에 대해 "정신적 삶과 그것을 대표한다고 여겨지는 사람들에 대한 분노와 의심이며, 또한 그러한 삶의 가치를 언제나 얕보려는 경향"이라고 정의했다(강준만 2019, 29에서 재인용).

수 있다.

첫째, 온라인 공간은 집단 극화가 활성화될 수 있는 기술 자원을 제공한다. 인터넷(2000년대), 소셜미디어(2000년대 중반), 스마트폰 (2000년대 후반) 이용이 확대되면서 정보 습득과 의견 표출을 위한 기술 환경은 거의 완벽하게 구현되고 있다. 앞으로도 인공지능(AI), 사물인터넷(IoT), 블록체인(blockchain), 가상현실(VR) 등을 통해 더욱 완벽한 개인맞춤형 커뮤니케이션 환경이 구현될 수 있지만 현재까지 이루어진 기술 수준만으로도 손쉽게 정보를 습득하고 누구나 의견을 표출하며 이러한 행동의 연결이 네트워크 밀도와 확산을 고도화할 수 있다(혹은 고도화가 가능하다는 것을 다수의 대중이 '인지'하고 있다)는 것이 지난 30년간 진행된 기술발전의 결과이다.

커뮤니케이션 차원에서 이런 기술 발전은 정치와 사회의 심대한 변화 가능성을 내재하고 있다. 정치 부문에서는 기존 대의기관의 커뮤니케이션 능력이 시험대에 올라 있다. 정부나 정당은 (과거 그 어느 때보다) 끊임없이 정보를 공개하고 개인의 요구를 수렴해야 할 뿐만 아니라 온라인의 수많은 집단의 요구를 파악하고 신속하게 조정해야 하는 과제에 직면해 있다. 정기적인 선거를 통해 대표자를 선출하고 이들의 활동이 진행되는 식으로 대의제의 선형적이고, 위계적이고 느린 혹은 제도 중심의 정치구조는 네트워크사회로 접어들면서 훨씬 더 신속한 대응력을 필요로 하는 역동적·비제도적 정치구조로 변화하고 있다.

사회 부문에서는 정부나 정당보다 빠르게 일상의 의견과 요구를 수렴하면서 네트워크 개인들의 사회운동이 활성화되고 있다. 그러나 근대사회의 주요 행위자였던 시민단체는 고전적인 모습을 유지하기 어려워지고 다른 형태의 글로벌한 개인연대가 시민단체 활동을 대체하고 있다. 1990년대 중반 멕시코 사파티스타(Zapatista) 혁명부터 우리나라에서 진행된 2002, 2004, 2008, 2016년의 네 차례 촛불집회 그리고 2014년 우산혁명에 이은 2019년 홍콩 블랙혁명에 이르기까지 20세기 초반의 20년간 전 세계적으로 총 50여 회의 주목할 만한 대형 시민집회가 발생했는데(평균 5개월에 1회 정도의 빈도), 이 과정에서 인터넷 초기 기술인 메일링리스트(mailing list)뿐만 아니라 트위터, 페이스북, 유튜브를 거쳐 VR까지 수많은 기술이 정보를 제공하고, 대화 공간을 열었으며, 토론뿐만 아니라 청원 등을 통해 제도에 영향을 미치고 나아가 정당까지 구성하며 국제적 연대를 형성할 정도로 위력적인 영향력을 나타냈다.

집단 극화는 이러한 기술 환경 속에서 형성되고 있다. 온라인 공간에서는 정보 생산뿐만 아니라 유통 및 확산이 단시간 내에 이루어질 수 있기 때문에 누구라도 강한 의견을 표출하면 이에 대한 동조와 결집이 순식간에 이루어질 수 있다. 내가 아는 것을 너도 알고, 내가 아는 것을 너도 안다는 것을 너와 내가 알고 있다는 사실 때문에 이루어지는 공조효과가 결집을 이루어내고 하나의 세력을 형성할 수 있다. 그러나 그 세력 형성 과정이나 효과를 근대정치의 프레임으로는 이해하기 어렵다는 점에서 온라인 집단 극화 연구의 첫 번째 중요성을 발견할 수 있다.

둘째, 집단 극화는 사회 내 다양성을 평가할 수 있는 중요한 지표를 제공한다. 민주주의의 가치는 사회 내 다양한 요구의 갈등을 수렴하는 과정을 통해 사회가 성장할 수 있다는 것에 있다. 이 가운데 집단 극화 현상을 극단적 정치 주장만 하는 광신적인 집단 현상으로 협애하게 해석하여 다양성 형성 자체를 봉합하는 측면이 있다. 이는 과거 대중사회에서 이변적인 현상으로만 집단 극화를 해석해왔던 이론적 전통과도 궤를 같이하는 측면이다.

그러나−네트워크 개인주의처럼 다양성 자체가 급부상하는 현재의 탈근대적 국면을 고려하지 않더라도−원론적 차원에서 극단적 정치 주장 자체가 사회모순을 가장 극단적으로 보여주는 것일 수도 있기 때문에 주장의 내용에 대한 사회적 수용력과 대응력 역시 중요하다는 관점이 성립할 수 있다.[2]

즉 현상과 대응 간의 관계적 측면이나 주장 자체의 형성 과정에 대한 고려 없이 '심한 것은 나쁘다'라는 윤리적 판단 하에 갈등 자체를 비난하고 봉합할 경우, 여론에 대한 일반화의 오류가 횡행할 수 있으며 나아가 (최근에 급부상하는 가치로서) 표현의 자유, 자유로운 연대, 갈등의 활성화 자체를 막아버릴 수 있다.

물론 표현의 자유, 연대, 다양한 갈등 조성을 위해 집단 극화가 반드시 필요하다고 볼 수는 없지만 선악 구도나 윤리만으로 집단 극화를 미리 봉합하려는 것도 위험하다. 즉, 다양한 갈등을 생산적으로 해결하려는 노력 없이 갈등 자체를 봉쇄하는 것은 가능하지도 않거니와 그래서도 안 된다. 역동적인 정치를 구성할 수 있는 갈등은 그 자체로 민주주의의 필요조건이기 때문이다(Schattschneider 1960).

이와 같이 집단 극화를 표출하는 집단이 만들어내는 이슈 때문에 만들어지는 갈등뿐만 아니라 집단 극화를 하나의 현상으로 평가할 수 있는가 아닌가에 대해서도 갈등이 형성되고 있다. 즉 집단 극화를 구성하는 집단이 무엇을 말하는가 하는 내용 분석뿐만 아니라 집단 극화 현상 자체를 어떻게 바라볼 것인가에 대해서도 많은 이견이 있을 수 있다. 집단 극화는 다른 어떤 정치현상보다 내외부적인 갈등의 속성이 매우 강한 것이다. 이 같은 상황에서 이 글은 온라인 공간에서 집단

2   반지성주의는 불통의 주요 원인이므로, 반지성주의에 관한 논의는 한 걸음 더 들어간 소통 연구로 이해할 필요가 있다는 주장도 제기되고 있다(강준만 2019, 31).

극화 이슈가 내부에서 형성되는 과정을 분석하고 이를 현상으로서 어떻게 보아야 하는가를 정리하고자 한다. 그리고 윤리적 비판보다는 경험 분석을 우선하는 관점에서 누가 어떤 주장을 왜 하는가, 뉴미디어로 인해 갈등이 증폭한 것인가 등을 경험적인 분석을 통해 알아보고자 한다.[3]

셋째, 온라인 정치 극화의 정치적 영향력에 대한 분석이 필요하다. 앞서 정리한 바와 같이 집단 극화 연구는 1970년대부터 현재까지 50년간 연구가 진행되어 왔다. 그 결과, 가치이론, 설득주장이론, 확증편향이론과 같은 관련 이론들이 등장하였는데 온라인 공간의 정치 극화 또한 그러한 연구의 연장선상에 있다.

표 1 집단 극화에 대한 사회이론

이론	내용
가치이론	개인은 사회적으로 바람직하고 우호적인 방향으로 보이기를 원하기 때문에 그룹 전체 차원에서 볼 때 자신이 선호하는 방향으로 그룹의 입장이 더 극단적임을 알게 되면 본인도 더 극단적인 입장을 취한다.
설득주장이론	개인은 습득 정보를 바탕으로 의사결정을 한 후 그룹을 형성하여 토론하는 과정에서 다른 사람의 주장에 노출됨에 따라 이에 영향을 받는다.
확증편향이론 (confirmation bias)	인지적 일관성을 유지하고자 혹은 인지부조화를 해소하고자, 자신의 신념을 강화하는 정보만 선택적으로 받아들여 편향이 강해진다.

그러나 이제까지의 집단 극화 연구는 한계 또한 갖고 있는데, 대체적으로 수용자의 능동성보다는 외부 변수를 더 강조함으로써 편향성 원인을 밝히는 데는 강한 반면, 능동적 수용자의 편향성 원인을 밝히는

3　이 글에서는 갈등의 범위, 가시성, 강도, 갈등의 방향을 중심으로 한 샤츠슈나이더의 갈등 분석틀도 참고한다(Schattschneider 1960).

데는 약했다. 이는 대부분의 연구들이―대중사회에서 강력한 대의기관이 제시하는 가치를 중심으로―이미 '일반 가치'는 정해져 있고 집단 극화의 가치는 '이례적'이라는 관점에서 분석했기 때문에 나타나는 특징이다.

즉, 네트워크사회의 개인은 통일된 의견을 갖춘 대중으로 보기 어렵기도 하거니와 다수의 행위자들이 수동성보다는 능동성을 표출하고 있는 상황에서 이러한 행위자가 다수 포진한 온라인 공간에서 집단 극화가 어떤 정치적 영향력을 발휘할 것인가 하는 문제 역시 중요하다는 사실을 간과하고 있다.

따라서 이 글은 기술 발전, 다양성 표출, 정치적 영향력의 가능성과 같은 세 가지 연구 필요성을 배경으로 온라인 정치 극화를 연구한다. 특히 커뮤니케이션 관점에서 온라인 집단 극화의 특성을 분석함으로써, 새로운 커뮤니케이션 방식에 대한 이해가 필요함을 강조한다.

제2절에서는 유튜브 정치방송에 나타난 이념갈등을 분석하기 위해 2009년 시작된 팟캐스트부터 2020년 유튜브 진보·보수 대립까지의 과정을 분석한다. 이어서 제3절에서는 온라인 커뮤니티의 젠더 갈등 분석을 위해 남초·여초 커뮤니티의 형성 과정을 분석한다.

2절과 3절의 분석 내용은 커뮤니케이션 연구 차원에서 온라인 집단 극화를 주도하는 행위자, 생산 의제, 확산 방식을 분석한 것이다. 그 결과 제4절에서는 각 매체의 갈등에서 나타난 특징과 쟁점을 정리하고 결론에서는 연구의 의미를 정리하는 것으로 글을 마무리한다.

II. 유튜브 정치 참여의 형성 과정과 현황

1. 유튜브 정치 참여의 전사(前史): 팟캐스트 정치방송

최근 10년간 뉴미디어, 특히 팟캐스트를 중심으로 진보 계열 콘텐츠가 큰 인기를 얻었다. 2009년 11월에 국내 팟캐스트 서비스가 처음 시작한 후 불과 4개월 만인 2012년 3월에 청취자 규모 1천만 명을 넘어가면서 팟캐스트는 정치정보 제공과 홍보를 위한 새로운 채널로 각광받게 되었으며 제18대 대선을 거치면서 가장 크게 성장한 이슈 플랫폼으로 평가되었다.

2012년 4월 말 기준으로 국내에서 소비되는 전체 3,700여 개 팟캐스트 가운데 국내 생산 팟캐스트는 1,900개로서 1년 전보다 10배 이상 증가하였으며 분야별로는 종교(222개), 교육(167개), 시사(140개), 문화(105개) 순으로 나타났다(http://www.podbbang.com).

2012년 7월에는 팟캐스트 다운로드 순위 10위권 내에 6개의 정치 팟캐스트가 진입하였다. 2011년 서울시장 재보궐선거와 2012년 제19대 총선을 통해 큰 인기를 끌기 시작한 팟캐스트는 나꼼수('나는 꼼수다')의 폭발적인 파급력, 보편적인 스마트폰 사용, 주류 미디어에 대한 불신, 재미라는 문화적 배경 때문에 단시간에 대중적으로 크게 확산되었다.

누구나 자유롭게 생산할 수 있는 팟캐스트는 정치 정보 생산력, 특히 주요 이슈의 특종효과가 매우 높게 나타났다. 일례로 나경원 후보의 1억 원 피부과 의혹('나꼼수')이나 총리실의 불법 사찰('이슈 털어주는 남자')처럼 당시의 주요 정치 이슈는 모두 팟캐스트에서 제기되었다.

2011년 2월 조사에 의하면 나꼼수 인지도는 59.4%(2천만 명 이

표 2 팟캐스트 '나는 꼼수다'의 회차별 주제와 주요 내용

회차	업로드 일자	제목
2	2011.05.12	한나라당의 내분
7	06.24	오세훈의 무상 급식
14	08.11	정봉주, 댓글 부대 그리고 자원 외교
18	09.06	각하, 곽노현 그리고 안철수
21	09.29	박영선 vs. 박원순 아바타 토론회
24	10.18	가카 그리고 나경원
25	10.23	야권 얼굴마담 초청 관훈토론회
27	11.07	떨거지 토론회-심상정, 유시민, 노회찬
28	11.12	한미 FTA, 선관위 그리고 안철수
30	11.26	괴담, 선관위 그리고 론스타
31	12.04	검경 수사권 조정과 선관위 디도스
32	12.18	귀국 보고와 선관위
봉주1	2012.01.01	다스 상속세의 비밀, 선관위
봉주2	01.11	민주통합당 대표 경선 특집
봉주3	01.21	선관위, 부재자 투표 그리고 돈봉투
봉주4	01.31	10.26 부정 선거와 KTX 민영화
봉주5	02.09	주, 김 개명 사건과 안철수, 선관위, KTX
봉주6	02.21	10.26 부정선거 특집 그리고 이상득 최시중 박희태
호외4	03.14	김용민 출마 선언
봉주9	03.26	쌍두노출 프로젝트 그리고 폭탄 하나 • 김총수 가짜 트위터 폭파(딴지일보에서 공식(?)적인 가짜 트위터 운영) • 손수조 새누리당 후보 선거법 위반 논란 • 선관위 디도스 공격사건 관련자 증언 • 김용민 출마와 그에 따른 에피소드들
봉주10	04.02	• 천안함 사건. 천안함의 잔해흔적의 특징은 좌초에 가까움. 1차 좌초위기를 벗어났지만 2차 수평충돌 흔적이 나타남(함선충돌 가능성). 함선 등 기타 구조물과 2차 충돌의 합리적 의심으로는 故한준호 준위와 UDT대원들이 함수와 함미가 있던 곳이 아닌 제3의 부표장소에서 비밀작업, 이곳에서 의문의 거대 구조물 발견. 사고 2달 후, 이스라엘 대통령이 직접 방문. 방문형식도 정하지 않은 이례적 방문
봉주11	04.09	김용민 vs. 이명박 • 김용민의 미군비판 발언. 발언이후 심경 • 민간인 사찰. 관봉 돈다발의 실체. 검찰의 사찰 부인. 김용민의 미군비판 발언
호외5	04.11	투표를 자제해달라 • 투표독려. 오피니언 리더와 시민들의 투표율달성 시 공약
봉주18	08.29	정세균, 김두관, 손학규, 문재인 합동취조회
호외9	09.02	도올 대선을 논하다.
봉주20	09.17	안철수와 공작들
봉주21	09.26	십알단과 터널 디도스
봉주22	10.23	붕알단, 정우택 음모, 터널 디도스

출처: http://bit.ly/LNvKkG (검색일: 2012. 12. 10)

상), 2012년 2월에는 86.4%(3천만 명 이상), 2013년에는 66.8%로 나타
났는데—인지도와 실제 청취도와는 별개이기 때문에 큰 차이가 있지
만—나꼼수 전성기의 에피소드당 청취자는 80만~100만 명 정도로 나
타나 큰 인기를 끈 것만은 사실이다.

2. 유튜브 정치방송의 이념 갈등

팟캐스트와 같은 오디오 콘텐츠가 아니라 비디오 콘텐츠를 주로 한 유
튜브 정치방송은 2007년 미국 민주당이 유튜브 대선후보 경선 토론을
진행하면서 처음으로 공식화되었다(민주당은 7월, 공화당은 9월에 진
행). 유튜브 토론은 전문가 패널이 아닌 전 세계 네티즌의 질문에 대답
하는 과정으로 진행되며 대중적 관심 끌기에 성공했고, 이후 2009년에
미국 의회가 유튜브 공식 채널을 개설하고, 이런 현상은 미국 외의 다
른 국가의 다양한 선거, 정부와 정당 채널 개설에 영향을 미쳤다.

1) 성장 과정

국내에서는 대선, 총선, 지방선거 등 주요 선거를 앞두고 후보들이 동
영상으로 지지 독려, 투표 독려를 한 바 있다. 2012년 총선에서 안철수
안랩 이사회 의장의 투표 독려 동영상이 정치 현장에 동영상이 활용된
첫 시작이었다. 이후 2012, 2017년 대선에서는 문재인 후보가 오늘의
유머와 엠엘비파크 등의 온라인 커뮤니티에 투표 독려 형식의 지지 감
사 영상을 올리기도 했다.

　이후 유튜브는 단순 투표 독려 동영상 이상으로 꾸준히 정치인과
정치권의 목소리를 담는 플랫폼으로 작동하게 되었다. 2010년대 중반,
야당이었던 민주당은 박근혜 정부를 비판하는 동영상 콘텐츠로 인기

를 끌었다. 이해찬 의원이 외교통일위원회 전체회의에서 홍용표 통일부장관을 상대로 매섭게 질타하는 영상은 2020년 2월 기준으로 52만 회 조회 수를 기록하였고 보수 성향의 유튜브 신의 한수는 2015년 8월 개설 후, 박근혜 전 대통령 탄핵정국을 거치면서 구독자와 시청자 수가 급증했다.[4]

2016년부터 특정 이념 성향을 가진 정치인, 언론인, 정치 평론가들이 1인 미디어 형태로 시사·정치 평론, 시위현장 중계, 주류 언론 보도에 대한 문제 제기 등 주관적인 담론 생산의 장으로 유튜브를 활용하기 시작하였다. 이어 내부고발 행동 등 목적 달성을 위한 채널로 활용하여 주류 언론에서 담지 않는 개인의 목소리를 직접 낼 수 있는 창구로 확대되었다. 이는 유튜브가 특정한 의도와 목적을 가지고 대중과 직접적으로 커뮤니케이션하기 위한 수단으로 확대되었음을 의미한다(유용민 2019, 9).

2) 국회의원 유튜브 채널 현황

2018년 10월 조사에 의하면 국회의원 299명 가운데 100명 이상 구독자 수를 확보한 정치인 유튜브 채널은 50여 개였다. 그 이전에 트위터나 페이스북에서의 정치인 계정이 큰 인기를 끌지 못했던 것에 비하면 유튜브의 인기가 폭발적이라는 것을 알 수 있는 대목이다.

정당별로는 더불어민주당 30명, 자유한국당 9명, 바른미래당 6명, 민주평화당 2명, 정의당 2명, 대한애국당 1명이며 1위는 29,469명의 독자를 확보한 손혜원 의원이었다.[5] 2018년 12월 조사에서는 국회의원 114명(38.1%)이 유튜브 채널을 갖고 있는 것으로 나타났고,[6] 2019년 3

---

4 "여의도 유튜버, 고수는 누구?"(경향신문, 2018.10.12.)
5 "여의도 유튜버, 고수는 누구?"(경향신문, 2018.10.12.)

월 조사에서는 구독자 수 10만 명 이상의 정치 채널은 총 27개이며 그
가운데 보수 성향 채널은 20개로 74%, 진보 성향은 6개, 중도는 1개라
는 결과도 있다.[7]

2019년 1월에는 현역의원 298명 중 더불어민주당 소속 의원 89
명, 자유한국당 78명, 바른미래당 21명, 민주평화당 11명, 정의당 5명,
무소속 3명, 대한애국당 1명, 민중당 1명 등 총 209명이 유튜브 계정
을 갖고 있는 것으로 나타나 현역의원 중 70%는 유튜브를 통해 정치
활동을 하고 있었다.[8] 이 가운데 54명의 의원은 자체 콘텐츠를 만들어
소통하는 '크리에이터'(creator)였고, 54개 유튜브의 평균 구독자 수는
6,100여 명이었다.

2020년 2월 기준으로 구독자 수가 가장 많은 의원은 미래통합당
이언주 의원으로 나타났다. 이 의원은 더불어민주당 탈당 후 '행동하는
보수 여전사'로 불릴 만큼 정부와 국정 비판에 적극적이었고, 이 결과
가 유튜브 구독자 증가까지 이어진 것으로 파악된다. 이 채널은 1년 사
이에 구독자 수가 32만 명을 기록하여 257%의 증가세를 보였다. 한편,
가장 큰 증가세를 보인 의원은 더불어민주당 박주민 의원으로 2020년
2월 기준으로 17만 명에 가까운 구독자를 보유하여 2019년 9위에서
2020년에는 2위로 상승하였다. 상승세로는 무려 2,106.8%를 기록한
것이다.

〈표 3〉을 보면, 구독자 Top 10에는 여야가 고르게 포함되어 있으
며, 조원진 의원(자유공화당), 심상정, 이정미 의원(정의당) 등도 꾸준
히 구독자 수를 유지하고 있다. 구독자 수 기준으로 Top 10에 속하는

---

6   "국회의원 114명 1인 방송 운영중."(뉴스포스트, 2018.12.18.)
7   "유튜브 인기 정치채널, 보수가 다수⋯1위는 진보."(ZDnetKorea, 2019.3.27.)
8   2019년 1월 기준이라 당명은 2019년 1월에 따랐다.

의원들의 주요 콘텐츠 분야 및 평균 조회 수 및 평균 댓글 수를 살펴보았는데 평균 조회 수 및 댓글 수는 구독자 수와 별개로 실제 유튜브 채널을 이용하는 이용자들의 규모와 충성도를 파악할 수 있기 때문에 중요한 지표로 평가하였다.[9]

표 3 국회의원 유튜브 채널 구독자 TOP 10

순위	유튜브 계정	소속 정당 (2020년 3월 기준)	2018년 구독자 수 (2019년 1월 검색)(명)	2019년 구독자 수 (2020년 2월 검색)(명)	변화추이(%) (2018-2019년)	2018-2019년 순위 변화
1	이언주TV	미래통합당	91,647	32.8만	257.9	1위→1위
2	박주민TV (舊주민센터)	더불어민주당	7,613	16.8만	2,106.8	9위→2위
3	전희경과 자유의 힘	미래통합당	57,613	16.1만	179.5	2위→3위
4	하태경 TV	미래통합당	15,663	4.75만	203.3	4위→4위
5	박용진 TV	더불어민주당	54,544	4.27만	-21.7	3위→5위
6	조원진	자유공화당	10,823	2.64만	143.9	5위→6위
7	심상정	정의당	8,307	2.08만	150.4	8위→7위
8	유승민	미래통합당	8,508	1.02만	19.9	7위→8위
9	이해찬	더불어민주당	5,734	8.83천	54.0	10위→9위
10	이정미TV	정의당	8,962	8.79천	-1.9	6위→10위

---

9   2018년 자료는 소셜러스(https://bit.ly/2WA2mKM, https://bit.ly/3bfSc69, 검색일: 2019. 3.20) 참조.

표 4 국회의원 유튜브 채널 구독자 TOP 10의 주요 콘텐츠 분야 및 조회 수 최다 동영상

순위	계정	소속 정당 (2020년 3월 기준)	주요 콘텐츠 내용	평균 조회 수	평균 댓글 수	조회 수 최다 동영상	조회 수	업로드 날짜
1	이언주TV	미래 통합당	"연사 이언주!"(주요 강연, 집회 참여 영상) "꼭 보세요! 추천영상"(논평, 기자회견 등 주요 의견 정리)	1,000 ~ 10,000	100 ~ 400	드디어 공개된 김제동의 출연료!?(생각해봅시다- 이언주)	57만	2018. 12. 10.
2	박주민TV (舊 주민센터)	더불어 민주당	"은평곁에 박주민"(지역구 은평구 관련 현안 소개) "VLOG : all about 박주민" (개인 의원 활동)	1,000 ~ 10,000	150 ~ 200	(기읽남) 180도 달라진 조선일보의 태도	94만	2019. 04. 11.
3	전희경과 자유의 힘	미래 통합당	"전희경 대변인 논평"(대변인 논평 정리) "전희경 사회"(집회 시 사회 영상)	5,000 ~ 30,000	50 ~ 500	(2018 국정감사- 전희경) 文의 시대, 대한민국이 한반도 유일의 합법정부다 왜 말을 못해!	98만	2018. 10. 13.
4	하태경 TV	미래 통합당	청년층에서 관심을 끌만한 콘텐츠를 다수 제작(워마드 논란, 여성가족부 비판, 박근혜 정권 비판 등)	2,000 ~ 8,0000	40 ~ 200	'감히 경찰을 건드려?' 황금폰 포렌식 업체 보복성 압수수색 현장 급습	32만	2019. 03. 14.
5	박용진 TV	더불어 민주당	"박용민의 뜨거운 세시"(지역현안, 인터뷰 등 지역구 활동을 보여주는 주요 콘텐츠)	200 ~ 1,000	10 ~ 50	#박용진의원, 현대차 차량결함 추궁 중 #박용진유튜브 #용진TV #구독해주세요	21만	2017. 02. 14.
6	조원진	우리 공화당	"태극기 집회" "탄핵배신자심판주간 집회"(대표 친박 정치인으로서 태극기 집회 주도한 동영상)	1,000 ~ 3,000	50개 미만	181010 국정감사(행정안전부) 조원진 의원 주질의 영상(자막)	48만	2018. 10. 12.
7	심상정	정의당	"VIDEO 심상정"(주요 논평 등 정의당에서의 활동 모습) "심금라이브"(활동가, 전문가 등과의 만남)	500 ~ 2,500	50개 미만	심상정 화났다. 국정감사 폭풍 사자후 작렬 by 심상정 선대위	291만	2015. 09. 22.
8	유승민	미래 통합당	국정감사 질의 영상, 강연 영상 등(홍보 콘텐츠 등을 올리는 편은 아님, 2020년 3월 기준 최근 동영상 2019년 4월)	3,000	50개 미만	유담양이 말하는 아버지 유승민(04/26 신촌유세현장)	84만	2017. 04. 26.
9	이해찬	더불어 민주당	당대표 연설, 유세 연설 등	100 ~ 1,000	50개 미만	무능하고 자세가 불성실할 것 같으면 그만둬요 차라리- 이해찬 사이다 발언	52만	2016. 02. 17.
10	이정미 TV	정의당	국정감사 질의 영상, 지역구 관련 영상 등	100 ~ 1,000	50개 미만	인천지하철2호선탈선사고	4만	2016. 10. 05.

3) 보수 성향 유튜브 채널의 특징

보수 성향 유튜브의 특징을 한마디로 요약하면 '문재인 정부 이후의 상승세'이다. 유튜브 이전의 주요 정치미디어인 팟캐스트에서는 나꼼수와 같은 진보 성향 콘텐츠가 큰 인기를 끌었지만, 유튜브에서는 보수 성향 콘텐츠가 구독자 수, 조회 수, 댓글 수 및 지지층 결집 등에서 강세를 보이고 있다.

이런 현상에 대해서는 2016년 촛불집회에서 태극기집회 현장 라이브 방송 경험이 쌓이고, 탄핵에 종편도 일조했다는 의식이 확산됨에 따라 보수층이 유튜브로 결집했다는 분석이 지배적이다. 특히 특정 정당이나 개인 채널에 집중되기보다 보수 성향 유튜브가 전반적으로 상승한 데 비해 진보 성향의 콘텐츠는 '사람사는 세상 노무현재단 알릴레오'를 제외하고는 상대적으로 활성화 정도가 미미한 편이다.

가장 결정적인 보수 성향 유튜브의 인기 원인으로는 '정권 교체'를 들 수 있다. 보수 성향 지지자들은 지상파나 종이 신문에서 본인들이 원하는 뉴스가 나오지 않는다고 평가한다.[10] 학계에서는 중장년층이 보수 유튜브의 주요 시청자만은 아니라며 확대 해석을 경계하고 있지만, 이명박·박근혜 정부와 비교했을 때, 현재 미디어의 보도 내용에 불만족하는 사람들이 언론 보도에 대한 반발로 유튜브로 간다는 분석은 타당하다고 지적하기도 한다.[11] 즉, 기존 미디어는 현 정권에 우호적일 수밖에 없기 때문에 자신들의 정치적 견해를 밝힐 수 있는 새로운 미디어로 이동한다는 것이다.[12]

---

10 "보수 성향의 유튜브 채널이 뜨는 이유."(시사인, 2019.1.9.); "불붙은 유튜브정치 대전."(데일리한국, 2018.11.19.)
11 "유튜브 인기 정치채널, 보수가 다수…1위는 진보."(ZDnetKorea, 2019.3.27.)
12 "유튜브에서 벌어지는 정치 여론전."(경향신문, 2019.1.13.)

유튜브에서는 공식적인 정당 채널보다는 정치 성향이 강한 개인 채널이 압도적으로 인기가 높다. 보수 성향 유튜브에는 대체로 보수 성향 진행자나 논객이 출연하며, '애국 보수', '태극기 부대' 등 보수를 상징하는 단어들이 채널 설명에 등장한다. 또한 콘텐츠의 핵심 내용을 소개하는 썸네일을 '문재인 심판의 날이 다가왔다', '여론조사 폭망', '김정은 6월 사망설' 등의 문구와 정치 현황에 맞는 주요 인물(문재인 대통령, 윤석열 검찰총장 등)의 사진을 넣는 방식으로 구성한다.

보수 성향 유튜브 중 가장 두드러지는 채널은 '신의 한수'이다. 2003년부터 기존 인터넷 언론(독립신문), 팟캐스트 등에서 활동해오던 신의 한수는 2015년 8월 유튜브 채널 개설 후, 2016년 말 박근혜 전 대통령 탄핵정국을 거치면서 구독자와 시청자 수가 급증했다. 친박 태극기 집회 현장 생중계로 큰 유명세를 얻었고, 태블릿 PC조작설, 김정은 쿠데타 위기와 같은 소재를 다루면서 성장했다.[13] 2020년 3월 기준으로 신의 한수에서 인기를 끌고 있는 동영상은 뉴스와 평론이 합쳐진 '정치평론' 콘텐츠이다.

그러나 모든 보수 성향 유튜브가 똑같은 성향을 갖는 것은 아니다. 가장 두드러지게 차이나는 지점은 박근혜 전 대통령에 대한 탄핵 찬반 부분이다. 박근혜 전 대통령을 강하게 지지하는 채널은 '펜앤드마이크TV'(운영자: 정규재)이다. 박근혜 전 대통령은 탄핵 심경을 언론사가 아닌 펜앤드마이크TV에서 단독으로 발표한 바 있으며, 2020년 3월, 총선을 앞두고 구속 상태에서 보수정당 통합 등에 대한 입장을 이 채널을 통해 발표하였고, 이 채널은 이에 대한 뉴스와 논평을 1시간 이상에 걸쳐 상세히 소개하였다.

13 "첫 '유튜브 총선'… 안방주인 보수에 도전장 내미는 진보."(경향신문, 2020.1.1.)

표 5 보수 계열 유튜브 순위(국회의원은 제외, 2020년 3월 20일 기준)

순위	제목	구독자 수(명) (2020. 03)	개설 (년)	박근혜 전 대통령 탄핵에 대한 입장	특징
1	신의 한수	121만	2012	탄핵 반대	- 박근혜 대통령 탄핵정국을 거치면서 큰 성장을 함 '박근혜 전 대통령이 위독하다'(18.09.23), '박근혜 전 대통령 석방이 다가왔다는 징후'(19.08.13), '박근혜 전 대통령 메시지에 문재인 기절'(20. 03.04) 등 관련 콘텐츠를 여러 차례 게시
2	진성호방송	89.1만	2018	탄핵 반대	- '박근혜를 잘못 건드리는 문재인의 자살골'(19. 05.22), '박근혜는 역시 선거의 여왕이었다'(20. 03.04) 등 박근혜 대통령 관련 콘텐츠를 다루지만, 문재인 정부 비판에 좀 더 초점을 둠
3	펜앤드 마이크 TV (정규재TV)	67만	2012	탄핵 반대	- 박근혜 대통령 지지층이 주요 구독층이며, 미래 통합당의 실정(공천 배제 등)에 대해 비판의 목소리를 냄
4	신인균의 국방TV	66.4만	2018	배제 (콘텐츠로 전혀 다루지 않음)	- 신인균의 군사TV도 함께 운영하고 있고 군사, 안보 채널을 표방하며 국제 외교 및 북한 관련 콘텐츠를 주로 다룸
5	고성국TV	53.9만	2018	중도	- 미래통합당 의원과의 대담이 주요 콘텐츠(제21대 총선 정국) - 구독층은 박 전 대통령을 우호적으로 평가하나, 특별히 주요한 콘텐츠로 다루고 있지 않음
6	공병호TV	49.7만	2015	탄핵 찬성	- 박근혜 전 대통령의 국정농단을 '정치권력과 조폭의 공통점이며, 수하 수족을 이용해서 조폭 두목 이상으로 이용했다'(16.11.16)와 같은 콘텐츠 게시 - 제21대 총선을 앞두고 미래한국당 공관위원장이 되었으나 파동을 일으키며 경질당함. 사과 콘텐츠 업로드(20.03.21)
7	황장수의 뉴스브리핑	47.8만	2011	탄핵 지지	- '합리적 보수', '원칙적 보수'를 표방 - 미래경영연구소 제작 - 구독 수 1만 명 도달 기간 2년- 대기업/한국당/ 트럼프/문재인 정부/좌파 비판

그림 1 보수 계열 유튜브의 대표적인 썸네일

신의 한수

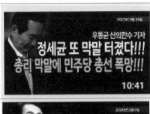

진성호 방송

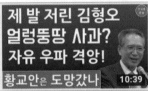
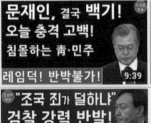
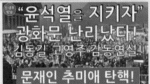
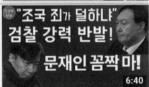

펜앤드마이크TV

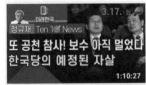

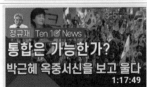

　반면, 황장수의 뉴스브리핑은 '합리적 보수' 및 '원칙적 보수'를 지향하며 박근혜 전 대통령에 대한 탄핵을 지지하기도 한다. 박근혜 전 대통령에 대한 논평을 하지 않는 경우도 있다. 신인균의 국방TV는 군사, 안보 소재만 주로 다루기 때문에 국내 정치에 대해서도 한미일 관계, 북한 관계 등을 다루며, 고성국TV는 박 전 대통령을 우호적으로 평가하지만 특별히 중요한 주제로 다루고 있지 않다.

　한편, 보수 유튜브 계에서 제19대 대선 후보이기도 했던 홍준표 전 자유한국당 대표가 2018년 12월 18일에 'TV홍카콜라'를 개설하여 큰 주목을 받았는데, 개설 하루 만에 구독자 4만 명 돌파, 6일 만에 구독자가 10만 명을 넘는 '파워 유튜버'로서의 면모도 보여주었다.

4) 진보 성향 유튜브 채널의 특징

진보 계열은 팟캐스트 등을 통해 인기를 얻었으나, 유튜브에서는 보수 계열보다 파급력이 적은 편이다. 진보 성향 유튜브는 보수 계열에 비해 비교적 후발 주자로서 새로운 콘텐츠를 만들어 깊이 있는 정보를 가공하는 데 집중하고 있다.

　진보 계열 유튜브 중 가장 주목을 받는 채널은 '사람사는세상 노무현 재단'이다.[14] 지속적으로 정치 복귀 여부로 주목받던 유시민 전 보건복지부 장관은 사람사는세상 노무현 재단 이사장이 되면서 2019년 1월 4일에 사람사는세상 노무현재단 채널로 '알릴레오'를 시작하였다. 알릴레오 방송 전에는 구독자 수가 10만 명 미만이었으나, 6개월 만인 7월에는 그 수가 85만 명까지 늘어났다. 팩트체크를 목표로 표방한 알릴레오는 김현미 국토부장관, 조국 전 청와대민정수석, 탁현민 전

14　뉴스타파 등 정통 언론을 표방하는 곳은 제외하였다(미디어몽구는 1인 미디어로 포함).

표 6 진보 계열 유튜브 순위(국회의원은 제외, 2020년 3월 20일 기준)

순위	제목	구독자(명) (2020.03)	개설(년)	특징
1	사람사는세상 노무현재단	113만	2011	-2019년 유시민 이사장이 알릴레오 채널을 개설하면서 구독자가 급격히 증가 -다른 채널이 의제에 집중하는 한편, 유시민을 내세우는 콘텐츠와 썸네일이 대다수
2	딴지방송국	75.7만	2012	-나는 꼼수다 진행자로 유명세를 얻은 김어준이 진행 -전문가 또는 지식인이 나와 대담을 하는 방식으로 운영
3	서울의 소리	47만	2010	-'옳고 그름을 따지는 응징언론'을 표방 -박근혜 전 대통령 퇴진운동 전후로 친박 정치인이나 미래통합당 정치인 등을 찾아가 '응징취재'라는 이름의 항의성 취재 진행
4	시사타파TV	38.3만명	2014	-아프리카TV에서 출발하였으며, 문재인 대통령 후보 때 유세현장을 생중계한 이력이 있음
5	김용민TV	37.7만	2017	-나꼼수 진행자로 유명세를 얻은 김용민이 진행
6	고발뉴스TV	29.2만	2012	-고발뉴스 운영자 이상호 기자는 MBC 출신으로, 다큐멘터리 〈대통령의 7시간〉, 〈다이빙 벨〉 등을 제작
7	새날	26.2만	2014	-팟캐스트 '새가 날아든다' 공식 유튜브 계정 -2014년 7월 31일부터 매일 업로드

청와대 의전비서관실 행정관 등이 등장하여 문재인 정부와 긴밀한 관계임을 보여주기도 한다. 또한 'TV홍카콜라'와 함께 합동 콘텐츠를 만들기도 하며 이슈 몰이에 성공하기도 했다.

　나꼼수 진행 이력이 있는 김어준과 김용민도 유튜버로 활동 중이다. 김어준은 2000년대부터 본인이 운영하던 딴지일보의 이름을 딴 '딴지방송국'을 운영하고 있으며, 김용민은 2017년부터 김용민TV를 운영 중이다. 특히 딴지방송국의 3~4년 전 콘텐츠인 '벙커1'은 나꼼수 팟캐스트 종료 이후 관심 있는 시민들을 모아 강연을 한 콘텐츠로, 나꼼수의 연장선으로 볼 수 있으며, 실제로 딴지방송국의 핵심 콘텐츠인

그림 2 진보 계열 유튜브의 썸네일

알릴레오

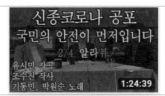

딴지방송국

서울의 소리

표 7 TV홍카콜라와 알릴레오 및 홍카레오 주요 썸네일(2020년 3월 20일 기준)

구분	소속 정당 (2020년 3월 기준)	구독자 (2020년 3월 기준)	주요 콘텐츠 내용	평균 조회 수	평균 댓글 수
TV홍카콜라	무소속	36.6만	"홍준표의 뉴스콕" "이런 나라 만들자"	50,000~ 100,000	1,000개
알릴레오	-	113만	"유시민의 알릴레오" "알릴레오 라이브 VEIW: 알라뷰"	1,000~ 50,000 20만~ 50만[15]	1,000개

	조회 수 최다 동영상	조회 수	업로드 날짜
TV홍카콜라	〔홍카레오1부〕무삭제토론대전	150만	2019.06.03.
알릴레오	〔유시민의 알릴레오 1회〕문정인 대통령 통일외교안보 특별보좌관(1)	283만	2019.01.05.

'김어준의 다스뵈이다' 초기에 주진우 기자, 김용민 등이 출연하면서 나꼼수를 연상하게 했다.

또한 진보 계열 유튜버는 이명박·박근혜 정부 때부터 트위터, 팟 캐스트, 개인 홈페이지 등에서 활동해온 언론인들이 유튜브로 옮겨오 면서 시작되었다는 특징도 있다. 시사타파TV나 고발뉴스TV, 새날 등 이 여기에 속한다.

지속적으로 대립하던 보수와 진보를 넘어, 보다 생산적인 콘텐츠 를 만들려는 시도도 있다. TV홍카콜라와 알릴레오의 합동 콘텐츠인 '홍카레오'는 비록 일회성에 그쳤지만, 대립만 계속하던 보수와 진보의 만남을 성사했다는 점에서 매우 큰 주목을 받았다. TV홍카콜라와 알 릴레오 각각에 업로드된 동영상 모두 150만 회 이상의 조회 수를 기록 하였으며, 특히 TV홍카콜라의 조회 수 최다 동영상은 홍카레오 1부가

---

15 알릴레오는 인기 동영상과 비인기 동영상 간 조회 수 차이가 큰 편이다.

차지하고 있다.

III. 온라인 커뮤니티의 젠더 갈등

1. 온라인 커뮤니티의 정치 참여

온라인 커뮤니티의 정치 참여 역사는 동영상 콘텐츠에 비해 훨씬 더 오래되었다. 1984년 PC통신부터 매우 다양한 자발적인 결사체로서 활동한 온라인 커뮤니티는 정치·사회·문화 부문에서 활발한 활동을 전개하며 영향력을 발휘해왔다. 2016년을 기준으로 국내에는 회원수 40만 명 이상의 온라인 커뮤니티가 120여 개이고 이 가운데 100만 명 이상이 되는 거대 커뮤니티는 30여 개다(류석진·조희정·이헌아 2016).

온라인 커뮤니티의 정치 참여 시발점으로 간주해야 할 커뮤니티는 디시인사이드(DCinside)이다. 디시인사이드는 수백 개의 부문별 갤러리들을 기반으로 한 커뮤니티 포털의 성격을 띠기 때문에 정치 참여의 역사와 형태 또한 (단일 형태를 갖는) 다른 커뮤니티와 비교된다.

디시인사이드 이용자들은 2004년 4월 총선을 앞두고 투표부대가 출범하여 투표 독려 포스터, 투표부대가 등을 만들어 투표 독려 운동을 진행하였고, 개죽이 깃발을 들고 거리에 나가 투표참여운동을 벌이거나 주요 정치인과 간담회를 주최하기도 했다. 또한 음식갤러리에서는 김밥으로 시위대를 지원했고, 촛불집회갤러리에서는 전·의경에 위문품을 전달하였다. 2008년 미국산 쇠고기 수입 반대 촛불집회 당시에는 디시인사이드 내의 다양한 갤러리의 정치적 성향에 따라 찬반이 다르게 표출되기도 했다(류석진·조희정·이헌아 2016, 110-112).

특히, 2008년 미국산 소고기 수입 반대 촛불집회는 온라인 커뮤니티의 오프라인 정치 참여가 두드러진 시기이자 확산된 시기이다. 촛불집회는 시작부터 비정치적 성향을 띤 커뮤니티에서 비롯되었다. 해외 유학생, 교민들이 모이는 인터넷 사이트나 동호회 및 요리와 패션 관련 동호회, 여중생이 기반이 된 연예인 팬클럽 커뮤니티 등 비정치적 성향을 띤 커뮤니티가 촛불집회의 시작을 열었다는 평가도 있다(조희정·강장묵 2008).

동시에 기존에는 집단으로 정치적 행위를 하지 않았던 다수의 온라인 커뮤니티의 이용자들이 오프라인으로 나오기 시작했다. 엠엘비파크에서는 회원들의 자발적 모금활동을 통해 이명박 대통령을 비판하는 신문 광고를 게재하였고, 듀나의 영화게시판, 다음 카페 한류열풍사랑 이용자들 또한 촛불집회 지지 신문광고를 낸 바 있다.

무엇보다 2008년 촛불집회 때 나타난 여성 삼국카페('쌍화차코코아', '소울드레서', '화장발')의 활동에 주목할 필요가 있다. 여성 삼국카페는 주로 20~30대 젊은 여성만 가입하고 활동할 수 있었고('폐쇄성'), 결혼, 임신 등 생활 이슈뿐 아니라 성폭력, 여성실업과 같은 여성 시각의 사회비판적 주제를 제시하였으며('주제의 포괄성'), 성명서 발표 등 사회에 대한 목소리를 낼 때 공적 언어 사용, 위계적 구조 유지, 논쟁 등의 방식이 아니라 대화와 소통을 통해 목소리를 낸다('수평성')는 특성을 가지고 있다.[16]

삼국카페는 2008년 촛불집회에서 주요 언론사에 미국산 소고기 광고를 게재하였고, 2009년 4대강 사업 반대 홍보물 제작, 2011년 한미FTA 반대 집회 단체 참석, 2012년 비키니 인증샷과 관련 나꼼수에

16 당시 여성 삼국카페 활동에 대해서는 류석진·조희정·이헌아(2016); 박창식·정일권(2011) 참조.

대한 지지 철회, 2013년 국가정보원 대선 개입 규탄 시국선언문 및 자
필성명서 발표 등 2008년 이후에도 다양한 목소리를 냈다(류석진·조
희정·이헌아 2016, 129-149). 특히 여성 삼국카페 활동을 주목하는 이
유는 과거 사회적 영향력이 미미했던 여성 커뮤니티가 2008년 삼국 카
페 활동 이후 사회적, 문화적인 파급효과를 생산해내기 시작했기 때문
이다.

2. 주류 언어로 주류 언어를 비판한다: 메갈리아와 미러링의 탄생

2015년 5월 메르스 첫 확진자가 홍콩 여행을 다녀온 '여성'이라는 추
측성 기사가 보도되면서 '일간베스트저장소'(이하 '일베') 등 남초 커뮤
니티를 중심으로 여성에 대한 혐오발언이 쏟아졌고, 동시에 디시인사
이드에 '메르스 갤러리'가 생성되었다. 이들은 '만약 확진자가 여성이
었다면 인터넷에서 얼마나 많은 욕을 먹었을지 모른다'고 비난하며, 확
진자가 남성이라는 점은 아무도 지적하지 않는 현실을 지적했다(김익
명 외 2018, 3).

　메르스 갤러리의 주 무기는 '미러링'(Mirroring)이었다. 이들은 메
르스 확진자가 여성이라는 추측만으로 이루어진 남성들의 혐오 발언
을 거울처럼 그대로 따라하며 '여성 혐오에 대한 혐오(여혐혐)'의 주요
언어를 만들어나가기 시작했다.[17] 미러링은 주류 담론에서 흔히 사용하
는 언어 체계를 모방하는 형태이기 때문에 큰 수고 없이 게시물을 생
산할 수 있다는 장점을 갖고 있어서 온라인 상에서 매우 빠른 공감을

17　박선영은 미러링을 특정 사이트에서 여성 혐오 표현에 대항해 의도적으로 모방하는 행
　　위를 시작하면서 사용하게 된 언어로 보고 미러링의 예로 꽃뱀-좆뱀, 김치녀-한남충, 창
　　녀-창놈, 맘충-애비충, 낙태녀-싸튀충 등을 제시하였다(김익명 외 2018, 208).

불러일으켰다.

미러링은 여혐혐의 대표 전략이 되었고, 미러링이 게르드 브란튼
베르그(Gerd Brantenberg)의 소설 『이갈리아의 딸들』의 남성과 여성
의 성역할 체계가 바뀐 가상의 세계 이갈리아와 유사하다고 하여 이갈
리아와 메르스 갤러리의 합성어, '메갈리아'(megalia)라는 단어가 탄생
하게 되었다. 2015년 8월 6일, 메갈리아는 독립 사이트가 되었고, 페이
스북에 '메르스 갤러리 저장소', '메갈리아4' 등의 페이지가 만들어졌
다. '메갈리안(메갈리아 이용자)'들은 레몬테라스, 여성시대 등 여초 커
뮤니티에 미러링 게시물을 홍보하였으며, 여성시대, 쭉빵 등 10~30대
가 주 이용층인 여초 커뮤니티 이용자들이 이에 공감하며 메갈리아를
찾기 시작했다.[18]

그들을 묶어주는 담론인 '여혐혐'과 '미러링' 전략은 온라인뿐만
아니라 일상에서 느끼는 여성의 어려움에 대한 통쾌한 반발로 받아들
여졌다. 메르스 갤러리 저장소 운영자는 인터뷰에서 "여자로 살면서
느껴왔던 불안감, 위축감, 두려움과 차별 등을 가부장제 사회 속에서
억누르며 살아왔는데, 여성혐오의 거친 말투를 그대로 쓰면서 여성들
이 느끼던 불합리함을 지적하니 통쾌해 하는 사람들이 많았다"고 메르
스 갤러리가 급속도로 많은 관심과 지지를 받게 된 배경을 설명했다.[19]

미러링 전략의 함의는 여성들의 '읽고 쓰는 능력'인 '리터러시' 향
상에 있다는 해석도 있다. 여성들이 자신들이 감당해야 했던 구조적 모
순과 억압에 대해 이야기하고, 불안과 죄책감 등 부정적 감정이 억압의

18 2015년 10월 22일 기준으로 메갈리아4 페이지의 구독자 수는 1만 2,800여 명이었다("우
리가 김치녀? 그럼 너네 남자들은 '한남충'." 조선일보, 2015.10.24.). 한편, 온라인 커뮤
니티를 이용하지 않고 트위터를 통해 메갈리아의 담론에 지지를 보내는 사람들도 있는
데, 이들을 가리켜 '트페미(트위터와 페미니스트의 합성어)'라고 한다.
19 "'녹색의 땅' 메갈리아는 어떻게 탄생했을까."(블로터뉴스, 2015.8.17.)

그림 3 메르스 갤러리의 미러링 초기 예시

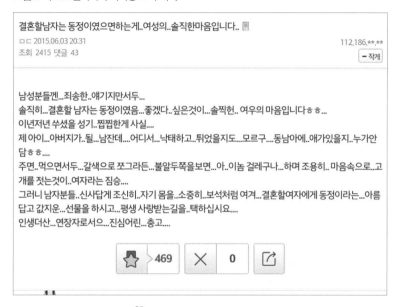

결혼할남자는 동정이였으면하는게..여성의..솔직한마음입니다.. 📷

ㅁㄷ 2015.06.03 20:31   112.186.**.**
조회 2415 댓글 43   ➖작게

남성분들껜..죄송한..얘기지만서두...
솔직히...결혼할 남자는 동정이였음..좋겠다..싶은것이..솔직헌.. 여우의 마음입니다ㅎㅎ...
이년저년 쑤셨을 성기..찝찝한게 사실....
제 아이...아버지가..될..남잔데...어디서..낙태하고..튀었을지도..모르구...동남아에..애가있을지..누가안
담ㅎㅎ....
주면..먹으면서두...갈색으로 쪼그라든..불알두쪽을보면...아..이놈 걸레구나..하며 조용히..마음속으로..고
개를 젓는것이..여자라는 짐승..
그러니 남자분들..신사답게 조신히..자기 몸을..소중히..보석처럼 여겨..결혼할여자에게 동정이라는...아름
답고 값지운..선물을 하시고..평생 사랑받는길을..택하십시요..
인생더산..연장자로서..진심어린..충고...

☆ >469   ✕ 0   ↗

결과였다는 점을 인식하게 된 계기가 되었다는 것이다.(김수아·이예슬 2017).

여혐혐은 여성 혐오를 드러내는 남성에서 더 나아가 온라인과 일상에서 느낀 여성으로서의 부당함 등이 반영되어 '모든 한국 남성은 여성 혐오 정서가 있다'로 굳어지게 되었다. 이는 '김치녀'에 대응하며, '한국 남자'의 줄임말과 벌레를 뜻하는 '충'의 합성어인 '한남충'이란 단어가 만들어지면서 폭발적인 파급력을 낳게 되었다. 이로써 탄생하게 된 용어가 '여혐', '남혐', '한남/한남충' '메갈/메갈리아/메갈리안'이다. 과거에도 '삼일한(여자는 삼일에 한 번씩 때려야 한다)'이라는 여

20　메르스 갤러리의 "재업) 결혼할 남자는 동정이였으면 하는 게... 여성의... 솔직한 마음입니다."(https://goo.gl/iP3xwe, 검색일: 2020.2.10)

성 비하 단어가 일베를 중심으로 쓰이기는 했지만, 이런 단어가 등장하면서 이를 옹호하는 여초 커뮤니티와 이에 대응하는 남초 커뮤니티의 갈등 양상이 매우 뚜렷해졌다.

특히, 한남충이라는 단어는 메갈리아의 미러링 전략을 알리고, '여혐 vs. 남혐' 구도를 만드는 데 결정적으로 기여했다. 평소 일베를 배척하는 남초 사이트(아이러브사커, 오늘의 유머,[21] 이종격투기, 도탁스, 아이러브사커 등)와 포털사이트를 이용하는 일반 남성들에게 '남혐'의 존재를 인식시켰기 때문이다. 평소 남성이라는 이유로 공격받은 경험이 전혀 없는 이들은 한국 남성('한남')이라는 선천적 정체성이 부정당하자 남혐 논리에 매우 즉각적이고 적극적으로 대응하였다. 남혐이자 여혐혐, 특히 메갈리아를 하는 여성을 못생기고 뚱뚱한 여성의 이미지로 만들고 이들을 '메퇘지(메갈리아와 멧돼지의 합성어)', '쿵쾅쿵쾅(뚱뚱한 여자들이 남성과 어리고 예쁘고 날씬한 여성을 싫어한다는 뜻으로, 뚱뚱한 여자들이 행동할 때 쿵쾅쿵쾅 소리가 난다는 의미)' 등으로 비유하기 시작한 것도 이즈음이었다.

새로운 용어(표현)가 온라인 커뮤니티, 더 나아가 젠더 갈등의 형성에 미친 영향력은 매우 컸다. '한남충' 단어가 막 알려진 시점에 메갈리아4의 운영자는 "된장녀, 김치녀 등은 수년 전부터 언론에서 적극적으로 사용해왔다. 한남충은 고작 몇 개월의 역사를 가졌을 뿐이다. 그런데 이제 와서 한남충이 등장하자 혐오 단어가 논란이 된다는 것이야말로 언론을 포함한 한국 사회의 여성 혐오를 드러내는 것이다"라고

---

21 연구자들은 일베와 오유가 여성혐오가 가장 심한 집단이라고 규정한다. "오유남들은 일베의 보수성을 극도로 혐오하지만 여성혐오를 할 때는 일베와 남성연대를 이루어 같은 목소리를 낸다. 여성운동에서 진보/보수라는 정치적 프레임이 작동할 필요가 없다는 워마드의 정치성은 바로 이러한 끈끈한 남성연대에 대한 대항으로 나타났다"(김익명 외 2018, 218).

밝혔다.[22] 이후 메갈리아가 폐쇄되고 '워마드(womad)' 사이트가 개설되는 등[23] 외형은 바뀌었지만,[24] 한남충과 페미니즘에 대해 이른바 '빨간 약'을 먹은 여초 커뮤니티 이용자들의 남혐 인식은 깊이 있게 뿌리내렸다.

더불어 페미니즘이라는 단어 또한 과거와는 다른 양상으로 사용되기 시작했다. 2015년 이전에는 학계나 언론 중심으로 사용되는 학술 용어에 가까웠지만, '남혐하는 사람들=페미니즘'이라는 공식이 굳어지면서 '페미나치'(페미니즘+나치), '트페미'(트위터 이용자+페미니즘), '꼴페미'(꼴통+페미니즘)[25] 등의 용어 또한 확산되기 시작했다.

3. 남초·여초 온라인 커뮤니티

그렇다면 온라인 커뮤니티에서 실제로 어떤 젠더 갈등이 나타나고 있을까. 온라인 커뮤니티의 젠더 갈등 분석 대상은 〈표 8〉과 같다. 대표적인 남초 커뮤니티는 디시인사이드, 엠엘비파크, 이종격투기(다음 카

---

22 "6.9cm '한남충'들아 폭력에 맞서는 게 폭력적이라고? 여혐혐(女嫌嫌) 커뮤니티 메갈리아의 맹반격."(신동아, 2016.1.20. 676호: 186-195).

23 2015년 즈음의 메갈리아의 활동 덕분에 워마드 사이트 개설 이후에도 메갈리아라는 단어는 온라인 커뮤니티 이용자 대다수의 뇌리에 남게 되었고, 현재에도 '메갈'은 여혐 단어로 사용되고 있다.

24 메갈리아 사이트가 운영될 때, 당시 메갈리안들은 남성 성소수자(게이)들이 여성혐오에 앞장섰다는 증거를 찾아냈고, 메갈리아는 이 사건 이후로 여성을 위한 행동만 할 것을 선언했다. 그런데 게이 사이트에서 여성을 '뽈록충'이라 부르기 시작했고, 이에 대한 미러링으로서 메갈리안들은 게이들을 '똥꼬충'으로 지칭했다. 이 과정에서 메갈리아 운영자와 사이트 운영비 기부자가 메갈리아 안에서 성소수자 혐오는 인정할 수 없다고 강력히 선을 그으면서 이에 강하게 반발한 메갈리안들이 만든 사이트가 현재의 워마드이다(김익명 외 2018, 38).

25 '꼴페미'라는 용어는 1990년대 말 온라인 공간에서 처음 사용되었다. 즉, 기존에 있던 용어이나 메갈리아 등장 이후로 널리 사용된 것이다.

표 8 분석대상 온라인 커뮤니티

구분	남초 커뮤니티			여초 커뮤니티		
순위	커뮤니티명	주요 게시판	이용자수	커뮤니티명	주요 게시판	이용자 수 (2020.03 기준)
1	디시인사이드	'국내야구 갤러리'[26]	월간누적 방문자 9,590만[27]	여성시대 (다음카페)[28]	전체	회원수 797,538 방문수 44,041,062
2	엠엘비파크[29]	'불펜' 게시판	월간누적 방문자 2,190만[30]	쭉빵 (다음카페)[31]	전체	회원수 1,721,575 방문수 1,178,051
3	이종격투기 (다음카페)[32]	사회이슈 게시판	회원수 1,017,660 방문수 787,426	쌍화차코코아 (다음카페)[33]	전체	회원수 152,642 방문수 986,545
4	디젤매니아 (네이버 카페)[34]	디매iN 라이프	회원수 978,213 즐겨찾는 멤버 160,273	소울드레서 (다음카페)[35]	전체	회원수 164,,274 방문수 635,875

26 https://bit.ly/2H8qStZ(검색일: 2020.2.10)
27 디시인사이드의 정치사회갤러리의 누적 방문자 수는 similarweb.com 출처로, 누적 방문자 수이기 때문에 '국내야구갤러리'의 이용자 수라 보기는 어렵다는 한계가 있다.
28 다음카페 여성시대(http://cafe.daum.net/subdued20club, 검색일: 2020.2.10)
29 엠엘비파크 불펜(https://bit.ly/2TDqvgc, 검색일: 2020.2.10)
30 엠엘비파크의 월간 누적 방문자 수는 similarweb.com 출처로, 누적 방문객 수이기 때문에 이용자 수를 역산하기는 다소 어려움이 있음.
31 다음카페 쭉빵(http://cafe.daum.net/ok1221, 검색일: 2020.2.10)
32 다음카페 이종격투기(https://bit.ly/305tv7s, 검색일: 2020.2.10)
33 다음카페 쌍화차코코아(http://cafe.daum.net/ssanguryo, 검색일: 2020.2.10)
34 다음카페 디젤매니아(https://cafe.naver.com/dieselmania, 검색일: 2020.2.10)
35 다음카페 소울드레서(http://cafe.daum.net/SoulDresser, 검색일: 2020. 2.10)

페), 디젤매니아(네이버 카페) 등을 들 수 있는데 다만 디시인사이드의 경우는 갤러리를 별개의 커뮤니티로 봐도 될 정도로 갤러리마다 성격이 뚜렷하다. 이 가운데 젠더 갈등이 뚜렷하게 나타나는 공간은 이용자 수가 가장 많은 '국내야구갤러리'로서 뚜렷한 남초 현상을 보이고 있다.

엠엘비파크는 야구 커뮤니티로서 20~40대 남자 이용자가 많으며, 이종격투기는 비교적 젊은 10~30대 남성 이용층이 다수이다. 디젤매니아는 공식적으로 정치 관련 글을 업로드하는 것을 제재하고 있지만, 온건한 범위에서는 정치글이 허용되고 있으며, 또한 다른 커뮤니티에 비해 비교할 만한 뚜렷한 특징을 보이고 있다는 점에서 포함하였다.[36]

여초 커뮤니티는 삼국카페 경험이 있는 소울드레서, 여성시대와 함께 쭉빵을 선정하였다. 단일 규모로는 회원 수가 가장 많기도 하며, 다른 커뮤니티 이용자들에게 소울드레서, 여성시대와 함께 활발하게 활동하는 여초 커뮤니티로 인식되기 때문이다.

1) 여초 커뮤니티의 특징

쭉빵, 여성시대, 소울드레서 등 다음카페를 기반으로 한 여초 커뮤니티는 10대 후반~30대 여성이 주로 이용한다는 사실 외에도 2015년 메갈리아 이후 '빨간 약'을 먹고 남혐과 페미니즘에 눈을 뜬 이들이 많다는 공통점이 있다. 즉, 메갈리아의 등장이 영화 〈매트릭스〉의 주인공처럼 진실에 눈을 뜨게 한 '빨간 약'(거짓 세계에 반하는 진실의 세상을 볼 수 있는 약)이 되었다는 것이다.

36　디젤매니아는 운영자가 직접 성비를 밝힌 바 있다. 회원가입은 남7 : 여3의 구조로 되어 있지만, 선정적인 글, 분란을 일으키는 사례 등으로 제재를 받는 대상은 95%가 남자라고 밝혔다.

표 9 여초 커뮤니티의 주요 표현 빈도[37] (2020년 3월 기준)

커뮤니티명	남혐/여혐	한남/한남충	메갈/메갈리아	페미(꼴페미 등)
여성시대	남혐 11,830건 여혐 43,805건	한남충 24,222건	메갈 19,226건 메갈리아 1,306건	페미 39,730건 페미니즘 22,649건 꼴페미 810건
쭉빵	7,087건	한남 135,220건 한남충 8,872건	메갈 12,350건 메갈리아 854건	페미 54,955건 페미니즘 29,235건
소울드레서	65건	한남 2,509건 한남충 54건	메갈 44건	193건
쌍화차코코아	343건	한남 7,331건 한남충 846건	메갈 696건 메갈리아 220건	페미 523건 페미니즘 2,325건

이들이 특히 분노하는 지점은 빨간 약을 먹고 나니 보이는 다른 세계이다. 1980~2000년대 출생임에도 불구하고 아빠와 오빠 혹은 남동생의 말을 잘 듣는 딸/여동생/누나로, 학창시절에는 순종적인 여학생으로, 남자친구들의 어떠한 요구도 들어주는 착한 여자친구로 사는 게 일상이고 누구나 그렇게 사는 거라 생각했는데, 빨간 약을 먹고 나니 '이건 틀린 것'이란 생각이 들기 시작한 것이다.

이들이 가장 먼저 주도적으로 한 일은 '탈코르셋'('탈코'), '탈연애' 등 남성 중심 사회가 여성에게 강요했던 문화를 진지하게 성찰하는 것이었다. SNS에 올라오는 '꾸밈노동줄이기'의 일환인 '탈코' 인증샷을 게시물로 올려 이를 공유하고, 긴 머리를 버리고 투블럭 머리를 한 여성을 칭찬하며 연대의식을 가지자고 주장하였다. 또한 '비비탄(비연애, 비혼, 비출산)' 혹은 4B(비연애, 비섹스, 비혼, 비출산)를 지향하며, '보돕보(여성들끼리 돕는 것을 가리키며, 여자의 적은 여자라는 프레임에 대항

---

37 모두 다음 카페이기 때문에 모든 게시글은 '제목+내용'을 검색한 것이다.

한다)'를 통해 여성만의 정체성을 강화해나갔다. 여기에 여혐 언어로 인식되는 '메갈련', '쿵쾅쿵쾅', '성림(남성들이 주로 쓰는 '형님'의 변형어)' 등을 자유자재로 구사하는 등 남혐 언어를 변주해가면서 연대감과 소속감을 강화해나갔다. 또한 '탈뽈르셋', '뽀지대장부', '한뒤남져', '억울한남 메이커', '한남(동)싫어하는 사람'과 같은 닉네임을 사용하며 자신의 정체성을 과감하게 드러내기도 했다.

탈코 인증에서 엿볼 수 있듯, 여혐을 하는 남초 커뮤니티와 여초 커뮤니티가 가장 차별화된 지점은 '여혐혐 반대를 현실에서 실천'하는 행위를 한다는 것이다. 특히 2018년 6월 '혜화역 시위'는 이러한 움직임이 탈코를 위해 화장품을 버린 뒤 인증하는 행위에만 그치지 않는다는 사실을 여과 없이 보여주었다.

2016년 5월 17일, 강남역 10번 출구의 한 상가 화장실에서 여성이 살해되었다. 가해자의 '사회생활에서 여성들에게 무시를 당해 범행을 했다'는 말은 여성이라는 이유만으로 살해했다는 의미로 받아들여졌다. 즉, 여성이 더 이상 예전처럼 살 수 없음을 의미하는 사건이 되었고, '5·17 페미사이드[femicide, 페미니즘(Feminism)과 대량 학살(제노사이드, Genocide)의 합성어로서 강남역 살인 사건이 여성 혐오 범죄임을 내포함]'로 불리기도 하였다(윤김지영 2017). 특히, 이 사건을 '여성 혐오'로 명명할 수 있는 여성들이 등장했다는 평가(경향신문 사회부 사건팀 2016)는 더욱 의미 있다. 강남역에서 자신의 존재를 드러내지 않고 포스트잇을 붙이던 여성들이 온라인으로, 더 나아가 거리로 나와 타인의 얼굴을 대면하기 시작했기 때문이다.

2018년 5월 1일, 워마드에 홍익대 회화과 수업 도중에 찍힌 남성 누드모델의 얼굴과 성기 도촬 사진이 올라왔고, 5월 4일 홍익대의 의뢰를 받아 경찰이 수사에 착수했는데, 착수 7일 만에 피의자가 입건되면서 여성들이 주로 피해를 입는 몰카 범죄에는 미온적인 당국을 비판하는 목소리가 커지기 시작했다. 이어 5월 10일에는 '몰카 범죄에 이중적인 태도를 보이는 많은 사람들'을 규탄하기 위한 다음 카페 '불편한 용기'[38]가 탄생했다. 이들은 '불편한 용기' 카페에 모여 성명서를 작성하고 피켓 문구를 함께 선정하는 등 조직적인 활동을 펼쳤다. 그 결과, 6월 9일 혜화역에서 벌어진 첫 시위에 2만여 명이 참여했다.

성명서에는 '페미니스트 대통령으로 유세를 펼쳐 우리의 표를 가져간 남대통령 문재인은 응답하라'는 메시지와 함께 대통령 후보 시절 홍보 문구를 변용한 피켓 또한 등장하기도 했다. 시위의 방향이 편파수사와 몰래카메라에만 집중하는 것으로 확정되면서 이 피켓은 사용되

그림 4 2018 혜화역 시위 피켓

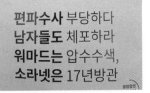

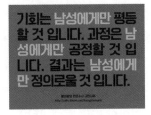

38 다음 카페 불편한 용기(http://cafe.daum.net/Hongdaenam). 불편한 카페 주소의 뒷주소인 '홍대남(Hongdaenam)'은 홍대 몰카 사건이 카페 개설에 가장 결정적인 영향을 끼쳤음을 보여준다.

지 않았지만, 시위에 참여한 이들이 가장 우위에 둔 가치가 무엇인지를 알 수 있다.

2020년 3월 발생한 n번방 사건으로 여험혐과 싸우는 목소리는 현재 진행형이 되고 있다. 이들은 탈코나 비연애 등 기존 주류 문화를 거부하고, 불편한 용기 시위 등으로 자신의 의견을 직접 외치는 경험을 쌓으며, 여험혐에 대응하는 문화를 더욱 견고하게 만들었다. 이 표현들은 단순 혐오(①), 비하 용어 자체(②)가 되고, 때로는 사회적 요구(③)나 정치효능감(④)까지 나아간다.

① "코로나고 뭐고 n번방 때문에 한남민국 존나 환멸난다"(2020.03.22, 여성시대)

② "이따 다섯시쯤에 무적권 뒷산간다 안가면 한남충이다 내가 진짜"(2020.03.30, 쭉빵)

③ "언제쯤 여자 목숨값이 남자 일인분되는 날 오려나"(2020.03.20, 여성시대)

④ "불용 시위 나갔던 여서들은 알거야. 그 날 처음으로 내 외침이 혼자만의 것이 아니란 걸 알게 됐음.. 지치지 말고 전원 신상 공개될 때까지 머리풀고 달리자"(2020.03.22, 여성시대)

2) 남초 커뮤니티의 특징

메갈리아의 탄생이 여초 커뮤니티가 변화하게 된 주요 지점이라면, 남초 커뮤니티는 기존부터 온라인 공간에 만연하였던 여성 비하와 혐오 외에 '한남충'과 '메갈' 등 남혐에 대한 비판의식이 생기면서 현재의 젠더 갈등이 시작된 것으로 봐야 한다. 남성 중심 온라인 공간에서 여성 비하, 혐오, 조롱, 공격 등은 1999년 군가산제 논란부터 시작되었으나 초기에는 산발적 움직임에 가까웠다. 이후, 2003년 '된장녀', '김치녀' 등과 같은 단어의 등장은 남초 사이트에서 시작되어 체계적이고 집단적인 방식으로 영향력을 키워갔고(김수진 2016), 결국 여성 전반을 비판하는 데 이용되며, '~녀'라는 프레임이 생기는 데 결정적인 역할을 하였다. 2010년 이후 일베에서 '보슬아치' 등의 비하 용어가 나타나기는 했지만, 그 파급력은 일베 내에서만 머무르는 수준이었다.

그러나 메갈과 미러링이 등장하면서 일베 외 여러 남초 커뮤니티에서 남혐에 대한 혐오, 정확히 말하면 '메갈리아를 하는 여자들'에 대한 혐오 분위기가 생겨나기 시작했다. '한남충'이라는 단어 자체가 '한국 남자'라는 선천적 정체성을 부정하는 의미이고, 남성이라는 이유만으로 공격을 당한 경험이 없는 만큼 남혐에 대한 거부감은 급속도로 확산되었고 혐오의 골 또한 깊어졌다. '현재의 페미는 남자라면 대부분 거부감을 가질 내용'(엠엘비파크)과 같은 글이 남초 커뮤니티의 시각을 단적으로 보여준다. 즉, 남초 커뮤니티 이용자들이 맨 처음부터 접했던 페미니즘은 '남혐하는 페미니즘'인 것이다.

표 10 남초 커뮤니티(2020년 3월 기준)

커뮤니티명	여혐	한남/ 한남충	메갈. 메갈리아	페미니즘 (꼴페미 등)
디시인사이드[39]	–	–	–	–
엠엘비파크	제목+본문 검색 시 2,940건의 글	제목+본문 검색 시 2,970건	제목+본문 검색 시 8,400건	제목+본문 검색 시 27,906건
이종격투기 (다음카페)	제목+내용 검색 시 여혐 789건 남혐 418건	한남 692건	메갈 2109건	페미 1,819건 페미니즘 892건
디젤매니아 (네이버카페)[40]	제목+내용 검색 시 여혐 1,450건 남혐 700건	한남 1,050건 한남충 200건	메갈 1,350건	페미 2,700건 페미니즘 1,000건

39 2020년 3월, 게시판 내 검색이 제한되고 있다.

*"소위 여성단체라는 사람들의 마인드 자체가 우리가 **흔히** 접하는 메갈, 워마드랑 다르지 가 않아서." (2017. 11. 08., 엠엘비파크)*

"한남이 대체 뭐 줄임말이에요?" (2018. 07. 18., 엠엘비파크)

"점점 페미니즘에 대해 나쁜 감정이 생기려고 하네요.." (2018. 05. 23., 엠엘비파크)

때로는 위와 같은 맥락적 이해 없이 여혐 자체가 생기고 있고 혹은 '이건 여혐이다' 주장하는 여초 커뮤니티 이용자들을 이해할 수 없다고 고백하기도 한다. 결국 '남혐하는 페미니즘'에 맞선 남초 커뮤니티 이용자들의 혐오가 시작된 것이다.

한편, 남초 커뮤니티에서는 '남성인권' 담론에 대해서도 논의가 시작되었다. 데이트 비용, 결혼, 집 마련, 학교와 직장에서의 궂은 일이 남성의 책임이 된 것은 여성 때문이라는 시각도 생겨나게 되었다(김수진 2016). 또한 상식적으로 이해되지 않는 여혐 낙인(여혐돌, 여혐노래, 여혐기업, 여혐브랜드, 여혐광고전략 등)을 부정적으로 바라보고, 보다 체계적이고 집단으로 목소리를 내는 여성들을 '달래기 위해' 기업들이 여혐에 대한 사과문을 올리는 현재에 대해 비판의 목소리를 낸다.

"페미 코인[41] 팁승＋정부기조에 합류. 이 두 가지만 놓고 봐도 큰 이익인데, 거기에 대고 남성들이 탈퇴인증 릴레이 해가며 아주 약간 스크래치 내봐야 같지도 않은 4과문 하나 적 당히 내주고서 어떻게든 메갈들 비위 안상하게 하려고." (2018. 12. 04., 엠엘비파크)

---

40   단, 디젤매니아는 '정치/사회 관련 활동금지 및 스팸어(금칙어) 안내'(2019. 03. 09.) 공지 를 통해 모든 정치글/댓글을 삭제 또는 제재될 수 있다고 밝혔고, 정치글을 자제해달라 는 공식 요청(2019. 08. 21.) 등이 있어 다른 커뮤니티에 비해 젠더 갈등 게시물이 적은 편 이다. 이에 일상에서 느끼는 남혐문화나 페미니즘에 대한 글이 더 많은 편이다.

남혐 문화를 완강히 거부하는 문화가 생긴 것 또한 특징이다. 조금이라도 여성인권을 옹호하는 목소리를 내는 연예인을 '페미코인 탔다'며 비판하고, 게시글 제목에 '페미주의'를 달기도 한다. '82년생 김지영' 영화를 본 여성과는 잘 지낼 수 없으며, 친하게 지내던 친구나 동기가 갑자기 '페미노선'[42]을 타는 것에 당혹감을 감추지 못한다. 때로는 반대 입장[43]에 비하면 참여인원은 극히 소수라도 '워마드, 여성시대 등 남혐사이트를 철저히 수사하고 처벌해달라'는 청원을 올리기도 한다.[44] 특히, 여성시대, 쭉빵, 쌍코 등 특정 커뮤니티의 이름을 거론하며 여혐에 대해 다루는 글이 많이 올라온다. 여초 커뮤니티에서도 일베 외의 '엠팍아재', '이종놈들'과 같은 지칭을 쓰기는 하지만, 여초 커뮤니티가 비난의 대상을 '한남충(한국 남자 전체)'으로 두고 있는 것과는 다소 다른 양상이다.

남혐을 하는 메갈리안에 대한 거부감을 넘어서 친여성정책을 펴는 문재인 정부에 대한 반감으로 이어지고 있다는 점도 주목할 만하다. 한 예로, 엠엘비파크에서는 20~30대 남성의 지지율 하락 원인으로 '현 정부가 페미 성향을 보이는 것'이 주로 거론된다. 대선 선거운동 기간 문재인 후보가 '페미니스트 대통령이 되겠다'고 공언한 것과 여성할당제 등의 정책이 '페미니스트를 옹호하는 정부'라는 프레임으로 받

---

41 비트코인 등 가상화폐에 붙는 '코인'과 '페미'의 합성어로, 돈이 된다는 의미를 비꼬는 것이다.

42 페미와 노선의 합성어로, 페미니즘을 실제 생활에서 믿거나 말함으로써 페미니스트로서의 활동을 하는 것을 의미한다.

43 "성폭력 피해자를 조롱하는 남초커뮤니티 '야구갤러리'의 폐지와 처벌을 촉구합니다."(참여인원 15,443명, 청와대 청원 사이트 https://bit.ly/3azm7GL, 검색일: 2020.2.10)

44 "워마드, 여성시대 등 남혐사이트 철저히 수사하고 처벌바랍니다."(참여인원 68명, 청와대 청원 사이트 https://bit.ly/2UOVjvw, 검색일: 2020.2.10)

아들여지고 있다. 이러한 친여성정책은 문재인 정부 초기에는 크게 주목받지 못하였지만, 여성가족부 정책에 대한 반발이나 온라인 젠더 갈등으로 인해 페미니즘에 대한 혐오 분위기가 높아지면서 과거의 발언이 남초 커뮤니티를 중심으로 수면 위로 다시 떠오르게 되었다.

IV. 온라인 집단 극화의 특징과 쟁점

1. 유튜브 진보·보수 갈등

유튜브에서의 정치 극화 현상은 다음과 같은 특징과 쟁점을 갖고 있다.

첫째, 미디어 헤게모니 측면에서 보면 유튜브 정치방송의 근원은 2009년 팟캐스트에서 시작하였다. 그러나 진보 중심의 팟캐스트에서 보수 중심의 유튜브 정치방송으로 일종의 헤게모니 이전이 이루어졌다 해도 현재 더 강력한 영향력을 발휘하고 있는 것은 청년보수 유튜브 채널이라고 할 수 있다. 즉, 기존 언론이 유튜브로 이전하거나 정당 유튜브 채널이 미약한 상황에서 개인 유튜브 채널의 강세가 특징으로 나타나고 있다. 이들은 엄근진(엄격, 근엄, 진지) 콘텐츠보다는 서사 중심의 콘텐츠로 온라인 공간의 헤게모니를 확산하고 있다.[45] 그러나 이들이 진보와 보수로 평가될 수 있을 만한 체계적인 이념적 특성을 지니고 있는가에 대해서는 회의적인 관점도 제시되고 있다.[46]

둘째, 콘텐츠 특성을 중심으로 보면, 기존 주류 언론이 객관성과 공정성 혹은 엄격한 원칙을 바탕으로 중심으로 뉴스를 생산한다면(혹

---

45 "우파코인 맛들인 우파 유튜버 폭주, 따라잡을 수 있을까."(경향신문, 2019.9.29.)
46 "자유도 시장도 몰라, 우파 유튜버의 황당세상."(시사인, 2020.1.7.)

은 생산하고 있다고 가정한다면), 유튜브는 그런 엄격한 원칙으로부터 상대적으로 자유로운 편이다. 정치인이 자신이 발의한 법안이나 정책을 직접 설명하는 등 콘텐츠 제작 범위에 제한이 없으며, 유튜브 라이브 등을 통해 집회·시위 생중계도 한다(이상우 2017). 다만, 이 과정에서 폭력성, 선정성, 인신공격, 비속어 등의 과격한 표현이 나타나기도 한다.

셋째, 정치적 효과 측면에서는 자신의 목소리를 비교적 자유롭게 낼 수 있기 때문에 다양한 의견을 모으는 '공론장' 역할을 하기도 한다. 유튜브가 대중 눈높이에 맞는 프레임으로 의제를 미리 선정하는 주류 언론과는 차이가 있음을 분석한 연구도 있다(오대영 2018). 실제로 이용자들은 댓글과 대댓글을 통해 다양한 의견을 개진하며 의견 형성의 장을 마련한다. 그 결과 기존 미디어를 우회하는 대중과 직접 소통의 미디어로 영향력을 미치고 있다.

대중들은 이미 유튜브를 중요한 뉴스 습득 미디어로 이용하고 있다. 한국언론진흥재단에 따르면 유튜브를 통한 뉴스 이용 비율이 12.0%[47]로 나타났고 같은 시기 와이즈앱 조사 결과에 의하면 유튜브는 모든 연령대에서 가장 오래 이용하는 모바일앱으로 나타났다.[48] 실제로, 유튜브 인기영상에서 정치시사 콘텐츠 비중이 높으며 이는 유튜브가 사실상 뉴스 플랫폼으로 기능한다는 것을 의미한다는 연구결과도 있다(곽동균 2019, 34).

---

47 온라인 동영상 플랫폼은 "2018년 언론수용자 조사"에서부터 미디어로 추가되었으며, 2019년 조사에서 온라인 동영상 플랫폼 이용률은 47.1%, 온라인 동영상 플랫폼을 통한 뉴스 이용률은 12.0%를 기록하였다. 특히, 전 연령층(20대 15.4%, 30대 16.9%, 40대 13.5%, 50대 12.7%, 60대 이상 5.1%)에서 상대적으로 고른 이용률을 보이고 있다. 자세한 연구는 한국언론진흥재단(2019) 참고.

48 "유튜브 정치 누가누가 잘하나."(경향신문, 2018.10.12.)

유튜브가 정치사회화에 미치는 학습효과가 있는지를 알아보기 위해 560명을 대상으로 설문조사를 한 결과에 의하면, 이들은 정보 습득과 네트워크 형성을 위해 정치 영상을 본다고 응답하였으며, 정치 관련 동영상을 보는 행위가 정치 참여에 긍정적인 영향을 준다는 사실을 밝혔다(오대영 2018). 또한 이용자들의 신념에 따라 사실이 부정되고 거짓이 수용될 수 있는 가능성도 있는데, 생산 콘텐츠에 따라 이용자들의 확증편향성 또한 확대 또는 심화될 수 있다는 것이다(Flynn, Nyhan & Reifler 2017). 다만, 유튜브가 연령대에 따라 미치는 영향은 다를 수 있다. 중도층과 젊은 층은 상대적으로 정치 채널을 즐겨보지 않기 때문에 영향력이 제한적일 것이란 시각도 있다.[49]

넷째, 기술적으로는 유사한 주제의 동영상을 추천해주는 유튜브 알고리즘으로 확증편향성이 강화된다. 유튜브의 추천 영상 알고리즘은 최소 규제기준 외에 다른 기준이 공개되지 않지만, 연구자들의 알고리즘 실험에 의해 누적된 시청시간이 많은 음모론적 허위정보 혹은 자극적인 콘텐츠가 추천되는 결과가 나타났다. 이에 대해 제이넵 투펙치(Zeynep Tufekci) 또한 구글이나 유튜브에서의 추천과 자동재생과 같은 알고리즘으로 인해 유사한 콘텐츠가 계속 노출되면서 편향이 강화될 수 있음을 경고하기도 했다.[50]

2. 온라인 커뮤니티의 젠더 갈등

온라인 커뮤니티를 중심으로 한 젠더 갈등의 특징과 쟁점은 다음과 같다.

---

49   "첫 '유튜브 총선'…안방주인 보수에 도전장 내미는 진보."(경향신문, 2020.1.1.)
50   Zeynep Tufekci. "YouTube, the Great Radicalizer." (*The New York Times* 2018.3.10.)

첫째, 이슈 측면에서 젠더 갈등이 실제로 혐오와 갈등을 불러오는 유효한 가치편향 사례인지에 대한 의문에 대해서는 "'여혐'이라는 말 자체가 자신의 의견을 보여주는 강력한 상징적 언어가 됨과 동시에 관심 없는 사람들에게는 논란을, 이들을 싫어하는 사람들에게는 혐오 감정을 불러오는 단어가 되었다"는 분석을 참고할 수 있다(윤김지영 2017). 나은영은 온라인 공간에서 자신이 속한 집단의 규범이나 정체성을 좀 더 극화하여 지각하고, 동조하는 경향이 생길 수 있고 이 때문에 집단 극화로 연결될 수 있다고 연구하였다(나은영 2006). 후속연구에서는 어떠한 쟁점이든 익명성이 보장된 상황에서 내집단에 동조하고 외집단을 배척하는 양극화 유발성이 커질 수 있다는 주장도 제기되었다(나은영·차유리 2012).

무엇보다 온라인 커뮤니티 집단 극화 현상에서 중요한 지점은 온라인 커뮤니티 간의 성향 차이뿐 아니라 여러 차원에서 분화된 집단극화적 발언이 자신의 신념을 뒷받침하는 논리적 근거로서 사용되기도 한다는 점이다. 김수아는 많은 온라인 커뮤니티에서 사실성이나 정당성 추론 과정에서 논증이 중시되지 않는 경우가 많다는 사실을 지적하며, 커뮤니티 공간에서 논증과 논변이 상당히 비이성적·비논증적 방식으로 이루어지고 있음을 지적하였다(김수아 2017). 2008년 즈음 다음 아고라에서 나타난 양극화 현상은 논증 구조가 전혀 없는 글과 비교적 형식적으로 완성된 구조를 갖춘 글로 구분되고, 후자는 정치적 동원을 위한 기능을 강조하고 있다는 사실이 연구된 바 있다(송현주·나은경·김현석 2008, 김수아, 2017에서 재인용). 또한 자신의 주장을 설득하기 위한 수단으로써 커뮤니티에 게시되는 글에 '신념과 가치'가 배제되어 있음에 주목했다. 즉, 내부 구성원이 모두 납득하고 있는 신념과 가치가 존재한다고 이미 가정하고 있는 상황이 있다는 것이다(김현석·이준

웅 2007, 김수아 2017에서 재인용).

둘째, 표현 차원에서는 미러링, 플라이팅(flyting, 설전)이나 다양한 콘텐츠 동원이 이루어진다. 대면 상황에서의 대화나 토론에 비해, 비대면의 공간에서는 자신의 논지를 강화할 수 있는 모든 자원을 동원하지만 결국은 담론이 가장 강력한 무기가 되는 것이다. 힙합에서의 랩 배틀과 같이 일종의 담론적 대결(혹은 설전, 모욕)이라고 할 수 있는 플라이팅은 일반적으로 의견을 제시하는 찬반 토론보다는 강도가 높고 공격적인 것이 특징이다. 역사적으로 거슬러 올라가면 플라이팅은 다툼혹은 싸움이라는 뜻의 'flitan'에서 유래한 것으로 주로 15-16세기 스코틀랜드에서 벌어졌던 시적 언쟁(poetic insults)을 의미한다. 이들은 언쟁 중에 도발, 위협, 성적모욕도 서슴지 않았다.[51]

V. 결론

전체 인터넷 역사에서 온라인 커뮤니티의 젠더 활동이 본격적으로 시작된 것은 2008 촛불집회이고, 팟캐스트 정치활동 활성화는 2012년 총선, 그리고 유튜브 정치채널 활성화는 2016년 촛불집회라고 평가할 수 있다. 즉 2000년대 중반부터 온라인 공간에서 집단극화가 진행되었고 현재에도 여전히 진행중이다. 이 글은 기술자원으로서 온라인 공간의 중요성, 사회 다양성 평가 차원에서 집단 극화에 대한 경험적 연구의 필요성, 집단 극화의 정치적 영향력 평가의 필요성과 같은 세 가지 문제의식에서 작성하였다.

---

51 https://www.huffingtonpost.kr/2016/10/10/story_n_12425590.html?utm_hp_
    ref=naver(검색일: 2019.8.10)

　　분석 결과, 유튜브에서의 이념 갈등과 온라인 커뮤니티에서의 젠더 갈등은 한국 사회에서 진행되는 집단 극화 분석에서 중요한 정치적 시사점을 갖고 있는 것으로 나타났다. 유튜브 채널이나 온라인 커뮤니티가 선거와 같은 특정 국면 혹은 큰 정치사회적 사건에 대해 주장하는 적극적인 참여의 소리에 대해 아직은 좀 더 면밀한 연구가 진행되어야 하겠지만 초기 인터넷 국면처럼 게시판에서의 댓글 정도의 상황은 아닌 것만은 분명하다. 일정 정도 정치 극화의 가능성이 있고, 그 다음에 정당으로 결성되든 또 다른 거대한 연대나 커뮤니티를 이루든 상황은 여전히 현재 진행형이기 때문에 그 가능성은 열려 있는 상황이다. 이 같은 판단을 바탕으로 4절에 정리한 유튜브와 온라인 커뮤니티의 특징과 쟁점을 중심으로 정치적 시사점을 정리해보면 다음과 같다.

　　첫째, 유튜브의 이념 갈등이나 온라인 커뮤니티의 젠더 갈등에서 정당 등의 기존 대의민주주의의 핵심 주체나 활동이 두드러지지 않는다. 뿐만 아니라 집단극화의 주체들이 (약한 유대일지라도) 새로운 공동체를 형성하고 엄숙 정치, 제도 정치에 대한 강한 거부 현상을 보이고 있다. 온라인 공간에서 진행되는 집단 극화 현상 자체가 반지성주의적인 행태를 보이는 것이 아니라 지성주의 자체에 대한 배격을 내포하고 있는 것이다.

　　둘째, 새로운 공동체를 형성하고 있지만 과거에 비해 상대적으로 개인의 의제설정력이 강하게 나타나고 있다. 정당 자체보다는 (소수일지라도) 국회의원의 개인 채널 활동이 두드러지고, 기존의 제도적인 주체보다는 개인의 채널 활동이 두드러지게 나타난다. 이를 민주성의 강화로 해석할 수 있는 가능성도 있지만 첫 번째 문제의식과 연결해볼 때, 대의민주주의 체제에서 다양한 요구에 대한 의견수렴 장치가 부족하다는 비판을 할 수도 있다.

셋째, 결국 이와 같은 특성은 대의민주주의의 숙제, 정당의 대응력의 숙제, 기존 정치 주체들의 숙제로 남는다. 집단극화 주체들과 소통, 사회적 가치 재정립, 내재된 불평등과 차별에 대한 신속한 정책적 대응 등의 문제가 남게 되는 것이다.

사회문제의 원인은 사회구조 속에 있으며 정치문제 역시 마찬가지이다. 기술이 아무리 발전하고 미디어가 아무리 많아져도 사회구조의 대응이 효과적으로 이루어지지 않으면 문제는 반복적으로 공회전하게 마련이기 때문이다.

참고문헌

강원택. 2011. 『포퓰리즘 논쟁과 한국정치의 선진화 방안』. 국회입법조사처.

강준만. 2011. "포퓰리즘 공화국: 한국정치의 비밀." 『인물과 사상』 제19호.

_____. 2012. "한국 포퓰리즘 소통의 구조: 정치 엘리트 혐오의 문화정치학." 『스피치와
　　　커뮤니케이션』 17호.

_____. 2016. 『정치를 종교로 만든 사람들』. 서울: 인물과 사상사.

_____. 2019. "왜 대중은 반지성주의에 매료되는가: 설득 커뮤니케이션의 관점에서 본
　　　반지성주의." 『정치·정보연구』 제22집 1호.

경향신문 사회부 사건팀. 2016. 『강남역 10번 출구, 1004개의 포스트잇』. 서울: 나무연필.

곽동균. 2019. 『국내 주요 OTT 서비스의 동영상 콘텐츠 제공 및 이용현황 분석』. 진천:
　　　정보통신정책연구원.

곽형덕. 2018. "전후 일본의 반지성주의와 마이너리티: 양정명과 도미무라 준이치를
　　　중심으로." 『일본사상』 제34호.

권김현영·루인·엄기호·정희진·준우·한채윤. 2017. 『한국 남성을 분석한다』. 서울: 교양인.

김건우. 2017. 『대한민국의 설계자들: 학병세대와 한국 우익의 기원』. 서울: 느티나무책방.

김기덕. 2011. "미디어 콘텐츠 속 한·중·일 젊은 세대의 역사문화갈등과 대안모색."
　　　『통일인문학논총』 제52호.

김병익. 1975. "권력과 반지성주의." 『기독교사상』 제19집 1호.

김수아. 2017. "남성 중심 온라인 커뮤니티에서의 페미니즘 주제 토론 가능성: 역차별 담론
　　　분석을 중심으로." 『미디어, 젠더&문화』 제32집 3호.

김수아·이예슬. 2017. "온라인 커뮤니티와 남성-약자 서사 구축: 여성혐오 및 성차별 사건
　　　관련 게시판 토론의 담론 분석을 중심으로." 『한국여성학』 제33집 3호.

김수진. 2016. "여성혐오, 페미니즘의 새 시대를 가져오다." 『교육비평』 제38호.

김익명 외. 2018. 『근본없는 페미니즘: 메갈리아부터 워마드까지』. 서울: 이프북스.

김종영. 2007. "황빠 현상 이해하기: 음모의 문화, 책임전가의 정치." 『한국 사회학』 제41집
　　　6호.

김재원. 2009. "유럽 극우정당의 현황과 득표율 연구." 『민족연구』 제39호.

김채수. 2014. 『일본우익의 활동과 사상연구』. 서울: 과정학센터.

김효진. 2011. "기호로서의 혐한과 혐중: 일본 넷우익(ネット右翼)과 내셔널리즘."
　　　『일본학연구』 제33호.

나은영. 2006. "인터넷 커뮤니케이션: 익명성, 상호 작용성 및 집단극화를 중심으로."
　　　『커뮤니케이션 이론』 제2집 1호.

나은영·차유리. 2012. "인터넷 집단극화를 결정하는 요인들: 공론장 익명성과 네트워크
　　　군중성 및 개인적, 문화적 요인을 중심으로." 『한국심리학회지: 사회 및 성격』 제26집
　　　1호.

남상욱. 2017. "현대 일본의 반지성주의 담론 분석." 『한국일본학회 학술대회 논문집』 제95호.

류석진·조희정·이헌아. 2016. 『공동체의 오늘, 온라인 커뮤니티』. 서울: 미래인.

문순표. 2017. "독일 지식인의 반지성주의: 좌우의 피안에서." 『말과 활』 제14호.

박영균. 2013. "반지성주의와 파쇼적인 것들의 정치를 넘어선 진보의 정치로." 『진보평론』 제57호.

박창식·정일권. 2011. "정치적 소통의 새로운 전망: 20~30대 여성들의 온라인 정치 커뮤니티를 중심으로." 『한국언론학보』 제55호.

박진빈. 2017. "반지성주의와 지식인의 한계." 『역사비평』 제121호.

백철. 2018. "유튜브 방송은 보수의 해방구인가." 『주간경향』 8월 13일.

서동진. 2017. "증오, 폭력, 고발: 반지성주의적 지성의 시대." 『황해문화』 제94호.

서병훈. 2008. 『포퓰리즘: 현대 민주주의의 위기와 선택』. 서울: 책세상.

손희정. 2017. "어용시민의 탄생: 포스트 트루스 시대의 반지성주의." 『말과활』 제14호.

신현욱. 2017. "반지성주의의 미국사적 맥락." 『안과 밖』 Vol. 43: 263-274.

심정명. 2017. "일본의 빈곤문화와 반지성주의." 『한국일본학회 학술대회 논문집』 제95호.

양승태. 2016. "대한민국, 무엇이 위기인가: 정치적 아마추어리즘과 반지성주의적 피로감의 극복을 위한 정치철학적 성찰." 『철학과 현실』 제111호.

오대영. 2018. "유튜브 정치동영상 이용이 정치사회화에 미치는 학습효과: 정치효능감, 정치관심도, 정치 참여를 중심으로." 『교육문화연구』 제24집 1호.

유용민. 2019. "유튜브 저널리즘 현상 논쟁하기: 행동주의의 부상과 저널리즘의 새로운 탈경계화." 『한국방송학보』 제33집 6호.

윤김지영. 2017. 『헬페미니스트 선언』. 서울: 일곱 번째숲.

이상우. 2019. "유튜브와 허위정보." 한국방송학회 2019 가을철 정기학술대회 발제문. "유튜브와 정치 편향성, 그리고 저널리즘의 위기."

이일하. 2016. 『카운터스』. 서울: 21세기북스.

전상진. 2014. 『음모론의 시대』. 서울: 문학과 지성사.

조희정. 2016. "사이버불링에 대한 이해와 대응." 소셜미디어연구포럼 엮음. 『소셜미디어의 이해』. 서울: 미래인: 13장.

_____. 2018. "온라인 공간의 한중일 민족주의 갈등과 탈민족주의." 동북아역사재단 한일문제연구소 편. 『탈냉전기 동아시아의 민족주의 갈등과 해결』. 서울: 동북아역사재단.

조희정·강장묵. 2008. "네트워크 정치와 온라인 사회운동: 2008년 '미국산 쇠고기 수입 반대 촛불집회' 사례를 중심으로." 『한국정치학회보』 제42집 3호.

한윤형. 2009. 『키보드 워리어 전투일지(2000-2009)』. 서울: 텍스트.

홍주현·이미나. 2014. "유튜브에서 한국 관련 민족주의 이슈의 현저성에 따른 이슈 확산 네트워크 유형 연구: 네트워크에서 노드의 위치와 노드 간 관계를 중심으로." 『한국언론학보』 제58집 3호.

Atton, Chris. 2006. "Far-right media of the Internet: culture, discourse and power." *New Media & Society* 8.

Bell, Daniel. 1964. *The Radical Right: the New American Right expanded and undated.* Doubleday.

Blinkhorn, Martin. 2003. *Fascists and Conservatives: The Radical Right and the Establishment in Twentieth-century Europe*. Routledge.

Canovan, Magaret. 1981. *Populism*. New York: Harcourt Brace Jovanovich.

_____. 1999. "Trust the People! Populism and the Two Faces of Democracy." *Political Studies* 47-1.

_____. 2002. "The People, the masses, and the mobilization of Power: The Paradox of Hannah Arendt's 'Populism'." *Social Research: An International Quarterly* 69-2.

_____. 2004. "Taking Politics to the People: Populism as the Ideology of Democracy." in Mény, Y. and Y. Surel (eds.), *Democracies and the Populist Challenge*. New York: Palgrave Macmillan.

D. J. Flynn, Brendan Nyhan & Jason Reifler. 2017. "The Nature and Origins of Misperception: Understanding False and Unsupported Beliefs about Politics." European Research Council.

Hofstadter, Richard. 1962. *Anti-intellectualism in American Life*. 유강은 역.『미국의 반지성주의』. 서울: 교유서가, 2017.

Kitschelt. 1995. **The Radical Right in Western Europe: a comparative analysis**. University of Michigan Press.

Lunin, Kenneth, Thurow, Richard. C. 1980. *British Fascism: essays on the radical right in inter-war Britain*. Croom Helm.

McPherson, Miller et al. 2001. "Birds of a feather: Homophily in Social Networks." Annu. Rev. Soc. 27.

Norris, Pippa. 2005. *Radical Right: Voters and Parties in the Electoral Market*. Cambridge University Press.

Ramet, Sabrina P. 1999. *The Radical Right in Central and Eastern Europe Since 1989*. Pennsylvania State University Press.

소피아 로젠펠드. 2011. 정명진 역.『상식의 역사: 왜 상식은 포퓰리즘을 낳았는가』. 서울: 부글북스.

Schattschneider, E. E. *1960. The Semisovereign People: A Realist's View of Democracy in America*. Harcourt Brace College Publishers. 현재호·박수형 역.『절반의 인민주권』. 서울: 후마니타스, 2008.

_____. 2009. *ON RUMOURS*. Farrar Straus & Giroux. 이기동 역.『루머』. 서울: 프리뷰, 2009.

Sunstein, Cass R. 2003. *Why Societies Need Dissent*. Harvard University Press. 박지우·송호창 역.『왜 사회에는 이견이 필요한가』. 서울: 후마니타스, 2009.

Sunstein, Cass R. 2009. *Going to Extremes: How like minds unite and drive*. Oxford University Press. 이정인 역.『우리는 왜 극단에 끌리는가』. 서울: 프리뷰, 2011.

森本 あんり. 2016. 反知性主義 アメリカが生んだ「熱病」の正體. 강혜정 역.『반지성주의』. 서울: 세종서적, 2016.

菅野完.『2017. 日本會議の研究. 菅野完』. 우상규 역.『일본 우익 설계자들: 아베를 등뒤에서 조종하는 극우조직 '일본회의'의 실체』. 서울: 살림, 2017.

Genich, Matsumoto. 1976. 『思想としての 右翼』. 요시카와 나기 역. 『일본 우익사상의 기원과 종언』. 서울: 문학과지성사, 2009.

鈴木邦男. 2015. 『나는 왜 혐한시위를 싫어하는가: 일본 우익이 본 일본 넷우익』. 정실비 역. 서울: 제이앤씨, 2015.

安田浩一. 2012. 『ネットと愛國: 在特會の「闇」を追いかけて』. Kodansha. 김현욱 역. 『거리로 나온 넷 우익: 그들은 어떻게 행동하는 보수가 되었는가』. 서울: 후마니타스, 2013.

安田浩一, 야마모토 이치로, 나카가와 준이치로. 2015. 『일본 넷우익의 모순: 우국이 초래하는 망국의 위험』. 임명수 역. 서울: 어문학사, 2015.

高原基彰. 2006. 『不安型ナショナリズムの時代-日韓中のネット世代が憎みあう本『の理由』. 洋泉社. 정호석 역. 『한중일 인터넷 세대가 미워하는 진짜 이유』. 서울: 삼인, 2007.

樋口直人. 2014. 『日本型排外主義: 在特會·外国人參政権·東アジア地政学』. 김영숙 역. 『폭주하는 일본의 극우주의: 재특회, 왜 재일 코리안을 배척하는가』. 서울: 미래를 소유한 사람들, 2015.

_____. 2016. 『在特會と日本の極右』. 서울대학교 일본연구소. 김영숙 역. 『재특회와 일본의 극우: 배외주의운동의 원류를 찾아서』. 서울: 제이앤씨, 2016.

제4부　　국제정치

제10장 양분과 절충을 모두 넘어*
—국제정치학이론과 연구의 다양성에 관한 소고—

은용수(한양대학교)

* 국제정치학계의 양분적 사고에 대한 종합적 이해를 위해 공동연구프로젝트를 기획하고 필자를 초청해주신 신욱희 교수님과 본고의 초고에 매우 유용한 논평을 해주신 전재성 교수님께 깊은 감사의 마음을 전합니다. 더불어 본고는 현재(2020년 7월 29일 기점으로) 학술지 심사 중에 있는 필자의 원고를 바탕으로 작성되었음을 밝힙니다.

I. "국제정치학 이론은 갈수록 늘어나고 있다"

'좋은' 이론이란 어떤 이론인가? '타당한' 지식생산의 방식이란 무엇을 의미하는 것인가? 이러한 질문에 합의된 대답을 도출한다는 것은 사회과학의 어떤 학문 분야에서든 쉬운 일이 아니다. 게다가 만약 그 분야에서 다루는 연구 영역이나 대상이 매우 복잡하고 다면적이라면 더욱 그렇다. 국제정치학이 바로 여기에 속한다. 학문으로서 국제정치학은 개인에서부터 집단, 정부, 사회, 민족, 국가, 국제체제에 이르기까지, 또한 개인의 심리와 감정에서부터 관료정치, 사회여론, 종교, 문화, 사상, 국가정체성, 국력, 지리, 국제무역, 국제기구, 그리고 지구환경이나 인류보편적 규범에 이르기까지, 그것이 다루는 연구의 영역과 대상이 매우 광범위하고 다층적이다. 게다가 시간적 측면에서도 과거, 현재, 미래 모두를 분석의 대상으로 취하고 있다. 따라서 국제정치학에서 '무엇을, 어떻게 연구하는 것이 좋은 것인가?'라는 질문에 합의된 대답을 내놓는다는 것은 매우 어려운 일이다.

그러나 바로 이러한 점 때문에 국제정치 연구자들은 이론적 다양성과 이를 추구하는 인식적 다원주의의 필요에 대해 동의한다. 전술했듯 국제정치학의 현실 영역인 국제정치 자체가 매우 복잡하고 다면적으로 전개되기 때문에 국제정치학이 학문으로서 적절한 이해와 설명을 제공하기 위해서는 하나의 패러다임보다는 다수의 이론들이 수용되어 "다양성"이 확보될 수 있는 "다원주의적" 접근에 많은 연구자들이 동의하는 것이다(Dunne et al. 2013a; Rosenberg 2016; Jackson 2016). 나아가 난민, 기후변화, 사이버 안보, 디지털 데이터 거버넌스 등 21세기 현실의 국제정치 문제는 다수의 이슈와 공간, 그리고 다양한 행위자들이 서로 얽혀 있는 중첩된 성격을 내재하고 있기 때문에 적절한 문제해결책을 도출하기 위해서라도 다양한 이론들이 상호 공존하는 "다원적 이론 생태계"가 마련될 필요가 있다는 점에 많은 학자들은 공감해왔다(Wittkopf 2008, 19; Sil and Katzenstein 2010, 411-423; Lake 2011; Mearsheimer and Walt 2013, 430; Levine and McCourt 2018).

물론 이론적 다양성을 적극적으로 혹은 "자발적으로"(willingly) 수용하는 기류는 냉전종식이라는 시대적 전환으로부터 추동된 측면이 큰 것 또한 사실이다. 냉전기의 양극적 질서는 외교안보정책뿐만 아니라 관련된 지식과 사고(thinking)의 다양성을 억누르고 있던 거대한 구조적 압력이었고, 이것의 해체 (혹은 완화)는 잠재되어 있던 다양한 행위자, 다양한 이슈, 다양한 시각과 해석들이 분출되는 계기가 되었다. 이러한 시대적 변화로 인해 국제정치학계는 '이론적 다양성'에 대한 적실성과 필요성을 더욱 명시적으로 받아들이기 시작했다. 달리 말해 시기적으로는 1980년대 중후반을 기점으로 다양한 국제정치학 이론들이 등장하고 논의되기 시작했으며(Balzacq and Baele 2010), 복잡 다양한 21세기의 국제정치 현실문제는 학계로 하여금 이론적 다양성에 대한 필요를 더욱 받아들이게 한 것이다. 이러한 배경에서 지금의 국제정치학에는 "이론가의 숫자만큼이나 많은 이론들이 존재한다"(Wight 2019, 66)라는 평가가 나올 정도로 매우 다양한 이론들이 수용되고 있다고 할 수 있다.

좀 더 구체적으로 보자면, 국제정치연구에서 사용되고 있는 이론은 현실주의, 자유주의, 구성주의라는 거시적 이론(패러다임)이 고전적 현실주의, 신현실주의, 신고전적 현실주의, 제도적 자유주의, 공화적 자유주의, 상업적 자유주의, 구조적 구성주의, 비판적 구성주의 등으로 다양하게 분화되었을 뿐만 아니라, 이렇게 분화된 각각의 패러다임 내부에서도 세력균형론, 위협균형론, 세력전이론, 패권안정론, 민주평화론, 상업평화론 등등, 다양한 이론들이 존재한다. 나아가 이러한 이론들의 '대안'이론들 역시 등장하였고, 이러한 대안이론들도 비판이론, 페미니즘, 탈식민주의 이론 등등 매우 다양하게 존재한다. 나아가 대안적 이론들 내부에서도 이론적 세분화가 발생해 왔다. 예를 들어, 페미니즘 이론만 하더라도 자유주의 페미니즘, 비판적 페미니즘, 탈구조주의 페미니즘이 존재한다. 또 다른 예로 안보연구를 살펴보자면, 현실주의 계열의 전통적 안보이론의 대안으로써 비판안보이론이 등장하였고 이는 (코펜하겐) 안보화 이론, 존재론적 안보론, 인간안보론 등 매우 다양한 이론들로 변주되었다. 이처럼 지난 30여 년간 국제정치학의 이론적 다양성은 그야말로 폭발적으로 확대되었다고 할 수 있다. 니콜라스 렝거(Nicholas Rengger)의 말을 빌리자면, "우리는 이제 복수이면서 다원적인 학계에 도달하게 되었고, 이것은 좋든 싫든 분명한 현실"인 것이다(Rengger 2015, 32). 그리고 많은 국제정치학자들은 이러한 이론적 다양성을 고려할 때 현재의 국제정치학계가 과거에 비해 "훨씬 건강해졌다"(much healthier)라고 평가한다(Lebow 2011, 1225; Dunne, Kurki, and Smith eds. 2013b, 7).

II. "알고 있는 것은 갈수록 줄어들고 있다"

그러나 정말 "건강한" 상태라고 평가할 수 있는 것일까? 표면적으로 보면 국제정치 연구에서 다양한 이론들이 존재하고 수용되는 것은 사실이며, 향후 더 많은 이론들이 개발될 개연성이 높은 것 역시 사실이다. 최근 주목받고 있는 비서구 국제정치학이나 감정의 국제정치학, 포

스트 휴먼 국제정치학에 대한 이론화 작업들을 상기해보면 더욱 그렇
다. 그럼에도 국제정치학의 이론적 다양성의 형성 과정과 다양성의 '속
성'을 좀 더 살펴보면 과연 "건강한" 상태라고 평가할 수 있는지에 대
한 의문이 제기될 수 있다.

　우선, 국제정치학이 근대적 학문(discipline)으로 자리잡기 시작
한 20세기 초반부터[1] 현재까지 진행 중인 이론적 논의 및 논쟁의 양상
을 살펴보면 그간의 이론적 논의가 양분적 대립과 단절의 양상을 보
이면서 진행되어 왔음을 알 수 있다. 거칠게 요약해보자면, 국제정치
학은 1차 세계대전을 기점으로 이론과 인식론 차원에서의 이른바 "대
논쟁"(Great debate)을 지금까지 총 네 차례 갖게 된다. 물론 실제로는
이보다 더욱 복잡한 논쟁과 논의가 있었기 때문에(Schmidt 2002; Lake
2013; Vitalis 2015) "대논쟁"이라는 단순화된 용어를 사용하는 것이 적
절하지 않을 수 있다. 그러나 20세기 초반부터 최근까지 (서구 학계를
중심으로) 주요한 이론들이 특정한 패러다임 '구도'를 갖고 논쟁해왔으

1　물론 언제를 국제정치학(IR)의 기원으로 볼 것인가에 대한 상이한 해석이 존재한다. 일
　반적으로 IR의 학술적 기원은 양차 대전으로 여겨지곤 하지만 일부 학자들은 그 보다는
　서구(유럽) 및 아메리카의 식민지 건설이나 아프리카 노예경영이 본격화된 시기를 IR의
　학문적 기원으로 보기도 한다. 이와 달리 주권국가 중심의 국제체제가 형성되기 시작한
　베스트팔렌조약 체결의 해인 1648년을 IR의 기원으로 보는 학자들도 있고 혹은 국가 간
　의 정치경제적 '관계'가 본격적으로 형성된 19세기의 산업화 시기 전체를 IR의 기원으
　로 보는 입장도 있다. 본 논문에서는 지식사회학자 앤드류 애보트(Andrew Abbott), 리
　차드 와이틀리(Richard Whitley) 등의 이론에 기초하여 1919년을 기원으로 본다. 근대
　적 의미에서 학계(discipline)라는 지식의 장(field)이 만들어지기 위해서는 지식생산의
　체계화가 전제되어야 하며 이는 학위(degree), 학과(department), 교수직(chair), 학회
　(association) 등과 같은 제도를 필요로 하는데(Whitley 1984), IR의 경우는 1919년 영
　국 Aberystwyth 대학에서 처음으로 IR 학과 및 교수직이 처음 만들어졌기 때문이다. 또
　한 1차 세계대전 종전 직후인 1919년부터 IR의 주요한 연구 대상인 대전(great war)의
　성격, 원인, 결과 등에 대한 학술문헌이 학술지를 통해 본격적으로 생산되었다는 사실도
　고려될 필요가 있다.

며, 학계의 "대표적"(canonical) 학자들은 그러한 논쟁에 직접 참여하였고 특히나 다수의 연구자들은 출판 및 교육/강의활동의 일환으로써 관련된 "대표" 문헌들을 유통하고 소비하면서 "대논쟁"이 사회적으로 구성되어 지식생산에 인과적 영향을 끼친 것도 경험적 사실이다.[2] 즉 객관적 진상(reality)으로서가 아니라 간주관적이고 사회구조적 실재(Reality)로서 "대논쟁"의 개념틀을 사용할 수 있다. 이러한 관점에서 "대논쟁"이라는 개념/용어를 기초로 하여 국제정치학에서 발생한 (메타)이론적 논쟁의 복잡 다양한 지형을 큰 흐름과 경향으로 파악한다면, 다음과 같이 요약할 수 있을 것이다.

첫 번째 "대논쟁"은 전쟁과 평화라는 국제정치의 근본적 사건들에 대한 해석을 두고 이상주의와 현실주의가 양분된 입장으로 각을 세우면서 진행한 논쟁이었으며, 뒤이은 두 번째 대논쟁에서는 국제정치를 어떻게 연구하는 것이 타당한 것인가, 혹은 국제정치를 "안다는 것"은 어떤 의미인가?와 같은 인식론에 관한 질문을 중심으로 (행태론적) 과학주의와 역사해석주의를 각각 선호하는 이론가들 간의 대결적 논쟁이었다. 뒤이어 발생한 1970~80년대의 "패러다임 간 논쟁"(inter-paradigm debate)은 인식론이나 방법론이 아닌 서로 다른 '세계관'이 논쟁의 구심점 역할을 했다. '무엇이 국제정치 현실을 설명하는 데 있어 더 나은 이론이가?'라는 질문을 두고 현실주의, 자유주의, 마르크스주의라는 세 개의 이론적 시각(세계관)들이 서로 상이한 주장을 펼치면서 치열한 논쟁이 발생했다. 그러나 1980년대 초반에 들어서 현실주

---

2   "대논쟁"이 패러다임 논쟁의 형태와 성격을 갖고 국제정치학의 연구 문제 설정과 이론 개발에 있어서 지속적이고 광범위한 영향을 끼쳤다는 실증자료는 크리스토퍼 와이트(Christopher Whyte)의 최근(2019년도) 연구에서 찾아 볼 수 있다. 이에 대한 좀 더 자세한 설명은 아래 절에서 진행될 예정.

의와 자유주의가 신(neo)현실주의, 신(neo)자유주의로 변모하고, 국제정치 현실에 관한 기본전제를 상당 부분 공유하면서 일종의 인식적 "연합"(neo-neo synthesis)이 형성되었고, 이는 결과적으로 1980년대 후반부터 2000년대 초반까지 (본격적으로) 진행된 4차 대논쟁의 한 축을 형성하게 된다.[3] 이 논쟁에서는 또다시 인식론과 방법론이 논쟁(혹은 분열)의 구심점이 되었다. 지식생산의 과학적인 혹은 타당한 방법은 무엇인지, 혹은 이론의 기능이나 역할은 무엇인지 등에 대한 질문에 대해 경험적 관측과 일반화를 중시하는 신현실주의와 신자유주의 계열의 실증주의(positivism) 패러다임이 주관과 해석 나아가 이론의 사회변혁적 기능을 강조하는 "성찰주의"(reflexivism) 혹은 탈실증주의(post-positivism) 패러다임과 충돌하면서 양분된 진영이 형성되기 시작했고, 이 과정에서 "통약불가능성"(incommensurability)에 대해 인지하게 된다(Hollis and Smith 1990).

　앞서 언급한 바와 같이 비록 실제로는 더 복잡한 이론적, 인식론적, 방법론적 논의가 있었으나, 주요한 거대이론들이 특정한 인식론을 구심점으로 대결해오면서 양분된 패러다임 구도가 논쟁을 만들어 냈으며 이는 점차적으로 진영 간의 단절로 이어지게 되었다는 점은 주지의 사실이다(Balzacq and Baele 2010). 더욱이 최근 들어 많은 주목을 받고 있는 비서구(non-Western) 혹은 탈서구(post-Western) 국제정치학(이론) 논쟁도 위와 같은 양상과 유사하게 전개되고 있는 측면이 크다. 국제정치학의 서구 중심성에 대한 비판과 성찰은 그 동안 주목받지

3　예를 들어, (신)현실주의를 비판하며 그 대안으로 신자유제도주의를 발전시킨 로버트 코헤인(Robert Keohane)의 다음과 같은 발언은 이를 잘 보여준다. "우리는 [신현실주의에] 90% 동의하며, 나머지는 근본적으로 경험적 연구에서의 차이다." Keohane(1993, 291).

못했던 비서구 지역(국가)들의 역사경험이나 정치철학에 대한 학술적 관심으로 이어졌다. 이는 기존의 서구 중심적 국제정치이론들의 한계와 국제정치학의 편협성을 자각하게 하는 긍정적 효과를 가져왔음에도 논의의 상당 부분이 (특히 중국학계를 중심으로) 비서구 지역(국가)들의 '특수성'을 강조하는 방향으로 전개되면서 '서구 vs. 비서구'라는 양분적 논의구도가 형성되기도 하였다.[4]

　요컨대 지난 수십 년간 진행된 국제정치학의 이론적 논쟁은 통합된 하나의 이론/연구프로그램으로 수렴되거나 혹은 이론(가)들 간의 "대화"에 기반한 공존으로 전개되기보다는 대논쟁의 국면마다 양분된 진영(camp)을 만들고 진영 간 대결을 해 왔다고 볼 수 있다. 그 결과 지금의 이론적 다양성은 이론적 파편화, 즉 이론들 간의 단절의 양상을 보인다. 사실 이에 대한 우려는 1990년대 초반부터 시작되어 지금까지, 다양한 명칭으로 표명돼 오고 있다. "이론적 불협화음"(theoretical cacophony)(Lapid 1989, 238), "이론적 파편화"(theoretical fragmentation)(Wendt 1991, 383), "파편화된 비학계"(fragmented nonfield)(Rosenau 1993, 456), "이론적 혼돈"(theoretical chaos)(Kegley 2002, 65), "파편화된 임시기구"(fragmented adhocracy)(Oren 2016, 571), 그리고 "학술적 파벌주의"(academic factionalism)(Whyte 2019, 1)에 이르기까지, 국제정치학을 지식사회학적으로 탐구하는 대부분의 저술들은 학계의 많은 이론들이 상호 대화나 인식적 합의 없이 매우 파편화된 상태에 머물러 있음을 지적한다. 이러한 이유로 올리 웨버(Ole Wæver)는 비록 국제정치학은 이론적으로 다원화되었으나 그것은 "무

4　Xinning(2001); Zhao(2005); Zhao(2009); Qin(2016). 이러한 경향은 비단 중국의 국제정치학계에만 국한된 것은 아니다. 일본 IR학계의 유사한 사례는 Koyama and Buzan(2019)을 참조할 것.

질서"(disarray)로 귀결되었다고 평하고 있으며(Wæver 2013, 309), 이러한 무질서 속에서 각각의 이론이나 연구방법들은 이른바 "전문화"(specialisation)라는 이름으로 더욱 세분화되었다. 달리 말해, 표면적으로는 다양한 이론들이 오늘날의 국제정치학에 존재하지만 각자의 진영 '안'에서 가설설립과 가설검증 등과 같은 기술적인 내적 대화(internal dialogue)에 더욱 치중하고 있는 것이다. 이는 결과적으로 자신이 속한 이론(인식론)적 "진영"을 넘어 상대방을 알지 못하는, "상호몰이해"(mutually incomprehensible)를 낳게 되었고(Leira 2015, 25), 이러한 이유로 국제정치학의 "정체성 위기"(identity crisis)를 우려하는 목소리가 꾸준히 제기되어 오고 있다(Holsti 1993; Linklater 1994, 119; Kegley 2002). 나아가 이러한 위기가 지속될 경우 국제정치학은 결국 "소멸할 것이다"(at an end)라는 암울한 비관론까지 등장한 바 있다(Sylvester 2007, 551).

하지만 본고가 판단하기에 더욱 심각한 문제는 파편화된 이론들이 각자의 영토를 만들고 이것이 '고착화'되고 있다는 점이다. 이것은 국제정치학(이론)이 "상호 몰이해"의 상태에 있다는 것만을 의미하지 않는다. 국제정치학의 이론적 논쟁은 이론적 파편화 혹은 불협화음으로 이어졌을 뿐만 아니라 특정한 이론이나 인식론을 구심점으로 말 그대로 '영토적' 경계가 만들어지고 그 경계를 기준으로 내적 본질화와 외적 타자화라는 더 큰 문제가 발생한 것이다. 국제정치학회(ISA) 회장을 지낸 마거릿 허르만(Margaret Hermann)이 연례학술회의에서 했던 다음과 같은 발언을 보자. "국제정치학은 부족(tribe)들로 가득 차 있다. 이들 부족들은 매우 영토적(territorial)이기 때문에 자신들과 닮은 부족원들을 편애하면서 동시에 자신들의 영토에 다른 부족들이 너무 가까이 접근해올 경우 저격(sniping)하곤 한다"(Hermann

1998, 606). 주의를 환기시키는 이와 같은 발언을 좀 더 풀어 말하자면 이렇다. 국제정치학에는 다양한 이론들이 수용되었으나, 양분적 "대논쟁"을 수십 년간 거치면서 특정한 이론 혹은 인식론을 기준으로 각각의 '영토'가 만들어졌고 여기에 마치 국경장벽(border wall)과 같은 경계선이 세워지면서 영토 내부의 시각은 본질화되고 외부의 시각은 주변화되었다는 지적이다. 즉 자신이 속한 내부의 시각을 기준으로 타당한 (혹은 "좋은") 연구가 무엇인지를 판단하는 '가치적' 양분이 '위계적'으로 발생한 것이다. 이러한 맥락에서 데이비드 레이크(David Lake)의 다음과 같은 비판도 주목된다. 국제정치학에는 마치 "종교적 분파"(sect)와 같은 것들이 생겨나 각자의 분파에 맞는 "자기 확증적인"(self-affirming) 연구만을 하는 일종의 "종파주의"(sectarianism)가 만연해 있다(Lake 2011, 465). 예를 들어, 국제정치학의 실증주의 연구들은 탈실증주의적 연구를 심도 있게 고민하거나 그들이 가하는 비판에 대응하기보다는 "그저 무시"(simply ignore)하는 경향이 강하고(Kratochwil 2003; Lake 2013, 570-571), 탈실증주의 연구들 역시 실증주의 연구나 실증주의 "과학" 그 자체를 거부하는 경향이 강하다(Kurki and Wight 2013, 16).

이처럼 이론들 간의 영토적 경계가 고착화되고 있는 국제정치학에서 이론(인식론) 간의 상호대화가 단절되고 "상호 몰이해"가 생겨나는 것은 당연한 결과라고 할 수 있다. 이와 반대로 늘어나는 것은 자신의 영토 내부지향적 연구(예를 들어, 가설검증적 연구)이다. 관련하여 가장 최근에 진행됐던 2017/2018년도 트립(Teaching, Research and International Policy, TRIP) 서베이 조사 결과도 주목된다. 이번 트립(TRIP) 조사에 따르면 미국, 유럽, 아시아 국가의 국제정치학자들은 거시적인 패러다임 이론 연구나 이론적 상호 논쟁에 대해 관심이 낮고,

특히 미국 국제정치학계에서는 다른 국가들보다 매우 높은 비율(33%)로 거시적 이론 논쟁을 하지 않는 것으로 나타났다.[5] 이러한 경향에 대해 존 미어샤이머(John J. Mearsheimer)와 스테판 월트(Stephen M. Walt)는 학계에서 점증하고 있는 (특히 미국 학계에서 급증하고 있는) 가설검증 연구에 대해 비판하면서 일반이론 설립을 위한 논쟁과 상호 대화가 지속될 필요가 있음을 강조한다(Mearsheimer and Walt 2013, 457).

위와 같은 "내적 대화"가 늘어나면서 이론들 사이의 영토적 경계를 뛰어넘어 새로운 통찰을 만들어내는 "획기적인"(breakthrough) 연구는 줄어들고 있다. 크리스토퍼 와이트(Christopher Whyte)의 2019년도 연구 결과가 이를 잘 보여준다. 와이트는 "토픽 모델링"(topic-modelling) 알고리즘 분석을 통해 다량의 국제정치학 연구문헌(지난 25년 동안 18개의 국제정치 학술지에 게재된 11,000여 개에 달하는 논문 전체)을 분석한 뒤 다음과 같이 결론 내린다. "이론적 경계를 따라 나뉘어진 학술적 파벌주의(factionalism)는 연구문제 설정부터 이론설립에 이르기까지 큰 영향을 끼치고 있으며, 이는 국제정치학의 "혁신적 잠재성"(the innovative potential of much IR research)을 상당히 제약한다"(Whyte 2019, 12-14). 달리 말해 국제정치이론 연구의 많은 경우는 자신들의 영토 (혹은 와이트의 표현을 빌리자면 "파벌") 내부에 머물면서 더욱 세분화된 가설 검증이나 전문화된 개념들을 만들어내는 양상으로 전개되고 있으며 이는 국제정치학 전체의 "혁신"에 방해가 됨

5　좀 더 자세한 1차 데이터는 은용수. 2019. "2017/2018 TRIP 설문조사와 해외 국제정치학 연구동향." 한국국제정치학회 연례학술대회 [국제정치이론분과 위원회] 패널발표문, 2019년 12월 14일. http://www.kaisnet.or.kr/modules/bbs/index.php?code=non_search&_M_ID=190을 참조할 것.

을 지적하는 것이다.

나아가 "파벌주의" 혹은 "종파주의"라고 불릴 만큼 이론들 간에 영토적 '닫힘'이 심화되면서 국제정치학(이론)이 현실 정치에 관한 실용적인 지식을 제공하지 못한다는 비판 역시 증가하고 있다(George 1994; Hill and Beshoff eds. 1994; Desch 2015; Hom 2017). 국제정치학은 양분적 대논쟁을 거치면서 점차적으로 현실의 세속적 관련성보다는 인식론과 방법론을 중시해왔다. 특히 이른바 실증주의 국제정치 연구의 "과학성"을 중시하는 경향이 2차 대논쟁 이후부터 주류의 인식론으로 자리잡게 되면서 방법(techniques)으로써 연구방법론이 강조되기 시작했고, (앞서 언급한 TRIP 조사결과에서 나타나듯) 이론 간의 논쟁이 거의 사라진 현재의 상황에서는 각자의 영토 내부에서 더욱 전문화된 테크닉이나 세분화된 개념을 사용하는 연구들이 증가하고 있다. 이는 국제정치학이론과 현실(정책) 세계와의 "간극"(gap)을 더욱 멀어지게 하는 결과로 이어지게 되었다(Jentleson 2002; Anderson 2003; Nye 2008).

요컨대 국제정치학에서 이론적 다양성이 형성되는 과정은 양분적 대결과 영토적 고착화로 점철되었고, 이는 매우 역설적인 결과를 낳게 되었다. 지난 수십 년간 국제정치이론은 표면적으로는 매우 다양해졌지만, 국제정치학은 오히려 자신의 학계와 학계 너머의 현실세계에 대해 더욱 무지해지는 '역설'에 빠지게 된 것이다. 조셉 나이의 말을 빌려 말하자면, 비록 복잡한 국제정치 현실을 잘 이해하고 설명하기 위해 (혹은 문제해결력을 제고하기 위해) 다양한 이론들을 개발하고 수용해 왔음에도 "국제정치학이 말하고 (알고) 있는 것은 갈수록 줄어들고 있는 것이다"(IR says more and more about less and less)(Nye 2008, 602). 어떻게 이 문제를 해결할 수 있을까? 아래 절에서는 학계에서 제시된 통상적인 해법을 소개하고 이에 대한 적실성을 논하고자 한다.

III. 통상적 해법: 절충과 통합

앞서 언급한 바와 같이 국제정치 이론가들은 국제정치학에 점증하는 경계짓기(boundary-drawing)에 대한 우려를 이론적 파편화, 이론적 불협화음, 이론적 혼돈, 학술적 파벌주의 혹은 종파주의 등의 이름으로 지속적으로 표명해오고 있으며, 이러한 우려를 어떻게 해소할 수 있는 지에 대한 논의 역시 활발히 진행 중에 있다. 이들은 주로 "대화", "관여", "통합", "절충", "간극 줄이기"(bridging-the-gap) 등의 개념을 제시하면서 앞서 언급한 '역설'에서 빠져나올 수 있음을 주장한다. 그러나 본고는 이렇게 제시된 방안들이 국제정치학(이론)의 영토적 닫힘이라는 문제를 근본적으로 해결하는 논리로써 작동하기는 어렵다고 판단한다.

우선 절충주의를 보자. 절충주의적 접근은 이론적 파편화의 문제와 함께 이론과 현실세계와의 "간극"을 해소하기 위한 방안으로도 많이 제시되고 있다. 루드라 실(Rudra Sil)과 피터 카젠스타인 (Peter J. Katzenstein)이 주창하고 있는 "분석적 절충주의"(analytical eclecticism)가 대표적인 예다(Sil and Katzenstein 2010; 2011). 분석적 절충주의는 하나의 문제를 분석하고 해결하는 데 있어서도 다수 이론들의 핵심변인을 모두 고려하는 일종의 다변수적 분석론이라 할 수 있다. 간단한 예를 들면, 영토분쟁을 현실주의(패권경쟁), 자유주의 (국제제도 및 무역), 구성주의(정체성 혹은 규범) 등, 각각의 이론을 렌즈로 삼아 문제발생의 원인과 해법을 개별적으로 분석하는 것이 아니라 여러 측면이 혼재되어 있는 복합적인 문제로 인식하여 다수의 이론을 "섞고 연결"(mix and match)하여 해법을 제시하는 것이다(Lake 2013, 576). 그러나 주의할 것은 분석적 절충주의가 인식론적으로는 실증주의에 기반을 두고 있다는 사실이다. 이런 까닭으로 다수의 이론들 중에서도 실증주의 인식론을 추구하는 현실주의, 자유주의, (전통적) 구성주의라는 '주류'이론들로 절충의 대상이 국한되어 있다. 힘(power), 제도(institution), 정체성(identity)이라는 세 개의 핵심변수들의 결합을 통해 국제정치의 현실적 문제해결을 시도하는 것이다(Sil and Katzenstein 2010, 415-417). 비록 다양성과 절충을 내세우지만 좀 더 자세히 살펴보면 상당히 '제한된' (주류적 입장에 포섭된) 다양성과 절충인 것이다. 실과 카젠스타인의 2011년도 논문의 제목인 "De-centering, not Discarding the 'isms' in IR"은 그들이 내세우는 분석적 절충주의가 어떤 의도를 갖고 있는지를 잘 보여주기도 한다. 따라서 이는 탈영토화(deterritorialisation)를 보장하는 해법이 될 수 없다. 오히려 "분석적 절충주의"라는 또 다른 영토가 생성되고 그 영토가 다시 고착화되는 역설적 결과를 낳게 될 수도 있다.

또 다른 해법으로는 관여적 다원주의(engaged pluralism) 혹은 통합적 다원주의(integrative pluralism)가 있다. 팀듄(Tim Dunne), 르네 한슨(Lene Hansen), 콜린 와이트(Colin Wight) 등, 일군의 국제정치학자들은 앞서 논한 분석적 절충주의의 한계를 인지하면서 이론적 통합이나 연결의 범위를 주류(실증주의)이론에서 비주류(탈실증주의)이론으로 확대할 것을 주장한다. 특히 이들은 'The End of International Relations Theory?' 제하의 논문에서 현재 국제정치학에서 가장 중요한 것은 여러 다양한 이론들 간의 통합이라고 강조한다(Dunne et al. 2013a, 416). 어떻게 통합이 가능한가?라는 질문에 이들은 "국제정치학자" 각자가 선호하는 이론이 아니라 "연구관심이 서로 겹쳐지는 지점"(research interests overlap)에서 이론적 대화와 관여를 시도하면 이론적 통합이 가능하다고 말한다(Dunne et al. 2013a, 417). 일견 합리적으로 들리지만 이 역시 근원적인 해결책이라 보기 어렵다. 전술했듯, 당면한 문제는 국제정치이론들의 파편화뿐만이 아니다. 보다 근본적인 문제는 국제정치학 자체가 영토화되었고 그 영토가 고착화되고 있다는 것이다. 이런 이유로 국제정치학은 다양한 이론들을 개발하고 수용해 왔음에도 정작 "말하고 있는 것은 갈수록 줄어들고 있다"는 비판이 나오는 것이다. 그럼에도 "통합적 다원주의"가 제시하는 해법은 자기준거적이다. 즉 대화, 관여, 통합의 주체를 "국제정치학자"로만 한정하고 있으며 나아가 대화, 관여, 통합의 장소를 "연구관심이 겹쳐지는" 국제정치학 '내부'로 규정하고 있다. 예를 들어, 국제정치학자(즉 국제정치에 관한 '지식생산자')를 누구로 규정할 것인가?라는 지식장(field)의 존재론적 질문에 대한 논의 없이 현재의 국제정치학 지식생산자와 지식생산 방식을 '그대로' 수용한 상태에서 관여와 통합을 추구한다. 이럴 경우 국제정치학 전체가 겪고 있는 '닫힌 영토성'의 문제는 그대로 남아 있을 수밖에 없다. 아무리 많은 대화, 관여, 통합이 이뤄진다 하더라도 자기준거적 접근은 국제정치학의 현(現) 영토에 묶여 있는 것이고, 따라서 고착화된 영토성을 극복하는 데 있어서 한계에 봉착할 수 밖에 없다. 이러한 접근은 경계 허물기(boundary-dissolving)라기보다는 경계 건너기(boundary-crossing)에 더 가깝다. 아무리 많은 경계들을 건너고 통합한다 하더라도 그것은 국제정치학 내부의 배치를 바꿀 수는 있어도 국제정치학을 열린 상태로 전환하는 데는 역부족이다. 특히 자기준거적 (혹은 내부통합적) 접근은 국제정치학(이론)과 현실세계와의 간극을 좁히는 것에서 실효성을 갖기도 어렵다. 오히려 통합된 연구프로그램을 중심으로 재영토화가 만들어지고 전문화되면서 현실세계와 거리가 계속 멀어지게 되는 결과로 이어질 수도 있다.

　그렇다면, 국제정치학이라는 학문체계를 넘어 다른 학문체계와 연결되는 방안은 어떨까? 간학제적(interdisciplinary) 연구라 불리는 이 접근 역시 국제정치학의 탈영토화를 성공적으로 보장한다고 보기 어렵다. 국제정치의 복잡한 현실문제를 적절하게 다루고 문제해결력을 제고하며 나아가 국제정치학의 진정한 다원화, 글로벌화를 달성하기 위해 간학제성 혹은 다학제성(interdisciplinarity or multidisciplinarity)이 종종 강조되지만(Leira 2015; Rosenberg 2016; Acharya and Buzan 2017; Yetiv, Patrick Eds. 2017, 324), 이는 국제정치학의 '닫힌 영토성'이라는 근본적인 문제는 그대로 둔 채 다른 학문 분야(예를 들어, 사회학, 경제학, 심리학, 역사학, 철학, 미디어학 등)에서 발전된 이론이나 개념을 국제정치학으로 수입하거나 연결하는 방식으로 이뤄진다. 이는 자기확장적(self-expansional) 논리이며, 이 때문에 결과적으로는 연결된 이론이나 개념을 구심점으로 또다시 재영토화가 발생할 가능성이 있다. 주지하듯, 국제정치학이 지난 수십 년간 타 학문의 개념이나 이론들을 끊임없이 수입해 왔으나 결과적으로는 이론(인식론) 간의 경계가 만들어지고 영토적 고착화가 발생했다는 사실을 상기해보면 현재의 간학제적 접근에 한계가 존재한다는 것을 어렵지 않게 알 수 있다. 또 다른 문제는, 국제정치의 이론과 현실의 "간극 좁히기"를 위해 연구자들이 제시하는 통상적인 방안에서도 위와 같은 자기확장적 논리가 쉽게 발견된다는 점이다. 국제정치학이 현실세계에 유용한 지식을 제공하지 못하고 있다는 비판에 대해 연구자들은 거대이론, 일반이론과 대비되는 소범위 혹은 중범위 이론 개발을 대안으로 제시한다(George and Bennett 2005; Lake 2011; 2013). 즉 지식의 실용성을 국제정치학의 '내부적' 수정을 통해 추구하고 있는 것이다.

요약하자면 지난 수년간 국제정치학(이론)의 파편화 혹은 영토화의 문제를 해결하기 위한 많은 노력과 시도가 진행돼 왔으나 이들은 여전히 한계에 봉착해 있다고 할 수 있다. 물론 절충, 통합, 간학제성, 중범위론과 같은 접근들은 매우 의미 있는 시도이며 또한 이를 통해 이론 혹은 이슈 영역의 경계들을 넘어서는 통합적이고 새로운 이론이나 개념이 만들어질 수 있다. 그러나 이들은 국제정치학 내부의 배치적 변화에 가깝고, 경계를 넘어서지만 또다시 확장된 형태의 재영토화로 이어질 개연성도 있다. 문제해결의 핵심은 이론 간의 경계를 넘어서는 것뿐만 아니라 경계 그 자체를 허물고 만들어지는 경계가 고착화되지 않도록 하는 것에 달려 있다. 물론 이를 위해서는 무엇보다 먼저 고착화되어 있는 현(現) 국제정치학의 탈영토화가 선행되어야 할 것이다.

IV. 대안: 국제정치학의 '탈영토화'

여기서 탈영토화란 국제정치학이라는 '지식장'의 탈영토화를 지칭하는 것으로 이는 기존 지식장의 표상적/배치적 변화가 아닌 지식장을 구성하는 영토와 코드의 '존재론적' 재생성을 의미한다. 즉 지식장을 생성시키는 새로운 "영토"(지식생산 및 유통의 새로운 물리적 행위자와 장소), 그리고 새로운 "코드"(지식생산의 새로운 사회언어적 규칙이나 방식)의 형성이 탈영토화를 의미한다.

그렇다면, 이러한 국제정치학의 탈영토화라는 개념적 제언은 어떻게 실행될 수 있을까? 논리적으로 볼 때 무엇보다 먼저 기존 지식장의 영토 및 코드에 대한 변화가 이뤄져야 하는 것은 자명하다. 이는 '우리' 연구자들의 일상적이고 반복적인 연구 행위들에 대한 근본적인 변화를 의미한다. 왜냐하면 논문작성, 출판, 심사, 강의 등, 일상적으로 반복되는 연구 행위의 주체와 방식이 바로 지식장의 영토와 코드를 구성하는 핵심 요소들이기 때문이다. 그러나 여기서 다시 한번 강조할 점이 있다. 영토와 코드의 변화가 국제정치학 '내부'의 변화에 그쳐서는 안된다는 점이다.

예를 들어보자. 현재의 국제정치학이 서구/미국 중심적이라는 사실에 대한 비판적 인식이 점차 확산되면서 그동안 주변화돼 있던 "비서구" 학자들과 그들의 시각들을 일상적인 연구 교육 활동에 적극 수용할 필요가 있다는 주장이 최근 들어 힘을 얻고 있다(Tickner, J. A. 2011; Tickner, A. B. 2013; Lake 2016; Acharya 2016; Acharya and Buzan 2017; Leeds et al. 2019, 2). 미국, 유럽, 아시아, 중남미 등 총 36개국의 국제정치학자들을 대상으로 실시한 2013/2014년도와 2017/2018년도 트립(TRIP) 서베이 결과들을 모두 종합해보면, 평균적으로 응답자의 75% 이상이 서구/미국 중심성을 극복해야 한다는 것에 동의하고 있다. 그리고 이를 실현하기 위한 하나의 방안으로 학술지들이 "비미국(Non-US) 연구자들의 학술문헌을 더욱 적극적으로 논문에 인용할 것을 장려하는 정책"(Non-US scholar citation policy)을 도입하는 것에 72% 이상이 찬성 의견을 내기도 했다.

이와 같은 시도는 물론 매우 의미 있는 것이며 지속될 필요 역시 있다. 그럼에도 이는 국제정치학의 탈영토화, 즉 국제정치 지식장의 '존재론적' 변화를 보장하지는 못한다. 예를 들어 그동안 주류의 국제정치학에서 배제 혹은 주변화되어 왔던 연구자들(이른바 "비서구" 학자들)의 시각을 좀 더 적극적으로 '수용'하는 것과 지식생산자에 대한 존재론적 층위를 새롭게 '규정'하는 것은 매우 다른 층위다. 전자는 앞서 논한 이론적 "절충"이나 "통합"의 노력과 마찬가지로, 기존의 국제정치학의 내부적 재배치 혹은 내부적 확장에 더욱 가깝고, 하여 비서구 국제정치학자의 시각을 도입하는 것도 결국엔 재영토화의 문제를 재현할 가능성이 있다. 실제로 지난 수년간 비서구 이론의 필요성에 대한 논의가 활발히 진행되어 왔고, 특히나 중국학계를 중심으로 "중국학파"(Chinese School of IR) 혹은 "중국특색의 국제정치이론"(IR theory with Chinese characteristics)을 강조하면서 천하사상, 유교적 관계성, 왕도 등 중국의 전통정치사상이나 개념을 국제관계학과 접목시켜 기존의 서구 중심적으로 편협한 이론적 지형을 확장하려는 노력을 경주해 왔지만 결과적으로는 자국의 역사적 경험이나 전통사상의 우월성을 "중국적 특색"(Chinese characteristics)이라는 이름으로 강조하면서(Xinning 2001; Zhao 2009) 이론적 논쟁이 자국 중심으로 재영토화되거나(Wang 2013) 혹은 서구(주류)의 담론장으로 재포섭되고 있는 양상이 나타나고 있다(Eun 2019, 82).

요컨대 (주류이든 비주류이든) 기성학자들의 참여를 늘리는 방식으로는 탈영토화가 달성되기 어렵다는 것이다. 학계의 탈영토화는 말 그대로 기존 지식장의 영토와 코드에서 '탈'하는 것이며, 이는 지식생산 행위자와 지식생산 방식을 존재론적으로 새롭게 재규정하고 확장하는 것을 통해 비로소 가능하다. 에드워드 사이드의 표현을 빌려 말하자면, 지식장의 "전문가주의"(professionalism)에서 벗어나는 것이야말로 탈영토화의 시작이자 핵심이다(Said 1994). 그렇다면, 현재 누가 국제정치학에서 "전문가"로서 지식의 '권위'를 갖고 행사하고 있는가? 두말할 나위 없이, 제도권 학자들이며 나아가 이들은 사이드가 말하는 "전문가"(professional)로서 지식생산의 권위를 '독점'하고 있다. 그러나 이렇게 협소하게 혹은 독점적으로 규정될 필요는 없다. 오히려 국제정치학이 '열림'의 방향으로 움직이기 위해서는 지식생산의 권위를 '다원화'할 필요가 있다. 예를 들어, 제도권 '밖'에 있으나 충분히 지식생산의 주체가 될 수 있는 다양한 행위자들을 지식의 공동생산자 혹은 공동창조자로 새롭게 규정하고 수용하는 방법이 있을 수 있다. 물론 이러한 제안은 기존 지식생산의 영토나 코드를 부정하자는 것이 아니다. 지식장의 영토를 구성하는 주요 인자인 지식생산자들의 경우, 대부분은 해당 분야의 고등교육을 받고 박사급의 학위를 갖고 있는 제도권 "전문가들"이다. 이들에 의한 지식생산의 경로와 그 결과(권위)를 부정할 필요는 전혀 없고, 따라서 절충이나 통합과 같은 기존의 해법도 거부할 필요가 없다. 그러나 국제정치 연구를 반드시 이러한 제도권 중심으로, 그리고 제도권 "전문가"들로만 국한시킬 필요 또한 없다. 오히려 국제정치학의 탈영토화를 위해서는, 즉 '닫힌' 영토성을 '열린' 영토성으로 전환하기 위해서는 제도권 "전문가들" 간의 내부적 결합과 확장에만 머무는 것이 아니라 지식생산 '권위의 다원화'에 기초하여 질적으로 다른 영토와 코드를 갖고 있는 외부 생활세계와의 접속과 결합을 통한 지식생산과 이론개발을 시도할 필요가 크다. 이러한 측면에서 국제정치학 전문가들(제도권 연구자들)은 그들의 일상적인 지식생산활동(연구 및 교육 활동)에서 비전문적인 행위자를 또 다른 주체로서 수용하고 비전통적인 지식생산 방식을 도입하는 것에 좀 더 적극적으로 나설 필요가 있다.

1. 예증: "베이루트학교"와 "DIY 생물학"

지식생산, 특히 지식의 재생산 측면에서 매우 큰 기능을 담당하는 제도권 연구자들의 일상적이고 반복적인 활동인 강의를 예로 들어보자. 우선 통상적인 비판과 해법은 이렇다. 이미 여러 명의 국제정치학자들은 서베이나 내용분석을 통해 강의라는 지식의 생산 및 유통 활동이 현재 국제정치학계에 편협하게 진행되고 있다는 점을 비판한 바 있다. 예를 들어, 미국 대학에서 국제정치이론 수업의 교재와 강의계획서를 분석한 매튜와 캘러웨이(Matthews and Callaway)는 수업이 현실주의, 자유주의, 구성주의라는 주류이론들을 중점으로 이뤄지고 있음을 지적한다. 해그만과 비어스테커(Hagmann and Biersteker)의 연구는 문화(인종)적 측면에서의 편협성을 보여준다. 미국과 유럽 대학 23개를 조사한 결과, 이들 대학의 국제정치학 수업에서 사용하는 문헌들 중에 비영미권 학자들의 연구문헌을 사용한 경우는 단 한 곳도 없었다(Hagmann and Biersteker 2014, 303). 이러한 편협성을 해소하기 위해 다양한 학자들(예를 들어, 비서구학자 혹은 여성학자들)의 문헌을 교재로 사용하거나 페미니즘, 마르크시즘, 비판이론 등과 같은 비주류 이론들을 좀 더 적극적으로 소개하자는 제안이 나온 바 있다(Lupovici 2013; Hagmann and Biersteker 2014; Grenier 2015; Leeds et al. 2019, 5).

이는 필요하고 또한 유용한 방안이지만 앞서 비서구 국제정치학의 사례에서 논한 바와 같이, 지식장의 열린 영토성을 확보하는 데 있어서 한계를 보인다. 왜냐하면 위와 같은 제언은 지식장의 존재론적 변화를 수반하지 않은 상태에서 지식 (재)생산의 코드를 여전히 전통적인 방식, 즉 지식생산자와 지식수용자를 교수-학생이라는 양분적이고 일방향적으로 규정한 방식을 그대로 수용한 채 다양성을 양적/표상적 측면에서만 확장하려는 시도이기 때문이다. 이와 달리 국제정치학의 탈영토화를 확보하기 위해서는 비전통적이고 비선형적인 지식(재)생산의 방식을 수용해 볼 필요가 있다. 예를 들어 통상적으로 교육 혹은 연구의 대상(object)으로만 취급되던 일반시민들을 지식의 '공동' 생산주체(subject)로 받아들일 경우, 국제정치학(교육)이라는 지식장에 새로운 영토와 코드가 생성될 수 있는 것이다. 최근 사메르 압보우드(Samer Abboud)와 그의 동료들이 진행했던 중동안보에 관한 교육학적 실험은 이와 관련하여 시사하는 바가 크다.

이들은 중동과 안보학을 전공한 제도권의 "전문가들"이지만 무엇이 안보이고, 어떻게 중동안보를 연구 및 강의하는 것이 바람직한지에 대한 어떠한 전제도 두지 않았다. 안보연구의 전통 vs. 비전통적 이해라는 양분적 구분도 하지 않고 (즉 학계의 현실주의 기반의 접근이나 비판이론 기반의 접근 모두를 전제하지 않고) 중동에 살고 있고, 중동을 알고 있고, 중동을 연구하고 있는 다양한 행위자들을 모두 지식생산의 주체로 인식하고, 이들 사이의 '수평적' 대화를 유도하고 활성화하는 것으로 기존의 '수직적' 형태로 고착화된 강의라는 지식(재)생산 활동에 질적인 변화를 만들고자 하였다. 이를 위해 압보우드와 그의 동료들은 베이루트 학교(Beirut school)을 만들고 여기서 베이루트 대학의 학생들, 그리고 아랍지역의 작가들, 지역주민들, 그리고 아랍국가의 정부 및 비정부 기관의 종사자들과의 만남, 대화, 토의를 진행했다. 이러한 활동을 통해 그들은 무엇이 안보인지, 특히 무엇이 중동안보이고 나아가 "아랍적"이란 무엇을 의미하는지에 대한 기존의 통념을 재고할 수 있었음을 고백한다. 예를 들어, '수평적' 대화에 참여한 대부분의 사람들은 민족국가 단위에서 안보를 인지하기보다는 부족이나 마을 단위를 통해서 안보를 "느끼고 인지하고" 있다는 것에 의견을 모았으며, 이는 기존의 국가중심 안보연구에 주는 시사점이 크다고 할 수 있다 (Abboud et al 2018, 282-291).

위의 예시는 전통적인 (국가/영토 중심의 현실주의) 안보연구와 이를 기반으로 하는 교육활동을 부정하는 것이 결코 아니다. 대신 안보의 개념이나 안보의 실천을 구성하는 주체가 매우 다양하다는 사실을 적극적으로 인정하여 그들의 (아직 체계화되지 못한) 다양한 안보서사, 다양한 안보감정, 다양한 안보가치를 안보연구의 장(field)으로 끌어들이고 기존의 전통적인 안보연구와 어떤 교차점이 있는지, 혹은 어떤 상호 긴장이 있을 수 있는지를 살펴봄으로써 안보에 관한 지식생산의 지평을 질적으로 변화시키고 확장해보는 것이 위와 같은 프로젝트의 핵심이다. 그리고 이를 통해 성공적인 결과를 얻기 위해서는 일반시민들을 지식의 공동생산자로 인정하고 이들과의 '수평적' 대화를 지식생산의 유용한 방식으로 수용할 필요가 있다. 즉, 학생이든, 지역주민이든, 일반시민들을 지식의 수용자나 연구의 대상(object)으로만 여기지 않고 오히려 지식생산의 주체(subject)로 받아들이는 것이 성공의 필수 조건이다. 그리고 이러한 태도와 접근은 지식장의 존재론적 변화를 이루는 유용한 방안이다. 왜냐하면 그들은 국제정치학계라는 주어진 지식장 내부에 머물고 있는 제도권 연구자들과는 질적으로 다른 외부 생활세계의 영토와 코드를 갖고 안보문제에 접근하기 때문이다. 또한 이는 국제정치학계와 실제 현실세계와의 "간극"을 줄일 수 있는 효과적인 방법이 될 수도 있다.

그럼에도 불구하고 이러한 제언이 실효성이 있겠는가라는 회의감은 여전히 남아 있을 수 있다. 더욱이 이와 같은 제언은 "전문가" 학자들에게 불안감 역시 일으킬 수도 있다. 학위라는 제도권 내부의 '검

증' 시스템을 거치지 않은 외부의 행위자들을 지식생산자의 주체로 수
용한다는 것은 학문 전체의 "과학성"에 해를 가할 것이라는 불안이 그
것이다. 그러나 국제정치학보다 더 엄격한 "과학성"을 요구하는 STEM
분야, 그 중에서도 생물학의 사례는 우리에게 회의감이나 불안감보다
는 기대와 성찰을 불러 일으킨다.

비록 국제정치학계에는 아직까지 소개된 바 없으나, 최근 들어 생
물학에서는 "Do-It-Yourself (DIY) Biology"라는 이름으로 지식장의
탈영토화가 이뤄지고 있다.[6] "DIY 생물학"은 생명과학을 대학이나 대
학원에서 전공하지 않은 "비전문가"(amateurs)인 일반시민들이 말 그
대로 "스스로" 생물학 실험과 연구를 진행하고 데이터를 생산하고 수
집하는 과학활동을 의미한다. 바닷가에 죽어 있는 수많은 갈매기나 바
다오리의 숫자를 시계열적으로 기록하고 죽은 상태를 현미경 사진과
박제의 형태로 보관하는 것부터, 다양한 생물(예를 들어, 딸기와 같은
과일이나 도마뱀 같은 동물)의 DNA를 추출하여 다른 생물들의 DNA
염기서열과 비교하거나 유전자편집을 하는 것까지, 이들 "DIY 생물
학" 활동가들은 말 그대로 제도권 생물학의 영토적 경계를 넘어서고
있는 것이다(Alper 2009). 실제로 2019년 현재, 전 세계에 3,500명 이
상의 일반시민들이 40개 이상의 "DIY 생물학" 그룹을 만들어 생물학
프로젝트를 진행하고 있다.[7] 더욱 중요한 것은 '제도권'의 생물학자들

---

6 필자가 2020년 1월 12일 기준으로, 국내외의 주요 국제정치 학술지 15개에 지난 10년
   간 게재된 논문들(총 27,531개)을 키워드 중심으로 전수 조사한 결과, "DIY Biology"
   에 대해 소개하거나 논의를 전개한 글은 단 한 편도 없었다. 조사된 학술지는 다음과 같
   다. 국제정치논총, 한국정치학회보, 한국과 국제정치, 국제.지역연구, 세계지역연구논총,
   국제관계연구, International Organization, International Studies Quarterly, World
   Politics, International Security, European Journal of International Relations, Review
   of International Studies, International Studies Review, Millennium, Foreign Affairs.
7 이들이 진행하고 있는 "DIY Biology" 프로젝트와 결과물들은 모두 온라인상에서 제약

이 이미 이러한 "DIY 생물학"을 인정하고 협업을 진행하고 있다는 사
실이다. 생물학 '박사학위'를 갖고 있으며 명문대학으로 알려진 프랑스
고등사범대학의 연구소 출신인 토마스 랜드래인(Thomas Landrain)과
그의 동료들은 "DIY 생물학"이 전문 과학자들과 "비전문가"들 사이에
"횡단적 협업"을 유도함으로써 새로운 생물학 지식생산과 실험방식
을 가능케 하고 있다고 고백한다(Landrain et al 2013, 115). 나아가 비
전공자인 시민과학자들과 전공자인 제도권 연구자들과의 협업을 통해
전문학술지(SCI등재지)에 논문을 게재한 사례도 계속 증가하고 있다
(Hamel et al. 2009). 특히 많은 제도권 생물학자들은 이러한 "DIY 생
물학"이 더욱 효과적이고 안전하게 진행될 수 있도록 자신들의 실험정
보, 실험방법, 실험 시 유의사항, 그리고 생물학 (넓게는 생명과학) 관련
데이터를 온라인상에 아무런 제약 없이 공유하고 있으며 이는 2008년
MIT 대학을 통해 처음 주도적으로 진행됐다.[8] 요컨대, 생물학은 국제
정치학보다 더욱 엄격하게 "과학성"을 요구하는 학문 분야이지만 그
럼에도 국제정치학보다 훨씬 더 적극적으로 지식장의 탈영토화에 나
서고 있는 것이다.

　이와 같은 "DIY" 시민과학의 효과를 국제정치학에서 얻을 수 있
는 유용한 방법으로 시도해볼 수 있는 것은 전문가와 비전문가 사이의
'연구협업'일 것이다. 쉬운 예로, 양과 접근성의 문제로 인해서 제도권
연구자 개개인이 확보하기 어려운 분쟁 관련 데이터를 협업의 형태로
확보할 수도 있다. 그러나 이론개발의 측면에서 더욱 의미 있는 협업은
비전문가들과 함께 새로운 개념적 자원을 생산하는 시도이며, 이는 앞

없이 접근 가능하다. https://sphere.diybio.org/을 참조할 것.
8　이는 "OpenWetWare database"라는 이름으로 다음 웹사이트에서 찾아볼 수 있다.
　　https://openwetware.org/wiki/Main_Page

서 소개한 "베이루트학교"와 유사한 방식으로 진행될 수 있다. 이를 좀 더 구체적으로 안보연구에 적용한다면, 버내큘러(vernacular) 안보연구를 'DIY 국제정치학'을 위한 연구협업의 일환으로 실천해 볼 수 있을 것이다.[9]

　주지하듯 국제정치학에서 통상적으로 이해되는 안보(security)는 국가중심, 전쟁중심이며, 이에 대한 연구(security studies) 역시 통상적으로 "전문가"들에 의해 진행된다. 즉 안보연구는 국가를 기본단위로 하여 이들 간의 군사적 경쟁, 긴장, 위협, 충돌의 가능성 혹은 그것의 관리 및 통제라는 맥락에서, 그리고 전문가(제도권 연구자)들에 의해 학계의 주요이론과 개념을 통해 분석되는 경향이 크다. 그리고 이러한 안보연구에서 안보제공자는 국가로, 안보수혜자는 국민이란 개념으로 일반화되고, 이 둘의 관계는 수직적으로 규정되곤 한다. 그러나 이와 같은 전통적인 (혹은 전형적인) 안보연구에서는 개개인의 안보(부재)가 무엇이지 알기 어렵다. 그들이 무엇에 불안해 하며, 무엇에 공포를 느끼고, 또한 왜 그렇게 느끼는지 등등에 대한 질문들은 국가 중심적인 안보(연구)에서 거의 등장하지 않는다. 그러나 개개인이 일상에서 매일매일 느끼고 경험하는 두려움, 불안, 폭력의 종류, 정도, 범위는 매우 다르고 그에 대한 태도와 반응 역시도 매우 상이하다. 나아가 만약 모두가 '국가안보'가 안보의 핵심대상이라는 점에 동의한다 하더라도, 국가안보의 의미가 무엇인지, 어떤 가치가 국가안보를 구성하는 것인지 등에 대한 개개인의 판단과 느끼는 감정 역시 매우 다를 수 있다. 이러한 안보의 '위치구속성'을 고려할 때 안보연구는 국가중심에서 (인간) 개인 중심으로, 전쟁과 생존중심에서 일상과 실존중심으로 그 초점을

9　버내큘러 안보에 대한 소개는 필자의 졸고 "혼종 식민성(Hybrid coloniality): 탈식민주의로 바라본 한국의 외교안보정책"에서도 논의되어 있음(은용수 2020, 47-50).

옮겨볼 필요가 있다. 결국에 안보란 존재자가 겪는 위협, 불안, 두려움으로부터 해방되는 것이며, 그러한 위협, 불안, 두려움은 개인의 "삶과 터"에 따라 다르게 규정될 수 있기 때문이다. 이러한 전제에 기반한 것이 바로 버내큘러 안보연구다. 이는 자칫 인간안보(human security)와 유사해 보일 수도 있으나 매우 큰 차이가 있다.

인간안보 역시 안보의 개념, 안보의 행위나 영역을 국가에서 인간으로 전환하고 있다. 잘 알려진 1994년 UN 개발보고서는 수십 년간 안보(개념)에 "만연한" 국가 중심성, 분쟁 중심성, 영토 중심성을 비판하면서 그것을 인간 중심으로 치환하자고 제안한 바 있다.[10] 하지만 인간안보는 개별자로서의 인간 개개인을 조망하는 것이 아니라 보편자로서 '인류'가 갖는 '공통'의 안보 불안이나 '공통'으로 원하는 안보 상황(지향점)을 서구의 자유주의 사상에 기초해서 보편화하여 설정하고 있다. 즉 인권과 자유를 인간안보의 필수조건으로 전제해 놓고 있는 것이다. 그러나 자유를 안보영역의 필수조건으로 이해한다 하더라도 그것을 보편화하는 것은 적절치 않다. 개인의 자유로운 선택을 금지하거나 자유의지를 제약하는 물리적이고 사회적인 상황으로부터의 해방을 자유라고 정의할 수 있겠으나 그런 상황이나 조건을 유발하는 것은 개개인의 삶과 터, 즉 '위치'에 따라 매우 상이할 수 있기 때문이다. 이것은 전쟁부터 일상적인 정치탄압 혹은 언론통제까지, 그리고 사회경제적 빈곤과 저개발, 인종차별(예를 들어, white supremacy)이나 특정종교 거부(예를 들어, anti-Semitism), 남성 중심의 가부장제에 이르기까지 매우 다양하고 복잡하다. 그리고 자유를 제약하는 이러한 복잡 다양한 조건이나 요인들은 국가별로 다르게 작동할 뿐만 아니라 하나의 국

10 http://hdr.undp.org/sites/default/files/reports/255/hdr_1994_en_complete_nostats.
pdf (접속일: 2020. 5. 1).

가 내부에서도 개개인에 따라 다르게 영향을 끼친다. 좀 더 좁혀서 정치적 자유를 예를 들면, 직접선거권 도입, 선거 연령의 하향, 국회의 비례대표성 확대, 국민소환제 도입, 공무원 노조의 합법화, 국가보안법 폐지, 양심적 병역거부 인정, 총기 소유 확대, 마리화나 합법화, 전 국민건강보험 가입의 비의무화 등등 정치적 자유의 스펙트럼은 매우 넓으며 나아가 이에 대한 판단과 감정도 국적, 지역, 인종, 정치경제적 상황, 성별, 나이, 종교 등 자신이 위치한 상황과 맥락에 따라 달라질 수밖에 없다. 이런 측면에서 인간안보는 비록 인간에 초점을 맞추지만, 사람들이 아닌 인간을 하나의 통합된 단위(인류)로 취하고 자유나 인권을 인간안보의 '보편적' 이상향으로 추구함으로써 국가를 하나의 통합된 단위로 보는 국가 중심적인 전통안보연구와 동일한 보편화의 오류를 범하고 있는 것이다. 단지 국가의 자리에 인간(인류)를 놓아두는 것이며 따라서 인간(인류)안보를 확보한다는 명분으로 국가의 통제나 개입이 오히려 강화될 수 있는 역설이 발생할 수도 있다.

버내큘러 안보연구는 이러한 한계와 위험성을 극복하는 데 유용하며, 나아가 전문가-비전문가의 수평적 결합을 통해 인식적 다원성을 높여주는 데도 도움을 줄 수 있다. 앞서 언급했듯, 버내큘러 안보연구는 안보의 위치 혹은 맥락 구속성을 충실히 받아들이면서 어떤 보편화된 전제나 지향점을 미리 설정하지 않는다. 버내큘러 안보연구자의 선두에 서 있는 리 자비스(Lee Jarvis)의 말을 빌리자면 "무"(emptiness)의 상태에서 안보연구를 시작하는 것이다(Jarvis 2019). 예를 들어, 북핵, 한미동맹, 미중 패권경쟁이 한국학계의 안보연구에서 주된 이슈가 되고 있는 것은 안보를 국가 중심적, 분쟁(전쟁) 중심적, 영토 중심적으로 이해하고 있기 때문이라고 할 수 있다.[11] 그러나 버내큘러 안보 측면에서 보자면 북핵이라는 하나의 이슈에도 강화도 주민, 서울 주민,

제주도 주민, 그리고 여성과 남성, 군인과 민간인, 또한 전쟁을 직접 경험한 세대와 그렇지 않은 세대, 혹은 전쟁을 경험하지 않았지만 부모님이 이산가족인 경우 등등, 개개인의 삶과 터에서 따라 동일한 문제도 다르게 인식될 수밖에 없다. 버내큘러 안보연구는 이러한 차이에 초점을 맞춘다. 그리고 여기서 "전문가" 안보 연구자들은 매개자의 역할을 수행한다. 즉 일상(생활)세계를 살아가는 사람들이 경험하고 느끼는 안보 혹은 안보 부재를, 그들의 언어와 감정으로 분석하고, 이를 통해 새로운 안보 개념을 만들거나 기존의 안보 개념을 재구성하고 주류담론장으로 끌어들이는 것이다. 이는 기존의 구조 중심, 강대국 중심, 국가 중심으로 보편화된 안보문법이 확장되고 궁극적으로 안보의 연구와 실천에서 '다원화'를 이루는 데 도움이 될 수 있다.

V. 나가며

본고는 지난 수십 년간 국제정치학이론 논쟁이 양분된 양상으로 진행되면서 결국 이론적 파편화, 나아가 이론적 영토의 생성과 고착화라는 심각한 문제가 발생했음을 상술했다. 1980년대 후반을 기점으로 다양한 이론들이 등장했으나 이들 간의 논쟁은 결국 특정한 패러다임 혹은 인식론을 구심점으로 경계짓기(boundary-drawing)와 영토만들기(territory-making)로 이어지게 되었고, 이는 이론들 간의 "상호 몰이

---

11 물론 이러한 연구는 매우 유용하다. 다만 본 논문에서는 현재의 국가 중심적인 전통안보 연구나 또 다른 보편주의에서 벗어나지 못하고 있는 비전통안보(인간안보)연구가 아닌 버내큘러 안보연구의 유용성을 서술함으로써 안보연구의 장(field)을 확장할 것을 제언하는 것이다.

해"뿐만 아니라 지식/이론에 관한 자기중심적 본질화(혹은 타자화)라는 '닫힌' 영토성의 문제도 발생시킨 것이다. 이를 해결하기 위해 절충, 통합, 간학제성, 중범위론 등과 같은 접근들이 해법으로 학계에 제시되어 왔으나 이들은 각각의 유용성에도 불구하고 열린 영토성을 확보하는 데 한계를 보인다. 본고는 당면한 문제는 절충이나 통합과 같은 국제정치학의 표상적 변화(내부적 결합과 내부적 재배치)가 아닌 국제정치학이라는 지식장의 '존재론적' 변화를 통해서 해소될 수 있음을 강조했다. 즉 지식장의 영토와 코드(지식의 생산자와 생산 방식)에 대한 새로운 규정 혹은 재발견이 외부로까지 확장될 필요가 있음을 "베이루트학교" 실험과 "DIY 생물학" 사례들을 통해 논하였다.

결국 국제정치학의 탈영토화의 핵심은 지식생산의 "전문가주의"에서 벗어나 외부의 (생활)세계와 끊임없는 수평적 접속과 결합을 시도하면서 지식장의 영토적 고착화를 방지하는 것에 달려 있다. 이는 현재 제도권 "전문가들"에 의해 '독점'되어 있는 지식생산의 권위를 다원화하는 것으로부터 시작될 수 있다. 누가 지식생산자이며, 무엇이 타당한 이론/지식인가?에 대한 지식장의 존재론적 규정을 재고하고 확장함으로써 영토화 및 고착화의 메커니즘을 무너뜨리는 것이다. 그리고 이러한 지식생산 '권위의 다원화'야말로 이론적 다양성의 근원적 가치에 부합하는 것이라고 본고는 판단한다. 주지하듯, 국제정치라는 세계 자체는 어느 한 행위자 혹은 어느 한 이슈 영역에 의해 독점적으로 혹은 선형적으로 작동하는 것이 아니라 매우 다양한 이슈와 행위자에 의해 복합적이고 비선형적으로 작동되고 있으며 나아가 새로운 행위자와 새로운 이슈들은 (특히나 정보통신기술의 발전과 혁신으로 인하여) 계속 생성되고 있다. 달리 말해, 국제정치라는 '세계'가 본질적으로 열린 세계이며 항상 복잡 다양하게 움직이고 있는 것처럼, 국제정치학

(이론) 역시 열림의 방향으로 다양하게 늘 움직일 필요가 있다. 양분, 절충 모두를 넘어 국제정치이론이 탈영토화되고, 이를 위해 국제정치 지식장의 권위가 다원화되어야 하는 이유도 바로 여기에 있다. 부족하나마 본고의 분석과 제언이 국제정치연구의 다원성에 관한 학술적 논쟁을 촉발할 수 있는 계기가 되길 희망한다.

참고문헌

Abbott, Andrew. 2001. *Chaos of Disciplines*. Chicago: University of Chicago Press.

Abboud, Samer, Omar S. Dahi, Waleed Hazbun, Nicole Sunday Grove Coralie Pison Hindawi, Jamil Mouawad & Sami Hermez. 2018. "Towards a Beirut School of critical security studies." *Critical Studies on Security* 6-3: 273-295.

Acharya, Amitav. 2016. "Advancing Global IR: Challenges, Contentions, and Contributions." *International Studies Review* 18-1: 4-15.

Acharya, Amitav and Barry Buzan. 2017. "Why is there no Non-Western International Relations Theory? Ten years on." *International Relations of the Asia-Pacific* 17-3: 341-370.

Alper, Joe. 2009. "Biotech in the basement." *Nature Biotechnology* 27: 1077-1078.

Anderson, Lisa A. 2003. *Pursuing Truth, Exercising Power: Social Science and Public Policy in the Twenty-First Century*. New York: Columbia University Press.

Balzacq, Thierry and Stéphane J. Baele. 2010. "The Third Debate and Postpositivism." *International Studies Encyclopedia*.

Desch, Michael. 2015. "Technique Trumps Relevance: The Professionalization of Political Science and the Marginalization of Security Studies." *Perspectives on Politics* 13-2: 377-393.

Dunne, Tim, Lene Hansen and Colin Wight. 2013a. "The end of International Relations theory?." *European Journal of International Relations* 19-3: 405-425.

Dunne, Tim, Milja Kurki and Steve Smith eds. 2013b. *International Relations Theories: Discipline and Diversity*. Oxford: Oxford University Press.

Eun, Yong-Soo. 2019. "An Intellectual Confession from a Member of the 'Non-Western' IR Community: A Friendly Reply to David Lake's "White Man's IR"." *PS: Political Science* 52-1: 78-84.

George, Alexander L. 1994. "The Two Cultures of Academia and Policy-Making: Bridging the Gap." *Political Psychology* 15-1: 143-172.

George, Alexander L. and Andrew Bennett. 2005. *Case Studies and Theory Development in the Social Sciences*. Cambridge, MA: MIT Press.

Grenier, Félix. 2015. "How Can Reflexivity Inform Critical Pedagogies? Insights from the Theory versus Practice Debate." *International Studies Perspectives* 17-2: 154-172.

Hagmann, Jonas and Thomas J. Biersteker. 2014. "Beyond the Published Discipline: Toward a critical pedagogy of international studies." European Journal of International Relations 20-2: 291-315.

Hamel, Nathalie J., Alan E. Burger, Kristin Charleton, Peter Davidson, & Sandi Lee, Douglas F. Bertram and Julia K. Parrish. 2009. "Bycatch and Beached Birds:

Assessing Mortality Impacts in Coastal Net Fisheries Using Marine Bird Strandings." *Marine Ornithology* 37: 41-60.

Hermann, Margaret G. 1998. "One field, many perspectives: Building the foundations for dialogue." *International Studies Quarterly* 42-4: 605-624.

Hill, Christopher, and Pamala Beshoff eds. 1994. *Two Worlds of International Relations: Academics, Practitioners and the Trade in Ideas.* London: Routledge.

Hollis, Martin, and Steve Smith. 1990. *Explaining and Understanding International Relations.* Oxford: Oxford University Press.

Holsti, Kal. 1993. "International Relations at the end of the millennium." *Review of International Studies* 19-4: 401-408.

Hom, Andrew R. 2017. "Forum: A Bridge too far? On the Impact of Worldly Relevance on International Relations." *International Studies Review* 19-4: 692-721.

Jackson, Patrick. 2016. *The Conduct of Inquiry in International Relations: Philosophy of Science and Its Implications for the Study of World Politics.* Second Edition, London: Routledge.

Jarvis, Lee. 2019. "Toward a Vernacular Security Studies: Origins, Interlocutors, Contributions, and Challenges." *International Studies Review* 21-1: 107 – 126.

Jentleson, Bruce W. 2002. "The Need for Praxis: Bringing Policy Relevance Back In." *International Security* 26-4: 169-183.

Kegley, Charles W. 2002. "Bridge-building in the study of International Relations: How 'Kuhn' we do better?" In: Donald J. Puchala ed. *Visions of International Relations.* Columbia: University of South Carolina Press. 63-70.

Keohane, Robert O. 1993. "Institutionalist Theory and the Realist Challenge after the Cold War." In: *Neorealism and Neoliberalism: The Contemporary Debate*, edited by David Baldwin. New York: Columbia University Press.

Koyama, Hitomi and Barry Buzan. 2019. "Rethinking Japan in mainstream international relations." *International Relations of the Asia-Pacific* 19-2: 185-212.

Kratochwil, Friedrich. 2003. "The Monologue of 'Science." *International Studies Review* 5-1: 124-128.

Kurki, Milja and Colin Wight. 2013. "International Relations and Social Science." In: Tim Dunne, Milja Kurki and Steve Smith eds. *International Relations Theories: Discipline and Diversity.* Oxford: Oxford University Press.

Lake, David. 2011. "Why 'isms' are evil: Theory, epistemology, and academic sects as impediments to understanding and progress." *International Studies Quarterly* 55-2: 465-480.

_____. 2013. "Theory is dead, long live theory: The end of the great debates and the rise of eclecticism." *European Journal of International Relations* 19-3: 567-587.

_____. 2016. "White Man's IR: An Intellectual Confession." *Perspectives on Politics* 14-4: 1112-1122.

Lapid, Yosef. 1989. "The Third Debate: On the prospects of international theory in a post-positivist era." *International Studies Quarterly* 33-3: 235-254.

Lebow, Richard Ned. 2011. "Philosophy and International Relations." *International Affairs* 87-5: 1219-1228.

Leeds, Brett Ashley, J Ann Tickner, Colin Wight, and Jessica De Alba-Ulloa. 2019. "Forum: Power and Rules in the Profession of International Studies." *International Studies Review* 21-2: 188 – 209.

Leira, Halvard. 2015. "International Relations pluralism and history." *International Studies Perspectives* 16-1: 23-31.

Levine, Daniel J. and David M. McCourt. 2018. "Why does pluralism matter when we study politics? A view from contemporary international relations." *Perspectives on Politics* 16-1: 92-109.

Linklater, Andrew. 1994. "Dialogue, dialectic and emancipation in International Relations at the end of the post-war age." *Millennium* 23-1: 119-131.

Lupovici, Amir. 2013. "Me and the Other in International Relations: An Alternative Pluralist International Relations 101." *International Studies Perspectives* 14-3: 235-254.

Mearsheimer, John J. and Stephen M. Walt. 2013. "Leaving Theory Behind: Why Simplistic Hypothesis Testing is Bad for IR." *European Journal of International Relations* 19-3: 427-457.

Nye Jr, Joseph S. 2008. "International Relations: The Relevance of Theory to Practice." In: by Christian Reus-Smit, and Duncan Snidal ed. *Oxford Handbook of International Relations*. Oxford: Oxford University Press.

Oren, Ido. 2016. "A Sociological Analysis of the Decline of American IR Theory." *International Studies Review* 18-4: 571 – 596.

Qin, Yaqing. 2016. "A Relational Theory of World Politics." *International Studies Review* 18-1: 33-47.

Rengger, Nicholas. 2015. "Pluralism in International Relations Theory: Three Questions." *International Studies Perspectives* 16-1: 32 – 39.

Rosenau, James. 1993. "International Relations." In: Joel Krieger ed. *Oxford Companion to Politics of the World*. New York: Oxford University Press.

Rosenberg, Justin. 2016. "International relations in the prison of political science." *International Relations* 30-2: 127-153.

Said, Edward W. 1994. *Representations of the Intellectual*. New York, NY: Vintage Books.

Sil, Rudra and Peter J. Katzenstein. 2010. "Analytical eclecticism in the study of world politics: Reconfiguring problems and mechanisms across research traditions." *Perspectives on Politics* 8-2: 411-431.

_____. 2011. "De-centering, not discarding the 'isms': Some friendly amendments."

International Studies Quarterly 55-2: 481-485.

Sylvester, Christine. 2007. "Whither the international at the end of IR." *Millennium* 35-3: 551-573.

Thomas Landrain, Morgan Meyer, Ariel Martin Perez and Remi Sussan. 2013. "Do-it-yourself biology: challenges and promises for an open science and technology movement." *Systems and Synthetic Biology* 7-3: 115-126.

Tickner J. Ann. 2011. "Dealing with Difference: Problems and Possibilities for Dialogue in International Relations." *Millennium* 39-3: 607-618.

Tickner, Arlene B. 2013. "Core, periphery and (neo)imperialist International Relations." *European Journal of International Relations* 19-3: 627-645.

Vitalis, robert. 2015. *White world order, black power politics: The birth of American international relations.* Cornell University Press.

Wang, Hung-Jen. 2013. "Being Uniquely Universal: building Chinese international relations theory." *Journal of Contemporary China* 22-2: 518-534.

Waever, Ole. 1996. "The rise and fall of the inter-paradigm debate." *International theory: Positivism and beyond.*

_____. 2013. "Still a discipline after all these debates?" In: Dunne T, Kurki M and Smith S (eds) *International Relations Theories.* Oxford: Oxford University Press.

Wendt, Alexander. 1991. "Bridging the theory/meta-theory gap in International Relations." *Review of International Studies* 17-4: 383-392.

Whitley, Richard. 1984. *The Intellectual and Social Organization of the Sciences.* Oxford; New York: Clarendon Press.

Whyte, Christopher. 2019. "Can We Change the Topic, Please? Assessing the Theoretical Construction of International Relations Scholarship." *International Studies Quarterly* 63-2: 432 – 447.

Wight, Colin. 2013. "The Dualistic Grounding of Monism: Science, Pluralism and Typological Truncation." *Millennium* 41-2: 326-345.

_____. 2019. "Bringing the outside in: The limits of theoretical fragmentation and pluralism in IR theory." *Politics* 39-1: 64-81.

Wittkopf, Eugene R., Christopher M. Jones and Charles W. Kegley, Jr. 2008. *American Foreign Policy: Pattern and Process.* 7th edition, Thomson Wadsworth.

Xinning, Song. 2001. "Building International Relations Theory with Chinese Characteristics," *Journal of Contemporary China* 10-26: 61 – 74.

Yetiv, Steve A., James, Patrick. eds. 2017. *Advancing Interdisciplinary Approaches to International Relations.* New York: Palgrave.

Zhao, Tingyang. 2005. *The Tianxia System: An Introduction to the Philosophy of a World Institution*(天下体系: 世界制度哲学导论, Nanjing: Jiangsu Jiaoyu Chubanshe).

_____. 2009. "A political world philosophy in terms of All-under-Heaven (tian-xia)." *Diogenes* 56: 5-18.

제11장 동맹의 양분법
-자주와 적-

신욱희(서울대학교)

I. 서론

정치와 정치학의 영역에서는 다양한 형태의 양분법이 발견된다. 보수와 진보, 국내정치와 국제정치의 양분법이 그 흔한 사례가 될 것이다. 국제정치학 분야에서도 전쟁과 평화, 무정부성과 공동체의 양분법이 존재하며, 이와 연관되어 이론 내지 패러다임에서도 현실주의와 자유주의라는 또 다른 양분법이 오랜 논쟁의 대상이 되어왔다. 이와 같은 이론적 논의는 구체적인 역사적 사실에도 적용된다. 하나의 예로 한국전쟁에서의 미국과 UN의 참전은 자유주의적인 칸트적 평화논리에 의해 수행되었다고 지적되며, 그에 이은 중국의 참전은 현실주의적인 홉스적 안보논리에 의해 정당화되었다(김학재 2015).

이 논문에서 다루는 양분법의 주제는 동맹(alliance)에 대한 것이다. 국제정치학자인 월퍼스(Wolfers)는 동맹을 '둘 혹은 그 이상의 주권국가들 사이의 상호적인 군사적 지원에 대한 약속'이라고 정의한 바 있는데(Snyder 1991, 123에서 재인용), 동맹의 구획은 국가들 사이를 친구와 적으로 나누는 역할을 한다. 하지만 어제의 친구는 내일의 적이라고 흔히 이야기하듯이, 이와 같은 구분이 영속적이 아님은 자명하다. 최근 트럼프 대통령의 쿠르드족 '배신'은 이러한 사실을 잘 보여주고 있다고 할 것이다. 인남식은 이에 대해 아래와 같이 말한다.

> 쿠르드 방기는 충격적이다. 친구를 버리고 갈등 중인 터키 편을 든 셈이다. 피를 흘려 함께 싸워도 이익 계산에서 밀리면 버려지는 비정함이 국제정치의 본질이다. 미사여구로 분칠하지 않은 국익 계산의 민낯이다(인남식 2019).

이 연구는 동맹의 양분법을 동맹과 자주, 동맹과 적의 두 가지 형태로 나누고, 국제정치의 현실에서 이 두 양분법이 어떠한 한계를 갖고 있는 지를 고찰하고, 이에 대한 복합적 사고의 필요성을 제기하고자 한다.

II. 자주에 의한 자조(self-help)의 의미와 한계

동맹의 반대로서 자주의 논의는 무정부 상태의 국제정치에서 한 국가 가 스스로의 힘에 의해서 자신의 생존을 추구한다는 의미를 갖는다. 그 러나 사실상 세계정치의 무대에서 자신의 생존을 완벽하게 독립적인 자조에 의해 유지할 수 있는 국가는 미국을 제외하고는 거의 없다고 할 수 있으며, 군사적 패권을 갖고 있는 미국 역시 다양한 방식의 구조 적 제약 하에서 자신의 대외정책을 수행해야 하며, 지구적 안보 문제에 서는 다른 나라들의 협력을 필요로 하는 것이 현실이다.

이와 같은 현실과 이론의 차이를 이해하려면 먼저 국제정치학의 주류 패러다임이라고 할 수 있는 현실주의의 기본 전제들을 살펴볼 필 요가 있다. 위에서 언급된 세 개념, 즉 국가(state), 생존(survival), 자조 (self-help)는 이른바 '3S'라고 불리는 현실주의 이론의 핵심에 해당하 는데. 이에 대해서 국제정치학의 교과서는 다음과 같이 설명한다.

국가 — 현실주의자들에게 국가는 주된 행위자이며, 주권은 그 특징적 인 속성이다. 주권국가의 의미는 불가피하게 무력의 사용과 연결된다. 생존 — 모든 부류의 현실주의자 대부분을 묶는 두 번째 원칙은 국제 정치에서 가장 두드러진 목표가 생존이라는 것이다. 비록 권력의 축 적 그 자체가 목적인가라는 점에 대한 현실주의자들의 설명에는 모호

한 점이 있지만, 국가의 궁극적인 관심사가 안보를 위한 것이라는 주
장에는 이견이 없다고 생각된다.

자조 ― 국내와 국제질서 사이의 핵심적인 차이는 그들의 구조에 있
다. 국내체제에서는 시민이 스스로를 방어할 필요가 없지만, 국제체
제에서는 무력의 사용을 방지하거나 맞설 상위의 권위가 존재하지 않
는다. 그러므로 안보란 단지 자조에 의해서만 실현될 수 있을 뿐이다
(베일리스 외 2009, 121-124).

안보를 위한 자조를 요구하게 되는 국제체제의 구조는 기본적으
로 무정부성(anarchy)을 특징으로 하며, 월츠(Waltz)에 따르면 이는 기
본적으로 동일한 속성을 갖는 단위들 사이의 능력의 분포에 의해 정
의되는 것이다(월츠 2000, 5장). 하지만 다른 학자들, 예를 들어 레이크
(Lake)는 국제정치의 실재는 무정부적 주권국가체제라는 공식적-법
적 접근법(formal-legal approach)과 많은 부분에서 일치하지 않는다
고 주장하면서, 주권의 분할 가능성(divisibility)과 국가 내의 사적 영
역의 존재를 지적하였다. 그는 다음과 같이 이야기한다.

정치적 상호작용의 모든 영역은 공적, 그리고 사적 영역으로 구분될
수 있는데, 전자에서는 정치적 권위가 하위단위에게 행사되며, 후자
에서는 배제된다. 모든 주권은 다소 간 분할되며, 위계성이 이러한 가
변적 주권의 대체물이 된다. 정치적 권위에 의해 통제되지 않는 사적
인 행동의 범위가 클수록 그 관계는 덜 위계적이다. 반대로 정치적 권
위에 의해 조정되는 정책적 영역이 넓을수록 그 관계는 좀 더 위계적
이다. 그렇게 정의된다면, 위계성은 A가 B에 의한 순응을 정당하게
요구하고 기대할 수 있는 행위의 수에 의해 달라지는 하나의 지속적

인 변수가 된다. 하나의 극단에서 A는 B가 수행하는 어떤 행위에 대해서도 권위를 소지하지 않는다. 이것이 '웨스트팔리아적 주권'의 이상형이며, 국제체제 내의 모든 관계를 특징짓는 무정부성의 조건으로 보편적으로 (그리고 잘못) 인식되고 있다. 다른 극단에서는 A가 B가 수행하는 모든 행위를 규제하는 권위를 소지하고 있다. 이와 같은 완전하고 순수한 위계성 하에서 B는 모든 정치적 삶의 영역에서 A에게 반하는 어떠한 것도 결정할 수 있는 독립적인 권리나 자율적인 능력을 갖고 있지 못하다. 이러한 극단에는 사교나 전체주의 국가를 제외하고는 아마 거의 근접하는 것이 없을 것이다. 보통 위계적인 것으로 간주되는 근대국가 내에서도 실질적인 사적인 행위의 영역이 존재한다. 그러므로 통상적으로 말하자면 상대적으로 위계적인 관계에서도 A는 B의 모든 행동이 아니라 많은 행동에 대해 권위를 행사하는 것이다. 국제관계에서 가장 위계적인 관계는 B가 넓은 범주의 경제적, 안보적 행동에 있어 A에게 복속되는 제국의 형태라고 할 수 있다(Lake 2009, 51-52).

그러므로 실질적인 국제관계는 무정부성과 위계성 조건의 중간 상태에서 이루어진다고 보는 것이 적절하며, 권력(power)과 더불어 권위(authority)의 요인이 함께 작동하는 것이다.[1] 예를 들어 냉전기에 형성된 한미일 삼자관계는 단순한 능력의 분포에 의한 위계가 아닌 정치적 권위와 그에 따라 차별적인 지위(status)가 부여된, 불완전 주권을 특징으로 하는 복합적인 관계라고 볼 수 있다.[2] 따라서 이러한 조건

---

1   무정부성과 위계성의 상관관계에 대해서는 Nedal and Nexon(2019)을 볼 것. 그들은 특정한 권위체계는 무정부성과 세력균형을 강화시키기도 하고, 또한 그에 의해 강화되기도 한다고 지적한다.

에서 동맹과 자주의 양분법은 적실성이 없으며, 일본과 한국은 미국과의 동맹을 유지해 가면서 자신의 정책적인 자율성을 증대시키려는 노력을 계속해 왔던 것이다. 그러한 점에서 자주란 상대적 평가가 요구되는 개념이며, 냉전기 북중소 삼자관계에서의 북한이 한미일 삼자관계에서의 한국에 비해 좀 더 자주적이었다는 식의 주장은 가능하다고 할 수 있다.[3]

정책적 고려 대상으로서의 동맹과 자주 역시 일방적인 목표가 될 수는 없는 것이다. 조동준은 1960년대 북한의 '주체' 노선과 1970년대 한국의 '자주국방' 모색의 사례를 분석하면서, 한국전쟁 이후 한반도에서 진행된 자주정책이 자율성을 강화하기보다는 상대방의 반작용을 초래하여 대외안보를 저해하고 동맹국에 더 의존하는 '자가당착'적인 결과로 이어졌다고 설명하였다(조동준 2004). 한 나라가 안보를 모색하는 방법 역시 다양하다. 냉전기 한국의 안보는 미국과의 쌍무적 동맹에 의해 주로 보장되었지만, 이와 함께 제도적 노력과 자주의 시도가 병행되었던 것이다.[4] 이승만의 태평양동맹 구상이나 박정희의 동아시아 지역안보체제 구상은 이와 같은 제도 구축을 통한 안보 증진 노력에 해당하며(최영호 1999; 박태균 2011), 이승만은 '북진통일'의 수사를 통하여, 그리고 박정희는 전략무기 개발의 시도를 통하여 부분적으로 자주적인 안보를 시도했다고 볼 수 있다. 박정희는 또한 PLO를 승인함에 의해 미국과 다른 자주적인 중동정책을 모색하려 했던 적도 있었다(Kim and Shin, 2017).

---

2   일본 헌법의 전수방위 조항과 한국의 전시 작전권 부재는 불완전 주권의 전형적인 예라고 할 수 있다.
3   하지만 냉전기 북한의 노선 역시 자주와 동맹 사이에 존재하였던 것이다.
4   자유주의 내지 제도주의적 방식의 안보 논의에 대해서는 신범식(2010)을 볼 것.

위에서 언급했던 불완전 주권의 문제로 인하여 한국이 미국과의 동맹관계에서 완전히 자주적 입장을 취하는 것은 어려운 일이다. 냉전의 와해와 민주화 과정을 통해 한국이 상대적으로 자주적 입장을 증대시켰다고 할 수는 있으나, 이 또한 동맹과 자주의 양분으로 설명될 수는 없다. 박인휘는 박정희 정부와 김대중 정부를 비교하면서, 두 지도자가 한미관계에 관한 인식과 전략에서 상이한 특징을 갖는 것은 사실이나 이를 각각 동맹과 자주로 구분하는 것은 옳지 않다고 지적한다.[5] 한미동맹 내에서 한국의 상대적 자율성 문제는 전시작전권 환수와 한미연합사 재편의 과정에서 다시 등장할 것이나, 이것 역시 동맹에서 자주로의 전환이라기보다는 동맹의 구조 내에서 주체성의 증대 추구라는 '주체-구조의 문제'로 이해되는 것이 적절하다.[6] 따라서 이론적인 논의와 실천적인 논의에서 모두 동맹과 자주의 문제는 어느 하나의 일방적 지향, 혹은 하나의 선택이 다른 하나의 포기를 의미하는 양자 간 딜레마의 문제가 아니라,[7] 결국 두 방식이 어떠한 형태로 결합되는가라는 '복합성'의 문제라고 할 수 있는 것이다.[8]

III. 친구와 적

적에게 알리지 말아야 할 것은 친구에게도 알리지 말라 ─ 발타자르 그라시안

5　박인휘(2010)을 볼 것. 이는 노무현 행정부의 사례에서도 마찬가지이다. 노무현 대통령은 이를 자주를 좀 더 강조하는 '협력적 자주국방'이라는 개념으로 제시하였다. 김영호(2004)를 볼 것.

6　주체-구조 문제의 이해를 위해서는 Wendt(1987)을 볼 것.

7　이를 딜레마의 문제로 이해하는 입장을 보려면 박휘락(2019)를 볼 것.

8　복합성의 개념을 위해서는 신욱희(2017a)를 볼 것.

친구를 가까이 둬라. 적은 더 가까이 둬라 — The Godfather

국제정치가 정글 상태로 묘사되고 있는 홉스적 현실주의에서는 모든 국가들이 서로를 '적'으로 생각하는 것이 보편적일 것이다. 하지만 기본적으로 '동맹' 내의 국가들은 서로를 '친구'로 생각하는 인식을 갖고 있다고 간주된다. 여기서 상식적으로 상기해야 할 점은 친구와 적의 정체성은 항상 가변적 특성을 갖는다는 것이며, 전쟁사의 기록은 이를 잘 보여준다고 할 수 있다.[9] 쿱찬(Kupchan)은 어떻게 안정적 평화(stable peace)가 등장하고 유지되는가를 검토한 그의 저작에서 '적이 친구가 되어' 평화적 관계를 구축한 여러 예를 제시한다. 그는 안정적 평화의 지역을 우호관계(rapprochement), 안보공동체(security community), 연합(union)으로 구분하고, 이러한 지역이 구축된 역사적인 사례를 아래의 표와 같이 나열하고 있다.

우호 관계	안보 공동체	연합
영국과 미국(1895-1906)	유럽협조체제(1815-1848)	스위스(1291-1848)
노르웨이와 스웨덴(1905-1935)	유럽 공동체(1949-1963)	이로쿼이(1450-1777)
브라질과 아르헨티나(1979-1998)	ASEAN(1967년 이후)	아랍 에미레이트(1971년 이후)

이와 더불어 쿱찬은 미연방 수립과 이탈리아와 독일 통일 역시 적에서 친구로의 궁극적인 전환 사례로 인용하였다(Kupchan 2010, 12).

적에서 친구로, 그리고 친구에서 적으로의 전환 양상은 20세기 중반 동북아시아에서 현저하게 나타났다. 태평양 전쟁 이후 냉전의 전

---

9   월퍼스는 일찍이 국가 간 관계의 분석에 있어서 우정과 적의와 같은 용어는 매우 주의 깊게 사용되어야 한다고 지적한 바 있다(Wolfers 1962, 25).

개에 따라 일본이 미국의 적에서 친구가 되는 과정은 그 대표적인 예
라고 할 수 있다. 이러한 전환의 이해를 위해서는 '위협전이'(threat
transition)의 개념을 살펴볼 필요가 있다. 이는 세력전이와는 달리 물
질적 요인이 아닌 관념적 요인의 전환에 의해서 불안정성이 도래하는
것으로, 하나의 사건의 발발, 혹은 주체의 투사에 따라 위협이 전이되
고, 이렇게 형성된 위협인식이 다시 주체의 행위를 통제하는 매커니즘
을 만들어낸다. 이러한 접근법은 비판적 안보연구가 제시하는 안보화
이론의 주장과 연결되는데, 이 논의에 따르면 안보는 무엇이 보호되어
야 할 핵심적인 대상인가, 그리고 그 위협이 어디에서부터 오는가의 문
제에 대한 발화행위이며, 고정된 의미를 갖는 것이 아닌 사회적 구성물
로 간주한다. 따라서 안보의 대상과 위협의 소재는 고정된 것이 아니라
한 곳에서 다른 곳으로의 전이가 가능한 것으로 이해될 수 있는 것이
다(신욱희 2017b, 25-26).

　일본에 대한 적에서 친구로의 위협전이를 수행한 대표적인 행위
주체는 미 국무장관이었던 덜레스(Dulles)였다. 덜레스에게 일본은 원
래부터 문제(question)가 아닌 모범(example)에 해당하였다. 1950년
의 저서에서 그는 이에 대해 아래와 같이 이야기하였다.

　　그러한 점에서 일본은 우리의 특별한 관심과 책임의 대상이다. 우리
　　가 하려고 한다면 우리는 일본이 아시아에서 정신적이고 지적인 풍
　　요로움과 물질적인 번영 속에서 성장하는 자유사회의 모범이 되도록
　　도와줄 수 있다. 이는 쉬운 일이 아닌데 왜냐하면 일본은 인구가 부족
　　하고 비옥한 토지가 적으며 산업생산과 해외시장을 필요로 하고 있
　　기 때문이다. 정신적인 쇄신과 정치적 교육도 요구된다. 만약 우리가
　　일본인들이 자신들의 정신적, 물질적인 필요를 충족시키도록 도와줄

수 있다면, 이 자체가 아시아/태평양 전체에 영향력을 행사하게 될 것이다. '행동과 모범'은 선전이나 무력보다 장기적으로 더 효과적이다 (Dulles 1950, 230).

덜레스는 중국의 공산화 이후 교전국인 일본에 대한 인식을 바꿀 것을 아래와 같이 요구하였다.

아시아, 태평양의 광활한 지역에서 우리는 적절한 정책을 갖고 있지 못한데, 이는 지금까지 우리의 친근한 동료였던 중국이 소련 공산주의의 동맹 세력에 의해 전복되었기 때문이다. 이는 우리와 아시아, 태평양의 국민들과의 관계에 대한 새로운 사고를 요구하고 있다(Dulles 1950, 176).

이러한 덜레스의 위협인식은 한국전쟁의 발발, 그리고 중국의 참전과 함께 더욱 강화되었고, 샌프란시스코 강화조약을 통해 일본문제(Japanese Question)의 완전한 탈안보화(desecuritization)의 모습으로 나타났다. 즉 전후 탈식민화의 일본문제에서 냉전적 위협의 표상으로서의 북한 그리고 중국문제로 동북아에서의 위협전이가 이루어진 것이었다(신욱희 2017b, 73).

이러한 동북아시아에서 위협전이는 한국전쟁이라는 사건과 그를 통한 행위 주체, 즉 정책결정자들에 의한 위협의 투사를 통해서 이루어졌으며, 이는 샌프란시스코 강화조약을 통해 제도화되었다. 그 결과 지역적 안정의 구도가 만들어지기보다는 남방삼각관계와 북방삼각관계의 냉전적 구도가 동북아시아에 형성되었던 것이다. 반면 남방삼각관계인 한미일 안보체제 또한 내부적으로 협력적이지 않은 모습을 표출하게 되는데, 이는 미국 정책결정자들과 이승만의 위협인식 차이에 그 뿌리를 두고 있었다. 즉 미국의 인식이 완전한 친구로서의 일본이라는 이미지로의 전이를 보여주었던 반면, 이승만은 실용적인 태도를 보이면서도 잠재적인 적으로서의 일본이라는 이미지를 계속 견지하고 있었기 때문이었다.[10]

냉전 초기의 미중관계는 미일관계와는 반대로 친구에서 적으로의 전이의 예를 제공하였다. 칭(Qing)은 일본에 대항했던 전략적 동맹국이었던 미국과 중국이 1945년부터 1960년까지의 기간에 교전국, 그리고 타협할 수 없는 적국이 되었다고 지적하였다. 그녀는 자신의 연구에서 아래와 같은 질문을 제시하였다.

이와 같은 급작스런 악화는 언젠가는 드러날 수밖에 없었던 두 나라의 핵심적인 국가이익과 도덕적 원칙 사이의 불가피한 갈등에 기인했던 것인가? 아니면 그 대신 동맹에서 적으로의 이 전이는 양측의 생산적이지 못했던 외교정책, 상대의 의도에 대한 되풀이된 오판의 산물, 또는 결정적인 오해, 즉 국가이익과 원칙의 양립 불가능에 대한 인식의 결과에 의해 만들어졌던 것인가?(Qing 2007, 2)

칭은 후자의 설명에 치중하면서, 미중 간 대립의 기원과 전개에서 정체성에 대한 뿌리 깊은 전제와 근대성에 대한 문화적 이상의 차별성이 갖는 역할에 주목하였다(Qing 2007, 8).

그러나 다른 중국학자는 이러한 미중 간 대립의 시기에 있어서도 '적들 사이의 대화'가 존재했다는 점을 강조하였다. 시아(Xia)는 이에

10　이는 동맹국 간에도 친구와 적에 대한 인식이 명확하게 공유되는 것이 아니라는 점을 보여준다. 신욱희(2017b, 80).

대해 아래와 같이 이야기한다.

> 냉전의 전성기에 베이징과 워싱턴은 대부분의 영역에서 서로에게 맞
> 섰다. 하지만 동시에 양자는 공개적, 비공개적인 방식으로 모두 협상
> 을 수행하였다. 소통과 협상을 통한 국제 갈등 해결의 견지에서 보면,
> 수십 년 동안의 미중협상은 대부분의 냉전 기간 동안의 근본적인 정
> 치적, 전략적 그리고 문화적 입장에서의 차이가 국익과 이념의 충돌
> 에 의해 더욱 악화되었던 두 나라 사이의 실질적인 외교적 담화의 복
> 합적이고 조건적인 역동성을 만들어냈다(Xia 2006, 1).

결국 시아는 칭이 지적한 관념적 요인과 보편적인 물질적 요인의
역할을 모두 인정하면서 다음과 같이 결론을 맺고 있다.

> 페어뱅크(Fairbank)는 1960년대 초반에 "'중국의 문화 영역'에서의
> 미 정책의 실패는 정부에 대한 서구와 전통 유교 개념 사이의 갈등으
> 로부터 초래되었다"라고 주장했다. 문화적 요인이 중요하기는 했지
> 만, [미국과 중국의] 협상가들은 권력의 현실과 경제적 이익을 무시할
> 수 없었다. 이 연구는 이념적, 정치적, 군사적 냉전 상황에 놓인 두 적
> 대국이 정치적이고 국제안보적인 이익을 위해 장기적이고 때로는 효
> 과가 없었던 대화를 수행하게 되었다는 것과, 문화적 요인들이 1942
> 년부터 1972년까지 중국과 미국의 소통과 협의를 제약하는 데 있어
> 중요한 역할을 했다는 것을 확인시켜 준다(Xia 2006, 237).

따라서 냉전 초기 미중관계는 적들 사이에서 갈등과 비공식적 협상이
공존하는 관계였으며, 이러한 복합성의 존재는 이후 데탕트 시기에 양

국이 친구로서의 관계를 구축하는 기반이 되었다고 할 수 있는 것이다.

적과 친구 양분법의 한계를 보여주는 또 하나의 사례는 친구 사이의 갈등 문제이다. 근대 국제체제가 기본적으로 '전쟁체제'(war system)로 형성되었다는 점에서 볼 때,[11] 국제정치의 가장 대표적인 분석은 '적수끼리의 게임'(rivalry game)에 대한 것이다.[12] 하지만 이와 같은 적수게임과 함께 한 국가 대외정책의 핵심적인 부분을 이루는 것은 동맹국들 사이에서의 '동맹게임'(alliance game)의 영역이라고 할 수 있다. 동맹연구 역시 잠재적인 적수 사이의 세력균형 문제에 주로 치중해 왔다는 점에서 볼 때, 방기(abandonment)와 연루(entrapment)의 문제를 중심으로 한 스나이더(Snyder)의 동맹게임의 분석은 큰 의미를 갖는다(Snyder 1984).

그에 따르면 다극체제의 동맹게임은 두 단계로 나누어지며, 첫 단계는 n명의 수인의 딜레마 게임의 논리를 따른다. 동맹이 형성된 이후 등장하는 두 번째 단계의 동맹게임은 동맹에 협조하는 것과 비협조하는 것 사이의 딜레마에 해당하는데, 국가들은 어느 쪽을 선택하게 되더라도 좋은 결과와 나쁜 결과를 모두 얻게 된다. 동맹 내에서 국가들은 방기와 연루를 모두 피하려 하는데, 한 국가가 동맹에 협조하게 되면 방기의 위험은 줄일 수 있지만 연루의 위험은 증대되며, 비협조할 경우에는 반대의 결과를 낳게 된다. 또한 일방적 협조는 동맹국에 대한 협상력을 낮출 수 있고, 동맹을 재구성하는 데 있어 선택을 제한시킬 수 있으며, 대항동맹으로부터의 위협을 증대시키는 결과를 가져온다(신욱희 2010, 18-19).

냉전기와 탈냉전기 한미관계는 이와 같은 동맹게임의 적절한 예

---

11 이에 대한 역사사회학적 고찰로 Tilly(1985)를 볼 것.

12 이에 대한 최근의 연구로 Thompson(2015)를 볼 것.

를 제공하고 있다. 한국전쟁을 마무리하면서 미국은 한반도에서 이승만의 북진통일론에 연루되는 것과 그를 방기하는 것 모두를 피하기 위해 한미상호방위조약 체결을 통한 한국과 북한을 모두 대상으로 하는 이른바 이중봉쇄(double containment) 전략을 구사하였다. 아래의 1953년 미 국무부의 입장은 이를 잘 보여주고 있다.

> 동북아국의 맥글러킨(McClurkin)은 미국이 절대 피해야 하는 두 가지 상황으로 한국에 의해 미국이 전쟁에 말려드는 경우와 한국군의 패전(즉 북진한 한국군이 패주해서 한국을 잃는 경우)을 강조하고, 이 두 가지 상황을 막기 위해 필요한 모든 조치들을 한국에 대해 취해야 한다고 제안했다(이혜정 2004, 17).

이혜정은 한미상호방위조약의 발효 연기 사례를 다룬 그의 연구에서 이러한 맥락을 다음과 같이 정리하였다.

> 상호방위조약의 조인은 한미 양국의 이익이 아름답고 굳건하게 조화되는 혈맹의 시작도 한국의 미국에 대한 일방적인 종속의 굴레도 아니었다. 조약의 조인과 동시에 미국은 이승만의 북진을 봉쇄하는 데 골몰했지만, 이승만은 북진의지를 꺾지 않았으며 미 8군의 유사시 군사작전계획은 이승만의 북진뿐 아니라 한국의 공산화 또한 막으려는 이상한 것이었다. 또한 상호방위조약의 비준과 발효를 둘러싼 양국의 갈등은 미군의 한국주둔이나 한국군 지휘권 통제의 군사안보 문제뿐 아니라 환율문제, 일본 구매 등 정치경제적인 문제를 포함하였다. 즉, 미국은 동맹의 조건으로 특정한 한국의 대외정책과 국가의 성격 자체를 요구하였고, 이에 대한 한국의 저항이 한미동맹 유예의 원인이었

다(이혜정 2004, 28-29).

데탕트 시기 한미관계 역시 동맹게임의 양상에서 방기와 연루 딜레마가 등장하는 과정을 잘 보여준다. 1968년의 1·21 사태에 대한 미국의 소극적 대응과 푸에블로호 피랍에 따른 북한과의 비밀협상, 1969년의 닉슨 독트린에 이은 주한미군의 부분 철수, 그리고 1971년에 가시화된 미중관계 개선은 박정희에게 방기의 우려를 부여하였다. 반면 1960년대 말의 미국은 제2의 베트남전 발발과 그에 대한 연루의 우려를 갖고 있었으며, 이를 방지하기 위한 정책적 탄력성을 확보하는 것이 중요한 아시아 정책의 목표였다. 1970년대 초반은 미국의 새로운 세계 전략, 즉 중국과의 관계 개선이 한반도에서 미국의 정책 수행을 좌우하게 되었다. 즉 같은 시기에 미국은 자신의 지역/세계 전략을 전환시키고 있었던 반면 박정희는 지속적으로 한반도 수준에서 안보정책을 추구하고 있었고, 이러한 분석 수준의 차이는 한반도에서 기본적인 전략적 이해의 공유에도 불구하고 양측에 서로 다른 안보적 위협의 요인을 제공하게 되었던 것이다. 그리고 이러한 동맹 내 갈등은 안보전략의 대상으로서 북한의 능력과 의도에 대한 평가의 차이에 의해 더욱 증대되었다(신욱희 2010, 3장).

냉전의 종언 이후 한미동맹의 딜레마는 좀 더 복잡한 형태를 띠게 되었다. 전재성은 전환기 한미동맹의 특성을 아래와 같이 서술하였다.

한국은 지구적, 지역적 차원의 냉전 종식에도 불구하고 여전히 북한과의 대결 국면을 벗어나지 못하고 있으며, 더불어 중국의 부상에 따른 지역 안보국면의 변화 속에서 전략적 딜레마에 처해 있다. 한미동맹은 변화하는 상황 속에서 한국과 미국이 공통의 안보위협을 지속적으로 정의할 수 있는가, 다양한 동맹의 딜레마를 극복할 수 있는가? 어긋나는 상호 간 안보이익을 조정하기 위해 결박과 제지의 활동을 적절히 조절해 갈 수 있는가? 동아시아 전체 동맹 네트워크 속에서 한미동맹의 역할을 규정할 수 있는가 등에 따라 향후의 방향이 결정될 것이다(전재성 2016, 4).

그는 동맹국 사이의 방기와 연루 딜레마와 적수에 대한 강경과 관여 딜레마가 합쳐진 스나이더의 '복합안보딜레마'의 개념을 바탕으로 한국이 한미동맹에서 갖는 전략적 딜레마를 1. 남북한 관계의 딜레마; 2. 중국의 부상에 따른 딜레마; 3. 안보와 자율성의 딜레마; 4. 한미일 삼각관계 속의 딜레마의 네 가지로 정리하였다(전재성 2016, 4-5). 노무현 행정부나 현재 문재인 정부의 대북 관여정책에 따른 한미동맹의 약화 가능성, 남중국해나 미사일방어(MD) 문제에서 한국 정부가 갖게되는 모호성, 전시작전권 환수에 따른 연합사/유엔사 재편, 그리고 미일동맹의 강화에 따른 한반도 안보에 대한 일본의 연루 문제 등이 각각의 동맹게임 딜레마의 예라고 할 수 있다.[13] 현재 진행 중인 방위비 협상과 같은 동맹 내 부담 분담(burden sharing)의 문제 역시 동맹 내부의 갈등 요인 중 하나이기도 하다.

맥락은 다르지만 냉전기 북중관계 역시 동맹의 양분법이 갖는 한계를 보여준다. 최명해는 1960년대 북한의 대중정책을 '계산된 모험주

---

13   박건영, 남창희, 이수형은 이러한 문제의 해결을 위해서 한국이 동맹정치의 이분법적 성격을 완화시킬 다자간안보협력의 제도화를 위해 노력하는 한편, 한미동맹의 군사적 성격을 완화하고 동맹에 의한 연루의 위험성을 줄이기 위해 자신의 자율성을 확대할 수 있는 방안을 모색해야 한다고 주장하였다(박건영·남창희·이수형 2002, 63-64). 하지만 이러한 제안 역시 북핵문제나 미중갈등의 전개 양상에 따라 가변적일 수밖에 없다는 사실이 함께 인지되어야 할 것이다.

의'라고 지칭했는데, 아래의 그의 주장은 연루와 방기의 동맹게임의 특성에 더해, 위에서 언급되었던 동맹과 자주 양분법의 부적절함을 잘 드러내주고 있다.

당시 북한은 당제관계(중-소 이념분쟁)에서의 '연루' 우려와 국가동맹 관계에서의 '방기' 우려를 동시에 해소해야 하는 '특수한' 상황에 직면하게 된 것이다. 이러한 딜레마적 상황에 봉착하여 김일성은 1966년 10월 "자주성과 단결을 옳게 결합시키는 기초 위에서 형제당 및 형제나라들과의 관계를 부단히 발전시켜 나가야 할 것"이라고 역설했다. 그가 언급한 '자주'와 '단결'은 상호 모순된 것처럼 보이지만, 실은 당제관계와 국가관계를 분리해서 말하는 것이다. 김일성이 '자주'를 말했다고 해서, 이것이 곧 탈진영을 의미하는 것은 결코 아니었다. 북한의 '자주성' 강조는 사회주의 당제관계에서 오는 견해 차이를 극복하여 정책적 유연성을 확보하기 위한 노력의 일환이다. 그리고 김일성에게 무엇보다 중요한 것은 '미제'라는 공동의 위협에 대응하기 위한 사회주의 국제동맹의 '단결'이었다. 다시 말해 당제관계의 이념분쟁은 내부문제로 간주하고, 더욱 긴요한 사안은 '미제'와의 투쟁에서 공동의 행동을 취해야 한다는 것이었다. 김일성이 말하는 '자주'는 당제관계에서의 '연루' 우려를 말하는 대명사이며, '단결'은 국가 동맹관계에서의 '방기' 우려를 우회적으로 표현해 주는 용어로 해석할 수 있다(최명해 2008, 134-135).

탈냉전기 북중동맹은 북핵문제를 중심으로 또 다른 모습의 동맹 딜레마 양상을 나타낸다. 김태경은 냉전의 종언 이후 북한의 자위적 핵 보유 모색이 사실상 동맹 상대국인 중국을 결박하려는 전략이었다고 지적한다(김태경 2012). 박홍서는 자신의 연구에서 북핵 위기 시 중국의 대응이 북핵으로 인한 연루 가능성과 북한의 동맹관계 이탈 가능성을 동시에 최적화하는 방향으로 전개되었다고 본다. 즉 '한반도 비핵화'와 아울러 '대북제재 반대'라는 두 가지 입장은 중국의 이러한 의도를 잘 보여준다는 것이다(박홍서 2006, 103).

친구와 적의 양분법이 적절하지 않은 또 하나의 사례는 한일관계이다. 위에서 언급한 것처럼 한국과 일본은 서로에 대해 복합적인 인식을 갖고 있으며, 이는 두 나라의 국내정치적 역학에 따라 쉽게 갈등의 양상으로 전개된다. 안보협력의 대상국인 한일 양국은 위안부 피해자 문제, 징용 판결 문제, 수출규제와 지소미아를 둘러 싼 논쟁을 통해 갈등의 측면이 오히려 두드러진 양자관계를 유지하고 있다. 이와 같은 양면 안보딜레마의 존재는 아래에서 서술된 것처럼 중국을 포함한 동북아 국제관계의 하나의 특징이라고 할 수 있다.

> 왜 유럽과는 달리 아시아, 특히 동북아에 있어서 국제사회적 요소가 결여되어 있고 '연합적 세력균형'이 형성되지 않는가를 이해하려면, 도구적 요인에 의한 구성적인 (위협)인식의 과잉 문제, 즉 특정 행위자에 대한 위협인식의 부과와 과도한 안보화의 부분, 그리고 그 배경에 놓여 있는 국내정치적 환경에 대한 고찰이 요구된다(신욱희 2017b, 28).

따라서 세계정치의 실질적인 역동성, 그리고 동아시아 국제관계의 특성을 이해하기 위해서는 친구와 적의 단순한 구별이 아닌 동맹정치의 다양한 측면이 고려되어야 하는 것이다.

IV. 결론

본문의 내용에서 알 수 있듯이 국제정치학의 핵심 개념인 동맹은 하나의 '이념형'(ideal type)이라고 할 것이다. 동맹은 안보를 위한 중요한 수단이자 정책목표이지만, 그 자체가 자주를 대신하거나 자주로 대체될 수는 없는 것이라 할 수 있다. 즉 동맹은 안보를 추구하는 여러 방식 중 하나이며, 동맹과 자주의 결합은 안보적 상황에 따른 복합적 균형의 대상이 되어야 하는 것이다. 또한 동맹은 친구와 적의 인식에 그 기반을 두고 있지만, 물질적이고 관념적인 요인에 따라 그 인식은 전환될 가능성을 가지며, 적과의 게임과 더불어 동맹게임에서도 여러 형태의 갈등 요소가 존재하는 것이 사실이다.

21세기 세계정치에 나타나는 지경학적 측면의 강화 현상 역시 동맹의 양분법에 중요한 문제를 던지고 있다. 이전 자유주의 패권국이었던 미국의 전략이 동맹국 사이의 물질적 협력과 관념의 공유, 그리고 그를 통한 질서의 유지를 강조했다면, 트럼프의 미국은 안보와 경제를 수평적으로 결합시키면서 이와 같은 질서 자체를 부정하고 있다. 하지만 역설적으로 이러한 지경학적 접근이 '투키디데스의 함정'이라고 불리던 '강대국 정치의 비극'을 막을 수 있다는 지적도 등장하고 있으며, 2020년 초 미중갈등의 '자제' 국면 등장이 그러한 예라고 볼 수도 있다.[14]

우리의 핵심적 안보적 관심인 북미협상 역시 동맹의 양분법이 적용되지 않는 사례라고 할 것이다. 트럼프는 김정은을 '친구'라고 부르면서도, 그에게 언제든지 '무력'을 사용할 수 있다고 말한다. '자주'를

---

14   신욱희. "지경학 시대 미중관계와 한반도." 미발표논문을 볼 것. 하지만 이러한 상황은 그 이후 등장한 Covid-19 사태로 말미암아 새로운 양상을 맞게 되었다.

공식적으로 강조해 온 북한 역시 대미협상을 통해서 자주와 '새로운 동맹' 사이의 균형점을 찾고 싶어 할지도 모른다. 결국 동아시아와 한반도를 둘러싼 국제관계의 전환 역시 이와 같은 동맹에 대한 새로운 실험을 통해 그 가능성이 검토될 수 있을 것이며, 그를 위해서는 동맹의 양분법이 아닌 그에 대한 복합적 사고가 요구된다고 할 수 있다.

참고문헌

김영호. 2004. "협력적 자주국방과 한미동맹: 쟁점과 과제." 통일연구원 학술회의 총서.

김태경. 2012. "자주와 동맹 사이에서: 북한의 핵보유와 북중 결박동맹."『사회과학연구』
　　제28집 1호.

김학재. 2015.『판문점 체제의 기원: 한국전쟁과 자유주의 평화기획』. 서울: 후마니타스.

박건영·남창희·이수형. 2002. "미국의 동북아 동맹전략과 동맹의 안보딜레마, 그리고 한국의
　　국가안보전략에 대한 함의."『한국과 국제정치』제18권 4호.

박인휘. 2010. "박정희, 김대중의 국가이익과 한미관계: 동맹-자주의 "분절" 혹은 "통합"."
　　『세계지역연구논총』제28권 1호.

박태균. 2011. "박정희 정부 시기 한국 주도의 동아시아 지역 집단 안전보장 체제구상과
　　좌절." 신욱희 편.『데탕트와 박정희』. 서울: 논형.

박홍서. 2006. "북핵위기시 중국의 대북 동맹안보딜레마 관리 연구."『국제정치논총』제46집
　　1호.

박휘락. 2019. "한미동맹에서의 자주와 동맹의 딜레마 분석."『의정논총』제14권 1호.

베일리스, 존 외. 2009. 하영선 외 역.『세계정치론』4th edition. 서울: 을유문화사.

신범식. 2010. "집단안보, 공동안보, 협력안보." 함태영·박영준 편.『안전보장의 국제정치학』.
　　서울: 사회평론.

신욱희. 2010.『순응과 저항을 넘어서: 이승만과 박정희의 대미정책』. 서울: 서울대학교
　　출판문화원.

＿＿＿. 2017a. "체제, 관계, 복잡성/복합성, 삼각관계." 전재성 편.『복잡성과 복합성의
　　세계정치』. 서울: 사회평론.

＿＿＿. 2017b.『삼각관계의 국제정치: 중국, 일본과 한반도』. 서울: 서울대학교 출판문화원.

＿＿＿. "지경학 시대 미중관계와 한반도." 미발표논문

월츠, 케네스. 2000. 박건영 역.『국제정치이론』. 서울: 사회평론.

이혜정. 2004. "한미동맹 기원의 재조명: 한미 상호방위조약의 발효는 왜 연기되었는가?"
　　『한국정치외교사논총』제26권 1호.

인남식. 2019. "국익 앞에 비정한 강대국... 피 흘려 싸운 친구도 버린다."『중앙일보』, 2019. 10.
　　23. https://news.joins.com/article/23612128

전재성. 2016. "한미동맹의 동맹 딜레마와 향후 한국의 한미동맹 전략."『국가안보와 전략』
　　제16권 2호.

조동준. 2004. "'자주'의 자가당착: 한반도 국제관계에서 나타난 안보모순과 동맹모순."
　　『국제정치논총』제44집 3호.

최명해. 2008. "1960년대 북한의 대중국 동맹딜레마와 '계산된 모험주의'."『국제정치논총』
　　제48집 3호.

최영호. 1999. "이승만 정부의 태평양동맹 구상과 아시아민족반공연맹 결성."『국제정치논총』
　　제39집 2호.

Dulles, John F. 1950. *War or Peace*. New York: Macmillan.

Kim, Kangsuk, and Shin, Wookhee. 2017. "South Korea's Abortive Search for Autonomy: Explaining Park Chung-hee's Rapprochement with the PLO." *The Korean Journal of Defense Analysis* 29-2.

Kupchan, Charles A. 2010. *How Enemies Become Friends: The Sources of Stable Peace*. Princeton: Princeton University Press.

Lake, David A. 2009. *Hierarchy in International Relations*. Ithaca: Cornell University Press.

Nedal, Dani K., and Nexon, Daniel H. 2019. "Anarchy and Authority: International Structure, the Balance of Power, and Hierarchy." *Journal of Global Security Studies* 4-2.

Qing, Simei. 2007. *From Allies to Enemies: Visions of Modernity, Identity, and U.S.-China Diplomacy, 1945-1960*. Cambridge: Harvard University Press.

Snyder, Glenn H. 1984. "The Security Dilemma in Alliance Politics." *World Politics* 36-4.

_____. 1991. "Alliance, Balance, and Stability." *International Organization* 45-1.

Thompson, William R. 2015. "Trends in the Analysis of Interstate Rivalries." in *Emerging Trends in the Social and Behavioral Sciences: An Interdisciplinary, Searchable, and Linkable Resource*. Wiley Online Library.

Tilly, Charles. 1985. "War Making and State Making as Organized Crime." in P. Evans, et al. eds., *Bringing the State Back In*. New York: Cambridge University Press.

Wendt, Alexander E. 1987. "The Agent-Structure Problem in International Relations Theory." *International Organization* 41-3.

Wolfers, Arnold. 1962. *Discord and Collaboration: Essays on International Politics*. Baltimore: The Johns Hopkins University Press.

Xia, Yafeng. 2006. *Negotiating with the Enemy: U.S.-China Talks during the Cold War, 1949-1972*. Bloomington: Indiana University Press.

제12장 양분법적 사고의
외교안보정책적 함의와
대안으로서의 '전략적-실용주의'
─미국 신보수주의 대북한정책의 사례─

박건영(가톨릭대학교)

* 이 글에 대해 유익하고 건설적인 논평을 해주신 서울대 정치외교학부의 신욱희, 전재성 교수에게 감사한다. 그럼에도 있을 수 있는 오류나 잘못은 모두 필자의 책임이다.

I. 문제제기와 이 글의 목적

'양분법적 사고'(dichotomous thinking)는 흑/백, 선/악, 전부/전무(all or nothing) 등 세상을 두 개의 절대적인 카테고리로 구분하는 인지적 (cognitive) 경향이라 할 수 있다. 이러한 심리적 경향은 인간 삶의 다양한 영역에서 광범위하게 만연되어 있다. 일반체계이론의 창시자인 경제학자 케네스 볼딩(Kenneth Boulding)은 "세상에는 두 종류의 인간들이 있다. 세상의 모든 것을 이분하는 사람들과 그렇게 하지 않는 사람들이 있는 것이다."라고 '자기지시적'(self-referential)인 해설을 한 적이 있다(Weinberg 1975, 150). 이는 양분법이 인간의 사고를 지배하고 있으며, 인간은 극도로 주의하지 않으면 그로부터 벗어나기 어렵다는 의미일 것이다. 한국의 외교안보통일 정책도 양분법적 사고/논쟁의 대상이 되어왔다. 진보 대 보수, 동맹파 대 자주파 등의 구분과 대립이 전형적인 사례이다. 한국이나 한반도의 안보에 직접적 이해관계를 갖고 있는 동맹국 미국의 외교안보정책도 유사한 맥락에서 논쟁의 대상이 되어왔다. 이른바 신보수주의(neoconservative) 또는 스트라우스주의(Straussianism)가 강조하는 양분법적 선악관이 그 뿌리라 할 수 있다.[1] 중요한 것은 "우리 편이 아니면 우리의 적(You are either with us or against us)"[2]이라는 양분법은 '허위적 딜레마의 오류'(fallacy of false dilemma)에 빠져 있을 뿐 아니라, 그에 기초한 시야가 좁은 '경주

---

[1] 이른바 중화사상이나 화이관(華夷觀) 또한 유사한 양분법적 정치외교이념이라 할 수 있다.

[2] '9·11' 직후 조지 W. 부시 미국 대통령은 "테러와의 전쟁"에서 "우리 편이 아니면 우리의 적"(You are either with us or against us)이라고 선언했다. "You are either with us or against us," *CNN News*, November 6, 2001, https://edition.cnn.com/2001/US/11/06/gen.attack.on.terror/

마적 시각'(blinkered racehorse' view)은 모호하고 복합적인 (국제)정
치적 현실에 대한 정확한 인식과 이해를 방해하고, 때에 따라서는 중대
한 국가적 손실이나 인류적 재앙을 야기할 수 있다는 점이다. 정책의
현실성과 합리성을 저해하는 이와 같은 자기중심적이고 독선적인 시
각에 대한 하나의 대안으로서 이른바 중도론이 제시될 수 있으나, 이러
한 접근은 상대주의적 개념(relational concept)으로서 정의상 수동적
인(reactive) '산술적 평균'으로 귀착될 위험성을 내포하고 있다. 즉 이
러한 유형의 중도론은 양극단이 주어져야 비로소 정체적(正體的) 좌표
가 결정될 수 있다는 내재적인 수동성을 갖고 있다.

따라서, 외교안보정책에 참여하는 주체들은 양분법적 극단주의와
중도론의 수동적인 반응주의를 공히 극복함으로써 합리적이고 현실적
인, 따라서 생산적인 정책을 수립·수행할 수 있을 것이다. 양분법적 극
단주의를 극복하기 위해서는 정책 주체들이 자신들의 인식·사고 체계
에 잠복해 있는 인지적 제약과 그들의 시공간이 부과하는 일정한 집착
이나 고정관념이 존재하고 있음을 인정하고, 이로부터 해방되려는 의
식적 노력을 기울여야 한다. 특히 한국의 정책 주체들은 기계적 중도
론의 위험성을 인식하고, 수동적인 반응주의에서 벗어나기 위해 한반
도의 평화적 통일, 동아시아 평화를 위한 외교우선주의 등 타협될 수
없는 기본가치에 대한 사회구성원들의 공감과 동의를 확보하고, 이러
한 경계/범주 내에서 우선순위가 체계적이고 분별 있게 배분된 현실적
이고 실용적인 정책을 보편적 가치와 부합하는 '목적지향적'(purpose-
driven)인 관점에서 능동적이고 선제적으로 추구할 수 있어야 한다. 이
글의 목적은 양분법적 사고가 갖는 외교안보정책적 함의를 미국의 신
보수주의적 대북한정책의 사례를 들어 설명하고, 이를 극복할 수 있는
필자가 '전략적 실용주의'(strategic-pragmatism)(Park 2004; 2012)라

고 부르고자 하는 대안적 관점의 구상과 성격을 논하고, 그 정책적 함의를 제시하는 데 있다.

II. 양분법적 사고의 외교안보정책적 함의

1. 양분법적 사고란 무엇인가?

양분법적 사고는 사실 인간의 심리적 필요에 따른 것이다. 두 개의 카테고리 사이의 범주나 스펙트럼, 즉 "회색지대"(shades of gray)의 존재를 부인하거나 간과하는 인지적 경향은 인간이 세상을 쉽게 이해하기 위해 복합적인 존재와 복잡한 관계들을 단순화하려는 동기에서 기인하며, '시계'(視界, field of vision)를 좁혀줌으로써 모호성과 불확실성을 낮추고, 일종의 (심리적) "보증감"(保證感, a sense of surety)을 제공하는 역할을 하는 것이다. 이와 같은 양분법적 사고는 인간의 일상생활에서 자주 목도되며, 특히 경험이 제한되고, 인지적 능력이 미발달한 성장의 단계에서는 불분명하고 복잡한 현실에 대처하기 위해 이러한 단순화되고 구조화된 신념(simplified and structured beliefs)에 의존하는 경향이 두드러진다(Aquilar and Galluccio 2008, 30).

　이러한 '유아기적 사고방식'(childish mindset)은 경험의 세계가 확장되고, 판단과 이해를 지배하는 '준거의 틀'(frame of reference)이 확대되면서 발전적으로 해체된다. 인간은 인생을 경험하면서 비로소 세상이 흑백이나 선악으로만 볼 수 없다는 사실을 깨닫게 되고, 정답이나 오답이 존재하지 않을 수 있고, 많은 경우 '현실적 정답'이라고 할 수 있는 것들이 정답과 오답 사이에 존재한다는 사실을 인지하게 된다. 이와 같이 인지 판단 능력은 이러한 '모호하고 불확정적인 현실'에 조응하여 발전하게 되는 것이다.

그러나 성인이 되어서도 현실 파악 능력이 미발달하거나, 심리적 보증감을 확보하기 위해, 또는 '인지적 부조화'(cognitive dissonance)를 피하고자 하는 이유 등에서 유아기적 사고방식을 무의식적으로 견지하는 경우도 있을 수 있다.

양분법적 사고는 성격에서 기인할 수도 있다. 특히 완벽주의적 성격은 사물이나 성과를 '전부 아니면 전무' 식으로 평가하게 하고, '지금이 아니면 아무것도 할 수 없다'는 식으로 성급한 판단을 강제하기도 한다(Barber 1992, 81). 이러한 성격의 소유자는 자기인식(자신에 대한 정의)이 모호하고, 목표의 경중이나 추진 순서와 관련한 명확한 의식이나 기준을 결여하고 있어 자신의 실천과 성과와 관련하여 과대망상과 절망 사이에서 방황하는 경향이 있다.

다른 한편, 양분법적 사고가 일관적으로 발현되지 않는 경우도 있다. 즉 특정한 이슈에 대해 선별적으로 활성화되는 경우이다. 예를 들어, 종교나 이념적 영향, 또는 특정 경험에서 비롯된 트라우마(trauma, 충격적인 경험)에 기인하는 강력한 신념(conviction)은 시공간의 맥락 여하에 따라 합리적, 객관적 사고를 방해할 수 있다. '선명하게 양분된 현실'의 존재를 확신하고, '변치 않는 명백한 진실과 정의'를 추구하는 이런 성격적 유형의 사람들은 극단적 사고에 빠지기 쉬우며, '가치의 위계성'(value hierarchy)을 강변하고, 의미의 뉘앙스를 무시하며, 이해와 행동의 다양한 가능성들을 부인하는 경향을 보인다(Berlin 1990).

2. 양분법적 시각의 문제

이러한 협애한 시야와 독선주의적 인지/성격 경향을 가진 사람들이 국가 정책을 수행하는 경우 국가와 국민에 심각한 해악을 끼칠 수 있다. 첫째, 정책이 포괄적 합리성(comprehensive rationality)을 잃을 수 있다는 점이다.[3] 도구적(instrumental)인 차원에서 합리성이란 목표의식이 있는 의사결정자가 그러한 목표를 달성하기 위한 가장 효율적인 수단을 선택하며, 그러한 선택에 따른 결과를 미리 주관적으로 인지한 경우를 지칭한다. 양분법적으로 협애한 시야는 가장 효율적인 수단을 선택하기 위해 제시되는 정책 대안의 폭과 범주를 좁힐 뿐 아니라, 독선주의는 현실적으로 가능하고 잠재적으로 유용한 대안들을 특정 가치관이나 이념적인 잣대로 배제함으로써 정책의 포괄적 합리성을 방해한다. 몇 안 되는 대안들 중에서 비합리적 선택이 이루어진다는 말이다.

둘째, 양분법적 사고는 충동적 결정이나 도박적 선택을 강제할 수 있다. 양분법적 사고의 주체들은 두 개의 박스 중 어느 것에도 속하지 않는 많은 문제나 도전들을 이해할 수 없기 때문에 속수무책이 되고, 무기력에 따른 좌절감에 빠질 수 있다. 특히 이들이 성공 아니면 실패라는 결과론적 양분법을 고수하여 '부분적 성공'이나 '부분적 실패'라는 현실을 인정하지 않는 경우, '희망적 사고'(wishful thinking)에 기초한 비현실적 판단에 이를 수 있다. 이 경우 특히 문제가 되는 부분은,

---

3   포괄적 합리성의 개념은, 공식적 관점에서 말하자면, 행위자의 효용함수에 모든 가능한 대안들이 일관성 있게 포함되어 있고 그는 그 중 가장 큰 효용을 주는 대안을 선택한다고 가정한다. 여기서는 상대적인 관점에서 가능한 한 많은 대안들이 고려의 대상이 되는 경우를 지칭한다.

모겐소(Hans Morgenthau) 등이 제시하였듯이, "권력으로 정의된 이익"이라는 보편적 개념을 매개로 진행되는 국가 간 전략계산이 무력화되고, 커뮤니케이션이 중단되며, 결국 "헤일 매리"(Hail Mary, '성모님께 맡깁니다')가 야기된다는 점이다. 정책이 성공하더라도 "피루스의 승리"(Pyrrhic victory)가 될 수 있다.[4]

셋째, 양분법적 사고는 고정관념을 강화한다. 국제정치 주체들의 정체성은 내부적 진화(evolution)와 외부적 적응(adaptation)이나 사회화를 통해 변화하지 않을 수 없다. 따라서 국가의 목표도 일정한 지체가 있을 수는 있으나 변하는 환경과 구조에 상응하게 달라질 수밖에 없다. 그러나 양분법적 사고는 상대나 적의 존재적 의미를 가변적인 과정이 아닌 불변적인 '본질로서 파악하는 경향'(essentialist)을 가진다. 그러다 보니 양분법론자들은 이동하는 과녁에 명중시킬 수 없는 포수와도 같이 정책의 소기의 목적을 달성하기 어려울 수 있다. 더구나, 이들은 자기 자신을 포함해 사회적 가치나 규범이 변하고 있는 현실을 파악하지 못해, 자신이 서 있는 '움직이는 발사대'를 감안하지 못하여 과녁을 크게 빗나갈 뿐 아니라 국내적으로 위험한 오발탄을 날리는 포수가 될 수도 있다.

이와 유사한 맥락에서, 신앙 수준의 양분법적 신념은 '인지적 부조화'에 따른 문제를 발생시킬 수도 있다. 광신적 종교 집단에 소속된 사람들의 인지경향성을 연구한 레온 페스팅어(Leon Festinger)는 지구가 대홍수에 의해 파괴될 것이라고 믿는 핵심 신도들에게 홍수가 일어나지 않았을 때 어떤 일이 일어나는지를 관찰하였다. 페스팅어에 따르면, 일반신도들은 자신들이 "바보스런 생각을 했구나"하며 현실감을 찾으

---

4   희생이 아주 커서 패배나 다름없는 승리를 가리키는 말이다.

려는 경향이 있었으나, 신앙을 위해 집과 직장을 모두 버린 광신도들은 그들이 절대 틀리지 않았음을 증명하기 위해 증거를 재해석하는 경향 -지구가 홍수에 의해 파괴되지 않은 이유는 자신들의 독실한 신앙심 때문이라는 등-을 보였다(Festinger 1957). 그는 강력한 신념이나 고 정관념이 객관적 현실을 견강부회적으로 재해석하게 할 위험성을 지 적한 것이다.

넷째, 양분법적 사고는 일방주의(unilateralism)를 낳을 수 있 다. 시야가 좁고 자기 확신이 강한 주체는 경쟁 또는 도전하는 상대 (opponent)를 적(enemy)이나 악(evil)으로 간주하고, 협상이나 타협 이 아닌 파괴나 박멸을 추구하는 경향이 있다. 이들은 상대의 반응이 나 대응은 자신의 태도나 정책에서 비롯된다고 생각하지 않으며(Jervis 1968), 상대는 변치 않는 악이기 때문에 오로지 그들을 굴복시키거나 파괴해야 한다고 믿는다. 그들은 "선에 대한 악의 핍박을 격퇴해야 한 다"는, 즉 "신이 그걸 원하신다"(deus vult)[5]는 신앙적 소명에 자신이 응답했다는 '임무완수'(mission accomplished) 의식을 중시한다. 그들 은 그렇게 함으로써 자기중심적인 정의감(sense of justice)을 충족시 킨다. 이러한 일방주의는 상대의 적대감과 경직성을 강화하고, 결과적 으로 소통과 외교의 실패로 이어지며, 국가 간 관계는 통제불능으로 이 어져, 무력에 의한 혈전의 가능성을 높이게 된다.

다섯째, 양분법적 사고는 '자기실현적 위기'(self-fulfilling crisis) 를 초래할 수 있다. 이는 인간적인 하자인 자기중심적 오인·오식·오판

---

5   제1차 십자군(Crusaders)의 표어로 알려져 있다. 교황 우르바누스 2세(Urban II)는 "예 루살렘에서 기독교인들이 이교도들에 의해 핍박을 받고 있다. 신이 우리에게 그곳으 로 가라고 말씀하신다. 신은 그것을 원하신다."며 참여자들의 대속(代贖)을 약속하였다 (Peters ed. 1971, 16).

의 문제와 관련이 있기도 하다. "인간은 누구나 자신에 대해서는 선의로 해석하고, 타인에 대해서는 악의적 성향을 전제로 한다"는 명제는 칸트(Immanuel Kant)의 '영구평화론'에서부터 저비스(Robert Jervis)의 '오인 모델'에 이르기까지 오랫동안 운위(云爲)되어 왔다. 칸트는 이러한 인간의 경향성은 불신을 야기한다고 보았고, 저비스는 '최악의 경우'(the worst-case scenario)에 대한 대비(對備)가 결국 '자기실현적 예언'으로 이어질 수 있다고 경고한 바 있다(칸트 2008, 71-72; Jervis 1968). 문제는 이러한 인간적인 하자가 양분법적 사고와 결합하고, 그에 따른 맹목성이 더욱 경직화되고 증폭된다는 데 있다. 한 주체의 강력한 독선주의적 확신은 상대에게 그러한 불신과 혐오가 전이되고 악순환을 거침으로써 결과적으로 해당 주체는 자신의 확신이 옳았음이 증명되었음을 다시 한번 확신하게 된다. 양자 간의 대화나 타협은 의미를 잃고 상대를 부인하고 제거하는 일만이 의미를 갖게 된다.

여섯째, 양분법적 사고는 논리적 비약을 야기하는 경향이 있다. '미끄러운 경사면의 오류'(fallacy of slippery slope)로 불릴 수 있는 이 논리적 비약은 냉전기의 '도미노 이론'과 같이 타당한 인과관계의 제시 없이 '소망되는 결과'를 상정한다. 세상이 선과 악으로만 이뤄져 있다고 보는 주체는 "선한 자신"을 위협하는 "사악한 상대"를 이해할 수 없기 때문에 상대의 이해관계와 관련된 다양한 전술/전략에 주목하기보다는 상대의 본질과 성격을 의심하고, 급기야는 자신만의 관점에서 상대의 본질과 성격이 비이성적이고 위협적이라는 판단을 내리게 된다. 그러나, "사악한 자는 비이성적으로 행동한다"는 판단은 논리적 비약이다. 이것이 논리적 비약임은 사악함이—이것이 잔인함을 의미할 수는 있겠지만—곧 목표를 달성하기 위한 최적의 수단을 강구할 수 있는 능력, 즉 도구적 합리성 유무의 판단기준이 될 수 없기 때문이다. 과거 미국 등 서방의 일부 정치인이나 언론은 "사악한" 북한의 지도자들을 묘사할 때 "미친"(crazy) 또는 "제정신이 아닌"(insane)이라는 용어들을 자주 사용하였다.[6] 예를 들어, 그들에게는 북한 주민의 인권을 극악하게 탄압하는 "사악한 김정일"이 미치지 않고서는 세계 최강국에 대해 무력으로 위협할 수는 없는 것이기 때문이었을 것이다. 그러나 김정일은 "사악하지만 국익계산을 치밀하게 할 줄 아는 이성적 주체"였다.[7] 양분법적 사고의 논리적 비약은 "선한 서방"에 전략적 불이익을 초래했을 뿐 아니라, 인류적 관점에서의 재앙을 가져올 수 있는 의도되지 않은 위험과 위협을 동반하였다. 즉, "사악한 독재자는 제정신이 아니고, 제정신이 아닌 북한의 의사결정자는 어떤 짓도 할 수 있다"는 추론은, 그것의 전제가 비현실적이었음에도 불구하고, 미국이나 서방의 방어태세를 과대하게 자극하였을 뿐 아니라, 김정일이 "비이성적이라는 평판"(reputation)을 쌓는 데 일조함으로써 북한의 대미 협상력을 증대시킨 의도하지 않은 결과를 야기하였던 것이다. 보다 위험스러운 함의는 이러한 논리적 비약이, 미국이 사담 후세인의 이라크에 대해 그랬던 것처럼, 억지전략(deterrence strategy)을 무력화할 가능성을 높인다는 점이다(Byman and Lind 2010). 행위 주체의 합리성에 기초한 억지전략은 제정신이 아닌 대상에 적용할 수 없기 때문에 경우에 따라서는 선제적(preemptive) 또는 예방적(preventive) 무력공격이라는 일방적이고 극단적인 선택이 불가피할 수 있기 때문이다.

일곱째, 권모술수의 정당화와 전체주의적 사고이다. 강력한 가치

---

6   Friedman(2001). 미국 등 서방 언론의 대북관에 대해서는 Byman and Lind(2010). 최근에는 영국 국방장관이 김정은을 "영국에 대한 가공할 위협을 제기하는 제정신이 아닌 자"라고 묘사하기도 했다(Robson 2017).
7   Friedman(2001). 김정은에 대한 평가도 마찬가지이다. Fisher(2016).

관적 신념과 독선주의에 따른 양분법적 사고는 목적이 수단을 정당화하는 "도덕적 마키아벨리주의"[8]에 빠질 수 있다. 양분법적 독선주의자들 또는 스트라우스주의자(레오 스트라우스 추종자들)들은 자신들의 "숭고한 (도덕적) 목적"은 "숭고하지 않은 수단"의 선택을 정당화할 수 있는 도덕적 권리를 갖는다고 간주하는 경향성이 있다는 말이다. 그들은 숭고함을 정의하는 주체를 자처하며 "대중조작"(mass manipulation) 등 객관적으로 비판받을 수 있는 행동에 대해 '자신들이 정의한 숭고한 목적'을 위해 불가피한 선택이라고 강변한다. 그들은 북한 공산주의와의 협력이나 화해가 대한민국 생존에 위협이 된다고 본다면 자신의 정부의 훈령을 조작할 수도 있고, 중공(中共)이나 북한을 신뢰할 경우 미국이 위험에 빠지게 될 것이라고 본다면 그들은 북경 주재 미국대사관이 국무부로 보낸 외교전문을 왜곡/편집할 수도 있을 것이다. 국제관계의 역사는 이러한 '자의적인' 이중기준(double-standard)의 적용과 대중조작이 국내적 갈등을 야기하고 국제적 신뢰를 저해한 사례들을 무수히 보여주고 있다. 그럼에도 불구하고, 이러한 독선적 주체들이 자신들의 자의성, 편의성, 위선의 문제를 성찰하기보다는 오히려 그에 대한 문제제기를 진실과 정의에 대한 도전으로 보면서 자신들의 '숭고한 목적'이 끊임없이 위협받고 있다고 믿는다는 점은 학문적, 정책적으로 흥미로운 부분이다. 그들은 그들의 목적이 소중한 만큼이나 불안하게 지켜지고 있기 때문에 무슨 수단으로든 이러한 악마적 위협과 위험에 대처해야 할 성스러운 의무와 임무가 자신들에게 있다고 본다. 이들 '헌신적인 비관주의자들'은 사회구성원들에게 '큰 도덕'을 위해 '작은 도덕'은 희생될 수 있다며 전체주의적 사고를

---

8   마키아벨리는 안보와 통일이라는 "국가이익"을 최우선시한 반면 도덕적 마키아벨리주의자들은 국가이익을 아이러니하게도 정의와 진실이라는 관점에서 파악한다.

강권하면서, 세계 도처에 숨겨진 위협과 위험을 찾아내고, 그들이 보기에 '임박한 위협'을 '선제적'으로 제거하기 위해 온갖 수고를 마다하지 않는다.

III. 미국 신보수주의의 외교안보적 시각

미국은 종교적 자유가 핵심인 개인의 자유를 찾아 대서양을 건넌 사람들에 의해 개척되었다. '산중 도시'(city upon a hill)는 '명백한 운명'(manifest destiny)으로 이어졌고, 이 개념의 중요성은 국내정치적 필요에 의해 미국 내에서 확대 재생산되었다(박건영 2020). 요컨대 미국은 선/악을 준거틀로 하는 양분법에 익숙한 나라이고 외교안보정책도 이를 반영하였다. 그러나 강렬한 이념적, 도덕적 확신과 그에 따른 양분법적 사고가 미국의 외교안보정책을 '지배'했던 사례는 이른바 신보수주의자들이 의제설정을 주도하던 조지 W. 부시 정권에서 발견된다. 신보수주의는 "인간의 조건은 선/악 간의 선택으로 정의되며 진정한 정치적 기개(氣槪)는 악에 기꺼이 맞서고자 하는 의지로 파악된다는 강한 정치적 신념체계"로서, 신보수주의자들은 "국가 간 관계는 군사력과 그것을 사용하고자 하는 의지에 의해 궁극적으로 결정되고, 미국의 국외적 이해관계는 지리적으로는 중동, 그리고 정치군사적으로는 이슬람 세력의 확산에 주로 위치한다고 믿고 있다." 핼퍼(Stefan Halper)와 클라크(Jonathan Clarke)에 따르면, "그들은 국제문제를 흑/백 또는 절대적인 도덕적 카테고리의 시각으로 바라보고, 자신들이 도덕이라고 믿는 바를 절대 타협하려 하지 않으며, 그에 대한 반대는 패배주의로 간주한다." 그들은 "미국의 패권적 군사력을 외교

정책의 최후수단이 아닌 유일한 실질적 수단으로 보며, '베트남전쟁'이 아닌 '뮌헨협정'을 역사적 유비로 삼아 강력한 초동 대처 또는 선제적 군사력 사용의 중요성을 강조한다." 그들은 "국무부와 같은 외교기관 과 현실주의, 실리주의 외교관들을 경멸하며, 다자적 국제기구나 조약 들을 불필요할 뿐 아니라 미국의 운신의 폭을 좁히는 장애물로 파악하 고, 오히려 전 세계적 일방주의를 통해 개인의 자유, 자유민주주의, 시 장경제 등 미국의 숭고한 가치를 확산시켜야 한다는 신념을 가지고 있 다"(Halper and Clarke 2004, 11).

1. 데탕트와 신보수주의

미국 신보수주의의 기원은 데탕트에서 찾을 수 있다. 미국 워싱턴주 출 신 민주당 상원의원 헨리 "스쿱" 잭슨(Henry "Scoope" Jackson)이 핵 심 역할을 수행하였다. 잭슨은 공산주의는 본질적으로 사악한 이념이 고 공산주의자들은 결코 바뀌지 않으며, 행동에 변화를 보인다면 그것 은 필요에 의한 잠정적, 전술적 제스처이기 때문에 미국이나 자유세계 는 이들의 기만전술에 넘어가서는 안 되고, 불필요하고 의미 없는 대화 나 협상이 아니라 오로지 강력한 힘을 통해 그들의 사악한 행동을 억 지하고, 미국이 원하는 행동을 강제적으로 유도하는 것이 유일한 대공 전략이라고 믿었다(박건영 2018).

잭슨은 1970년대 초부터 자신의 사상과 이념을 공유하는 정치 인·지식인들을 결집하여 반데탕트 세력화를 도모하였다. 데탕트를 부 도덕한 외교정책이라고 비판하는 잭슨의 호소에 응답하고, 그가 이끌 고 있던 초당적인 반데탕트 세력에 참여한 인물들은 1960년대 말 민 주당의 "대공 유화 노선"에 실망한 자유주의적 민주당 지지자들을 다수 포함하였다. 후일 신보수주의라고 알려지게 된 이 세력에는 사회주의자에서 180도로 전향한 인사들이 상당수 있었고, 지적 지도자는 어빙 크리스톨(Irving Kristol)이었다. 크리스톨은 대공황 시절 미국 청년사회주의연맹(the Young People's Socialist League)에서 활동하는 등 급진적인 그러나 반스탈린주의적 사회주의자였다. 1952년을 기점으로 사상전향한 그는 조셉 매카시(Joseph Raymond McCarthy)의 공산주의 척결운동에 저항하는 자유주의자들은 현실을 착각하는 무책임한 이상주의자라고 맹렬히 공격하였다. 그는 후일 "신보수주의자는 현실에 의해 강도를 당한, 그러나 고소하길 거부하는 자유주의자"(A neoconservative is a liberal who's been mugged by reality but has refused to press charges)라고 정의하였다(Kristol 1999). 크리스톨은 1960년대 미국 민주당이 존슨의 '위대한 사회'(Great Society) 프로그램 등에서 보듯 사회복지에 대해 과잉투자하고 있으며 이를 대중선동을 위한 수단으로 사용하면서도, 정작 미국적 가치를 말살하려는 혁명적 공산주의에 맞서는 베트남전쟁에서는 단호한 응징적 조치를 취하지 못하고, 가치관이나 도덕에 있어서도 위선적인 상대주의(moral relativism)의 입장에 서 있으며, 정치적, 사회적 무질서를 야기하는 반전 반핵운동 등 반문화주의(counter-culturalism) 시위를 방관함으로써 미국의 문화적, 사회적 쇠퇴에 일조하고 있다고 비난하였다.

크리스톨과 그의 추종자들은 강력한 "원칙주의 국가"의 중요성을 강조하였다. 특히 외교안보정책과 관련하여 그러했다. 그들은 공산 소련이 '악마의 제국'이라고 확신하였기 때문에 자유의 수호자인 미국은 그를 봉쇄하는 차원을 넘어 보다 공격적으로 대처해야 한다고 보았다. 그들은 자유와 민주주의를 세계적으로 확산시키지 않으면 결국 미국의 자유와 민주주의가 위협받게 될 것이라고 믿었다. 이들 신보수주의자들은 자유민주주의라는 미국적 가치로 세계를 미국화하여 안전하고 풍요로운 세계를 건설하던지, 아니면 미국과 서방을 공산주의라는 야만적인 악의 세력에게 내주던지 양자택일할 수밖에 없다고 주장하였다. 그들은 이러한 '숭고한 목적'을 달성하기 위해서는 힘의 사용이 불가피할 수 있으며, 국가의 대중조작이나 정치공작도 "선의의 거짓말"(pious lies)로 정당화될 수 있다고 생각했다.

　미국의 외교안보정책은 힘의 우위에 기초한 강력한 반공주의, 친이스라엘주의, 반공 개도국 원조, 미국적 가치 확산 등을 "운명적으로" 지향해야 한다는 신념을 가졌던 이들 신보수주의 지식인들 중 폴 울포위츠(Paul Wolfowitz), 리처드 펄(Richard Perle), 더글라스 페이스(Douglas J. Feith) 등은 잭슨 상원의원의 보좌관으로 활동하면서 실제로 미국의 외교정책에 영향력을 행사하였다. 펄은 '잭슨-배닉 수정안'의 초안을 작성한 장본인이었다.[9] 이들을 포함하여 윌리엄 베닛(William Bennett), 엘리옷 에이브럼즈(Elliott Abrams) 등은 후일 레이건 정부에서 요직을 차지하였다. 울포위츠는 W. 부시 정부의 외교안보정책을 사실상 주도하였다.

2. 레오 스트라우스

신보수주의자들의 이러한 도덕주의적 가치관과 세계관은 독일 출신 미국 유대인 철학자 레오 스트라우스(Leo Strauss)에 의해 크게 영향을 받았다. 스트라우스는 신보수주의자들의 정신적 지주이자 '감도자'(感導者, inspirator)였다. 신보수주의 권력자인 울포위츠, 펄, 잘메이 칼릴

9　이는 비시장경제국들을 대상으로 미국과의 무역을 이들 국가의 이민의 자유와 인권에 연관시킨 1974년 수정법안이다.

자드(Zalmay Khalilzad) 등은 스트라우스 사단의 핵심이고, 울포위츠
는 대학 시절 그의 제자였다. 스트라우스의 '도덕적 마키아벨리주의'
가치관에 공감한 안보전략가 앨버트 울스테터(Albert Wohlstetter)와
문화적, 도덕적 상대주의를 비판하고 사회과학의 도덕적 명료성을 강
조한 앨런 블룸(Allan Bloom)은 스트라우스의 프로테제(protégé)였다
(York and Peters ed. 2011, 184). 그들은 수많은 스트라우스적 신보수
주의자들을 생산해냈다.[10]

스트라우스가 신보수주의자들에게 미친 지적 영향은 크게 네 가
지로 정리될 수 있다. 첫째, 스트라우스는 선/악이라는 양분법에 기초
한 '마니교(Manichaeism, 摩尼敎)적인 세계관'을 제시하였고, 엘리트
들의 "올바른" 도덕적 판단의 중요성을 강조하였다. 그는 처칠과 히틀
러를 예로 들면서 이들은 세계정치의 가장 선명한 양분법적 대조를 이
룬다며, 전자를 인간의 자유에 대한 불굴의 의지와 통이 큰 "선한" 지
도자로, 그리고 후자를 "미친 폭군"의 대명사로 규정하였다. 그는 이러
한 "단순 명료한 대조야말로 인간이 시공간을 초월하여 배울 수 있는
가장 위대한 교훈 중 하나"라고 주장하였다(Mann 2004, 26-27). 그에
게 도덕적 상대주의는 불경스러울 뿐 아니라 불온하기까지 한 사상적
이단이었다.

10 로버트 로크(Robert Locke)에 따르면, 스트라우스의 제자들 또는 그의 제자들의 제자들
    은 미국 정치의 핵심부 도처에 포진되어 있다. 예를 들어, 연방대법관 토마스 클래런스
    (Thomas Clarence), 연방대법관 후보 로버트 보크(Robert Bork), 국방차관 울포위츠,
    전 국무차관보 앨런 키즈(Alan Keyes), 전 교육부장관 윌리엄 베닛(William Bennett),
    Weekly Standard 편집장이자 댄 퀘일 부통령실 비서실장 윌리엄 크리스톨(William
    Kristol), 앨런 블룸, 전 뉴욕포스트 사설위원장 존 포도레츠(John Podhoretz) 등이 그
    들이다. 이 외에도 국립인문학재단(National Endowment for the Humanities) 이사장
    으로서 문화적, 도덕적 상대주의 퇴출 운동을 벌였던 체니 부통령의 부인 린 체니(Lynne
    Cheney)도 있다. York and Peters(2011, 202)의 각주 4 참조.

둘째, "자유방임적" 자유민주주의에 대한 불신이다. 이는 그가 바이마르 공화국의 유대인으로서 겪었던 경험에 기초해 있었다. 그는 1차대전의 참상을 보며 계몽주의, 그리고 인간 이성 및 역사의 진보에 대한 희망과 신뢰를 상실하였고, 바이마르의 혼란에 대한 자유민주주의의 무기력함을 목도하면서 도덕적 기반이 유약한 자유민주주의는 장기적으로 존속하기 어렵다고 보았다. 그는 자유를 지키기 위해서는 다원주의나 도덕적 상대주의는 무력할 뿐 아니라 오히려 독이 되는 측면이 있다고 보았던 것이다.[11] 1960년대의 미국을 독일의 바이마르 공화국에 비유했던 그의 관점은 적지 않은 미국 지식인들의 공감을 이끌어내었다. 그에 열광했던 많은 젊은 자유주의 지식인들이 스트라우스주의자가 되었다. 헤이버스(Grant Havers)는 스트라우스의 이러한 도덕주의는 부시 정부의 "신보수주의적 전쟁들"을 설명할 수 있는 주요 요인이라고 지적하였다(Havers 2013). 그들은 인류가 모두 자유롭게 살기 위해서는 그것을 단순히 지키는 것보다는 그것을 강제력을 통해서라도 세계적으로 확산시켜야 한다고 믿었다. 공격이 최고의 수비라는 의미이다. 자유라는 숭고한 목적은 자유와 거리가 있는 수단을 언제든 어디서든 정당화할 수 있는 것이었다.

셋째, 마키아벨리적 권모술수의 불가피성에 대한 인정이다. 스트라우스 비판가 드러리(Shadia Drury)에 따르면, 스트라우스는 마키아벨리가 "고전적 도덕과 사상을 무시하고 냉혹한 정치현실주의를 제시함으로써 근대의 타락을 가져왔다"며 비판하지만, 그는 그런 비판을 할 자격이 없다. 마키아벨리의 사상은 곧 스트라우스의 사상이기 때문

---

11   스트라우스는 미국 정치에 대해서는 거의 언급한 적이 없지만, 그의 제자들은 그를 대신하여 역사주의와 실증주의가 도덕적 상대주의라고 비판하며 도덕주의 미국이 세계를 지도해야 한다고 설파하였다. Zuckert and Zuckert(2008, 4ff)

이다. 중요한 점은 그가 "사악한 마키아벨리안으로서 자신의 추종자들에게 무지한 대중에 대해서는 마음 놓고 기만하고, 사기치고, 속여도 된다고 가르쳤고, 특히 그들이 보좌하는 신사적 엘리트(gentlemen elite)들을 조종할 필요가 있다고 가르쳤다는 데 있다"(Drury 2005[1988], ix-xvi). 물론 스트라우스가 대놓고 '대중조작'을 정당화한 것은 아니다. 그러나 그의 "비전주의"(秘傳主義, esotericism)와 "대중주의"(exotericism)의 구분은 의도하지 않았을 수도 있는 결과를 야기한 측면이 분명히 있다. 스트라우스에 따르면,

> "진인"(眞人, real men), 즉 철학자는 진실을 알고 있다. 그러나 그것을 발설하는 것은 자신이나 사회에게 해가 될 수 있다. 따라서, 철학자는 두 개의 독트린을 가질 수밖에 없다. 소수에게는 비전주의, 많은 이들에게는 대중주의를 택할 수밖에 없는 것이다. 철학자는 '불편한 진실'(unconvenient truth)을 대중에게 말해서는 안 되며, 오히려 플라톤 식의 "경건한 거짓말"(pious lies)이나 "숭고한 신화"(noble myths)를 활용하여 시대적 퇴락을 막고 도덕과 윤리를 지켜야 한다 (Tanguay 2007, 189).

이와 같은 스트라우스 철학의 실제적 결과는 "엘리트는 진실을 독점하고, 그것을 선별적으로 사용할 수 있으며, 경우에 따라서는 그것을 조작할 수 있는 권리"를 가진다는 관념과 가치관이었다. 신보수의자들에게 포위된 W. 부시 대통령은 "부분적으로 허구"인 이유를 연달아 대며 2003년 이라크를 공격하였다. 한 독일계 유대인 이민자의 철학적 유제와 무관하다 할 수 없을 것이다.

넷째, 스트라우스주의자들은 종교적이지는 않지만 기꺼이 종교

를 이용하고자 한다. 그들은 자신들과 같은 현명한 주체들은 종교 위에 ("above" religion) 존재하지만 자신들의 이상을 실현하는 데는 종교가 쓸모가 있다고 보는 것이다. 스트라우스주의자 어빙 크리스톨은 종교가 "미국의 건설자들(the Founding Fathers)이 생각했던 것보다 훨씬 더 정치적으로 중요하며 미국을 구하기 위해서는 코마 상태에 빠진 종교적 정통주의에 새 숨을 불어넣어야만 한다"고 말하였다(Drury 1997, 148). 핵심 스트라우스주의자들이 친이스라엘적이라 할 때 이들이 말하는 종교는 기독교 근본주의이다. 주요 관심사가 외교안보정책인 이들은 국내적 어젠다와 관련하여 이들 기독교 우파와 거래하길 마다하지 않는다. 이들의 눈에는 이러한 거래가 '윈-윈'인 것이다.

  넷째, 위에서 암시되었듯이, 스트라우스주의는 도덕적 자유주의 체제의 세계적 확산을 위해서 힘의 사용이 불가피하다고 본다. 앤 노튼(Anne Norton)에 따르면, 바이마르 공화국의 혼란과 나치 독일에 대한 스트라우스의 우려와 혐오는 신보수주의자들의 세계관에 결정적인 영향을 미쳤다. 여기서 가장 중요한 요소는 "취약감"(sense of vulnerability)이었다. 스트라우스의 저작에서는 노골적으로 적시되지는 않았지만, 그의 추종자들의 동기를 이해하는 데 있어서는 이것이 필수불가결한 부분이다. 이러한 취약감은 근본주의 기독교도들과 홀로코스트 생존자들의 실존적 불안감의 선상에서 이해될 수 있는 것으로, 그들로 하여금 미국의 힘이 적극적으로 사용되어야 한다는 사명감으로 이어졌다. 노튼에 따르면, "스트라우스와 아렌트(Hannah Arendt), 그리고 그들 이후의 많은 유대인들에게는 모든 정치적 사건들이 나치 독일의 부침과 관련하여 고려되고 판단되었다… 기억이 정치를 읽는 그들의 문법을 지배하였다"(Norton 2004, 42). 그들에게 취약감에 대한 궁극적인 처방은 힘이었다.

나치가 패퇴하자 사악한 공산주의 소련이 스트라우스주의자들에게 다가왔다. 그들은 공산 소련은 "미국과는 달리 합리적이거나 목표 지향적이지 않으며, 오히려 그들의 폭정은 근본적으로 민주주의와 배치되며, 수시로 기만책을 사용하기 때문에 그들의 언행을 신뢰해서는 안 된다"고 보았다(Mann 2004, 27-28). 이와 같이 폭정은 대화의 대상이 되지 않으며, 특히 국민을 탄압하는 공산 국가들은 국경 밖에서도 악행을 저지를 가능성이 높기 때문에(Mann 2004, 42) 민주주의와 자유를 추구하는 유일한 국가적 주체인 미국은 이들 악의 화신들을 힘으로 제압하거나 파괴할 수밖에 없는 것이다. 이런 관점에서 보면 미국의 이익과 이상은 상충하는 개념이 아니라 상보적인 것이다. 냉전이 종식하자 이번에는 "이슬람이라는 야만"이 스트라우스주의자들에게 위협적으로 다가왔다. 이들도 필요시 무력으로 타파되어야 할 대상이 되는 것이다.

국제정치학적으로 흥미로운 점은 이상주의로서의 스트라우스주의와 전통적 현실주의 및 신현실주의가 기본 노선과 관련하여 서로를 비판하고 있지만,[12] 힘의 사용을 국제정치의 일상으로 정당화한다는 면에서 크게 다르지 않다는 것이다. 단지 차이가 있다면 전자는 도덕을 위해 후자는 이익을 위해 힘을 자유롭게 사용할 권리를 주장한다는 점, 그리고 전자는 "무리를 해서라도"(whatever it takes) 후자는 능력의 제약 내에서 힘을 사용해야 한다고 주장하는 점이 될 것이다. 그러나 스트라우스주의자들은 자신들이 이상주의자라고 생각하지 않는다. 앞서 말했듯이, 그들에게는 미국의 이익과 이상은 상충하는 개념이 아니라 상보적인 것이기 때문이다. 요컨대 스트라우스주의자들은 진실

---

12 공산주의 중국과의 타협도 마다하지 않았던 키신저, 폭정인 김정은의 북한과 정상회담을 통해 정치적 정당성을 부여한 트럼프가 신보수주의자들의 비판의 대상이 되었다.

과 진리를 아는 소수의 우월한 주체가 통치할 권한을 가지며, 강제력을 사용해서라도 그러한 통치를 실천해야 하고, 그러할 때 우월한 주체의 힘은 정의(正義)가 된다고 주장하고 있다.

요컨대 스트라우스주의는 양분법적 선악관에 기초하여 현명한 소수의 엘리트들이 "오염되지 않은 미국"을 본뜬 "선한 세상 만들기"라는 숭고한 목적을 위해 "선하고 의로운 힘"을 사용해야 한다는 정치 신념이다. 그러나, 헤이버스와 같은 비판자들은 이러한 스트라우스주의가 위험하다고 경고한다(Havers 2013). 그들에 따르면, 가장 위험스러운 요소는 그것이 "토착적 조건과 환경을 무시한 채 미국적 가치를 공격적으로 확산하는 정치노선의 배후에 은밀히 존재한다는 사실"이다. 그들은 중동과 중앙아시아에서의 전쟁과 갈등을 사례로 들며, 법치, 헌정, 기독교적 도덕, 정교분리 등의 미국적 가치 개념들이 영미 문명권을 넘어 타 문명권에 이식되기 어려운데도 이를 강행하는 스트라우스주의는 그 자체로 무모할 뿐 아니라, 실행 주체인 미국에게도 재앙이될 수 있다고 경고하고 있다.

3. 신보수주의와 미국의 외교안보정책: 울포위츠와 볼튼, 그리고 미국의 대북한정책

스트라우스는 아마도 자신이 이민자임을 의식해서인지 미국 현실 정치에 대해 공개적으로 언급하지는 않았다. 그는 단지 자신의 제자들이 "우연과 강요"가 아닌 "성찰과 선택"에 따라 "좋은 정부"를 세우려고 했던 미국 건국의 아버지들과 미국의 정치에 대해 연구할 것을 격려하는 차원에 머물렀다(Mansfield 2015). 그들 중 일부는 그렇게 했고, 일부는 연구나 해석을 넘어 그들이 공감한 스트라우스의 사상에 따라 미국과 세상을 바꾸는 일에 더 관심을 가지게 되었다. 세상을 바꾸고자 했던 이들 젊은 유대계 스트라우스주의자들은, 앞서 언급했듯이, 데탕트의 실용주의 외교와 베트남전 반대 운동 등을 비판하면서 스쿱 잭슨의 영도와 지원 하에 뚜렷한 지적, 정치적, 이념적 집단으로 결집해 나갔다. 특히 폴 울포위츠는 자유방임적인 자유민주주의 사상을 경멸하는 "보수주의 혁명의 전위대(avant-garde)"의 핵심으로 활동하게 된다(Sporl 2003).

신보수주의자들이 처음으로 조직적 영향력을 행사한 시기는 레이건 정부 때였다. 민주당에서 탈당하고 공화당 레이건 정부로 전향한 이들 신보수주의자들은 레이건이 소련을 "악마의 제국"(Evil Empire)으로 지칭하게 하고, 전 세계에 미국적 가치를 확산하는 '민주주의를 위한 국가재단'(National Endowment for Democracy)을 설립하는 데 기여하였다(Vaïsse 2010, 2). 그러나 레이건은 그의 레토릭에도 불구하고 "악마를 찾아다니는," 위협인식이 강한 신보수주의자는 아니었다. 가장 큰 차이는 레이건은 성정으로나 정치적으로나 낙관주의자였고, 자유세계가 궁극적으로 승리할 것이라 믿었다는 데 있었다.[13] 레이건이 재선에 성공한 후 냉전종식을 위해 소련의 고르바초프와 대화에 적극 나서면서 신보수주의자들의 정책적 영향력은 급감하였고, 조지 H. 부시 대통령도 이들의 '이념과잉'을 지적하며 중용하지 않았다.

그러나 10여 년이 지난 후 조지 W. 부시 대통령은 '불의 신, 벌컨들(the Vulcans)'(Mann 2004)을 기용하면서, 결과적으로 신보수주의자들로 하여금 외교안보를 관할토록 하였다. 이에 대한 배경은 무엇보다도 대통령이 외교안보 문제에 대해 경험과 지식이 부족한 데 있었

---

13   Tibor R. Machan, "Leo Strauss: Neoconservative?," *Philosophy Now?*, https://philosophynow.org/issues/59/Leo_Strauss_Neoconservative

다. 부시는 선거유세 중 "파키스탄의 신임 대통령의 이름을 아느냐"고 묻는 기자의 질문에 대답하지 못했고, "탈레반이 록앤롤 밴드라고 생각했었다"고 고백하기도 하였다. H. 부시 전 대통령은 외교안보의 오랜 경험을 갖고 있던 자신의 옛 참모들에게 도움을 청하였다. 딕 체니, 도널드 럼스펠드, 콜린 파월, 리처드 아미티지, 콘돌리사 라이스, 폴 울포위츠 등 6명의 "벌컨들"이 W. 부시 후보의 텍사스 크로포드 목장으로 집결하였다. 이들 모두가 신보수주의자는 물론 아니었다. 특히 파월이나 아미티지는 실용주의자에 가까웠다. 그러나 부시 정부의 외교안보노선을 좌지우지했던 부통령 체니나 국방장관 럼스펠드는 계보적인 측면에서 신보수주의자라고 할 수는 없었지만, 누구보다도 더 도덕적 선명성을 강조하는, 미국적 가치를 절대화하는 스트라우스적 이상주의자였다. 이 그룹에서 가장 중요한 인물은 H. 부시 정부에서 국방차관보를 지냈던 폴란드-유대계 신보수주의의 화신 폴 울포위츠였다.

　1970년대 펄과 함께 스쿱 잭슨 상원의 보좌관을 지낸 울포위츠는 카터 정부에서 국방부 부차관보의 직책을 맡았고, 레이건 정부에서는 국무부 정책기획실장이라는 요직을 차지하였다. 그는 루이스 "스쿠터" 리비(후일 체니 부통령 비서실장), 프란시스 후쿠야마(*The End of History*의 저자), 잘마이 칼릴자드(후일 주이라크 대사, 유엔 대사) 등 신보수주의자들을 참모로 두고 미국의 장기 외교과제를 다루게 되었다. 그는 이어 슐츠 국무장관의 요청에 의해 국무성 동아태담당 차관보의 직책을 맡게 되는데, 그는 당시 슐츠와 와인버거 국방장관 간의 갈등을 이용하여 "정치적 동맹"인 국방 부차관보 아미티지 및 국가안보회의 보좌관 개스턴 시거와 함께 미국의 대아시아 정책을 주도하였다. 울포위츠는 H. 부시 정부에서 국방차관보에 올라 이른바 울포위츠 독트린이라고 불리는 '1994-99년 국방계획가이드'(Defense Planning

Guidance) 작성을 그의 조력자 스쿠터 리비와 함께 주도하였다. '울포위츠 독트린'은 체니 부통령과 파월 합참의장이 그 초안에 대해 손을 봤음에도 불구하고 일방주의적, 군사주의적이라는 비판에 직면하였다. 에드워드 케네디 상원의원은 이 문건을 다른 어떤 나라도 받아들일 수 없는, 받아들여서도 안 되는 "21세기 미국적 제국주의를 주문"하는 선언문이라고 힐난했다(Leiva 2007, 10).

울포위츠의 정치력과 함께 그의 강한 이념성향을 보여주는 전형적인 역사적 사례는 한반도 문제 해결을 위한 4자회담의 좌절과 관련이 있다. 그가 한반도의 운명을 바꿔놓았던 것이다. 1970년대 말부터 1980년대 중반까지 미국의 주중 부공사를 지낸 찰스 프리먼(Charles Freeman)에 따르면, 1980년대 초 등소평은 와인버거 국방장관에게 중국이 주선하고 미국이 참관하는 남북회담을 북경에서 개최할 것을 제안했다. 프리먼 등 북경 주재 미국 대사관 관리들은 그런 내용의 전문을 보내고 난 후에야 울포비츠 차관보가 등소평과 와인버거 사이에 오고 간 대화 내용을 편집/누락했다는 사실을 알게 되었다. 그들에 따르면, 울포위츠는 오히려 그러한 내용을 보거나 들은 적이 없다고 우겼다. 게다가 그러한 내용은 애초에 언급된 적도 없다며 완강하게 부인하고 마치 "등소평이 그런 언급을 한 것마냥 그들이 꾸며댔다"고 비난했다. 당시 '워싱턴 사람들'은 중국이 한반도 문제에서 주도권을 행사하려 한다는 대사관의 보고를 접하고 의아해 했다는 것이다. 프리먼에 따르면, 1984년 조지 슐츠 국무장관이 레이건 대통령을 동반해 중국을 방문했을 당시에도 중국은 또 다시 남북한 및 미국이 참여하는 회담문제를 꺼냈다. 슐츠 국무장관은 아서 허멜(Arthur Hummel) 대사를 통해 이 제안에 동의했다. 그러나 슐츠 국무장관이 북경을 출발해 서울에 도착하는 사이 울포위츠 차관보는 또다시 이러한 내용의 메시지를 무력화시켰다. 프리먼은 당시 울포위츠가 4자회담에 반대한 이유로 두 가지를 들었는데, 하나는 그가 이념적으로 중국의 구상에 대해 의심하였고, 다른 하나는 그가 정치적으로 밀접히 연관되어 있는 공화당의 반공우파들의 반발을 의식했었다는 것이다.[14] 만일 중국이 당시 제안한 4자회담이 성사되어 교차승인이 이루어졌다면 남한과 미국 등이 "북한 문제"로 수십년 동안 시달리지 않아도 됐을지 모를 일이었다. 특히 북한이 오랫동안 미국에 대해 요구해온 바가 북핵 폐기와 북미관계정상화의 교환이라는 점을 고려할 때 더욱 그러하다. 이는 한반도와 동북아의 안정이나 평화, 그리고 그에 따른 미국의 지역적 국익을 위한 미국의 실용주의 외교가 '도덕적 마키아벨리주의자들'에 의해 좌절된 역사적 사례로 기록될 수 있는 사건이었다. 울포위츠는 후일 1994년의 북미기본합의를 "망상"(delusional)이라고 비판하면서 이 역사상 최초의 북미 간 합의를 존 볼튼 국무차관 등과 함께 붕괴시키기도 하였다.[15]

　　W. 부시 정부에서 국방차관에 오른 울포위츠는 2001년 '9·11'을 기점으로 미국의 안보정책을 배후에서 주도하기에 이르렀다. '9·11'은 그가 "애국주의 미국에 침투할 수 있는 정치적 조건을 마련해주었던 것"이다(Sporl 2003). 이라크 공격이 대표적인 사례이다. 톰슨(Mark Thompson)에 따르면, 이라크 전쟁과 관련 "럼스펠드가 이라크전의 얼굴이라면 입과 강한 오른팔은 울포위츠였다. 그는 이라크전의 대부

14　Interview with Charles W. Freeman, excerpted from *China Confidential: American Diplomats and Sino-American Relations, 1945-1996*, compiled and edited with introduction and conclusion by Nancy Bernkopf Tucker (New York: NY, Columbia University Press, 2001). http://www.gwu.edu/~nsarchiv/NSAEBB/NSAEBB87/nk03.pdf

15　Deputy Secretary Wolfowitz Interview with Sam Tannenhaus, *Vanity Fair*, May 09, 2003, https://archive.defense.gov/Transcripts/Transcript.aspx?TranscriptID=2594

였고, 그것의 심장이자 영혼이었다. 럼스펠드가 이라크전과 관련해 기술자였다면 울포위츠는 예언자처럼 행동했다"(Thompson 2003). 그는 스트라우스가 가르친 대로 "자신이 보좌하는 신사적 엘리트" 럼스펠드에 대해 능숙한 솜씨로 영향력을 행사하였다(Zuckert and Zuckert 2006, 15).

9·11 테러 발생 직후에 열린 국가안보회의 제1차 비상회의에서 럼스펠드는 "알카에다 이외에 이라크도 공격해야 하지 않는가?"라고 말했고, 이에 대해 울포위츠는 "이라크의 취약한 탄압적 정권은 쉽게 부술 수 있고, 파괴가 가능하다"며 미국 역사상 최연소이자 최연장자 국방장관의 기록을 가진, 군사주의적 사고를 가진 자신의 "신사적 엘리트" 럼스펠드를 부추겼다. H. 부시 정부의 국방부 내 실세로서 걸프전 당시 "사담 후세인을 살려두는 것은 실책"이라고 주장한 바 있는 울포위츠는 9·11 발생 나흘 후 W. 부시 대통령에게 또 다시 후세인 제거를 강력히 건의하였다. 그는 캠프 데이비드에서 대통령과 커피타임을 가지면서 후세인 제거에 대해 자신의 구상을 설명했고, 그를 가까이에 앉힌 부시는 다음 회의 때 이 문제를 제기할 것을 그에게 지시하였다.

그러나 이라크 공격안은 실용주의자인 국무장관 파월에 의해 기각되었다. 럼스펠드와 울포위츠는 기회가 있을 때마다 반전을 노렸다. 그들은 파월을 제외한 비밀모임을 만들어 9·11이 발생하기 8개월 전 그들이 주도하고 서명했던 클린턴 대통령에게 보낸 '신미국세기프로젝트'(Project for the New American Century, PNAC)의 공개서한을 본떠, 선제공격과 이라크 공격을 핵심으로 하는 이른바 '부시독트린'을 부시 대통령이 선포하도록 만드는 데 결국 성공하였다. 울포위츠는 이 문건의 주요 작성자였다(Usborne 2003). 부시 대통령은 2002년 1월 연두교서에서 이라크, 이란, 북한을 악의 축으로 규정하고, 악한 세력이 파괴적인 무기로 미국을 위협하도록 방치하지 않겠다며 그들이 선제공격의 대상임을 강하게 암시하였다.

울포위츠는 과거 자신의 참모이자 제자였던 신보수주의자 리비와 의기투합하였다.[16] PNAC 창립멤버인 리비는 걸프 전쟁 중 "후세인을 반드시 제거해야 한다"는 의견을 담은 대통령 보고서를 울포위츠와 함께 작성한 바 있었다. 리비는 이번에는 W. 부시 정권의 '외교안보대통령'이었던 체니 부통령의 귀를 붙잡고 있는 총애받는 비서실장으로서 이른바 울포위츠의 '신보수주의 열차'를 견인하는 역할을 수행하였다. 핼퍼와 클라크에 따르면, 울포위츠와 리비 등 신보수주의 관료들은 이라크 공격에 즈음하여 핵심적인 원칙을 공유하고 있었다. 즉 그들은 "인간의 조건은 선과 악 사이의 선택으로 정의되며, 진정한 정치적 용기란 악에 정면으로 맞서고자 하는 강력한 의지이고, 나아가 이러한 가치관을 실천에 옮기 위해서는 국제적 이슈들을 흑과 백, 즉 절대적인 도덕적 카테고리로 분석하고, 도덕적 우위를 점한 자신들이 악의 척결을 위한 선제적 군사 행동을 지도해야 한다고 믿었던 것"이다(Halper and Clarke 2004). 그들은 악을 퇴치하기 위해서는 "국무부와 같은 전통적 외교주체들이 끼어들어서는 안 되며, 조약이나 협정 따위를 중시해서도 안 되고, 전 세계적 일방주의(global unilateralism)로 밀어 부쳐야 한다"고 생각하였다.

W. 부시 대통령과 그의 신보수주의 안보참모들은 이라크 공격(2003년 3월 20일 개시)을 두 가지 이유로 정당화하였다. 즉 9·11 테러와 이라크의 사담 후세인 사이에 직접적 관련성이 있고, 이라크에 대량파괴무기(WMD)가 존재한다는 것이었다. 그러나 이라크 침공 이후 미

---

16 울포위츠는 예일대에 직을 두고 있을 때 리비를 가르친 적이 있는데 이 시기는 이들이 유대를 강화하는 기회를 제공하였다.

국의 정보기관들이 위의 두 가지 관련성에 대해 의문을 제기하자, 부시 안보팀은 사담 후세인이 이라크의 인권을 말살하는 장본인이기 때문에 이라크의 민주주의를 위해 그를 제거해야 한다는 입장을 새로이 내놓았다.[17] 미국의 이라크 공격은 UN의 지지를 받지 못하였다. 2009년 영국의 고든 브라운(Gordon Brown) 수상은 이라크 공격에서 영국의 역할의 적절성을 조사하기 위해 존 칠콧(John Chilcot)을 위원장으로 하는 조사위원회를 출범시켰고, '칠콧위원회'는 2016년 조사결과 보고서를 발표하였다. 이 보고서에 따르면, 영국은 평화적 수단이 소진되기 전에 이라크 침공에 동참하였고, 당시 군사행동은 최후의 수단이 아니었으며, 토니 블레어(Tony Blair) 당시 수상은 후세인으로부터의 임박한 위협이 존재하지 않았는데도 그의 위협을 의도적으로 과장하였다.[18]

울포위츠는 미국이 이라크를 공격함에 있어 "대량파괴무기 보유"를 이유로 든 데는 관료정치적 배경이 있었다고 인정하였다. 그는 2003년 5월 한 인터뷰에서 "파월 국무장관이 이라크 공격에 동의하도록 하기 위해," 즉 "모두가 동의할 수 있는 전쟁 사유는 그것뿐이었기 때문에" 그것을 선택할 수밖에 없었다고 말하였다.[19] 이는 "숭고한" 목

---

17 9·11과 후세인 간의 관계에 대해서는 2002년 11월 27일 부시 대통령의 지시에 의해 만들어진 9·11위원회(The National Commission on Terrorist Attacks Upon the United States)의 *The 9/11 Commission Report* 참조(https://www.9-11commission.gov/report/911Report.pdf). 이라크의 대량파괴무기 보유에 대해서는 미국 주도의 다국적군이 파견한 '이라크서베이그룹'(Iraq Survey Group)의 *Finding the Truth: The Iraq Survey Group and the Search for WMD* 참조(https://nsarchive2.gwu.edu/NSAEBB/NSAEBB520-the-Pentagons-Spies/EBB-PS37.pdf) 전자는 2004년 6월 "9·11의 주범인 알카에다와 이라크 간에 협력적 관계가 존재하지 않았다"고 결론 내렸고, 후자는 2004년 9월 사담 후세인이 2003년 당시 대량파괴무기를 갖고 있다는 증거를 발견하지 못했다"고 보고하였다.

18 *The Iraq Inquiry: Statement by Sir John Chilcot*, 6 July 2016. http://webarchive. nationalarchives.gov.uk/20171123123237/http://www.iraqinquiry.org.uk/

19 Deputy Secretary Wolfowitz Interview with Sam Tannenhaus, *Vanity Fair*, May

적을 위해서는 "선의의 거짓말"(pious lies) 등 수단을 가릴 필요 없다는 그의 스트라우스적 가치관과 부합하는 사례로서, 1980년대 와인버거 전문과 슐츠 전문을 누락/편집한 경우의 자연스러운 연장선 상에 있다고 할 것이다.

　미국의 일부 현역 장성과 안보 전문가들은 미국을 "불필요한 전쟁"으로 몰아넣는 신보수주의자들에 대해 비판적이었다(Porch 2006). 2001년 말 미 합참의 작전처장 그레그 뉴볼드(Greg Newbold) 중장은 늘 해왔던 것처럼 국방장관에게 통상적인 브리핑을 실시하고 있었다. 그러나 그는 당일 평소와는 다른 분위기를 감지하였다. 당시는 9·11이 발생한 지 4개월 정도 지난 시점이었고, 아프간 전쟁이 막 시작한 때였다. 작전의 대상은 알카에다와 탈리반이었다. 그러나 뉴볼드가 보기에 럼스펠드 국방장관의 관심은 알카에다의 오사마 빈 라덴(Osama bin Laden)이나 탈리반 군사지도자 모하메드 오마르(Mohammed Omar)라기보다는 사담 후세인에 가 있었다. 뉴볼드가 보기에 이라크 공격은 군사적으로나 전략적으로 명백한 견강부회였고, 터무니 없는 것이었다. 그는 결국 상관과 동료들에게 자신의 견해를 말했고, 그는 2002년 가을 군을 떠나야 했다(Margolick 2007). 네브라스카 출신 공화당 상원의원 척 헤이글은 부시 대통령의 이라크 공격은 신보수주의자들의 작품이라고 단정지으며, 외교안보에 문외한인 부시 대통령이 미국 영토에서 최초로 발생한 대규모 테러 후 약화된 그의 국가적 지도력을 만회하기 위해 신보수주의자들의 제안을 수용하였다고 회고한 바 있다.

　"도덕적 목적을 위해 무력을 사용해서는 안 된다"는 4성장군 출신

09, 2003, U.S. Department of Defense, Transcript, "Deputy Secretary Wolfowitz Interview with Sam Tannenhaus, Vanity Fair," https://archive.defense.gov/Transcripts/Transcript.aspx?TranscriptID=2594

의 콜린 파월 국무장관은 이들과 임기 내내 마찰을 빚었다. 벌컨들 중 하나였던 파월은 영국 외상 잭 스트로(Jack Straw)와 전화 통화 시 이라크 공격을 강행하려던 부시 외교안보팀의 신보수주의자들을 "완전한 미치광이들(F*cking crazies)"이라고 비난하였다(Bright 2004). 그러나 정작 자리에서 물러나야 했던 인물은 파월이었다.

이라크의 "악한 폭군"을 제거하고, "자유와 민주주의"를 가져다주려던 신보수주의적 시도는 약 9년 동안 100만이 넘는 미군을 동원하였다. 결과는 민간인 포함 50만 명의 사망과 헤아릴 수 없는 부상자들이었다. 미국의 피해는 사망 4,500여 명, 8천억 달러를 상회하는 군비였다.[20] 못지않게 중요한 것은 이라크전의 의도되지 않은 결과였다. ISIS가 태동한 것이다. 미군이 구금한 것은 테러나 미군을 공격한 사람들뿐 아니라 현장에서 의심스러워 보이는 젊은 남자 행인들을 대거 포함하였다. 그들은 자신들이 왜 구금되었는지 알려줄 것을 요구할 수 있는 권리를 갖지 못하였다. 캠프 부카(Camp Bucca)의 군교도소장 제임스 제론드(James Skylar Gerrond)에 따르면, 미군은 혐의가 있는 이라크인들을 "단순히 가둬놓은 것이 아니라, 그곳에 극단주의를 위한 압력솥을 만들어 놓았다." 구금된 사람들은 "교도소에서 복수를 위한 급진주의자로 변신하였다."[21]

울포위츠와 쌍벽을 이루는 신보수주의 외교안보 전략가는 존 볼튼이다. 그는 계보적 관점에서 보면 스트라우스주의자라고 하긴 어렵

---

20 "The Iraq War," Council on Foreign Relations. https://www.cfr.org/timeline/iraq-war

21 McCoy(2014). 미국의 이라크 침공과 ISIS의 부상에 관한 역사적 분석은 Gerges(2017) 참조. 후일 ISIS의 수장(emir)이 되는 아부 바크르 알-바그다디(Abu Bakr al-Baghdadi)의 캠프 부카(Camp Bucca) 교도소에서의 활동에 관해서는 Chulov(2014) 참조.

지만, 그의 양분법적 선/악관과 미국적 가치를 전 세계적으로 실천해야 한다는 외교안보적 세계관을 보면 그를 신보수주의의 화신이라 해도 무방할 것이다. 볼튼은 1998년 당시 클린턴 대통령에 대한 PNAC공개서신에 울포위츠, 리비 등과 함께 서명하였고, W. 부시 정권 하에서는 국무부 군축/국제안보담당 차관으로서 사실상 '이라크전의 설계자' 중의 하나로 활약하였다. 볼튼은 1972년 닉슨 정부가 소련과 체결한 탄도탄 요격미사일(Anti-Ballistic Missile) 조약을 2001년 부시 정부가 탈퇴하도록 하는 데 핵심적 역할을 수행하였다(Cirincione 2019). 그는 2018년 트럼프 대통령의 국가안보보좌관으로서 쿠바, 베네수엘라, 니카라과의 "폭정의 트로이카"를 "신 악의 축"(New Axis of Evil)으로 규정하며 미국은 이들을 결코 방치하지 않을 것이라고 선언하기도 하였다.[22]

볼튼의 양분법적 선악관은 부시 정부가 북한 핵문제를 다루는 과정에서도 일관되게 그리고 강렬하게 작동되었고, 그 부분적인 결과로서, 양국 간 외교와 협상은 좌절과 좌초를 거듭하게 되었다. 2001년 6월 6일 신임 부시 정부가 '과감한 접근'(bold approach)[23]을 내놓자 북미관계는 급격히 경색되었다. 북한은 그로 인한 경제난을 보다 근본적으로 타개하기 위해 2002년 7월 1일 시장논리를 일부 도입한 '경제관리개선조치' 그리고 2002년 9월 12일 중국의 심천특구를 본딴 '신의주

22　"Remarks by National Security Advisor Ambassador John R. Bolton on the Administration's Policies in Latin America, The White House." The White House, November 2, 2018.

23　이 접근의 골자는 "핵계획 동결에 관한 기본합의의 이행을 개선하는 문제를 포함해 미사일 계획의 검증 가능한 억제, 미사일 수출금지, 재래식 군사력 태세 등"에 대한 협상 의제화였다. 아울러 미국은 "북한이 이에 긍정적으로 응해 적절한 조치를 취한다면 북한 인민들을 돕고 대북제재를 완화하는 한편 기타 정치적 조치를 취하기 위한 노력을 확대해나갈 것"이라고 반대급부를 제시했다.

특별행정구' 설치를 선언하였다. 북한은 6월 29일 발발한 제2차 서해 교전에 대해 신속하게 유감을 표명하고(7. 25) 미국 특사 방북 적극 수용 의지를 표명(7. 26)하였다. 한반도의 평화 과정은 탄력을 받았다. 특히 남북관계는 2차 남북경제협력추진위원회 개최, 경평 축구대회, 북한의 부산아시안게임 참가, 경수로사업 콘크리트 타설식, 남북장관급 회담, 태권도시범단 교류, 경의선·동해선 철도와 도로연결 착공식 등이 잇따르면서 역동적으로 활성화되었다.

그러나 부시 정부는 북한이 북미기본합의의 규율을 받는 플루토늄을 우회하여 고농축우라늄프로그램(HEUP)을 대안으로 개발하고 있다고 판단하고 있었다. 부시 정부는 2002년 8월 하순 신보수주의자들의 대변인 격인 볼튼 국무 차관을 한국에, 아미티지 국무 부장관을 일본에 보내, 'HEUP 문제의 심각성'을 양국에 통보했다. 그러나 김대중 정부는 자체적인 정보분석을 바탕으로 미국이 전달한 HEUP 문제를 심각하게 받아들이지 않았고, 고이즈미 총리는 미국의 우려를 '과잉반응'(overreacting)이라 생각하며 '가벼운 웃음'(a thin smile)을 지었을 뿐 예정대로 평양을 방문했고, 9월 17일 관계정상화를 상정한 '북일평양선언'에 서명하였다(Funabashi 2007, 2).

평양선언 이후 한반도의 국제정치가 김정일, 고이즈미, 김대중이 예상치 못한 방향으로 급전하고, 2003년 1월 북한이 NPT 탈퇴를 선언하고, 3월 핵무기 보유를 선언했을 때 국무부 확산방지담당 차관 볼튼은 미국 내 한반도 전문가들이 "볼튼 전략"이라고 명명한 확산방지구상(Proliferation Security Initiative)을 고안하고 그 시행을 주도하였다. 당시 미국 외교안보 관리들에 따르면 그것의 목표는 명백하였다. 김정일 정권의 목에 올가미를 씌우고 조이고, 그 다음은 정권을 교체하는 것이었다(Kaplan 2003). 그러나 얼마 되지 않아 공동의 이익을 발견한 부시와 김정일은 우여곡절 끝에 대화국면으로의 재진입을 모색하게 되었다. 그러나 볼튼은 외교관이면서도 외교가 불필요하다고 생각했고, 북미가 대화의 궤도에 오르기 전에 손을 쓰고자 하였다. 볼튼은 2003년 7월31일 서울을 방문해 한 연구원 주최의 강연회에서 북한지도자 김정일을 원색적으로 비난했다. 그는 "김정일은 평양에서 왕족 같은 삶을 살면서도, 수만 명의 주민들을 수용소에 가두고 수백만의 주민들은 비참한 가난에 처하게 했다"며 "북한의 많은 주민들에게 삶은 지옥 같은 악몽이다(hellish nightmare)"라며 김정일에 대해 사적 공격을 감행하였다. 공교롭게도 그날은 북한이 6자회담 재개에 나설 준비가 됐다고 미 국무부가 발표한 날이었다. 볼튼의 대북노선에 공감하던 미국의 매파들도 그가 이와 같이 한국에서 공개적으로 한국과 미국의 외교이니셔티브에 대해 공개적으로 적대감을 표시하자 논평을 자제하는 등 당황하는 모습을 보였다. 국무부는 기자회견에서 볼튼이 "최근 정보를 갖고 있지 않았다"며 그와의 거리를 유지하고자 하였다.

이틀 뒤 북한 '조선중앙통신'은 "미 행정부의 관리라고 하는 자의 입에서 이런 망발이 거리낌 없이 튀어나오는 것을 보면 미국이 우리와 회담을 하자는 진의 자체가 의심스러워진다"며 "동북아시아의 평화와 안정문제가 결정되는 회담의 중요성으로 보나 인간존엄의 견지에서 볼 때도 이 회담에 인간쓰레기, 피에 주린 흡혈귀와 같은 자가 끼울 자리는 없다"고 6자회담에서 볼튼과의 대화를 거부했다. 부시 대통령은 볼튼을 옹호하고 그가 6자회담에서 배제되지 않을 것이라고 말했다. 하지만, 9월 6자회담이 재개됐을 때 그는 6자회담에 전혀 관여하지 못했다.

볼튼의 북한정권교체론은 그의 강력한 신념이었다. "악마는 협상의 대상이 아니라 박멸의 대상"인 것이었다. 그는 2018년 2월 28일 월

스트리트 저널의 한 기고문에서 "미국은 북한의 사악한 정권을 교체하기 위해 무력을 사용해야 하며, 그러한 행동은 법적 정당성을 갖는다"고 주장하였다. 그는 "1837년 영국군이 캐나다 반군의 무기수송선 '캐롤라인호'에 대해 '화염과 분노'(fire and fury)의 선제공격(preemption)을 감행한 것처럼, 핵무기로 무장한 북한이 제기하는 현재적 필연성에 미국이 선제적으로 대처하는 것은 북한에 대한 정보가 미흡한 상황에서 완벽하게 정당하다"고 주장했다(Bolton 2018). 그의 칼럼은 2월 초 평창동계올림픽 개막식에 남북선수단이 공동입장하고, 문재인 대통령-北고위급대표단 면담, 김여정 특사 '대통령 방북 초청' 친서전달 등 남북 간 극적 화해의 과정에서 나온 것이었다. 볼튼의 칼럼은 남북화해의 허상을 지적하고 그에 대한 위험성을 일깨우기 위한 그의 판단에 따른 것이었겠지만, 그와는 별도로 찰리 메이(Charlie May)는 볼튼이 핵/탄도미사일의 시대와 증기기관의 시대를 구별할 줄 모른다며 볼튼의 '경주마적 시각'과 맹목성을 비판했다. 그는 볼튼이 독재자 김정은의 정권을 전복하기 위해 무력을 사용하기 원한다면 그러한 무력공격은 구체적으로 어떠한 것이어야 하며, 수많은 한국인들의 희생 외에 장기적으로 무엇을 얻을 수 있는지에 대한 성찰이 있어야 하는데 볼튼은 이에 대한 생각이 전혀 없다고 지적했다. 그는 또한 볼튼이 2,500만의 주민이 살고 있는, 그리고 미국의 강력한 경쟁국인 중국과 국경을 공유하고 있는 국가의 정권을 무력으로 제거한 후 미국이 국제정치적으로 직면하게 될 문제들에 대한 대안을 제시해야 함에도 그러한 구상이나 계산은 찾아볼 수 없다고 비판하였다.[24]

---

24 Charlie May, "Bloodthirsty John Bolton eager to kill North Koreans, March 1, 2018, https://www.salon.com/2018/03/01/bloodthirsty-john-bolton-eager-to-kill-north-koreans/

볼튼은 월스트리트 저널에 칼럼을 기고한 지 얼마 되지 않아 트럼프 정부의 국가안보 보좌관으로 발탁되었다. 그는 자신의 신념을 정책화하기 위해 정력적으로 업무에 임했고, 트럼프 정부가 '이란핵협정'(Joint Comprehensive Plan of Action)을 탈퇴하고, 미국의 냉전승리의 상징이었던 러시아와의 중거리핵전력조약(Intermediate-Range Nuclear Forces Treaty)을 폐기하도록 하는 데 결정적인 역할을 수행하였다.[25] 직후 "볼튼이 좋아하는 상황"(a Bolton-flavored situation)이 라틴아메리카에서 벌어졌다. 선과 악, 흑과 백이 대비되는 상황이 베네수엘라에서 벌어진 것이었다. 국가안보 보좌관 볼튼은 미국은 언제든 마두로(Maduro) 정권을 교체하기 위해 무력을 사용할 준비가 되어 있다고 미국 남부방면군(Southern Command) 사령관에게 말하였다. 트럼프가 나서 미국의 군사개입을 막았지만, 마이크 폼페이오, 엘리옷 에이브럼즈(Elliott Abrams),[26] 존 볼튼 등 신보수주의 3인방의 쿠데타계획은 상당히 구체화된 것이었다.

볼튼의 양분법적 선악관에 기초한 일방주의는 이른바 '리비아 모델'로 요약될 수 있다. 그는 트럼프의 국가안보 보좌관이 되자마자 2003년 리비아의 가다피가 했던 대로 '리비아 모델'을 북한이 받아들이면 그들이 원하는 바를 얻을 수 있을 것이라 공언했다. '리비아 모델'은 두 단계로 이뤄져 있었다. 첫 단계는 "로커비 폭파"(Lockerbie

---

25 Davis Richardson, "John Bolton Keeps the Executive Order Terminating the Iran Deal Framed on His Wall," 02/05/19. https://observer.com/2019/02/john-bolton-iran-deal-termination-executive-order/; Cirincione(2019); Deutsche Welle, "Donald Trump's INF exit: Masterminded by John Bolton, to Russia's benefit," https://www.dw.com/en/donald-trumps-inf-exit-masterminded-by-john-bolton-to-russias-benefit/a-45992544

26 W. 부시 정부에서 국가안보 부보좌관으로 일했던 엘리옷은 당시 트럼프 정부의 대베네수엘라특별대표였다.

bombing)에 대한 리비아의 책임 인정 및 희생자들에 대한 배상과 유엔 제재 해제, 두 번째 단계는 리비아의 대량파괴무기 폐기와 미국의 대리비아 제재 해제였다. 리비아와의 협상에 참여했던 플린트 레버릿에 따르면, 부시 정부는 볼튼과 같은 강경파가 리비아에 대한 당근은 불필요하다며 협상을 방해할 것을 우려하여 사실상 업무에서 배제하였다.[27]

가다피는 미국, 영국과 합의하였고, 2004년 1월 22일 25,000kg에 달하는 리비아의 핵/미사일 프로그램 관련 문건과 장비는 미국 테네시주의 오크리지 국립연구소(Oak Ridge National Laboratory)로 이관되었다. 2004년 3월에는 추가적으로 1천 개에 이르는 원심분리기와 미사일 부품 등이 리비아로부터 반출되었다. 부시 대통령은 북한과 이란을 명백히 암시하며 "다른 국가들도 리비아 모델에서 교훈을 얻길 바란다"고 말했다.

가다피는 서방의 제재로부터 벗어나고, 2006년 미국과 국교를 정상화함으로써 생존의 길을 찾았다고 보았지만, 그가 그렇게 함으로써 미국 등에 의한 정권교체(regime change)의 비용이 낮아졌다는 사실은 잘 모르고 있었거나 알고자 하지 않았다(Dougherty 2018). 가다피 정권의 교체 시기는 2011년에 찾아왔다.

2011년 1월 부패, 가난, 정치적 탄압 등에 항의하던 튀니지의 시민들은 지네 알-아비디네 벤 알리(Zine al-Abidine Ben Ali) 대통령의 하야를 이뤄냈고, 이는 '재스민 혁명'이라 불리면서 중동과 북아프리카를 강타하였다. 가다피는 자신에게 도전하는 정치적 반대세력을 무력

---

27 Michael Brendan Dougherty, "What Were the Lessons of Libya?," *National Review*, March 29, 2018. https://www.nationalreview.com/2018/03/john-bolton-north-korea-libya-intervention-model-flawed/

으로 제압하려 했다. 이러한 맥락에서, 민주화를 요구하는 리비아 국민들에 대한 대량학살의 위험성이 고조되자 미국의 오바마 정부는 영국, 프랑스 등과 함께 UN안보리 결의안 1973호에 따른 '국민보호책임'(Responsibility to Protect)을 수행하기 위해 공습 등 무력조치에 나섰다.

북한은 리비아 공습 개시 직후 외무성 대변인을 통해 "리비아 핵포기 방식이란 안전 담보와 관계 개선이라는 사탕발림으로 상대를 얼려(속여) 넘겨 무장해제를 성사시킨 다음 군사적으로 덮치는 침략방식으로 드러났다"고 비난하였다. 북한은 가다피가 미국의 지원을 받은 반군에 의해 비참하게 처형되었다는 사실이 알려지자, "그가 핵을 포기하지 않았다면 지금도 살아있을 것"이라며 자신의 핵문제와 관련하여 의미심장한 발언을 내놓았다.

아닌 게 아니라, 북한은 2016년 핵실험 직후 리비아를 언급하며 "미국의 극악무도한 대조선적대시정책이 근절되지 않는 한 우리는 절대로 핵을 포기하지 않을 것"이라 천명했다.

이라크가 대통령궁전까지 미국에 보이면서 전쟁을 일으키지 말아달라고 청탁한 결과는 어떤 비극을 몰아왔는가. 리비아가 자기의 핵계획문건들을 미국에 고스란히 바치며 ≪원조≫와 ≪관계개선≫을 요구한 후과는 어떤 참상을 빚어냈는가… 우리는 력사의 교훈과 오늘의 국제정세를 놓고 뼈저리게 느끼는 것이 있다. 그것은 자기를 잡아먹겠다고 으르렁대는 승냥이 무리들 앞에서는 사냥총을 놓을 것이 아니라 더욱 억세게 틀어 잡아야 한다는 것이다.[28]

---

28 "진정한 평화와 안전", 『로동신문』, 2016년 1월 7일(주체 105).

북한은 지금도 리비아 사례를 자신의 핵 보유를 정당화하는 근거
로 활용하고 있다. '로동신문'은 2018년 3월 22일 "제국주의에 대한 환
상에 빠져들면 주권을 침해당하고 농락당하게 되며 파멸을 면치 못한
다"면서 "이라크와 리비아의 사태가 그것을 뚜렷이 증명해주고 있다"
고 지적했다.

볼튼은 취임 직후인 2018년 4월 29일 미국 CBS와의 인터뷰에서
미국은 북한핵문제를 처리하는 방법 중 하나로 리비아 모델을 염두에
두고 있다고 말했다. 그의 이 발언은 4월 27일 남북정상회담에서 김정
은 국무위원장이 "남과 북은 완전한 비핵화를 통해 핵 없는 한반도를
실현한다는 공동의 목표를 확인하였다"고 한 지 이틀 후에 나온 것이
었다.

북한은 강하게 반발하였다. 싱가포르 북미정상회담을 한 달여 앞
둔 2018년 5월 16일 북한의 김계관 외무성 제1부상은 "볼튼을 비롯한
백악관 고위 관리들의 '리비아 핵포기 방식'은 대국들에게 나라를 통
째로 내맡기고 붕괴된 리비아나 이라크의 운명을 우리에게 강요하려
는 심히 불순한 기도의 발현"이라고 말했다. 미국의 비확산전문가 제
프리 루이스(Jeffrey Lewis)는 볼튼의 '리비아 모델' 발언이 북미정상회
의를 방해하기 위한 의도에 따른 것이라고 보았다.[29] 볼튼은 미국이 힘
이 있고, 그것을 사용해 악마를 처단해야 하는데, 이익이나 따지는 외
교와 협상이 그것을 방해한다는 입장이었다. 백악관 대변인은 북한의
비난 발언 직후 "미국의 대북접근법에서 볼튼의 '리비아 모델'을 본 적

---

29 Alex Lockie, "Trump's national security adviser John Bolton has advocated
    bombing North Korea — and he may be sabotaging talks," May 16, 2018.
    https://www.businessinsider.com/john-bolton-may-sabotage-north-korea-talks-
    libya-2018-5

이 없기 때문에 본인은 그것이 미국이 [북한에 대해] 사용하는 모델인지 여부에 대해 알지 못한다"며 볼튼의 발언이 돌출적인 것임을 암시하였다.[30]

볼튼은 결국 국가안보 보좌관에서 해임되었다. 하노이 북미정상회담이 성과를 내지 못하고, 오히려 김정은의 "약만 올리는 결과"를 낳게 되자 트럼프 대통령은 "(볼튼이) 실수했습니다. 그가 리비아 모델을 언급하자 재앙이 일어났습니다. 카다피한테 무슨 일이 생겼는지 보세요."라며 볼튼에 대해 격한 반응을 보였던 북한의 입장을 오히려 두둔했다. "나는 김정은 위원장이 한 말을 탓하지 않습니다. 김정은은 볼턴과 아무 것도 하고 싶어하지 않았습니다." 트럼프 대통령은 볼튼의 말이 "터프한 게 아니라 영리하지 못했다"고 말했다(Blake 2019).

그렇다고 해서 볼튼의 신념이 꺾인 것은 아니었다. 그는 민간인 신분으로 오히려 더 자유롭게 더 강렬하게 북한이 극도로 꺼리는 '3종 세트'를 공개 거론했다. 볼턴 전 보좌관은 "김정은은 자발적으로 절대 핵무기를 포기하지 않을 것"이라며 북한이 금기시하는 리비아식 '선(先)핵폐기-후(後) 보상' 모델, 정권 교체, 군사 옵션의 필요성을 한꺼번에 거론했다.[31]

울포위츠와 볼튼은 전형적이고 대표적인 신보수주의 외교안보 전

---

30 CBS News, "White House appears to walk back Bolton's "Libya model" comments," May 16, 2018. https://www.cbsnews.com/news/white-house-appears-to-walk-back-boltons-libya-model-comments/

31 볼튼은 "저는 처칠의 비관주의가 북한에서 현실화되지 않도록 희망합니다. 우리가 진지하게 토론해야 할 몇 가지 사안이 있습니다. 그 중 첫째로서, 그 가능성이 제한적이라 할지라도, 북한의 정권교체입니다. 둘째는 남한과 같이 자유선거에 의해 구성된 정부에 의해 한반도를 통일하는 사안에 대해 중국과 협의해야 한다는 점이고, 셋째는 우리가 북한의 핵무기 보유를 허용하지 않을 것이라면 언젠가는 군사력 사용이라는 선택지가 고려되어야 한다는 점입니다."라고 말했다(Bolton 2019).

략가이자 미국의 외교안보정책에 배후에서 또는 전면에서 유례없이 강력한 정치적, 도덕적 영향력을 행사한 주요 스트라우스주의자이다. 물론 이들을 포함하여 모든 스트라우스적 신보수주의자들이 언제나 선/악 흑백논리의 양분법을 사용하여 정책의 결정과 집행에 관여한 것은 아닐 것이다. 그러나 위에 보았듯이, '성스러운 목적'을 달성하기 위한 '도덕적 마키아벨리주의'의 정당성에 대한 그들의 강한 신념은 '그들 시대'의 독보적인 국제정치적 주목을 받은 것은 부인할 수 없는 사실이다. 문제는 이들의 지적, 정책적 영향력이 미국의 이익 또는 인류의 이익에 부합하는 결과로 이어졌는지 여부일 것이다. 기준을 안정과 안보의 증진, 개방과 무역의 확대, 자유·인권·평등·민주주의 등 보편적 가치의 평화적 확산 등으로 할 때 이들에 대한 평가는 부정적이다. 이들의 영향력은 지대했으나 현실을 자신들의 가치관과 목적에 맞도록 왜곡하거나 또는 왜곡된 현실, 즉 비현실을 판단의 기준으로 삼음으로써 결과적으로 (잠재적) 재앙을 초래했던 것이다. 이라크전의 경우와 같이 막대한 인적, 물적 비용에도 불구하고 미국의 정치적, 군사적, 경제적 부담은 가중되었을 뿐 아니라 중동과 세계 차원의 부작용과 역작용은 세계인들이 힘겹게 감당하지 않으면 안 되게 되었고, 미국의 세계적 리더십에 큰 훼손을 초래하기도 했다. 북한 또는 한반도 문제에 있어서도 이들의 '마키아벨리적 이상주의'는 평화와 통일의 지연뿐 아니라 핵무기와 미사일 확산을 적어도 합리적인 수준에서 제어 관리할 수 있는 기회의 창이 닫혀질 수 있는 상황을 야기했고, 트럼프 대통령이 과장해서 "3,000만 명에서 1억 명의 사람이 죽었을 수 있다"고 말했지만, 한반도와 동북아의 무고한 수많은 민간인들의 살상 가능성에 대해 "관료적 무감"(官僚的 無感, bureaucratic detachment)(Thomson 2008, 298)으로 일관한 책임을 면할 수는 없을 것이다.

IV. 대안적 접근: 전략적-실용주의

위에서 보았듯이, 단순하고 극단적인 양분법과 그에 기초한 '경주마적 시각'은 모호하고 복합적인 (국제)정치적 현실에 대한 정확한 인식과 이해를 방해하고, 방법론으로서의 '도덕적 마키아벨리주의' 또는 '일방 주의적 이상주의'는 때에 따라서는 중대한 국가적 손실이나 인류적 재 앙을 야기할 수 있다. 정책의 현실성과 합리성을 저해하는 이와 같은 자기중심적이고 독선적인 시각에 대한 하나의 대안으로서 이른바 중 도론이 제시될 수 있다. 전체주의적 극단주의를 배격하고 정치적 자유 와 경제적 안정을 기치로 내걸었던 1930년대 중반 프랑스 사회주의자 레옹 블룸(Léon Blum)의 "제3세력론"(Third Force), 파시즘과 스탈린 주의를 배격하며 "비공산주의 좌파"(non-communist Left)를 제시한 1940년대 말 미국의 아서 슐레진저(Arthur Schlesinger)의 "활력적 중 도론"(the Vital Center),[32] 글로벌리제이션의 시대의 신자유주의와 사 회민주주의에 대한 대안으로서 1990년대 말 토니 블레어(Tony Blair) 의 "신노동당 정부"(the New Labour administration)가 채택한 "제3 의 길"(the Third Way), 자유주의 대 보수주의 간의 주류적 대립을 미 국과 영국 식의 "온건한"(modertate)한 방법이 아니고 보다 근본적인 방법으로 타파하겠다던 2017년 프랑스의 에마뉘엘 마크롱(Emmauel Macron)의 "급진적 중도론"(Radical Center) 등이 모두 중도를 내세 운 바 있다. 그러나 기존의 중도론은 사상과 노선이 지속적으로 이어져

---

32   슐레진저에 따르면, "'활력적 중도'는 민주주의 내에서의 자유주의 대 보수주의 간의 관 계에 관한 것이 아니고, 민주주의와 전체주의 간의 관계에 관한 개념이다. '활력적 중도' 는 결코 중간에 관한 것도 아니다. 중간은 활력적 중도가 아니라, 막다른 골목이다. 이 노 선은 민주주의 내에서 중간에서 약간 왼쪽으로 움직여야 한다는 프랭클린 루즈벨트의 지향점과 일치한다"(Schlesinger 1997, xiii).

내려오고는 있지만, 치명적인 비판에 직면하기도 했다. 예를 들어, "제 3세력론"의 블룸은 스페인 내전에서 '불간섭주의'(non-intervention)를 표방하여 사실상 히틀러에 협력하였고, 프랑스 자본가 계급과의 갈등이 격화하여 "차라리 히틀러가 블룸보다 낫다"(Better Hitler than Blum)는 혹평을 듣기도 했다. "활력적 중도론"은 빌 클린턴 대통령이 그 이름을 차용했었으나, 자신이 밝혔듯이, 슐레진저의 중도론은 사실상 좌파("move always a little to the left of center")에 경도되었고, 특히 주장의 핵심이 1950년대 이후 파시즘과 공산주의를 배격한다는 데 있다고 할 때 탈냉전기 국제정치의 동학과 관련한 그 타당성은 최소한 의문시되고 있다(Bacevich 2019). "제3의 길"의 블레어는 사담 후세인을 제거하기로 결정한 W. 부시와 미국을 지지하여 주권국 이라크 침공에 참여했다는 비판을 받아야 했다. "급진적 중도론"의 마크롱은 드골주의 외교안보 노선으로 회귀했다는 비난에 직면해 있다(Zaretsky 2019). 중도론의 문제는 그것이 상대주의적 개념(relational concept)으로서 정의상 '수동적인(reactive), 그리고 산술적인 평균'으로 귀착될 위험성을 내포하고 있다는 데 있다. 즉 이러한 유형의 중도론은 양극단이 주어져야 비로소 정체적(正體的) 좌표가 결정될 수 있다는 내재적인 수동성을 갖고 있다는 것이다. 나아가, 중도론은 양비론, 불가지론, 기회주의, '대안 없는 허론(虛論)', '어젠다가 없는 정부 기술자론'(government technician with no agenda)으로 그 가치가 폄하되기도 한다. 철학이 없고, 따라서 정치력도 없다는 것이다.

중요한 것은 양분법의 극단을 초월(transcend)하면서, 다른 한편, 기계적 중립이나 평균 또는 타협, 절충, 혼합이 아닌 새로운 지평에서 패러다임 자체의 정합성과 자율성을 확보하고, 나아가 그에 기초한 분명하고 소상한(articulate), 작동 가능한(workable) 정책을 제시하는 것이다. 필자는 이러한 접근법을 "전략적-실용주의"(strategic-pragmatism)라고 부르고자 한다. "전략적-실용주의"는 하나의 전제와 두 개의 방법론으로 구성되어 있다.

1. '전략적-실용주의'의 전제: 자성(self-exam)과 자각(self-awareness)

'전략적-실용주의'의 전제는 가치 선택지(value options)의 '순화'(醇化, domestication)와 관련이 있다. 가치는 정책이 추구하는 목적이기도 하고, 정책적 선택을 추동하는 관념적 원동력이기도 하다. 인간이 추구하는 가치는 이해관계, 의무감, 정의감, 정신적 만족 등의 여부에 따라 그 종류와 정도가 다양하다. '이상형'(pure type)이 아닌 구체적 현실과 실제의 관점에서의 가치의 범주는 불변이거나 고정된 것이 아니므로 중도라고 하는 것은 그 범주가 수축/확장될 때마다 수동적으로 따라 변할 수밖에 없다. 이런 경우, 앞서 말한 바와 같이, 중도는 정체성의 결여, 기회주의로 비판받을 수 있다. '전략적-실용주의'는 정책의 선택과 관련하여 타협 불가한 보편적 가치에 관한 기본원칙을 능동적이고 선제적으로 설정하고 있다. 오래 전 칸트가 "개인적 자유야말로 모든 다른 가치들이 파생되는 기본 가치이며, 이는 국가의 존재와 국가에 대한 국민들의 인정의 근본적 조건이 된다"고 제시한 바와 같이, '전략적-실용주의'도 인간의 자유와 존엄성을 기본적 가치로 전제하고, 이러한 가치에 위배/충돌하는 가치는 선택하지 않는다. 인간의 자유와 존엄성으로부터 파생되는 가치들인 한반도의 안전보장과 평화적 통일, 동아시아 평화를 위한 외교우선주의 등이 '전략적-실용주의'의 가치관적 틀 속에 포함된다.

'가치 선택지의 순화'가 이루어지면 몇 가지 방법론적 전략이 고려될 수 있다. 첫째, 성찰주의이다. 이는 위에서 제시한 기본 가치를 포함하여 특정 주체가 추구하는 특정 가치가 보편성을 결여한 주관적 신념에 기초해 있지 않은지를 지속적으로 의심하며 시각과 관점을 독선주의, 독단주의로부터 보호하는 의식적인 안전장치(safeguard)라 할 수 있다. 다시 말해, 사람들은 자신이 양분법적 사고를 하고 있을 수 있다는 자성(自省)이나 자각(自覺)이 필수적이라는 점을 알아야 한다는 것이다. 왜냐하면 양분법적 사고는 잠재의식(subconscious) 속에 존재하고 있기 때문에 사람들은 자신이 양분법적으로 사고하고 있다는 사실을 인식하기 어렵기 때문이다. 따라서 중요한 것은 잠재의식 속의 양분법적 가치관이나 사고를 의식적 사고의 영역으로 불러내어 의심과 성찰의 대상이 되도록 해야 한다는 점이다. "자신이 모른다는 것을 깨닫는 것"이 중요한 만큼이나 "자신이 의식하지 못하는 영역에서 왜곡되어 있다는 것"을 깨닫는 것도 중요하다.

성찰주의의 중요성은 현상학이나 구성주의의 관점에서 정당화된다. 가치관이 인식을 매개로 현실을 구성하거나 생성한다고 보기 때문이다. 북한의 변화에 대한 준거점이 하나의 의미 있는 사례가 된다. 한국의 대북정책의 효과와 관련하여 일부 관찰자들은 최근의 북한의 변화를 인정하지만, 다른 관찰자들은 그것을 의미 있다고 판단하지 않는다. 준거점이 다르기 때문인데, 그것은 그들의 서로 다른 가치관에서 비롯된다. 기준을, 예를 들어, 핵폐기로 잡는다면 그에 미치지 못하는 모든 변화는 의미가 없고, 경우에 따라서는 전술적, 기만적 변화로 의심받기도 한다. 과거와의 단순한 차이를 변화로 보는 경우는 반대로 실제에 대한 과장 왜곡이라는 비판을 받는다. 중요한 것은 준거점, 즉 평가기준이 판단 주체가 주관적으로 원하거나 소망하는 기준인지 아닌

지 여부를 성찰하는 일이다. 이런 성찰주의적 시각에서 보면 변화의 정도를 질적, 양적, 시간적 관점에서 평가하는 것이 중요하다. 한국의 대북정책으로 인해 북한이 시장경제와 어느 정도 가까워졌는가, 그리고 과거에 비해 변화의 범위와 속도가 상당한가 등이 적확하고 타당한 질문이 된다.

2. '전략적-실용주의'

실용주의는 "실질적이면서도 결과적인 이익"을 강조하는 가치관이다. 국가 간 관계에서 특정 국가가 실용주의적인가의 여부는 그 국가가 타 국가와의 상호작용에서 자신의 실질적 국가이익을 결과적으로 증가시키려 했는가에 달려 있다. 2차대전 후 일본의 안정과 부흥을 도모하기 위해 미일동맹 내에서 정경분리의 외교를 강조했던 '요시다 독트린'이나, 미국, 중국, 러시아의 동시적 구애를 안보와 내적 발전으로 연결지은 인디아의 만모한 싱(Manmohan Singh) 정부의 대외정책[33]은 모겐소 류의 실용주의로 파악될 수 있다. 한국 역사상 가장 실용주의적이었

---

33 2005년 부시 정부는 NPT 회원국이 아닌 인디아와 민간핵협력에 합의했고, 중국의 원자바오 총리는 중-인 국경분쟁 지역의 일부를 인디아의 영토로 확정하는 지도를 싱 총리에게 전달한 바 있다. 2009년 러시아는 인디아에 대한 핵협력을 포함하는 일련의 군사기술협력협정을 2020년까지 연장하기로 합의하였다. Joint Statement between President George W. Bush and Prime Minister Manmohan Singh, White House, July 18, 2005. "India's China Policy: Importance of a Strategic Framework," in "India Urged to Formulate 'Clear' China Policy to Achieve Strategic Objectives," New Delhi, Bharat Rakshak Monitor, FBIS SAP20050714000091, April 1, 2005; "The New Chapter of Relationship," in "Editorial Lauds Growing India-China Friendship to Counter US Dominance in Asia," New Delhi Rashtriya Sahara, FBIS SAP20050413000025, April 13, 2005; Jon Grevatt, "Russia and India extend military accord to 2020," *Jane's Defence Weekly*, December 16, 2009.

던 명청교체기 광해군의 "기미(羈縻)/자강(自强)" 정책도 같은 맥락에서 파악될 수 있을 것이다(한명기 2000). 이념이나 의리보다는 실익을 추구한다는 것이 핵심이다.

실용주의는 실익이 역지사지(易地思之)를 통해 효과적으로 도출될 수 있다고 강조한다. 미국이나 한국의 대북정책과 관련하여 실용주의의 전형은 W. 부시 정부 직전까지 클린턴 정부가 추진한 이른바 '페리 프로세스'(Perry Process)에서 발견된다. 페리 프로세스의 정책적 핵심은 북미관계 정상화를 북한의 비핵화와 교환한다는 내용이었다. 그러나 사실 이보다 더 중요한 것은 당시 북한과 미국은 자신들 간의 협상이 의미가 있으려면 일방이 타방의 안보를 위협하지 않아야 한다는 사실을 인정했다는 점이었다. 이러한 맥락에서 1999년 클린턴 대통령과 의회에 제출된 '페리 보고서'는 아래에 적시된 바와 같이 그야말로 사실과 현실에 기초한 실사구시책이었다:

> 미국의 정책은 미국이 원하는 북한(as the U.S. might wish it to be)이 아니라, 있는 그대로(as it is)의 북한을 대상으로 해야 하며, 상호위협 감축(mutually reducing threat)의 개념에 기초해 북한과 협상을 시작해야 한다.[34]

페리가 제시한 "있는 그대로의 북한"과 "상호위협감축"이라는 개념은 역지사지로 요약될 수 있다. 특히 후자는 미국의 외교정책이나 북

---

34   "Review of United States Policy Toward North Korea: Findings and Recommendations," Unclassified Report by Dr. William J. Perry, U.S. North Korea Policy Coordinator and Special Advisor to the President and the Secretary of State, Washington, DC, October 12, 1999.

미관계의 역사를 되돌아볼 때 진정으로 획기적이 개념이었다. 1630년 윈스롭(John Winthrop) 목사가 아벨라(Arbella) 선상에서 처음 주창한 이래 케네디, 레이건, 오바마 등 정치지도자들은 신약성서의 산상수훈에 나오는 "산중 도시"(city upon a hill)라는 개념을 모범적 평화애호국 미국의 정체성을 담은 정치적 상징으로 간주하고, 큰 의미를 부여하였다. "하나님이 보시기에 타에 모범이 되는 미국"은 결코 타국을 위협하는 주체가 될 수 없다. 그러나 클린턴이 승인한 페리의 "상호위협감축"이라는 개념은 미국은 북한을 위협하지 않지만, 그러나, 북한이 미국으로부터 위협을 느낄 수 있다는 점을 인정함으로써 미국의 외교 전통과 규범에 일대 혁신을 가져온 것이었고, 이러한 역지사지로의 전환은 북미관계를 효율적으로 관리할 수 있는 관념적 수단이 되었다.

역지사지라는 페리 프로세스의 기본 정신과 원칙은 현실주의 국제정치학자 한스 모겐소의 외교 9원칙에 정확히 부합한다:

> 외교는 십자군적 정신으로부터 벗어나야만 한다… 외교는 정치적 상황을 타국의 관점에서 보아야 한다. 자기본위(self-partiality, 自己本位)의 극단처럼, 그리고 타국이 자연스럽게 희망하거나 두려워하는 것에 대한 고려의 결핍처럼 국가에게 치명적인 해는 없다 (Morgenthau 1973, 542-543).

모겐소는 정치력과 영향력을 최대화하는 길은 일방적 힘의 사용이 아니라 자국 목표의 자제에 있다고 주장했고, 타협을 가능케 하는 역지사지의 원리를 강조했으며, 권력투쟁이 이익추구라는 사실을 망각한 채 절대진리를 위한 선악의 투쟁이라고 생각하는 십자군적 정신의 위험성을 엄중히 경계했던 것이다. 역지사지의 중요성은 서양뿐 아

니라 동양에서도 성공적 거버넌스의 핵심 덕목으로 간주되었다:

> 내가 남을 그토록 사랑했는데, 사랑해준 그가 나를 친하게 생각치 아
> 니 하면 나의 인(仁)을 반성하라. 내가 사람을 다스렸는데 다스려지지
> 아니 한다면 나의 지(智)를 반성하라. 내가 남에게 예를 다했는데, 그
> 가 나에게 응당한 보답을 하지 않으면 나의 경(敬)을 반성하라. 행하
> 여 내가 기대한 것이 얻어지지 않을 때는 항상 그 원인을 나에게 구하
> 라. (愛人不親反基仁 治人不治反基智 禮人不答反基敬 行有不得者 皆反
> 求諸己)(맹자 2019, 198).

맹자는 치수(治水)에 성공한 우(禹), 그리고 농업의 신으로 숭배되
는 후직(后稷)을 논하면서 "우 임금은 천하에 물에 빠지는 이가 있으
면 자기가 치수를 잘못해서 그가 물에 빠졌다고 생각했고, 후직은 천하
에 굶주리는 자가 있으면 자기의 잘못으로 그가 굶주린다고 생각해서
백성 구제를 급하게 여겼다"고 말했다. 역지사지가 문제해결의 근본이
된다는 지적인 셈이다.

이와 같이 결과를 중시하고 수단으로서 역지사지의 의미를 강조
하는 실용주의는 정책 주체가 십자군적 양분법에서 벗어나도록 함으
로써 운신의 폭을 넓히고, 다양한 옵션에 대한 고려를 가능케 하며, 득
실구조를 투명하게 함으로써, 결과적으로, 불신의 관계에 있는 상대와
의 소통을 강화하면서 실질적 이익의 관점에서 외교적 성과를 낼 수
있는 장점을 가지고 있다. 그러나 실용주의는 목적 자체가 가시적, 물
질적 이익으로 정의되어 보편적, 인류적 가치의 실현과 증진이라는 도
덕적 비전을 결여할 수 있다는 비판에 직면할 수 있다.

'전략적-실용주의'는 이러한 "가치중립적" 실용주의와는 거리가

있다. 역사적 상대주의(historicist relativism)와 도덕적 상대주의(moral relativism)를 "상이한 사회와 문화는 상이한 역사적 조건 하에서 상이한 신념과 가치를 창조한다", "신념과 가치는 역사적 사건과 상황의 결과로서 형성된다"로 각각 정의한다면(Prinz 2007, 215, 234-235), '전략적-실용주의'는 역지사지나 실사구시의 관점에서 이와 같은 시각을 포용한다. 그러나 '전략적-실용주의'는 이러한 시각이 오남용될 가능성을 경계하며,[35] 오히려 보편적 가치가 객관적으로 존재한다고 강조한다. '전략적 실용주의'는 인본주의적 가치와 민주적 원칙을 모든 외교정책이나 공공정책의 기본이자 시발점으로 간주한다. 인간보다 물질을 우선시할 수 없고, 칸트의 '정언명령 제2법칙'에서처럼, 인간이나 인권은 "특정 목적을 위한 수단"(a means to an end)이 될 수 없으며, "그 자체로 목적"(an end-in-itself)이 되어야 한다는 것이다.

그러나 '전략적 실용주의'는 실용주의가 전략적으로 구상될 때 위와 같은 문제나 모순이 발생하지 않고, 오히려 선순환의 관계로 이들을 유도할 수 있음을 보여준다. '전략적-실용주의'는 문제에 대한 우선권 배분의 중요성을 강조하고, 현재 해결 가능한 것과 미래에만 그러한 것을 구분하며, 또한 현재 해결하기 어려운 문제들이 과거 성과들의 축적으로 인해 미래에는 훨씬 해결하기 쉬워진다는 지혜를 중요시한다. 이와 같이, '전략적 실용주의'는 축적된 실용주의적 성과들이 "서로 협력하여," 장기적이고 포괄적인 관점에서 민주주의, 자유, 인권

---

35 경계의 대상이 되는 역사적 사례는 자유, 인권 등 보편적 가치를 극단적으로 제한하고 훼손한 박정희의 "한국적 민주주의"나 전후 일본에서 진보 열풍이 대학 캠퍼스를 휩쓸 때 도쿄대의 국사학과 교수 히라이즈미 기요시(平泉澄)가 "각 국가는 각자의 전통, 역사, 도덕을 갖고 있으며, 다른 국가들은 이런 차이를 존중해야 한다. 사회는 부모, 국가, 천황에 대한 절대적인 충성과 복종에 기반을 두고 있다"고 가르친 상록학원 등을 포함할 수 있다.

등의 실현과 촉진에 기여한다는 점을 강조한다는 면에서 원칙과 가치
에 우회적으로 그러나 밀접하게 연결되어 있다. 존재론적 관점에서 보
면 실용주의와 전략적 사고는 총체론적(holistic) 관계에 있는 것이다.
'전략적 실용주의'는 이러한 의미에서 실용주의적이면서 동시에 "전
략적"인 것이다(박건영 2008). 칸트는 "영구평화론"(*Perpetual Peace:
A Philosophical Sketch*)에서 정치적 도덕주의자(political moralists)
와 도덕적 정치인(moral politicians)을 구분하면서 후자는 점증주의
(gradualism)의 원칙에 따라, 그러나 궁극적 목적의식을 잃지 않고
신중하게 정치에 처신한다고 보았다. 칸트에 따르면 "도덕적 정치인
은 현재의 조건이 이상적이지 않다는 것을 잘 알고 있으면서도, 변화
를 지나치게 강하게 추진할 경우 부정의(unjust)할 뿐 아니라 파괴적
(counterproductive)인 결과가 야기될 수 있다는 것을 잘 인지"한다.
칸트는 결론적으로 "모든 정치는 인간의 권리(right) 앞에 무릎을 꿇어
야 한다. 그러나 그렇게 함으로써 정치는 정치가 불멸의 영광으로 빛나
는 국면에 서서히 당도할 수 있다는 소망을 가질 수 있다"(Kant 1991,
125)며 세계의 영구적 평화를 위한 전략적 방법론을 적시하였다. '전략
적-실용주의'는 작금의 국제/국내정치적 현실과 조건 하에서 실사구
시와 역지사지의 실용주의적 성과들의 축적이 결국 인류적 가치의 실
현이라는 "불멸의 영광으로 빛나는 국면에 서서히 당도할 수 있다는
소망"을 가질 수 있다고 제시한다.

참고문헌

『로동신문』. "진정한 평화와 안전." 2016년 1월 7일(주체 105).

맹자. 2019. 임자헌 옮김. 『맹자』 이루편(離婁編). 서울: 루페.

박건영. 2008. "이명박 정부의 대미정책과 대안: 외교안보 문제를 중심으로."『국가전략』14권 4호.

_____. 2018. 『국제관계사』. 서울: 사회평론아카데미.

_____. 2020. "'중국특색적 자유주의국제질서' 하의 예외주의 정치문명의 충돌?"『한국과 국제정치』, 제36권 제1호.

임마누엘 칸트. 2008. 이한구 옮김. 『영구평화론: 하나의 철학적 기획』. 서울: 서광사.

한명기. 2000. 『광해군』. 서울: 역사비평사.

Aquilar, Francesco and Mauro Galluccio. 2008. *Psychological Processes in International Negotiations: Theoretical and Practical Perspective*. NY, NY: Springer.

Bacevich, Andrew J. 2019. "Schlesinger and the Decline of Liberalism." Book Review, *Boston Review* Fall.

Barber, James David. 1992. *The Presidential Character: Predicting Performance in the White House*. Upper Saddle River, NJ: Prentice Hall.

Berlin, Sharon B. 1990. "Dichotomous Thinking and Complex Thinking." *Social Service Review* 64-1.

Blake, Aaron. 2019. "Trump hits back at John Bolton — in a weird, subdued way." *The Washington Post*, September 11.

Bolton, John. 2018. "The Legal Case for Striking North Korea First: Does the necessity of self-defense leave 'no choice of means, and no moment of deliberation'?" *The Wall Street Journal*, February, 28.

_____. 2019. "Navigating Geostrategic Flux in Asia: The United States and Korea." Transcript, JoongAng Ilbo-CSIS Forum 2019, Monday, September 30.

Bright, Martin. 2004. "Colin Powell in four-letter neo-con 'crazies' row." *The Guardian*, September 12.

Byman, Daniel and Jennifer Lind. 2010. "Pyongyang's Survival Strategy: Tools of Authoritarian Control in North Korea." *International Security* (Summer).

Chulov, Martin. 2014. "Isis: the inside story." Islamic State: The long read, *The Guardian*, December 11.

Cirincione, Joseph. 2019. "John Bolton is a serial arms control killer." *The Washington Post*, February 1.

Dougherty, Michael Brendan. 2018. "What Were the Lessons of Libya?" *National Review*, March 29. https://www.nationalreview.com/2018/03/john-bolton-north-korea-libya-intervention-model-flawed/.

Drury, Shadia B. 1997. *Leo Strauss and the American Right*. New York, NY: Palgrave Macmillan.

_____. 2005[1988]. *The Political Ideas of Leo Strauss*. New York, NY: Palgrave MacMillan.

Festinger, Leon. 1957. *A Theory of Cognitive Dissonance*. Palo Alto, CA: Stanford University Press.

Fisher, Max. 2016. "North Korea, Far From Crazy, Is All Too Rational." *The New York Times*, September 10.

Friedman, Thomas L. 2001. "Who's Crazy Here?" *The New York Times*, May 15.

Funabashi, Yoichi. 2007. *The Peninsula Question: A Chronicle of the Second Korean Nuclear Crisis*. Washington D.C.: Brookings Institution Press

Gerges, Fawaz A. 2017. *ISIS: A History*. Princeton University Press.

Halper, Stefan and Jonathan Clarke. 2004. *America Alone: The Neo-Conservatives and the Global Order*. NY, NY: Cambridge University Press.

Havers, Grant. 2013. *Leo Strauss and Anglo-American Democracy: A Conservative Critique*. DeKalb, IL: Northern Illinois University Press.

Jervis, Robert. 1968. "Hypotheses on Misperception." *World Politics* 20-3: 454-79.

Kant, Immanuel. 1991. *Political Writings*. Translated by H. B. Nisbet. Edited by Hans Reiss. London, UK: Cambridge University Press.

Kaplan, Lawrence F. 2003. "Split Personality." *New Republic*, July 7.

Kristol, Irvin. 1999. *Neo-conservatism: The Autobiography of an Idea*. Chicago, IL: Ivan R. Dee.

Leiva, Orlando Caputo. 2007. "The World Economy and the United States at the Beginning of the Twenty-first Century." *Latin American Perspectives* 34-1.

Lockie, Alex. 2018. "Trump's national security adviser John Bolton has advocated bombing North Korea — and he may be sabotaging talks." May 16. https://www.businessinsider.com/john-bolton-may-sabotage-north-korea-talks-libya-2018-5

Machan, Tibor R. "Leo Strauss: Neoconservative?" Philosophy Now? https://philosophynow.org/issues/59/Leo_Strauss_Neoconservative

Mann, James. 2004. *The Rise of the Vulcans: The History of Bush's War Cabinet*. New York, NY: Penguin.

Mansfield, Harvey. 2015. "Scholars of American Politics." *The Weekly Standard*, February 09.

Margolick, David. 2007. "The Night of the Generals." *Vanity Fair*, April.

May, Charlie. 2018. "Bloodthirsty John Bolton eager to kill North Koreans." March 1. https://www.salon.com/2018/03/01/bloodthirsty-john-bolton-eager-to-kill-north-koreans/

McCoy, Terrence. 2014. "How the Islamic State evolved in an American prison." *The Washington Post*, November 4.

Norton, Anne. 2004. *Leo Strauss, Leo Strauss and the Politics of American Empire*. New Haven, CT: Yale University Press.

Park, Kun Young. 2004. "A Strategic-Pragmatic Approach to North Korea: Policy Recommendations for Resolution of North Korean Nuclear Disputes." a survey paper, The Brookings Institution (January).

_____. 2012. "Addressing the North Korean Nuclear Threat: A Strategic-Pragmatic-Comprehensive Perspective and Its Policy Alternatives." *Journal of Global Area Studies* 30-2.

Peters, Edward ed. 1971. *The First Crusade*. Philadelphia, PA: University of Pennsylvania Press.

Porch, Douglas. 2006. "Writing History in the "End of History" Era – Reflections on Historians and the GWOT." *Journal of Military History* 70-4: 1065 –79.

Prinz, Jesse J. 2007. *The Emotional Construction of Morals*. New York, NY: Oxford University Press.

Richardson, Davis. "John Bolton Keeps the Executive Order Terminating the Iran Deal Framed on His Wall." 02/05/19. https://observer.com/2019/02/john-bolton-iran-deal-termination-executive-order/

Robson, Steve. 2017. "Kim Jong-Un is a 'madman' who poses a 'massive threat' to Britain, the new Defence Secretary has said." *The Mirror*, November 14.

Schlesinger Jr., Arthur M. 1997. *The Vital Center: The Politics of Freedom*. New York, NY: Transaction Publishers.

Sporl, Gerhard. 2003. "The Leo-conservatives." *The New York Times*, August 4 (br/ Der Spiegel).

Tanguay, Daniel. 2007. *Leo Strauss: An Intellectual Biography*. New Haven, CT: Yale University Press.

Thompson, Mark. 2003. "Paul Wolfowitz: Godfather of the Iraq war." *Time*, December 29.

Thomson Jr., James C., 2008. "How Could Vietnam Happen: An Autopsy." in Eugene R. Wittkopf and James M. McCormick ed., *The Domestic Sources of American Foreign Policy: Insights and Evidence*. New York, NY: Rowman and Littlefield.

Usborne, David. 2003. "WMD just a convenient excuse for war, admits Wolfowitz." *The Independent*, 30.

Vaïsse, Justin. 2010. "Why Neoconservatism Still Matters." *Policy Paper*, Number 20.

Weinberg, Gerald M. 1975. *An Introduction to General Systems Thinking*. Hoboken, NJ: John Wiley & Sons..

York, J. G. and Michael A. Peters ed. 2011. *Leo Strauss, Education, and Political Thought*. Madison, NJ: Fairleigh Dickinson University Press.

Zaretsky, Robert. 2019. "Macron Is Going Full De Gaulle." *Foreign Policy*, February 11.

Zuckert, Catherine H. and Michael P. Zuckert. 2008. *The Truth about Leo Strauss:*

Political Philosophy and American Democracy. Chicago, IL: University of Chicago Press.

지은이

박성우 서울대학교 정치외교학부 교수
서울대학교 외교학과 학사 및 석사, 미국 시카고대학교 정치학 박사
Leo Strauss in Northeast Asia (2020, 공편)
『정치사상사 속 제국』(2019, 공편)
"Platonic Rhetoric as Philosophical Response to Parrhesia." *The Journal of Greco-Roman Studies* 58(3). (2019)

김경희 이화여자대학교 정치외교학과 부교수
서울대학교 정치학과 학사 및 석사, 독일 베를린 훔볼트대학교 정치학 박사
『마키아벨리 – 르네상스 피렌체가 낳은 이단아』(2019)
『근대국가개념의 탄생 – 레스 푸블리카에서 스타토로』(2018)
『공존의 정치 – 마키아벨리『군주론』의 새로운 이해』(2013)
『공화주의』(2009)

홍태영 국방대학교 안보정책학과 교수
서울대학교 정치학과 학사 및 석사, 프랑스 파리 사회과학고등연구원 정치학 박사
"남한에서 국민국가 형성과 보수세력 및 보수주의의 구성: 보수혁명으로서 민족주의."『한국정치학회보』54(1). (2020)
『국민국가를 넘어서』(2019)
『정체성의 정치학』(2011)
『국민국가의 정치학』(2008)

임혜란 서울대학교 정치외교학부 교수

이화여자대학교 정치외교학과 학사 및 석사, 미국 캘리포니아대학교 정치학 박사
  (U.C. Davis)

『국제정치경제와 동아시아』 (2020, 공저)

『동아시아 발전국가모델의 재구성』 (2018)

"한국의 민주주의 위기와 경제개혁." 『한국정치연구』 27(1). (2018)

『동아시아 협력과 공동체: 국가주의적 갈등을 넘어서』 (2013. 편저)

정재환 울산대학교 국제관계학과 조교수

서강대학교 문학사 및 정치학사, 캐나다 워털루대학교 정치학 석사, 영국 케임브리지
  대학교 정치학 박사

"국제금융기준의 변화와 한국의 거시건전성 정책." 『국제정치연구』 22(3). (2019).

"신용평가기관의 인식적 권위와 2008년 서브프라임 금융위기." 『문화와 정치』 6(3).
  (2019).

"행위자-구조 문제와 2008년 글로벌 금융위기." 『한국정치학회보』 53(2). (2019).

"국제금융질서의 변화와 금융위기에 대한 해석: 금융시장의 불안전성에 대한 세 가지
  관점." 『평화연구』 27(1). (2019).

이왕휘 아주대학교 정치외교학과 교수

서울대학교 외교학과 학사 및 석사, 영국 런던정경대(LSE) 국제정치학 박사

『미중 전략적 경쟁, 무엇이 문제이고 어떻게 풀어야 하나』 (2020, 공저)

『동아시아 지역 거버넌스와 초국적 협력 현대사적 조명』 (2019, 공저)

"미중 무역전쟁: 미국 내에서 보호주의에 대한 저항과 중국의 대미 로비." 『국방연구』
  61(4). (2018)

"일대일로 구상의 지경학: 중아합작(中俄合作) 대 연아타중(連俄打中)." 『국가안보와
  전략』 17(4). (2017)

강원택 서울대학교 정치외교학부 교수
서울대학교 지리학과 학사, 정치학과 석사, 영국 런던정경대(LSE) 정치학 박사
『한국정치론』(2019)
『한국 정치의 결정적 순간들』(2019)
『어떻게 바꿀 것인가: 비정상 정치의 정상화를 위한 첫 질문』(2016)
『통일 이후의 한국 민주주의』(2011)

정병기 영남대학교 정치외교학과 교수
서울대학교 정치학과 학사, 독일 베를린자유대학교 정치학 디플롬 및 박사
『전환기의 한국 사회: 성장과 정체성의 정치를 넘어』(2019, 공저)
『2016~17년 촛불 집회: 민주주의의 민주화, 그 성격과 의미』(2018, 공저)
『정당 체제와 선거 연합: 유럽과 한국』(2018)
『천만 관객의 영화 천만 표의 정치: 영화로 본 재현과 표현의 정치학』(2016)

조희정 서강대학교 사회과학연구소 전임연구원
성신여자대학교 정치외교학과 학사 및 석사, 서강대학교 정치학 박사
『시민기술, 네트워크 사회의 공유경제와 정치』(2017)
『민주주의의 전환: 온라인 선거운동의 이론·사례·제도』(2017)
『민주주의의 기술: 미국의 온라인 선거운동』(2013)
『네트워크 사회의 정치와 민주주의: 정부·정당·시민사회의 변화와 전망』(2010)
『마을의 진화: 산골 마을 가미야마에서 만난 미래』(2020, 공역)

이헌아 코리아리서치 선임컨설턴트
서강대학교 정치외교학과 석사
『공동체의 오늘, 온라인 커뮤니티』(2016)
"온라인 커뮤니티 이용목적 유형에 따른 이용행태 연구: 미디어이용과 정서요인 비교
　　를 중심으로."(2015)
"미디어 이용자의 대북인식과 관심."(2014)

"온라인 커뮤니티의 사회적 자본과 제도." (2013)

은용수 한양대학교 정치외교학과 부교수
한양대학교 학사, 연세대학교 석사, 영국 워릭대학교 박사
Going beyond Parochialism and Fragmentation in International Studies
(Routledge, 2020).
"혼종 식민성(Hybrid coloniality): 탈식민주의로 바라본 한국의 외교안보정책."『국
제정치논총』60(1). (2020)
"An Intellectual Confession from a Member of the 'Non-Western' IR Commu-
nity: A Friendly Reply to David Lake's 'White Man's IR'." *PS: Political
Science and Politics* 52(1). (2019)
"Beyond 'the West/non-West Divide' in IR." *The Chinese Journal of Internation-
al Politics* 11(4). (2018)

신욱희 서울대학교 정치외교학부 교수
서울대학교 외교학과 학사, 미국 예일대학교 정치학 박사
『한미일 삼각안보체제: 형성, 영향, 전환』(2019)
『삼각관계의 국제정치: 중국, 일본과 한반도』(2017)
『순응과 저항을 넘어서: 이승만과 박정희의 대미정책』(2010)
"구성주의 국제정치이론의 의미와 한계."『한국정치학회보』32(2). (1998)

박건영 가톨릭대학교 국제학부 교수
서강대학교 영문학 학사, 콜로라도 대학교 정치학 박사
『외교안보정책 결정과정의 이론』(2020)
『국제관계사: 사라예보에서 몰타까지』(2018)
"'중국특색적 자유주의국제질서' 하의 예외주의 정치문명의 충돌?"『한국과 국제정
치』36(1). (2020)